COMENTARIO MACARTHUR
DEL ANTIGUO TESTAMENTO

ZACARÍAS

Comentario MacArthur del Nuevo Testamento

Mateo

Marcos

Lucas

Juan

Hechos

Romanos

1 y 2 Corintios

Gálatas, Efesios

Filipenses, Colosenses y Filemón

1 y 2 Tesalonicenses, 1 y 2 Timoteo, Tito

Hebreos y Santiago

1 Pedro a Judas

Apocalipsis

Comentario MacArthur del Antiguo Testamento

Zacarías

COMENTARIO MACARTHUR

DEL ANTIGUO TESTAMENTO

ZACARÍAS

JOHN MACARTHUR

EDITORIAL PORTAVOZ

La misión de *Editorial Portavoz* consiste en desarrollar y distribuir productos de calidad —con integridad y excelencia—, desde una perspectiva bíblica y confiable, que animen a las personas a conocer y servir a Jesucristo.

Traducción: Rodrigo Hinojosa

EDITORIAL PORTAVOZ
2450 Oak Industrial Drive NE
Grand Rapids, MI 49505 USA
Visítenos en: www.portavoz.com

ISBN 978-0-8254-5087-7 (tapa dura)
ISBN 978-0-8254-6357-0 (Kindle)
ISBN 978-0-8254-6358-7 (epub)

1 2 3 4 5 edición / año 34 33 32 31 30 29 28 27 26 25

Impreso en China
Printed in China

Contenido

Prólogo

Bienaventurado el varón que no anduvo en consejo de malos, ni estuvo en camino de pecadores, ni en silla de escarnecedores se ha sentado; sino que en la ley de Jehová está su delicia, y en su ley medita de día y de noche. Será como árbol plantado junto a corrientes de aguas, que da su fruto en su tiempo, y su hoja no cae; y todo lo que hace, prosperará. (Sal. 1:1-3)

Fueron halladas tus palabras, y yo las comí; y tu palabra me fue por gozo y por alegría de mi corazón; porque tu nombre se invocó sobre mí, oh Jehová Dios de los ejércitos. (Jer. 15:16)

Recorrer cada versículo del Nuevo Testamento en mi predicación y escribir el *Comentario MacArthur del Nuevo Testamento* durante el último medio siglo ha sido para mí una dádiva incomparable de la gracia divina que me ha permitido vivir en la bienaventuranza de Salmos 1:1-3 y en el gozo de Jeremías 15:16. Cuando pensé en continuar la serie de comentarios hacia el Antiguo Testamento, supe que quería comenzar con el libro de Zacarías. Escrito para consolar a Israel tras el regreso del remanente de su cautiverio en Babilonia, el mensaje de Zacarías tiene por objetivo garantizar a los israelitas que sobrevivieron el destierro que, aunque la nación remanente era pequeña y débil, el Señor no había abandonado a su pueblo ni alterado sus promesas. Él estaba haciendo avanzar activamente su plan para cumplir todas las promesas que había hecho a Israel y le reveló al profeta sus intenciones para la historia y el futuro de Israel.

Más de cinco siglos antes del nacimiento de Jesús, Zacarías predijo la llegada de Alejandro Magno (Zac. 9:1-7), la destrucción de Jerusalén a manos de los romanos (11:1-9) y la tiranía futura del anticristo (11:15-17). El profeta también detalló la batalla de Armagedón (12:1-9; 14:1-5), la purificación de Israel (12:10; 13:1-9) y el reino milenario de Cristo (Zac. 13–14). Repleto de visiones, profecías, señales y terminología gráfica, esta revelación profética sigue el curso de la historia hasta su clímax, cuando Cristo reine sobre la tierra desde su trono en Jerusalén. El nombre "Zacarías" significa "Jehová se acuerda" y, a lo largo de la revelación que dio a este profeta, Dios confirmó a Israel que cumpliría su Palabra y que nunca se olvidaría de sus promesas.

Para resaltar el enfoque del plan de Dios en la historia de la redención, fue necesario que Zacarías estuviera repleto de profecías sobre el Mesías. Este Mesías, el Señor Jesucristo, es la figura central de la revelación del profeta. Cuando Zacarías recibió su primera visión, el ángel de Jehová (el Cristo preencarnado, la segunda Persona de la Trinidad) reveló el plan de Dios para Israel (1:8-11). Más adelante, Zacarías recibió una visión de cómo el ángel de Jehová removía la iniquidad del sumo sacerdote Josué (3:4). Zacarías reveló a Cristo en su primera venida, predijo su entrada a Jerusalén sobre un pollino (9:9), su traición por treinta piezas de plata (11:12) y finalmente su muerte sacrificial (12:10). Zacarías reveló a Cristo en su segunda venida y describió el regreso del Señor al monte de los Olivos (14:4) y el establecimiento de su reino sobre la tierra (14:9). En un momento en el futuro, Israel se volverá a Dios (12:10-14). El Señor dirá: "Pueblo mío" e Israel responderá: "Jehová es mi Dios" (13:9). Entonces, se cumplirán las palabras de Pablo: "Todo Israel será salvo" (Ro. 11:26).

Cualquier escatología que no tome en cuenta la profecía de Zacarías está incompleta o errada. Fue ese requisito lo que me motivó a predicar de forma expositiva este libro hace cuarenta años y a ofrecer una interpretación y exposición precisas de la revelación divina que se encuentra en estos pasajes tan notables. Me gozo en colaborar con Abner Chou, Iosif Zhakevich y Nathan Busenitz para producir un comentario que abarca el texto palabra por palabra y que es fiel al ideal de la predicación expositiva: desatar la verdad de Dios un versículo a la vez. Estamos todos agradecidos por la asistencia de Karl Walker, Stephanie Blood, Marco Bartholomae, Anastasia Prinzing y Audrey Welch en este proyecto.

Aunque el comentario se presenta de forma llana, está basado en una exégesis rigurosa del texto hebreo original. La intención es entender el mensaje y la teología del texto con exactitud, precisión y claridad. Aunque todas las secciones tienen un formato y un título pensados para ayudar al predicador, el comentario está diseñado para que todos los creyentes lo lean y lo apliquen para su bendición y gozo personales. Se considera a Zacarías uno de los libros más difíciles de interpretar en el Antiguo Testamento. En reconocimiento de esto, nos abocamos a la tarea de este estudio con oración y humildad.

La meta es una: magnificar a nuestro Señor Jesucristo y exaltar su nombre por sobre todo nombre.

¡Soli Deo gloria!

Introducción

Al igual que su contemporáneo, Hageo, Zacarías predicó a los israelitas que habían regresado de Babilonia a Judá para edificar la casa de Dios y restaurar el culto adecuado en Jerusalén. A medida que el pueblo comenzó a reconstruir la ciudad y el templo, se enfrentaron con dificultades formidables. El pueblo que había regresado a Judá era poco en número (Esd. 2:64-65) y la ciudad de Jerusalén había sido destruida por completo (Esd. 4:12-16; Hag. 1:4; Neh. 1:3; 2:5). No solo estaban en ruinas la ciudad y el templo (Esd. 3:8-13; 5; Hag. 1:4), sino que también la oposición era fuerte (Esd. 4:1-24). Estos obstáculos abrumadores tentaron al pueblo de Israel a cuestionar la fidelidad de Dios hacia la nación y la integridad de las promesas que Él había hecho a sus antepasados en repetidas ocasiones. Ellos se preguntaban cómo obtener el favor del Señor (Zac. 7:3, 5; 8:19) y hasta si valía la pena edificar la casa de Dios, en especial porque los resultados de sus esfuerzos parecían tan pobres e inferiores comparados con la belleza del primer templo (Hag. 2:3-4; Zac. 8:9). Todas estas preguntas descorazonaron al pueblo, hasta el punto en que se distrajeron y se volvieron apáticos. Desilusionados, se volvieron de edificar la casa de Dios a edificar casas para sí (Hag. 1:4).

Cuando el pueblo, desanimado, abandonó su responsabilidad de participar en el plan de Dios, el Señor levantó a Hageo y a Zacarías para enfrentar a la nación e instarlos a retomar la construcción del templo. Hageo reprendió directamente a Israel por alterar sus prioridades (Hag. 1:1-15) y les recordó que Dios sería fiel en usar sus esfuerzos para gloria de Él (2:1-23). Zacarías continuó con la misma exhortación y guio al pueblo a reconocer lo que el Señor planeaba hacer a favor de Israel durante ese tiempo y también en el futuro. Estas revelaciones divinas tenían la intención de motivar a Israel a renovar el esfuerzo de reedificar el templo y de restaurar el culto. En el corazón de aquella labor, el Señor llamó a su pueblo a arrepentirse (Zac. 1:1-3), a andar en santidad (2:6-7), a huir del ritualismo (7:5), a obedecer con valor (8:9-23) y, al tiempo, a colocar su esperanza únicamente en el Mesías venidero (10:1-12).

Aunque Zacarías habló a una audiencia específica en su época, reveló verdades relevantes para todo el pueblo de Dios a lo largo de la historia. Sus profecías predijeron eventos que se cumplieron en su propia época (siglo VI a. C.) y en los siglos subsecuentes hasta la primera venida de Cristo (siglo I d. C.). Zacarías también predijo lo que sucederá en el futuro, en el segundo advenimiento de Cristo. El objetivo supremo del profeta era dirigir la atención de todos los pueblos (judíos y gentiles) hacia el Mesías, mediante quien Dios liberaría de forma final y plena a su pueblo (Zac. 12:10; Ap. 1:7). Armado con esta esperanza, el remanente fiel de la época de Zacarías encontró la fuerza para perseverar. La misma esperanza sigue fortaleciendo a todos los santos a lo largo de la historia.

TÍTULO

El título "Zacarías", que también es el nombre del profeta, significa "Jehová se acuerda"; esta es la realidad que subyace a este libro, tanto para la generación de la época de Zacarías como para todo el resto del pueblo de Dios. Jehová, el Dios de pactos de Israel, se acuerda de todas sus promesas y las cumplirá todas mediante su Hijo, el Mesías.

AUTOR

Conforme a las tradiciones judía y cristiana, el autor es el profeta de este nombre, Zacarías. En Zacarías 1:1, el profeta se presenta como "hijo de Berequías, hijo de Iddo". Nacido en Babilonia, Zacarías regresó con los judíos del destierro a Judá bajo el liderazgo del gobernador Zorobabel y del sumo sacerdote Josué (Neh. 12:1, 16). Zacarías tiene una relación estrecha con su abuelo, Iddo, príncipe de los sacerdotes (12:1, 4); es llamado hijo suyo (Esd. 5:1; 6:14; Neh. 12:16) y evidentemente regresó con él de Babilonia a Judá (Neh. 12:1, 4, 16). Por esta razón, es factible que Berqueías, el padre de Zacarías, haya muerto joven (cp. Mt. 23:35).

Como se refiere a Zacarías como un "joven" (Zac. 2:4), es probable que haya sido de muy corta edad al inicio de su ministerio. Además de ser profeta, era también sacerdote (Neh. 12:1, 12-16). Su linaje sacerdotal aumenta su interés en la construcción del templo (Zac. 1:16; 4:1-10; 6:9-15) y su entusiasmo en la visión del sumo sacerdote Josué (3:5). La vida de Zacarías terminó cuando fue asesinado en el templo, entre el altar y el santuario (Mt. 23:35), de forma similar al asesinato de un Zacarías anterior (cp. 2 Cr. 24:20, 21).

FECHA

El libro data del 520 a. C., en el octavo mes del segundo año de Darío I (Zac. 1:1). Zacarías recibió revelaciones adicionales aproximadamente dos años más tarde, en el 518 a. C. ("en el año cuarto del rey Darío [...] a los cuatro días del mes noveno, que es Quisleu"; 7:1). No obstante, el ministerio de Zacarías continuó hasta mucho después, como lo reflejan los capítulos 9–14, que parecen representar un período posterior de su ministerio. Hay dos razones que sugieren una fecha posterior para los capítulos 9–14: primero, el estilo de redacción es diferente del de los capítulos anteriores (p. ej.: 1:1, 7 y 7:1 dicen: "vino palabra de Jehová al profeta Zacarías"; sin embargo, 9:1 y 12:1 dicen: "profecía de la palabra de Jehová"); segundo, las referencias a Grecia (9:13) presuponen una fecha entre el 480 a. C. y el 470 a. C. Aunque la duración exacta del ministerio de Zacarías es desconocida, parecería que este profetizó entre dos puntos cruciales de la historia que abarcaron un período de unos cincuenta años.

CONTEXTO HISTÓRICO

Zacarías comenzó a profetizar en el 520 a. C., después que los desterrados de Judá regresaron a su tierra y recibieron el mandato de Dios de reconstruir Jerusalén y el templo. Sin embargo, el contexto histórico del libro hace referencia al tiempo en que los israelitas seguían en el destierro (cp. Zac. 7:2-5; 8:19) y aun antes de que la nación fuera llevada al cautiverio (cp. 1:1-6; 8:14). En tres campañas militares diferentes (605 a. C., 597 a. C. y 586 a. C.), Nabucodonosor llevó cautivos a los habitantes de Judá a Babilonia; esto culminó con la destrucción de Jerusalén en el 586 a. C. (cp. 2 R. 20:16-19; 24-25; 2 Cr. 36:6-21; Jer. 25:1-11; Dn. 1:1-2). Durante siete décadas, los habitantes de Judá estuvieron en el destierro, fuera de su tierra y lejos de la casa de Dios (cp. Jer. 25:11-12; 29:10; Dn. 9:1-2). Estos setenta años de cautividad cumplieron la promesa de Dios de castigar a los israelitas por su desobediencia y por su violación del pacto (Dt. 28:15-68; Lv. 26:14-46). Para marcar el desagrado de Dios, su gloria abandonó el templo y Jerusalén poco después del destierro de Judá (Ez. 10:4-5, 18-19).

En el 539 a. C., el Imperio persa conquistó Babilonia y obtuvo el dominio político del antiguo Cercano Oriente bajo el gobierno de Ciro el Grande (Is. 44:28; 45:1). Ciro promulgó un edicto que permitió a los desterrados judíos regresar a Judá y reedificar Jerusalén y el templo (Esd. 1:1-4; 2 Cr. 36:22-23; cp. Is. 44:28; 45:13; Esd. 6:1-5). En el 538 a. C., el primer grupo de judíos, que incluía a unas cincuenta mil personas, regresó bajo el liderazgo del gobernador Zorobabel y del sumo sacerdote Josué. Este grupo incluía a Hageo y a Zacarías (Esd. 1:1-4, 9-11; 2; Neh. 12:1, 16). Poco tiempo después (ca. 536 a. C.), los judíos que regresaron restauraron los sacrificios de los levitas (Esd. 3:1-6), echaron los cimientos del templo (3:8-13; 5:16) y comenzaron a reedificar (3:1–4:5). Pronto, enfrentaron retos y obstáculos que detuvieron los esfuerzos de reconstrucción. Las amenazas y hostilidades continuas de parte de los enemigos a su alrededor intimidaron al pueblo (4:1-7), que ya no sentía ánimos de perseverar en la ardua tarea (Hag. 1:2-4). Además de esto, el pueblo se dio cuenta de que el templo que reconstruían sería mucho más pequeño y menos impresionante que el de Salomón (Hag. 2:3; cp. Esd. 3:12-13). Como resultado de estos problemas, el trabajo en el templo se detuvo y permaneció sin terminar durante dieciséis años (Hag. 1–2; Esd. 4:24).

Para retomar la obra, Dios envió al profeta Hageo en el 520 a. C. (en el segundo año de Darío) para llamar al pueblo a terminar de edificar el templo (Esd. 5:1-2; 6:14; Hag. 1:1). Dos meses después que Hageo proclamó su mensaje de parte del Señor, Él envió a Zacarías para reiterar el mismo llamado (Esd. 5:1-2; 6:14; Zac. 1:1). Para animar al pueblo, Zacarías les reveló que su obra en el templo era un elemento crucial en el plan de Dios que culminaría en el reinado definitivo del Mesías en el reino milenario. El pueblo respondió al mensaje divino proclamado por Hageo y por Zacarías; el resultado fue que terminaron el templo en el 516 a. C., cuatro años después de haber reanudado los esfuerzos de reconstrucción (Esd. 6:15).

TEMAS

La profecía de Zacarías está caracterizada por ciertos elementos fundamentales, que incluyen los siguientes:

JEHOVÁ

El nombre "Jehová", solo o dentro de títulos, aparece en 133 ocasiones en la profecía de Zacarías y domina la autodenominación de Dios en este libro. Jehová, el nombre personal y pactual de Dios, refleja su fidelidad, su amor y su relación con su pueblo (Éx. 3:14-16). Gracias a su amor pactual perpetuo, Dios anhela que Israel se arrepienta y se reconcilie con Él (Zac. 1:3, 16; 8:3; 10:6; 13:9; 14:9). Él se presenta como un protector celoso de Israel (1:14; 2:8, 9). El nombre Jehová ("Yo soy") expresa la fidelidad siempre presente del Señor hacia Israel hasta el día en que Él habite de forma permanente en Jerusalén (1:16; 2:5, 10) y diga a Israel: "Pueblo mío" e Israel responda: "Jehová es mi Dios" (13:9). El nombre pactual de Dios se emplea para proclamar la fidelidad persistente del Señor, la realidad de que Él se acuerda de sus promesas y de que las cumplirá conforme a sus propósitos soberanos hasta el final de la historia.

El título "Jehová de los ejércitos", la apelación favorita de Zacarías para referirse a Dios, aparece 53 veces en el libro. Aunque el título surge también en otros pasajes (cp. 2 S. 6:18; Sal. 84:12; Is. 39:5; Hag. 1:7), en Zacarías describe enfáticamente la actividad sobrenatural de Jehová de dirigir a los ejércitos celestiales para el cumplimiento de su plan (Zac. 1:7-16; 6:1-9). La fidelidad de Dios hace uso de todo el cielo para llevar a cabo su buena voluntad y propósito. Por lo tanto, las promesas de Jehová están respaldadas con toda la fuerza y la autoridad soberana del General de los ejércitos celestiales de ángeles. Así pues, la profecía de Zacarías repite con frecuencia alguna variación de la exclamación: "Vino a mí palabra de Jehová de los ejércitos" (p. ej.: 8:2, 4, 6, 7, 9, 14, 19, 20, 23).

"El ángel de Jehová", que aparece en seis ocasiones en Zacarías, se identifica como Dios mismo (12:8) y es nada menos que la segunda Persona de la Trinidad (cp. 3:4, donde el ángel de Jehová quita las iniquidades de Josué), lo que refleja la Trinidad de Dios.

Las referencias a Jehová culminan en el último capítulo, donde el profeta revela que, un día, "Jehová será uno, y uno su nombre" (14:9b). Esta fue la intención de Dios desde el principio, como lo declaró Moisés en la *Shemá*: "Oye, Israel: Jehová nuestro Dios, Jehová uno es" (Dt. 6:4). En última instancia, el mundo reconocerá que Dios es uno y que no comparte su gloria con nadie (Is. 42:8). Cuando Cristo regrese para juzgar a los malvados, redimir a Israel y a sus elegidos y establecer su reino terrenal, el mundo será conformado plenamente a la naturaleza de Él y todos profesarán que solo Jehová es Dios (cp. Fil. 2:9-11). Todo lo que el nombre de Jehová representa será manifestado en su totalidad y todos los redimidos lo adorarán (Zac. 14:11-21).

LA REMEMBRANZA

Un tema resonante a lo largo del libro está acentuado en el significado del nombre de Zacarías: "Jehová se acuerda". El Señor no solo no se olvida de lo que ha declarado, sino que también cumplirá todas sus promesas (Dt. 4:31). Él purificará a Israel, restaurará Jerusalén, reedificará el templo y revelará su gloria al mundo (Zac. 2:1-13; 5:1-4). Tampoco dejará de cumplir sus promesas respecto a las naciones (1:18-21; 5:5-11).

Dios también se acuerda de sus planes para su Hijo (9:9), el Mesías (3:1–4:14; 6:9-15). Aunque, al principio, el Mesías sería traicionado (11:12; 13:7), finalmente será aceptado por una generación futura de judíos salvos (12:10–13:1). El Señor establecerá el reino terrenal del Mesías, en el que restringirá la muerte (8:4), garantizará la paz (8:5), transformará la tierra (14:6-8), exaltará a Jerusalén (14:10), someterá a las naciones (14:17-18), reedificará el templo (14:20) y hará que prevalezca la santidad (14:21). Tal como lo demuestra la profecía de Zacarías, Jehová no retarda sus promesas, sino que siempre está activo en su cumplimiento (1:7-17; 6:1-8). Con el glorioso refrán "Jehová se acuerda", el profeta llama al lector a descansar en el Señor y a buscar esperanza solo en Él. Él es quien se acuerda de sus promesas para que su pueblo se acuerde de Él (10:9).

EL ARREPENTIMIENTO

Zacarías comienza con un llamado al arrepentimiento (Zac. 1:1-6, 16) y este tema continúa durante todo el libro (1:1-6, 16; 8:3; 9:12; 10:6, 10). Desde el principio, la mira está puesta en el final, cuando Israel se vuelva a Dios y el Señor devuelva su presencia gloriosa y sus bendiciones a Israel (1:3). Para Israel, el arrepentimiento incluía no solo un regreso físico y una restauración nacional a la tierra prometida, sino también el regreso espiritual al Señor (1:1-6; 2:6-7). El pueblo de Israel fue llamado a aceptar al Mesías, el ángel de Jehová enviado por Dios (4:9). Ellos no debían buscar sustitutos para este Buen Pastor (10:1-4). En lugar de depender de sus obras ritualistas (7:5), fueron llamados a deleitarse en las promesas de Dios (8:18) a medida que se deshacían del temor y de la apatía y comenzaban a reconstruir el templo en obediencia (1:16; 4:9; 8:9). Al llamar al pueblo al arrepentimiento, Zacarías reveló y anticipó un día futuro en el que "todo Israel" se volvería a Dios y sería salvo (12:10–13:1; Ro. 11:26).

EL TEMPLO (LA CASA DE JEHOVÁ)

La razón histórica e inmediata para la profecía de Zacarías fue llamar a Israel a perseverar en reedificar el templo en Jerusalén y demostrar así que Jehová se acordaba del lugar del templo en su plan. En el reino futuro, Jerusalén también será la ubicación del templo milenario (cp. Ez. 40–48) al que regresará la gloria de Dios y en el que el Señor mismo habitará con su pueblo redimido (Zac. 1:16; 2:5). Este templo escatológico será el epicentro del mundo, el pináculo terrenal que refleje la presencia de Jehová y la adoración a Él (2:10; 14:10, 16; cp. Is. 2:2-4). Dios derribará todas las casas pecaminosas de adoración rivales (Zac. 5:4) y la falsa religión (5:11), de manera que su casa y su gloria serán únicas. Desde aquel templo futuro, el Mesías reinará (6:12-13).

De manera que Zacarías reveló a los israelitas de su época que el humilde templo que construían anticipaba el futuro templo glorioso (4:4-14; cp. Hag. 2:9). Aunque otro templo sería destruido en el 70 d. C. (Zac. 11:1-3) y el templo milenario no será edificado hasta el regreso y reinado de Cristo por causa del rechazo de Israel hacia el Mesías (11:4-15; cp. Mt. 24:2), Zacarías alentó al pueblo con la noticia de que Dios quería que le edificaran casa en su ciudad como parte de su plan. Esto es similar a la manera en que el Señor está edificando su iglesia visible y, por imperfecta que sea, sigue usándola como testimonio de su reino ante el mundo hasta aquel día en el futuro cuando sea perfeccionada en toda su gloria; así también el templo dio testimonio del gobierno de Dios en el mundo.

EL MESÍAS

El libro de Zacarías reverbera con la presencia del Mesías. El profeta mencionó la obra preencarnada de Cristo para hacer avanzar el plan de Dios para Israel (Zac. 1:8) y para interceder por la nación (1:12; 3:2). Zacarías predijo la primera venida de Cristo en humildad (9:9), su rechazo y traición por treinta piezas de plata (11:12-13) y su crucifixión y muerte definitivas por los pecados de su pueblo (12:10; 13:7). Zacarías también profetizó la segunda venida de Cristo como Rey de gloria (9:10), que reunirá a su pueblo (10:1-12), vencerá a los enemigos de Israel (10:4-7), purificará a sus elegidos (12:10–13:6), edificará el templo (6:12), se levantará victorioso sobre el monte de los Olivos (14:1-4), reinará como gobernante supremo (14:9) y recibirá adoración de todos los habitantes de la tierra (14:16).

Zacarías también reveló que el Mesías era el Buen Pastor verdadero, en contraste con los líderes corruptos de Israel, los pastores falsos. Mientras que el Pastor verdadero cuida de los suyos (11:4, 7, 9; 13:7), los falsos devoran y traicionan a su propia nación (10:2-3; 11:3, 5, 8, 15-17). En su primera venida, el Buen Pastor reprendería y destruiría a estos pastores falsos, es decir los sacerdotes, los ancianos y los escribas de Israel (11:8). Como Israel rechazó al Pastor verdadero (11:12-13), la nación caerá presa algún día del pastor falso definitivo, el anticristo (11:15-16). Sin embargo, el Mesías regresará para vencerlo y destruirlo (11:17), salvar a su rebaño física y espiritualmente (9:16), de manera que este embellezca en la tierra como testimonio de su amor, como el Buen Pastor (9:16-17).

Otro rol mesiánico que Zacarías enfatizó fue el de sacerdote y rey. Aunque ningún israelita podía asumir ambos oficios (2 Cr. 26:16-21), el Antiguo Testamento anticipó la venida de Uno según el orden de Melquisedec, el sacerdote y rey (Gn. 14; Sal. 110). Dios reveló que su Hijo fusionaría en sí mismo estos dos oficios (Zac. 3:5; 4:11-14; 6:11-13) para redimir a su pueblo como su sacerdote y reinar sobre ellos como su rey. Como Sacerdote y Rey, Cristo lograría lo que ningún rey ni sacerdote meramente humano podía lograr. Él traería la reconciliación entre Dios y el hombre y establecería una paz y justicia perfectas sobre la tierra (6:13).

EL REINO MILENARIO

Como la tarea de Zacarías, impuesta por el cielo, era demostrar que la obra de Israel nunca fue en vano, este profetizó hasta la culminación del plan de Dios en el reino milenario. Zacarías reveló que este reino sería terrenal y culminante (Zac. 1:18-21). Jerusalén y el templo serían reconstruidos (1:16), la gloria de Dios regresaría a morar en medio de la ciudad (2:5) y Dios sería un muro de fuego en derredor de ella (2:5a). Cuando el Mesías establezca este reino terrenal, Jerusalén será conocida como la Ciudad de la Verdad (8:3).

En aquel tiempo, el Mesías purificará a su pueblo (3:1-5; 13:1-5) y el Señor llamará a Israel "Pueblo mío" e Israel exclamará: "Jehová es mi Dios" (13:9; cp. 8:8). Poblado inicialmente solo con israelitas redimidos, este reino será gobernado por líderes competentes (10:4-6) y por sacerdotes que conducirán al pueblo de Dios en adoración verdadera (3:7). Junto con el Israel justificado, los gentiles regenerados también entrarán al reino y adorarán a Jehová (8:20-23). En específico, se reunirán en Israel al menos una vez al año para celebrar la fiesta de los tabernáculos (14:16). El reinado del Mesías establecerá una paz mundial (14:11) a medida que judíos y gentiles se unen para adorar a Jehová (8:23; cp. Mt. 25:31-46).

El reino milenario será parte de la creación renovada, en la que habrá una nueva luz (Zac. 14:6-7) y una nueva topografía (14:8). El Señor presentará el reposo edénico (3:10), de manera que tanto la muerte como la maldición sobre la creación tendrán grandes limitaciones (8:4). Jerusalén estará llena de personas (ancianas y jóvenes) que habitan en paz y seguridad (8:4-5; cp. Is. 65:20). Muchas cosas que actualmente parecen rutinarias o hasta impuras serán consagradas a Jehová (Zac. 14:20-21).

En el centro de este reino milenario, estará el Rey supremo: el Señor Jesucristo. El reino comenzará con su instauración a medida que el mundo celebra sus logros en la historia de la redención (6:9-15). Él será el único Rey sobre toda la tierra (14:9) y todos los pueblos le rendirán adoración (14:16).

PROPÓSITO

Dios envió a Zacarías para proclamar que Jehová se acordaba de su pacto con Israel y que lo cumpliría por medio del Mesías; por lo tanto, los habitantes de Judá debían ser fieles a Dios y seguir reconstruyendo el templo como parte del testimonio de Él al mundo. En lugar de sucumbir ante sus dudas y miedos, debían buscar al Señor y aferrarse a sus promesas a medida que lo adoraban con pureza y exclusividad y respondían a sus mandamientos con obediencia y valentía, mientras esperaban la llegada del Mesías y su reino de salvación.

BOSQUEJO

1. El arrepentimiento: El prerrequisito para la bendición (1:1-6)
   a. El llamado al arrepentimiento (1:1-3)
   b. Las consecuencias de la rebelión (1:4-6)
2. Una lección práctica para el presente (1:7)
   a. Persistencia en la obra de Dios (1:7a)
   b. Perseverancia en medio de las pruebas (1:7b)
   c. Perspectiva de que Dios se acuerda (1:7c)
3. La primera visión nocturna, primera parte: Dios está activo (1:8-13)
   a. El Señor no ha dejado de obrar (1:8)
   b. El conocimiento del Señor es preciso (1:9-11)
   c. La defensa del Señor es personal (1:12-13)
4. La primera visión nocturna, segunda parte: Dios es fiel (1:14-17)
   a. Fidelidad en el compromiso (1:14)

   b. Fidelidad en la condenación (1:15)
   c. Fidelidad en la compasión (1:16)
   d. Fidelidad en la culminación (1:17)
5. La segunda visión nocturna: Dios se acuerda de las naciones (1:18-21)
   a. Los cuernos (1:18-19)
   b. Los carpinteros (1:20-21)
6. La tercera visión nocturna, primera parte: Dios se acuerda de Israel (2:1-5)
   a. Una promesa mensurable: Jerusalén será reedificada (2:1-2)
   b. Una promesa inmensurable: Jerusalén sobreabundará con gloria (2:3-5)
7. La tercera visión nocturna, segunda parte: Huye del mundo (2:6-9)
   a. La exhortación (2:6-7)
   b. La explicación (2:8-9)
8. La tercera visión nocturna, tercera parte: Cánticos y silencio (2:10-13)
   a. El llamado a cantar (2:10-12)
   b. El mandato de callar (2:13)
9. La cuarta visión nocturna, primera parte: La obra sacerdotal del Mesías (3:1-5)
   a. La obra de intercesión (3:1-2)
   b. La obra de imputación (3:3-5)
10. La cuarta visión nocturna, segunda parte: La relación de Dios con Israel (3:6-7)
   a. La ordenanza de la adoración (3:6-7a)
   b. La recompensa por la adoración (3:7b)
   c. La relación en la adoración (3:7c)
11. La cuarta visión nocturna, tercera parte: El Mesías sacerdote y rey (3:8-10)
   a. La importancia de Josué y de sus amigos (3:8a)
   b. El servicio del Mesías Sacerdote y Rey (3:8b)
   c. La supremacía del Mesías Sacerdote y Rey (3:9a)
   d. La salvación del Mesías Sacerdote y Rey (3:9b)
   e. El éxito del Mesías Sacerdote y Rey (3:10)
12. La quinta visión nocturna, primera parte: La luz del mundo (4:1-3)
   a. El candelabro (4:1-2a)
   b. La luz del mundo (4:2b-3)
13. La quinta visión nocturna, segunda parte: No con fuerza, sino con mi Espíritu (4:4-10)
   a. El poder de Dios (4:4-7)
   b. La ilustración de Cristo (4:8-10)
14. La quinta visión nocturna, tercera parte: El Mesías Rey y Sacerdote (4:11-14)
   a. Los dos olivos (4:11-12)
   b. Los dos oficios (4:13-14)
15. La sexta visión nocturna: Dios ejecuta el pacto (5:1-4)
   a. Los criterios del juicio de Dios (5:1-2)
   b. La totalidad del juicio de Dios (5:3)
   c. La certeza del juicio de Dios (5:4)

16. La séptima visión nocturna: Dios se acuerda de su plan para las naciones (5:5-11)
    a. La restricción soberana sobre la maldad del mundo (5:5-8)
    b. El curso predeterminado de la maldad del mundo (5:9-11)
17. La octava visión nocturna: Dios se acuerda de implementar su plan (6:1-8)
    a. Dios pone en marcha su plan (6:1-3)
    b. Dios pone en marcha todas sus promesas (6:4-8)
18. La coronación del rey venidero (6:9-15)
    a. La escena de la coronación (6:9-11)
    b. El simbolismo de la coronación (6:12-13)
    c. Los esfuerzos basados en la coronación (6:14-15)
19. Ritual contra realidad (7:1-14)
    a. Un razonamiento ritualista (7:1-3)
    b. Una adoración repulsiva (7:4-7)
    c. Una obediencia real (7:8-10)
    d. Las ramificaciones ruinosas (7:11-14)
20. Un anticipo del reino futuro (8:1-8)
    a. El celo de Dios por su pueblo (8:1-2)
    b. La morada de Dios con su pueblo (8:3)
    c. La paz de Dios para su pueblo (8:4-5)
    d. El poder de Dios para su pueblo (8:6)
    e. El plan de Dios para su pueblo (8:7-8)
21. Fidelidad presente con miras a las promesas futuras (8:9-17)
    a. Esfuércense en la obra de Dios (8:9)
    b. Esfuércense en la gracia de Dios (8:10-12)
    c. Esfuércense en las promesas de Dios (8:13-15)
    d. Esfuércense en la verdad de Dios (8:16-17)
22. Del ayuno al banquete (8:18-23)
    a. Del lamento a la alegría (8:18-19)
    b. De enemigos a suplicantes (8:20-22)
    c. De la humillación a la honra (8:23)
23. Un relato de conquistas (9:1-8)
    a. Un juicio imparable (9:1-6)
    b. Una gracia inmerecida (9:7)
    c. Una protección infalible (9:8)
24. El conquistador supremo (9:9-10)
    a. La humildad del Siervo Sufriente (9:9)
    b. La honra del soberano supremo (9:10)
25. El compromiso de Dios con su pueblo (9:11-17)
    a. El juramento del pacto de Dios (9:11)
    b. Las promesas certeras de Dios (9:12-13)
    c. El poder consumidor de Dios (9:14-17)
26. Los sustitutos falsos y el pastor verdadero (10:1-5)
    a. El único sustentador (10:1)
    b. Los sustitutos falsos (10:2-3)
    c. El pastor verdadero (10:4-5)

27. El poder del Mesías para salvar (10:6-12)
    a. La salvación física (10:6-7)
    b. La salvación espiritual (10:8-9)
    c. La salvación definitiva (10:10-12)
28. El pastor rechazado (11:1-14)
    a. Los pastores engañosos: Destinados para destrucción (11:1-3)
    b. Las ovejas afligidas: Destinadas a la matanza (11:4-6)
    c. El verdadero pastor: Detestado y despreciado (11:7-12)
    d. Las consecuencias terribles: Disciplinados por su desobediencia (11:13-14)
29. El pastor falso (11:15-17)
    a. El carácter del pastor falso (11:15-16)
    b. El colapso del pastor falso (11:17)
30. La liberación final de Israel: La salvación física (12:1-9)
    a. Una declaración soberana (12:1)
    b. Un desenlace sorprendente (12:2-3)
    c. Un debilitamiento grave (12:4-5)
    d. Una derrota aplastante (12:6-7)
    e. Una defensa sobrenatural (12:8-9)
31. La liberación final de Israel: La salvación espiritual (12:10-14)
    a. La fuente de la salvación de Israel (12:10a)
    b. La tristeza por el pecado de Israel (12:10b)
    c. La escala del arrepentimiento de Israel (12:11-14)
32. La purificación de Israel (13:1-9)
    a. La promesa de la purificación (13:1-2)
    b. La ilustración de la purificación (13:3-6)
    c. El prerrequisito para la purificación (13:7)
    d. El proceso de la purificación (13:8-9)
33. El día del regreso de Jehová (14:1-8)
    a. Un día de ruina devastadora (14:1-2)
    b. Un día de rescate dramático (14:3-5)
    c. Un día de restauración divina (14:6-8)
34. La gloria de Cristo en su reino (14:9-21)
    a. El mandato del Rey (14:9)
    b. La capital del reino (14:10-11)
    c. La derrota del enemigo (14:12-15)
    d. La celebración del pueblo (14:16-19)
    e. La consagración de Israel (14:20-21)

El arrepentimiento: El prerrequisito para la bendición

1

En el octavo mes del año segundo de Darío, vino palabra de Jehová al profeta Zacarías hijo de Berequías, hijo de Iddo, diciendo: Se enojó Jehová en gran manera contra vuestros padres. Diles, pues: Así ha dicho Jehová de los ejércitos: Volveos a mí, dice Jehová de los ejércitos, y yo me volveré a vosotros, ha dicho Jehová de los ejércitos. No seáis como vuestros padres, a los cuales clamaron los primeros profetas, diciendo: Así ha dicho Jehová de los ejércitos: Volveos ahora de vuestros malos caminos y de vuestras malas obras; y no atendieron, ni me escucharon, dice Jehová. Vuestros padres, ¿dónde están?; y los profetas, ¿han de vivir para siempre? Pero mis palabras y mis ordenanzas que mandé a mis siervos los profetas, ¿no alcanzaron a vuestros padres? Por eso volvieron ellos y dijeron: Como Jehová de los ejércitos pensó tratarnos conforme a nuestros caminos, y conforme a nuestras obras, así lo hizo con nosotros. (1:1-6)

Aunque los creyentes del Nuevo Testamento a veces lo pasan por alto, Zacarías es un libro maravilloso que no debemos ignorar. Su rico contenido exige un estudio cuidadoso, una meditación profunda y una proclamación valerosa. Al igual que un diamante intrincado, la gloria de su verdad brilla desde muchos ángulos. Los que ignoran la belleza y el poder de este gran tesoro de la teología veterotestamentaria se pierden de una gran bendición.

Al aproximarnos a esta profecía tan profunda, debemos resaltar varias facetas clave. Primero, es un libro que trata del Señor Jesucristo. Entre la mención del ángel de Jehová (cp. Zac. 1:11-12), el Mesías Sacerdote y Rey (3:3-4; 4:11-14; 6:12-13), el Rey ungido (6:9-15) y las profecías de cómo entraría a Jerusalén montado sobre un pollino (9:9), sería traicionado por treinta piezas de plata (11:12), sería traspasado por su pueblo (12:10), purificaría a Israel mediante su propia muerte y resurrección (13:1-2) y daría libertad a los suyos a su regreso (14:1-3), el Señor Jesús aparece prácticamente en todas las páginas del libro. Esta profecía, cuya revelación describe a Cristo desde antes de su primera venida hasta la segunda, es una de las exploraciones más extensas sobre las glorias del Mesías.

Segundo, el libro de Zacarías destaca un gran número de profecías escatológicas, además de predicciones sobre el regreso y el reinado del Mesías. Estas incluyen el surgimiento del anticristo (11:15-17); el martirio del pueblo de Dios en la gran tribulación (11:16-17; 13:17); la batalla de Armagedón (12:1-9; 14:1-3); el juicio de las naciones (12:1-9; 14:12-15); la salvación de Israel (12:10; 13:1-9), la salvación definitiva de las naciones (14:16); y las bendiciones que tendrán lugar durante el milenio (8:4). Además, el asombroso imaginario de Zacarías va desde visiones de caballos (1:7-17) hasta un rollo que volaba (5:1-4), un candelabro con dos olivos a su lado (4:1-14) y una mujer sentada en un efa (5:5-11). Aunque estas promesas están veladas en un elemento de misterio, anticipan verdades proféticas que se encuentran en el Nuevo Testamento.

Tercero, en su revelación sobre el futuro, Zacarías es también un libro que trata del consuelo divino (1:13). Para demostrar su cuidado, el Señor asegura en repetidas ocasiones a su pueblo que un día restaurará a Israel (1:14; 2:11-13) y juzgará a las naciones (1:15; 9:1-8). Todo el contenido de Zacarías, incluyendo visiones, profecías, señales, visitantes celestiales, palabras directas de parte de Dios y el bosquejo de la historia de la redención, abarca desde la época de Zacarías hasta el reinado del Mesías sobre la tierra y está diseñado para garantizarle al pueblo de Dios que Jehová se acuerda. De hecho, el nombre "Zacarías" significa "Jehová se acuerda". Este libro demuestra que Dios se acuerda de todas las promesas que hizo a Israel y también al mundo.

Cuarto, en conformidad con el tema del consuelo divino, el libro de Zacarías también enfatiza las condiciones requeridas para este. El prerrequisito de Dios para recibir todas estas promesas es el arrepentimiento. El Señor no bendecirá a los desobedientes. Él se lo dejó claro a Israel desde el principio. En Deuteronomio, Dios dictó la condición para la bendición y afirmó por medio de Moisés: "Vendrán sobre ti todas estas bendiciones, y te alcanzarán, si oyeres la voz de Jehová tu Dios" (Dt. 28:2). Moisés continuó así: "Pero acontecerá, si no oyeres la voz de Jehová tu Dios, para procurar cumplir todos sus mandamientos y sus estatutos que yo te intimo hoy, que vendrán sobre ti todas estas maldiciones, y te alcanzarán" (28:15). El Señor dejó bien claro que Él bendice por completo solo a los obedientes. Él es un Dios justo, perfecto y santo que por necesidad castiga a los malvados y recompensa a los justos (cp. Éx. 20:5-6).

Cuando la nación de Israel se sumió en una historia de desobediencia, Dios envió a profeta tras profeta para instar al pueblo a arrepentirse. En Isaías 55:6-7, Isaías dijo al pueblo: "Buscad a Jehová mientras puede ser hallado, llamadle en tanto que está cercano. Deje el impío su camino, y el hombre inicuo sus pensamientos, y vuélvase a Jehová, el cual tendrá de él misericordia, y al Dios nuestro, el cual será amplio en perdonar". Hay misericordia y perdón para aquel que se vuelve a Dios y se aparta del pecado. Las palabras de Jeremías 3:12-13 enfatizaban esta verdad: "Vuélvete, oh rebelde Israel, dice Jehová; no haré caer mi ira sobre ti, porque misericordioso soy yo, dice Jehová, no guardaré para siempre el enojo. Reconoce, pues, tu maldad, porque contra Jehová tu Dios has prevaricado". En Ezequiel 18:30-31, Ezequiel proclamó el mismo mensaje: "Convertíos, y apartaos de todas vuestras transgresiones, y no os será la iniquidad causa de ruina. Echad de vosotros todas vuestras transgresiones con que habéis pecado, y haceos un corazón nuevo y un espíritu nuevo". Todos los llamados al arrepentimiento fueron recordatorios de la misericordia de Dios. Con tales amonestaciones y súplicas, los profetas le recordaron a la nación que, si se arrepentían, Dios los aceptaría de nuevo y los bendeciría, tal como lo prometió (Is. 55:1-4; Jer. 31; Ez. 36).

A pesar de la bendición prometida, Israel no hizo caso a los profetas. El informe de 2 Reyes 17:3-4 deja esto en claro:

> *Jehová amonestó entonces a Israel y a Judá por medio de todos los profetas y de todos los videntes, diciendo: Volveos de vuestros malos caminos, y guardad mis mandamientos y mis ordenanzas, conforme a todas las leyes que yo prescribí a vuestros padres, y que os he enviado por medio de mis siervos los profetas. Mas ellos no obedecieron, antes endurecieron su cerviz, como la cerviz de sus padres, los cuales no creyeron en Jehová su Dios.*

El precio de la impenitencia fue que Israel quedó exiliado a una tierra pagana. A pesar de esto, Dios no revocó su juramento ni cambió su promesa. Él nunca abandonó su fidelidad a su pueblo, sino que los llevó de vuelta a la tierra prometida (Esd. 1:1-2) y, en este libro, reafirmó su fidelidad para con su pueblo. Zacarías comienza con un mandato de parte de Dios: que su pueblo se arrepienta. Él será misericordioso, pero no puede comprometer su estándar de santidad.

Para la audiencia original de Zacarías, el mensaje del libro alentó su corazón con la esperanza de las buenas promesas de Dios. Sin embargo, también les recordó que el camino a las bendiciones divinas comienza en la puerta del arrepentimiento (cp. Lc. 24:47; Hch. 20:21; 26:20). El arrepentimiento genuino, que consiste en un cambio radical de corazón y de mente, es una dádiva de la misericordia y de la gracia de Dios (2 Ti. 2:25; cp. Ef. 2:8-10). Esto incluye un cambio inmediato en los afectos que hace que el corazón se aparte del pecado y de la idolatría y se vuelva hacia el Dios vivo y verdadero (1 Ts. 1:9). Los resultados de este cambio interno en el corazón son actitudes de adoración y actos de obediencia. Estos "frutos dignos de arrepentimiento" (Mt. 3:8) constituyen la evidencia de que el arrepentimiento es genuino (cp. 2 Co. 7:10). El llamado al arrepentimiento busca que los pecadores se aparten de su idolatría e iniquidad y amen y adoren en cambio al Dios verdadero para andar en sus caminos. La respuesta correcta del pecador ante un llamado así es clamar por misericordia al Señor (Lc. 18:13-14) y pedirle el cambio de corazón que solo Él puede dar (2 Co. 5:17). El Señor se deleita en responder esta oración (cp. Lc. 15:7; Jn. 6:37) y en transformar a los pecadores desde adentro para que se conviertan en personas que lo adoran y lo obedecen de corazón (cp. Mr. 12:30-31).

El libro de Zacarías comienza con un llamado para que Israel se arrepienta y se vuelva al Señor. El pueblo no debe ser como sus antepasados, que endurecieron su corazón y se rebelaron contra Dios. En cambio, el Señor mismo llamó a su pueblo a volverse a Él en arrepentimiento para poder Él volverse a ellos en bendición (Zac. 1:1-3). No obstante, el Señor advirtió a los israelitas de las consecuencias de resistirse a su Palabra y de rebelarse contra Él (1:4-6). Si no se arrepentían, serían castigados, al igual que sus antepasados malvados.

EL LLAMADO AL ARREPENTIMIENTO

En el octavo mes del año segundo de Darío, vino palabra de Jehová al profeta Zacarías hijo de Berequías, hijo de Iddo, diciendo: Se enojó Jehová en gran manera contra vuestros padres. Diles, pues: Así ha dicho Jehová de los ejércitos: Volveos a mí, dice Jehová de los ejércitos, y yo me volveré a vosotros, ha dicho Jehová de los ejércitos. (1:1-3)

A diferencia de otros libros proféticos, en los que el autor comienza haciendo notar la duración de su ministerio (Is. 1:1) o el año en que comenzó su obra (Jer. 1:1), Zacarías presenta su profecía con una fecha muy específica: **el octavo mes del año segundo de Darío**. Este importante detalle vincula la profecía de Zacarías con eventos en Israel que vinieron después del destierro en Babilonia y, en específico, coloca su ministerio junto con el del profeta Hageo.

Zacarías ministró a Israel poco después de que el pueblo regresara a la tierra de la cautividad en Babilonia. Al principio, el remanente mostró entusiasmo para repoblar Jerusalén y reedificar el templo. Durante los primeros siete meses, ellos construyeron el altar sagrado y comenzaron a restaurar los sacrificios prescritos, pues buscaban regresar a la adoración que Dios había mandado (Esd. 3). No mucho después del comienzo del segundo año, empezaron a reconstruir el templo mismo de cara a una dura oposición de parte de los pueblos vecinos. La mención del **segundo año de Darío** era un recordatorio de que Israel seguía bajo un gobierno pagano, sometido a la jurisdicción de Media y Persia y de su monarca, Darío el Grande. Sin un rey propio y ante un antagonismo creciente, los israelitas se atemorizaron y se desanimaron. Como resultado, abandonaron sus esfuerzos por terminar el templo.

Sin embargo, Dios exigía que su casa se reconstruyera, porque esta era esencial para su plan. Para Israel, el templo significaba que Dios habitaba con su pueblo y constituía el centro de la adoración, donde su pueblo proclamaba de forma colectiva sus alabanzas y ofrecía en obediencia sacrificios a Él. El templo también tenía un rol profético, pues ilustraba que, tal como Dios llenaba el templo en Jerusalén, así también llenaría un día la tierra con su gloria (1 R. 8:10; Is. 6:3). Más de quinientos años después, este templo reconstruido jugaría también un papel importante en el ministerio terrenal del Señor Jesús, ya que muchos de los eventos de su primer advenimiento tuvieron lugar dentro del edificio del templo (Mt. 21:14-15; Lc. 2:46; 22:53; Jn. 7:28; 8:2, 20). Como Dios había diseñado el templo para servir a sus propósitos en la historia de Israel, su mandato era reconstruirlo. Este llamado llegó primero por medio del profeta Hageo.

Hageo dio cuatro breves mensajes que desafiaron, exhortaron y alentaron al pueblo a poner por obra la voluntad de Dios. En ellos, les mostró la hipocresía que demostraron al edificar casas para sí antes de completar el templo (Hag. 1:4). Él también afirmó que Dios usaría su obediencia, aunque fuera pobre, para su gloria (2:1-9). Hageo quería que los israelitas supieran que sus actos de obediencia serían parte de un plan mucho más grande elaborado por Dios.

Él proclamó sus exhortaciones de ánimo en "el mes séptimo, a los veintiún días del mes" (2:1) para apuntar al pueblo a la majestuosa realidad final:

> *Porque así dice Jehová de los ejércitos: De aquí a poco yo haré temblar los cielos y la tierra, el mar y la tierra seca; y haré temblar a todas las naciones, y vendrá el Deseado de todas las naciones; y llenaré de gloria esta casa, ha dicho Jehová de los ejércitos. Mía es la plata, y mío es el oro, dice Jehová de los ejércitos. La gloria postrera de esta casa será mayor que la primera, ha dicho Jehová de los ejércitos; y daré paz en este lugar, dice Jehová de los ejércitos (Hag. 2:6-9).*

Así, Hageo reveló que, en última instancia, Dios haría una obra mundial, una obra cósmica, y que se edificaría un templo lleno de la gloria de Dios y mucho más grande que cualquier templo anterior. Hageo dejó en claro que el templo restaurado de su época era un paso hacia aquella gloria milenaria.

Seguramente, muchos anhelaron más detalles sobre su profecía, pero la predicción de Hageo fue breve. Aunque su mensaje marcó el primer paso en la obediencia de los israelitas, estos necesitaban que otro profeta los mantuviera en el camino. De manera que Dios levantó a Zacarías **en el octavo mes** y, en esencia, lo envió a dirigirse al pueblo una semana después de la profecía de Hageo. El mensaje de Zacarías llegó en el momento oportuno para explicar la revelación que Dios había dado por medio de Hageo. Con ese fin, **vino palabra de Jehová** a Zacarías. Un profeta verdadero hablaba solo lo que el Señor le revelaba (Dt. 18:20). Al igual que otros profetas que lo precedieron (Os. 1:1; Jl. 1:1; Jon. 1:1; Mi. 1:1; Sof. 1:1), Zacarías recibió el mandato de hablar las mismísimas palabras de Dios.

En lo teológico, debemos notar que la **palabra de Jehová** no se refiere meramente a un mensaje, sino también a un mensajero (cp. Gn. 15:1-6; Nm. 12:6-8; Jer. 1:4-10; Jn. 1:1-3; Col. 1:16-17; He. 1:1-2). A partir de la creación, la Palabra de Dios crea (Gn. 1:3), dirige la historia (1 R. 13:26; Sal. 33:6-12) y habla (Gn. 15:1, 4). Además, la realidad de que la Palabra sea enviada por Dios indica que esta Palabra no es el Padre, sino más bien la segunda Persona de la Trinidad, el Hijo (Sal. 147:18; Jn. 5:30; 6:38). Este libro conlleva autoridad divina porque se trata de una revelación sobre el Mesías que vino directamente del Mesías (cp. Sof. 3:5; 4:14; 6:9-15; 9:9; 11:12; 12:10; 14:1-5). Él es la Palabra de Dios que habla la Palabra de Dios (Jn. 1:1-3; Ap. 19:13).

El mensaje vino al **profeta Zacarías hijo de Berequías, hijo de Iddo**. Estos nombres nos ofrecen otro recordatorio del carácter de Dios y de los propósitos de esta profecía. **Berequías** significa "Jehová bendice" y anticipa un tema clave en este libro: la bendición definitiva de Dios para Israel en el futuro. **Iddo**, el nombre del abuelo de Zacarías, significa "en su tiempo". Este nombre anticipa otro tema clave: Dios logrará sus propósitos conforme a su cronograma perfecto. El nombre **Zacarías** significa "Jehová se acuerda", que resume a su vez todo el mensaje del libro. La misión de Zacarías como **profeta**, uno que proclama la Palabra de Dios, era declarar que el Señor se acuerda. Jehová moverá todas las cosas de manera que "la gloria postrera de esta casa será mayor que la primera [...] y daré paz en este lugar" (Hag. 2:9).

Aunque fue un mensaje de esperanza y de aliento, la profecía de Zacarías comenzó con un sobrio recordatorio para los israelitas, en especial dado su reciente regreso del destierro. Él afirmó: **Se enojó Jehová en gran manera contra vuestros padres**. La palabra **enojo** expresa la noción de una irritación extrema, de desdén y de desagrado vehemente, casi al punto del aborrecimiento y el odio. Aunque Dios es amor (cp. 1 Jn. 4:16), Él también es santo y se enfada contra el pecado, de manera que Hebreos 12:29 describe a Dios como "fuego consumidor". El Señor está airado contra el impío todos los días (Sal. 7:11), incluyendo aquellos que lo abandonan (Esd. 8:22), que se alejan de la verdad (He. 10:26-27) o que conducen a otros hacia el engaño (Mt. 16:11-12; 2 P. 2; 1 Ts. 2:16). En su ira, Dios prometió maldecir a los idólatras y expulsarlos de la tierra de Israel (Dt. 29:27). En

Zacarías 1:2, el profeta usó la misma palabra para ira que se encuentra en Deuteronomio 29:27. Ambos pasajes enfatizaban que la razón para el destierro de Israel era la ira de Dios que se encendió contra la maldad del pueblo.

Aunque Jehová se enojó en gran manera **contra vuestros padres**, una referencia a las generaciones pasadas de israelitas antes del destierro, esto no tenía por qué ser así para el pueblo de la época de Zacarías. A diferencia de sus antepasados, ellos podían experimentar la bendición de Dios y no su juicio. Poco tiempo antes, el profeta Hageo había revelado que Dios estaba con su pueblo (Hag. 1:13). De hecho, el Señor había estado trabajando todo el tiempo para mover el corazón de los gobernantes de Media y Persia para que permitieran a Israel regresar a su hogar (Esd. 1:1). Por lo tanto, en esta afirmación de la ira de Dios contra las generaciones pasadas, Zacarías estaba ofreciendo también esperanza para el pueblo de su época.

Así **pues**, a la luz de esto, Zacarías recibió la instrucción: **Diles** lo que Dios espera de su pueblo para que este pueda disfrutar de su bendición, en lugar de sufrir su desagrado, como sucedió con las generaciones anteriores. El llamado del Señor al arrepentimiento y a volverse a Él fue claro: **Así ha dicho Jehová de los ejércitos: Volveos a mí**. El que hablaba era **Jehová de los ejércitos**, un título que se usa tres veces en este versículo. La repetición enfatizaba que este mandato estaba respaldado por la autoridad soberana y la majestad suprema del Rey del universo, quien gobierna sobre todos los ejércitos de los cielos. El imperativo **volveos** resaltaba el corazón arrepentido. Arrepentirse significa volverse, dar la espalda al pecado y regresar al Señor. Como lo hicimos notar antes, el arrepentimiento que Dios exige no es un mero cambio externo de comportamiento, sino más bien un cambio interno de corazón. Israel no debía regresar solamente a un cierto estilo de vida, sino **a mí**, es decir, al mismo Jehová. Los que regresaran al Señor en amor (Dt. 6:4-5) demostrarían esta realidad por medio de su adoración y obediencia. Este era el tipo de arrepentimiento que el Señor bendeciría.

Este llamado al arrepentimiento fue evidencia de la bondad de Jehová y de que Él se acuerda de su pueblo, lo que indica su anhelo misericordioso por salvarlos y bendecirlos. A lo largo de las Escrituras, Dios prometió que llegaría un día cuando su pueblo se arrepentiría gracias a su obra de transformación dentro del corazón de ellos (cp. Dt. 30:1-6; 1 R. 8:48-50; Ez. 36:26-31). Los profetas consideraban que el arrepentimiento de Israel era un evento que Dios usaría para cambiar su humillación en exaltación (Dt. 30:1-10; Jl. 2:12-32). En todo momento, el arrepentimiento funciona como el punto de partida para la bendición. Al hacer este mandato, Dios demostró que no se había olvidado de su pueblo ni tampoco de las promesas que les había hecho. La condenación divina no sería el final de la historia para la nación de Israel. Dios prometió gracia y esperanza para el penitente.

En consecuencia, el Señor garantizó a su pueblo que, si ellos se volvían a Él, **yo me volveré a vosotros**, es decir, a su pueblo Israel. La repetición de la palabra "volverse" vincula fuertemente el arrepentimiento de Israel con la restauración de la nación por parte de Dios. No puede suceder una sin la otra. El cambio de Dios, de la ira a la bendición, sería igual de espectacular que el cambio de Israel del pecado a Dios. Al volverse al Señor en amor y andar en obediencia a Él, la relación de Israel con Dios se restauraría y el pueblo experimentaría su bondad.

La promesa del Señor de volverse a su pueblo tenía implicaciones evidentes para la audiencia original de Zacarías, pues los movía a volverse a Él en expectativa y obediencia y a descansar en la garantía de su presencia con ellos y de sus abundantes bendiciones. No obstante, el cumplimiento pleno de esta promesa divina sigue en el futuro. La promesa de Jehová de volverse a ellos anticipa su regreso definitivo y glorioso al templo definitivo al final de los tiempos. El profeta Hageo ya lo había predicho:

> *Porque así dice Jehová de los ejércitos: De aquí a poco yo haré temblar los cielos y la tierra, el mar y la tierra seca; y haré temblar a todas las naciones, y vendrá el Deseado de todas las naciones; y llenaré de gloria esta casa, ha dicho Jehová de los ejércitos. Mía es la plata, y mío es el oro, dice Jehová de los ejércitos. La gloria postrera de esta casa será mayor que la primera, ha dicho Jehová de los ejércitos; y daré paz en este lugar, dice Jehová de los ejércitos (Hag. 2:6-9).*

Ningún pasaje de las Escrituras nos indica que la gloria de Dios regresara jamás al templo de Zorobabel de la manera en que el primer templo fue lleno de la gloria *shekinah* (cp. 1 R. 8:10, 11; 2 Cr. 5:13, 14). Esta gloria tampoco puede referirse a la presencia física de Jesucristo en el templo de Herodes porque los demás eventos que menciona Hageo 2:6-9 no han sucedido aún. Hageo habló de cómo Dios haría temblar a las naciones, instituiría la paz mundial y llenaría a Jerusalén de plata y de oro. Nada de eso sucedió durante el primer advenimiento de Cristo. La promesa del glorioso regreso de Jehová a su templo, predicha por Hageo y por Zacarías, no tiene aún un cumplimiento histórico. Todavía queda por suceder en el futuro, como lo predijo el profeta Ezequiel (Ez. 43:5). Llegará el día cuando Israel se vuelva al Señor (Ro. 11:26) y el Señor se volverá a su pueblo y morará con ellos de forma plena, íntima y majestuosa (Is. 4:2-6; 6:1-3; Ez. 40–48). La afirmación de esto por parte de **Jehová de los ejércitos** refuerza su certeza, ya que Él posee toda autoridad y poder para cumplir su plan tal como lo prometió.

En esta oscura época para la nación, los primeros versículos de Zacarías le recordaban al pueblo que Jehová no los había abandonado. El Señor llamó a Israel a arrepentirse y a volverse a Él. Este mensaje aparece al inicio del libro porque presenta lo que el pueblo de Dios necesitaba saber como punto de referencia para toda la profecía. A medida que el profeta exponía las maravillosas bendiciones de gracia que Dios tiene reservadas para Israel, tanto en lo histórico como en lo escatológico, ellos necesitaban saber cuál era la forma adecuada de responder. El Señor reveló la respuesta desde el principio del libro: Israel necesitaba arrepentirse y volverse a Él.

LAS CONSECUENCIAS DE LA REBELIÓN

No seáis como vuestros padres, a los cuales clamaron los primeros profetas, diciendo: Así ha dicho Jehová de los ejércitos: Volveos ahora de vuestros malos caminos y de vuestras malas obras; y no atendieron, ni me escucharon, dice Jehová. Vuestros padres, ¿dónde están?; y los profetas, ¿han de vivir para siempre? Pero mis palabras y mis ordenanzas que mandé a mis siervos los profetas,

¿no alcanzaron a vuestros padres? Por eso volvieron ellos y dijeron: Como Jehová de los ejércitos pensó tratarnos conforme a nuestros caminos, y conforme a nuestras obras, así lo hizo con nosotros. (1:4-6)

Para continuar su exhortación al arrepentimiento, Dios les informó en qué consistía y en qué no consistía. Jehová les advirtió: **No seáis como vuestros padres**. Los **padres** representaban las generaciones pasadas que cayeron bajo el enojo de Dios (cp. Zac. 1:2). Zacarías señaló que la generación presente estaba en peligro, de forma paralela a la de sus padres, en el sentido de que **los primeros profetas** (es decir, todos los profetas que llegaron antes del destierro, incluyendo a Isaías, Jeremías, Oseas, Joel, Amós, Miqueas, Habacuc y Sofonías) también **clamaron** a las generaciones previas de israelitas. Estos profetas habían sido fieles en exhortar a las generaciones pasadas con alguna forma de esta advertencia divina: **Así ha dicho Jehová de los ejércitos: Volveos ahora de vuestros malos caminos y de vuestras malas obras** (cp. 1:3) Mientras que Zacarías exhortó a Israel a volverse a Dios, los primeros profetas los exhortaron a que se volvieran **de vuestros malos caminos y de vuestras malas obras**. Volverse a Dios y volverse del mal son dos lados de la misma moneda del arrepentimiento. La condenación de los antepasados de Israel, tanto por su conducta general (**vuestros malos caminos**) como por sus actos específicos (**vuestras malas obras**) nos ofrece un recordatorio importante: el verdadero arrepentimiento es riguroso. Caracteriza todo el estilo de vida de una persona y hace también morir pecados específicos (cp. Ro. 8:13). Ambos son componentes de un arrepentimiento genuino que honra a Dios.

Las generaciones pasadas habían recibido la misma verdad en la advertencia de Dios. El problema de esas generaciones anteriores fue su respuesta: **no atendieron**. Atender se refiere a escuchar con disposición a responder, ya sea al aceptar una petición (Gn. 17:20) o al obedecer un mandamiento (Éx. 24:7). Los antepasados de Israel no obedecieron el llamado de Dios a arrepentirse. Jehová también afirmó que sus antepasados no **me escucharon**; esto demuestra que ni siquiera prestaron atención al mensaje de los profetas. Zacarías advirtió a sus lectores que no debían ser como las generaciones necias y testarudas que les habían precedido. Su respuesta tenía que ser diferente a la de ellos.

El Señor le recordó a Israel todo el peso y la urgencia de la respuesta de ellos. Ya que los pecadores tienden a vivir en negación y a ignorar las advertencias de Dios como si fueran artefactos sin sentido de la historia de la antigüedad, el Señor demostró, por medio de la historia, que las consecuencias de la desobediencia a su Palabra son serias, reales e inevitables. Para dejarlo en claro, el Señor señaló de nuevo el pasado de Israel y preguntó: **Vuestros padres, ¿dónde están?** La respuesta era evidente, en especial para quienes acababan de regresar del cautiverio en Babilonia. Los israelitas entendían las consecuencias históricas de la maldad de su pueblo. Ellos sabían que sus padres habían sido aniquilados por los ejércitos de Nabucodonosor o bien llevados al destierro por la fuerza. Esdras 9:7 documenta lo siguiente: "Desde los días de nuestros padres hasta este día hemos vivido en gran pecado; y por nuestras iniquidades nosotros, nuestros reyes y nuestros sacerdotes hemos sido entregados en manos de los reyes de las tierras, a espada, a cautiverio, a robo, y a vergüenza que cubre nuestro rostro, como hoy día". El pueblo de

Israel sabía bien que las generaciones pasadas habían sido asesinadas en juicio (2 Cr. 29:8). Zacarías le recordó a su audiencia que, si no estaban dispuestos a arrepentirse y a volverse al Señor, no les iría mejor que a los antepasados infieles. Si no respondían con penitencia, también enfrentarían el juicio de Dios.

Dios prosiguió con esta pregunta: **Y los profetas, ¿han de vivir para siempre?** A diferencia de los padres de Israel, los profetas eran siervos de Dios y tenían una relación correcta con Él. El punto de esta pregunta retórica no es enfatizar el juicio de Dios, sino más bien demostrar la fragilidad humana, así como la autoridad absoluta de la Palabra de Dios. Aunque los profetas fueron fieles en entregar el mensaje de Dios, como pecadores también envejecieron y murieron físicamente (Ez. 18:20). Ellos no **han de vivir para siempre** en este mundo. Si hasta los siervos de Dios mueren, entonces de seguro nadie puede vencer el efecto de la revelación divina. Nadie está por encima de la Palabra de Dios, ni siquiera los profetas que la proclamaron. Moisés constituye un ejemplo evidente de esto. Aunque Dios lo usó para recibir los primeros cinco libros de la Biblia, cuando pecó, Dios lo castigó sin mostrarle parcialidad (cp. Nm. 20:9-13, 24; 27:13; Dt. 1:37; 3:26-27). Como nadie puede resistirse a la Palabra de Dios, sus advertencias son verdaderas e inevitables. Israel debía tomarlas en serio.

En contraste (**pero**) con el estado caído y frágil del hombre, Dios recordó a su pueblo la naturaleza de su Palabra. El enunciado **mis palabras y mis ordenanzas que mandé a mis siervos los profetas** describe la autoridad de las Escrituras. La frase **mis palabras** enfatiza que Dios es el autor y la autoridad de las Escrituras (cp. Sal. 147:19; Zac. 1:1; 2 Ti. 3:16). El significado de **mis ordenanzas** conlleva la noción de un límite, ya que la ley de Dios traza la línea entre el bien y el mal y define el estándar mismo ante el cual Dios responsabiliza al hombre. La Palabra de Dios no solo es divina, sino también definitiva; para demostrar cuán soberana es, Zacarías le recuerda el pueblo que la Palabra de Dios es aquello **que mandé** proclamar **a mis siervos los profetas**. Nadie tiene ventaja alguna sobre la Palabra de Dios, ni siquiera **los profetas** que la anunciaron. Ya que viene con el poder y la prerrogativa de su Autor divino, las Escrituras lo dominan todo.

Dada la autoridad absoluta de las Escrituras, no es de sorprender que sus advertencias **alcanzaron a vuestros padres**. En esencia, la frase describe a una persona que es alcanzada desde atrás (Gn. 31:25; Dt. 28:45; Jos. 2:5; 1 S. 30:8). En primera instancia, los pecadores podrían asumir que las consecuencias descritas en la Palabra de Dios están muy por detrás de ellos y que nunca los alcanzarán. Sin embargo, la Palabra siempre se cumple y resulta triunfante. El juicio sobre los **padres** de Israel nos ofrece una prueba histórica de esto. El destierro en Babilonia constituye una evidencia irrefutable de que el juicio de Dios caerá de hecho sobre los pecadores, tal como Él lo ha declarado en su Palabra. La ira divina alcanzó a los israelitas pecadores e impenitentes y terminará por alcanzar a todo pecador (cp. Lm. 2:17; Esd. 7:26). Moisés lo advirtió así: "Sabed que vuestro pecado os alcanzará" (Nm. 32:23).

Todo superviviente de este juicio histórico habría reconocido esta verdad. El versículo 6 lo explica de esta manera: **Por eso volvieron ellos y dijeron: Como Jehová de los ejércitos pensó tratarnos conforme a nuestros caminos, y conforme a nuestras obras, así lo hizo con nosotros**. El remanente confesó la soberanía de Dios al referirse a **Jehová de los ejércitos**, cuyo poder y recursos son ilimitados. La palabra **pensó** denota el plan premeditado del decreto de Dios que no puede cambiar y que siempre se cumple (Jer. 4:28; 51:12; Lm. 2:17). En específico, los supervivientes reconocieron que, exactamente como Jehová había ordenado de antemano y determinado **tratarnos, así lo hizo con nosotros**. La simetría de la redacción demuestra que Dios ejecutó precisamente lo que Él había pensado hacer. Además, el juicio de Dios fue perfectamente apropiado, pues fue **conforme a nuestros caminos, y conforme a nuestras obras**. Esta admisión demuestra que el castigo de Dios no solo fue justo, sino también exacto. Cumplió precisamente lo que los profetas anteriores habían predicho que sucedería si el pueblo se negaba a volverse de sus malos **caminos** y **obras** (Zac. 1:4). Ningún israelita podía decir que no se lo habían advertido.

Es necesario hacer una última observación respecto al versículo 6. Los supervivientes del destierro **volvieron** y **dijeron**. Algunas traducciones interpretan esta frase de la siguiente manera: "se arrepintieron y dijeron". No obstante, el significado de la palabra en hebreo en este contexto es "volvieron" y esta es la misma palabra que aparece en los versículos iniciales del pasaje que llaman a Israel a volverse a Dios tal como Él se volverá a ellos (cp. 1:3, 4). En el uso de la palabra **volvieron** aquí, Zacarías continúa el juego de palabras que ha estado llevando a cabo en toda esta sección. El profeta estaba llamando a todos los que habían vuelto de la tierra de Babilonia a volverse también a Dios. El regreso físico de Israel a la tierra debía incluir su regreso espiritual al amor y a la obediencia al Señor de manera que Él pudiera regresar a ellos. Sin embargo, en todo esto, el juego de palabras llevaba también consigo una advertencia. Si no se volvían al Señor en arrepentimiento, solo podrían **volver** a su tierra en vergüenza, como meros supervivientes que lamentarían la realidad de que Dios los había juzgado tal como lo hizo con sus padres. Como la Palabra de Dios siempre es efectiva, el llamado al arrepentimiento es un llamado o bien a la bendición o al juicio. Los que se aparten del pecado y se vuelven a Dios para aceptarlo en fe y en amor experimentarán su bendición. Sin embargo, los que rechacen su invitación y anden en rebelión contra Él inevitablemente enfrentarán su enojo y su juicio.

Una lección práctica para el presente

2

A los veinticuatro días del mes undécimo, que es el mes de Sebat, en el año segundo de Darío, vino palabra de Jehová al profeta Zacarías hijo de Berequías, hijo de Iddo, diciendo: (1:7)

En una sola noche, Zacarías recibió ocho visiones que detallan el poder soberano de Dios para cumplir su voluntad para el futuro. Estas visiones se relatarán en los siguientes seis capítulos de la profecía de Zacarías. Están en el formato de un quiasma, donde la primera visión y la última forman un paralelo, la segunda y la séptima forman otro paralelo y así sucesivamente. En este tipo de estructura, el centro ofrece el énfasis principal. En este caso, el centro consiste en profecías sobre el Mesías (cp. Zac. 4–5), la figura central de todo en el plan de Dios. Como es de esperar, las visiones mismas son extraordinarias. Estas incluyen descripciones de caballos (1:7-17), de cuernos (1:18-21), de un varón con un cordel de medir (2:1-13), del sumo sacerdote (3:1-10), de un candelabro (4:1-14), de un rollo que volaba (5:1-4), de una mujer en un efa (5:5-11) y de cuatro carros (6:1-8). Estas escenas son espectaculares en su simbolismo y en las profundas verdades teológicas que revelan. Para Zacarías, recibirlas todas en una sola noche debió de haber sido una experiencia intensa.

Dos preguntas preliminares surgen respecto a estas visiones. Primero, ¿existe algún propósito práctico para estas visiones? Es posible que los lectores queden atrapados en la maravilla del drama que se desenlaza ante la mirada de Zacarías, pero ¿qué implicaciones tienen estas visiones para el pueblo de Dios? Esto nos lleva a una segunda pregunta relacionada. Las ocho visiones comienzan con Zacarías 1:7, que establece la fecha y, de hecho, la noche misma en que Zacarías las contempló. ¿Nos sirve de algo conocer la fecha o se trata este de un detalle intrascendente? Ya que la Biblia es la Palabra inspirada por Dios y toda ella es útil (2 Ti. 3:16), ningún detalle de las Escrituras es intrascendente y la fecha de las visiones de Zacarías no es la excepción a la regla. De hecho, entender el momento y el contexto de sus visiones nos demuestra lo relevantes que son en verdad. Con temas como la persistencia en la obra de Dios (Zac. 1:7a), la perseverancia en medio de las pruebas (1:7b) y la perspectiva de que Dios se acuerda (1:7c), las visiones de Zacarías de hecho se aplican al pueblo de Dios en todas las épocas.

PERSISTENCIA EN LA OBRA DE DIOS

A los veinticuatro días del mes undécimo, (1:7a)

No es casualidad que las visiones de Zacarías ocurrieran **a los veinticuatro días del mes undécimo**. Varios eventos importantes habían sucedido a los veinticuatro días de meses anteriores. Por ejemplo, en el día veinticuatro del mes sexto, la labor en el templo había recomenzado (Hag. 1:15). Como reconstruir la casa de Dios era un punto crucial para Israel en este punto de la historia (ver notas en Zac. 1:1), esta fecha fue un momento importante en el plan de Dios. Exactamente tres meses más tarde, a los veinticuatro días del noveno mes, Dios comisionó a Hageo para exhortar a Israel a perseverar en su obediencia. Él reveló que el Señor los bendeciría a ellos y la labor de reedificar el templo (Hag. 2:10). Cuando Dios habló de nuevo **a los veinticuatro días del mes**, el pueblo de seguro entendió que Él estaba revelando otro mensaje relacionado con la edificación del templo. Dios buscaba seguir fortaleciendo a su pueblo para que persistiera en los esfuerzos porque edificar el templo no era tarea fácil. Hubo oposición y peligros de parte de sus vecinos (Esd. 4:1-7), a tal punto que el proyecto se detuvo durante años (4:24). De la misma manera, muchos dentro de Israel estaban siendo tentados también a la distracción y a la apatía (Hag. 1:2-4). Además de esto, el pueblo estaba decepcionado porque el templo era más pequeño que el de Salomón (2:3). Muchos pudieron haberse preguntado si todo el trabajo, el esfuerzo, los riesgos y hasta la guerra espiritual valían la pena para una estructura que parecía tan insignificante. De seguro, otros se preguntaron también si podrían llegar a terminarla. De manera que, cinco meses después del reinicio del proyecto (el **mes undécimo**), el pueblo necesitaba la fortaleza de confiar en que Dios honraría su obediencia y los afianzaría en todos sus esfuerzos. Por eso, la visión de Zacarías sucedió en este momento. Las visiones de Zacarías detallaron las promesas y los planes de Dios para garantizar a su pueblo de que lo que estaban haciendo era necesario e importante, sin importar lo difícil que fuera.

Aunque la iglesia nunca ha sido llamada a construir un templo físico, el contenido de las revelaciones de Zacarías es un recordatorio de que el futuro motiva a los creyentes a persistir en todas las tareas que Dios tiene para ellos en el presente. En 1 Corintios 15, Pablo, de forma similar a la de Zacarías, reveló el plan de Dios para el futuro (la resurrección de los santos en gloria). La conclusión del apóstol ante tal conocimiento del futuro fue esta: "Así que, hermanos míos amados, estad firmes y constantes, creciendo en la obra del Señor siempre, sabiendo que vuestro trabajo en el Señor no es en vano" (15:58). Conocer la certeza del diseño divino para el futuro produce confianza en que la obediencia del presente importa. Las visiones de Zacarías ofrecen una ilustración elaborada de la verdad de que Dios se acuerda de sus promesas y de los planes gloriosos que tiene reservados para su pueblo. Entender esto es una amonestación para los creyentes de cualquier época respecto a que Dios honra la obediencia. En el Señor, su trabajo nunca es en vano.

PERSEVERANCIA EN MEDIO DE LAS PRUEBAS

que es el mes de Sebat, en el año segundo de Darío, (1:7b)

Las visiones de Zacarías dieron esperanza a los israelitas en medio de las dificultades. Estas visiones ocurrieron en **el mes de Sebat**, el nombre babilónico para el undécimo mes. El uso de Zacarías del calendario babilónico era un recordatorio de que su subyugación ante gobernantes paganos continuaba, incluso en su tierra natal.

Identificar el año como **el año segundo de Darío**, el gobernante del Imperio medo persa, que tenía el control político sobre la tierra prometida en aquella época, también era un recordatorio de que Israel no estaba libre de servidumbre. Los tiempos de los gentiles (cp. Zac. 9:1; Lc. 21:24) ya habían comenzado e Israel estaba viviendo en ellos. Dios había prometido a Abraham que Israel sería una gran nación y que tendría dominio sobre la tierra que iba desde Egipto hasta el Éufrates (cp. Gn. 15:18). Por medio de los profetas, Dios le aseguró a su pueblo que estas promesas seguían siendo verdad. Al final, no solo serían una nación libre, sino que también todas las naciones los apoyarían al regresar a Jerusalén para aprender y adorar (cp. Is. 2:2). En aquel tiempo, la gloria de Dios emanaría desde Jerusalén y cubriría toda la tierra (Is. 60:19-22; Ez. 40–48). No obstante, en la época de Zacarías, solo un remanente del pueblo de Israel había regresado a su tierra y la nación no estaba experimentando el cumplimiento de estas promesas. Otras naciones pelearon contra ellos y los vencieron. Isael era todo menos libre y pleno. En Nehemías 9:36, el pueblo reconoció esta realidad: "He aquí que hoy somos siervos; henos aquí, siervos en la tierra que diste a nuestros padres para que comiesen su fruto y su bien". Aunque estaba en la tierra prometida, el pueblo se sentía más como siervos en Egipto que como ciudadanos de una nación restaurada en su propia tierra. Al igual que sus antepasados en Egipto, estaban esperando otro Éxodo que en verdad los liberara (cp. Is. 43:1-7, 18-19; Os. 11:1-10; Zac. 10:6-12). La situación era ardua, frustrante y desalentadora.

Así pues, las visiones de Zacarías llegaron en el momento oportuno, justo cuando las cosas se ponían difíciles y había decepción generalizada. En esencia, estas visiones bombardearon al pueblo de Dios con promesas de bendición divina. Estas le explicaban a Israel que la situación de su época no seguiría siendo siempre la misma. Impartían esperanza, de manera que Israel pudiera ser enfrentado y fortalecido para perseverar en confianza ante el día venidero de bendición. No obstante, en un sentido importante, el destierro de Israel continúa hasta la actualidad. Incluso ahora, Israel no ha recibido todo lo que Dios ha prometido. La nación no mora en paz, el pueblo no se ha arrepentido y no conoce a su Mesías (cp. Zac. 12:10; Jn. 1:11; Mat. 23:37-39).

De manera similar, Pedro les recordó a los creyentes del Nuevo Testamento que eran peregrinos y desterrados en este mundo porque Cristo no ha regresado todavía ni cumplido todas sus promesas (cp. 1 P 1:1-2). Todos los creyentes perciben con intensidad la realidad de que no todo es como debe de ser, de que aún no hay justicia plena. Necesitan pues recordar que los pactos y las promesas de Dios aún están por cumplirse del todo, tal como Él lo prometió (cp. 2 P. 3:1-13). Las visiones de Zacarías sustentan esta esperanza. Aunque las promesas de estas visiones se referían directamente al Israel histórico, también revelaron el resultado de un plan más grande, uno que se relaciona con la iglesia. Las visiones de Zacarías ofrecían esperanza en el poder y en los propósitos de Dios para tiempos difíciles. En este sentido, son inmensamente pertinentes para los creyentes de todas las épocas, ya que todos los santos estarán incluidos en la gloria definitiva del plan de Dios.

PERSPECTIVA DE QUE DIOS SE ACUERDA

vino palabra de Jehová al profeta Zacarías hijo de Berequías, hijo de Iddo, diciendo: (1:7c)

En una época de pruebas y de espera, el pueblo no necesita opiniones ni especulaciones. Necesitan una revelación divina; esto es exactamente lo que Dios les dio. **Vino palabra de Jehová**, no solo con información, sino en la forma de una persona, el Hijo de Dios (ver planteamiento en Zac. 1:1). En un momento en el que Israel estaba agotado y descorazonado, el Cristo preencarnado actuó a favor de ellos. Él estaba obrando en su beneficio, aunque la nación no lo conocía. El Señor Jesús envió un mensaje por medio de un **profeta**, cuyo nombre y linaje hacían referencia a la remembranza y fidelidad de Dios (**Zacarías**), a su bendición y misericordia (**Berequías**) y a sus tiempos soberanos (**Iddo**). Los que se preguntaban si su trabajo era en vano necesitaban la garantía de que Dios se acuerda de sus promesas de bendición. Los que se preguntaban si la servidumbre de Israel terminaría en algún momento necesitaban saber que Dios no se había olvidado de ellos, sino que había ordenado los momentos correctos. Estos temas de la remembranza, de la bendición y de los tiempos de Dios son verdades vitales que su pueblo debe recordar en épocas de sufrimiento.

Como este séptimo versículo es el encabezado de las ocho visiones, es apropiado entender de qué forma recorren estos temas las revelaciones que Zacarías vio aquella noche del veinticuatro del mes undécimo. ¿Qué reveló Dios respecto a lo que Él recuerda? Él se acuerda del estado de su plan (1:7-17; 6:1-8), porque la primera visión afirmaba que Él no se había olvidado de sus promesas (1:7-17) y su visión paralela, la octava, demostraba que Él las implementaría (6:1-8). Dios también se acordaba de sus promesas respecto a las naciones (1:8-21; 5:5-11). La segunda visión revelaba la gran extensión de su plan para las naciones (1:18-21), mientras que la séptima demostraba que Él tenía un plan específico para la maldad de estas (5:5-11). Además, el Señor recordaba sus garantías respecto a Israel (2:1-13; 5:1-4). La tercera visión (2:1-13) y la sexta (5:1-4) mostraban, respectivamente, la promesa de restauración para el pueblo de Dios y el juicio que sería necesario para obtenerla. Más que nada, Dios recordaba sus profecías respecto al Mesías venidero y a su obra (3:1-10; 4:1-14). La cuarta visión (3:1-10) y la quinta (4:1-14), las que se encuentran en el núcleo de las ocho visiones nocturnas de Zacarías, se concentraban en la supremacía del Mesías. Estas lo describían como Sacerdote y Rey, Aquel que intercederá por su pueblo y lo purificará (3:1-10) y como Rey y Sacerdote, Aquel que mediará la gloria de Dios al mundo por medio de Israel (4:1-14). En estas revelaciones que abordan el presente y el futuro, los judíos y los gentiles, la nación y su Rey verdadero y el Mesías mismo, Dios demostró que se acuerda de todos los aspectos, detalles y componentes de sus promesas. Él se acuerda de todo. De hecho, las visiones de Zacarías evidencian que no faltará ninguna de las buenas palabras que Dios ha dicho (cp. Jos. 23:14; Is. 55:11). La meticulosa fidelidad de Dios a su plan prometido debería mover a su pueblo a persistir en la obra de obediencia y a perseverar en épocas de problemas.

La primera visión nocturna, primera parte: Dios está activo

3

Vi de noche, y he aquí un varón que cabalgaba sobre un caballo alazán, el cual estaba entre los mirtos que había en la hondura; y detrás de él había caballos alazanes, overos y blancos. Entonces dije: ¿Qué son estos, señor mío? Y me dijo el ángel que hablaba conmigo: Yo te enseñaré lo que son estos. Y aquel varón que estaba entre los mirtos respondió y dijo: Estos son los que Jehová ha enviado a recorrer la tierra. Y ellos hablaron a aquel ángel de Jehová que estaba entre los mirtos, y dijeron: Hemos recorrido la tierra, y he aquí toda la tierra está reposada y quieta. Respondió el ángel de Jehová y dijo: Oh Jehová de los ejércitos, ¿hasta cuándo no tendrás piedad de Jerusalén, y de las ciudades de Judá, con las cuales has estado airado por espacio de setenta años? Y Jehová respondió buenas palabras, palabras consoladoras, al ángel que hablaba conmigo. (1:8-13)

Hebreos 1:1 explica que, en el pasado, Dios habló "muchas veces y de muchas maneras en otro tiempo a los padres por los profetas". Una de estas maneras fue por visiones. Cuando Jehová, en su ira, enfrentó a Aarón y a María por hablar en contra de su hermano, Moisés, Él reveló tres maneras en las que hablaba por medio de sus siervos, los profetas:

> *Y él les dijo: Oíd ahora mis palabras. Cuando haya entre vosotros profeta de Jehová, le apareceré en visión, en sueños hablaré con él. No así a mi siervo Moisés, que es fiel en toda mi casa. Cara a cara hablaré con él, y claramente, y no por figuras; y verá la apariencia de Jehová (Nm. 12:6-8a).*

Dios hablaba a Moisés de forma directa y clara, pero a muchos de los profetas les habló en visiones y sueños, que requerían interpretaciones cuidadosas. El Señor lo dijo así en el Salmo 78: "Abriré mi boca en proverbios; hablaré cosas escondidas desde tiempos antiguos, las cuales hemos oído y entendido; que nuestros padres nos las contaron" (78:2-3). Estas "cosas escondidas" incluían visiones enigmáticas que, a diferencia de los sueños, eran escenas de revelación dadas al profeta mientras este estaba despierto. Aun así, no eran realidades tangibles ni físicas, sino más bien realidades que se percibían espiritualmente. El testimonio de Pablo respecto al carácter de una visión en 2 Corintios 12:1-4 nos muestra que, a veces, ni siquiera el receptor está seguro de la naturaleza de la visión:

> *Ciertamente no me conviene gloriarme; pero vendré a las visiones y a las revelaciones del Señor. Conozco a un hombre en Cristo, que hace catorce años (si en el*

> *cuerpo, no lo sé; si fuera del cuerpo, no lo sé; Dios lo sabe) fue arrebatado hasta el tercer cielo. Y conozco al tal hombre (si en el cuerpo, o fuera del cuerpo, no lo sé; Dios lo sabe), que fue arrebatado al paraíso, donde oyó palabras inefables que no le es dado al hombre expresar (2 Co. 12:1-4).*

Así pues, las visiones fueron uno de los medios por los cuales Dios reveló su mensaje a sus voceros. Amós lo explicó de esta manera: "Porque no hará nada Jehová el Señor, sin que revele su secreto a sus siervos los profetas" (Am. 3:7). Las visiones constituían una parte central de la literatura apocalíptica, en la que Dios revelaba verdad sobre su plan para el final de los tiempos (p. ej.: Ezequiel, Daniel, Zacarías y Apocalipsis). El profeta que recibía las visiones observaba escenas que describían eventos futuros y, usualmente, contaba con la guía y la interpretación de un ángel. Zacarías tuvo ocho visiones como estas que representaban detalles del desarrollo de los propósitos de Dios para el futuro.

El principio de la primera visión de Zacarías reveló que, aunque Israel no podía ver la mano visible de Dios, el Señor estaba consciente de sus circunstancias y estaba activo en hacer avanzar su plan. Dios siempre está activo y esta verdad es de aliento para los creyentes de todas las épocas que claman por su intervención en momentos de prueba. El salmista preguntó: "¿Hasta cuándo, oh Dios, nos afrentará el angustiador? ¿Ha de blasfemar el enemigo perpetuamente tu nombre?" (Sal. 74:10). La respuesta a estas preguntas no nos lleva a la duda, sino más bien a una confianza más grande en el Señor. Los creyentes pueden descansar en el conocimiento de que Dios hace todo para su propia gloria (Ro. 11:36) y también para el bien de su pueblo (8:28). Su providencia soberana gobierna sobre todos los detalles y convierte malas intenciones en buenos resultados (Gn. 50:20). Dios es soberano sobre todas las cosas (Sal. 115:3) y se mueve dentro del reino natural y del espiritual para garantizar que su plan predeterminado se cumpla.

En la época de Zacarías, los israelitas se enfrentaban a retos formidables de parte de las naciones enemigas (ver planteamiento en Zac. 1:7). Aunque había regresado un remanente del pueblo, este seguía bajo la amenaza de poderes extranjeros. Lo único que podían ver era obstáculos y oposición. Para alentarlos y fortalecerlos, Dios dio a Zacarías una serie de visiones para mostrarle lo que Israel no podía ver. Siglos antes, el Señor dio una visión similar al profeta Eliseo y a su criado:

> *Y se levantó de mañana y salió el que servía al varón de Dios, y he aquí el ejército que tenía sitiada la ciudad, con gente de a caballo y carros. Entonces su criado le dijo [a Eliseo]: ¡Ah, señor mío! ¿qué haremos? Él le dijo: No tengas miedo, porque más son los que están con nosotros que los que están con ellos. Y oró Eliseo, y dijo: Te ruego, oh Jehová, que abras sus ojos para que vea. Entonces Jehová abrió los ojos del criado, y miró; y he aquí que el monte estaba lleno de gente de a caballo, y de carros de fuego alrededor de Eliseo (2 R. 6:15-17).*

Tal como lo hizo con Eliseo, el Señor dio a Zacarías un vistazo sobrenatural de su autoridad soberana y de su poder supremo. Las cosas que Zacarías vio le aseguraron y, por extensión, también a los israelitas, que Dios estaba obrando a favor de su pueblo.

En la primera mitad de la primera visión nocturna de Zacarías (Zac. 1:8-13), el Señor reveló que la actividad del Señor es presente (1:8), que el conocimiento del Señor es preciso (1:9-11) y que la defensa del Señor a favor de su pueblo es personal (1:12-13). Aunque no resultaba evidente para los israelitas de su época, el Señor le demostró a Zacarías que Él siempre estaba haciendo avanzar su plan. Por lo tanto, su pueblo podía confiar en que Él lograría sus propósitos perfectos.

EL SEÑOR NO HA DEJADO DE OBRAR

Vi de noche, y he aquí un varón que cabalgaba sobre un caballo alazán, el cual estaba entre los mirtos que había en la hondura; y detrás de él había caballos alazanes, overos y blancos. (1:8)

Zacarías comienza el relato de sus visiones con estas palabras: **Vi de noche**. Dios le otorgó al profeta vista espiritual ante realidades que van más allá de lo que se puede observar de forma natural. Zacarías estaba por ver imágenes que le revelarían los propósitos de Dios y que se llevarían a cabo tanto en su época como en el final de la historia.

El momento, **de noche**, es similar al de la visión nocturna de Daniel (Dn. 7:13). Esto no es coincidencia, porque las visiones de Zacarías tienen elementos que nos recuerdan lo que Daniel vio. La visión nocturna se encuentra en el centro de su profecía (cp. Dn. 7) y por buenas razones. Esta abarcaba el plan de Dios para el futuro, desde la época de Daniel en adelante, y relataba la progresión de las naciones más importantes de la historia mundial (7:1-8). La visión de Daniel demostraba que, aunque la historia estaba llena de pruebas y de luchas para los santos, estos vencerían al final gracias al Mesías (7:21-22). Además, reveló que todos los reyes y los reinos caerían y que solo un Rey, el Cristo, reinaría al final (7:9-14). También llamó al Mesías el "hijo de hombre" (7:13), porque Él es el postrer Adán que gobernará sobre todo el cosmos. La visión de Daniel constituye el trasfondo para el título "el Hijo del Hombre" que Jesús se adjudica a lo largo de los Evangelios (Mt. 8:20; Mr. 2:28; Lc. 21:27; Jn. 3:13). Al revelar verdades similares a Zacarías mediante sus visiones nocturnas, el Señor reiteró su compromiso de cumplir las cosas que le había mostrado a Daniel. Las visiones de Zacarías también demostraron que Dios no se había olvidado de su pueblo ni de sus promesas.

Al comenzar la primera visión, la atención de Zacarías se vio dirigida de inmediato a un varón que se hallaba en el centro de la escena. La exclamación del profeta, **y he aquí un varón**, sin mayor descripción, al principio deja como misterio la identidad de este. En un sentido, como aparece en una visión, se entiende que el varón es sobrenatural (cp. Gn. 32:24-32; Os. 12:3-4). Más adelante, esto se confirma cuando se lo identifica con el ángel de Jehová (Zac. 1:11), el mismísimo Cristo preencarnado, la segunda Persona de la Trinidad. En Génesis 16:11-13, el ángel de Jehová se le apareció a Agar e interactuó con ella. Ella dijo de Él: "Tú eres Dios que ve" (Gn. 16:13). Agar, al darse cuenta de que el ángel que hablaba con ella era de hecho Jehová, tuvo razón al llamarlo Dios. De la misma forma, Éxodo afirma que el ángel de Jehová, que habló desde la zarza ardiente, era Dios mismo (Éx. 3:2-4; cp. Hch. 7:30). En estos casos, el ángel de Jehová es Jehová mismo, enviado por Dios para anunciar su propio mensaje.

No es de sorprender que el ángel de Jehová, Dios mismo, sea descrito como un **varón**, dado el trasfondo del libro de Daniel (ver planteamiento en Zac. 1:8). Daniel describió al Mesías de esta manera y lo llamó "uno como un hijo de hombre" (Dn. 7:13), porque Él es el postrer Adán. De hecho, la visión nocturna de Daniel usa un reflejo deliberado de la creación (Dn. 7:2, 4-8; cp. Gn. 1:1-13, 24-25) para representar al Mesías como uno que cumple el rol de Adán. El Señor Jesucristo empleó el título "el Hijo del Hombre" con el mismo fin. Él afirmó que el Hijo del Hombre vendría en las nubes para ejercer dominio sobre toda la tierra (Lc. 21:27). El apóstol Pablo también habló de Cristo de manera similar y lo describió como el Adán que había de venir (Ro. 5:14) y el postrer Adán (1 Co. 15:45). De manera que, cuando el Señor le mostró un **varón** a Zacarías en su visión, lo hizo para reiterar lo que ya le había revelado a Daniel, que el Hijo del Hombre es el postrer Adán.

El texto hace evidente, no solo la presencia del ángel de Jehová, la segunda Persona de la Trinidad, sino también su avance; esto se revela en **que cabalgaba sobre un caballo alazán**. Históricamente, el **caballo** era un animal crucial para la batalla (cp. Dt. 20:1). Zacarías mismo escribió sobre los caballos en este contexto (Zac. 9:10; 10:3, 5). La imagen del Mesías cabalgando sobre un caballo alazán representa su victoria sobre todas las amenazas contra su pueblo. Él se lanzará a la batalla y saldrá victorioso. El color del caballo es **alazán**, es decir, rojo, porque este color se asocia a menudo con la sangre, el juicio y la venganza. Cuando Dios juzgó a Edom, su vestido era rojo (Is. 63:2). De la misma manera, en la visión en Apocalipsis, el apóstol Juan vio un caballo bermejo (rojo) que representa la violencia y el derramamiento de sangre (Ap. 6:4). Zacarías recibió una especie de anticipo de lo que se revelaría en el libro de Apocalipsis. El Mesías iba cabalgando sobre un caballo rojo para demostrar su participación activa en hacer avanzar los propósitos de Dios contra todos los adversarios, desde la época de Zacarías hasta la culminación de la historia al final de los tiempos.

El varón en la visión, que había entrado cabalgando a la escena, descendió del caballo y **estaba entre los mirtos que había en la hondura**. Su actitud demostraba que, aunque estaba listo para la batalla, todavía no había salido a la guerra. La imagen describía al Mesías venidero que se preparaba para la batalla, pero que seguía aguardando el momento adecuado para poner manos en el asunto. Él no estaba allí pasivo, sino más bien listo para recibir un informe que lo llevara a saltar a la acción (cp. Zac. 1:11).

La visión revelaba al Mesías **entre los mirtos**, arbustos comunes en Israel. Su cotidianeidad, fragancia y abundancia podrían fácilmente representar al pueblo de Israel. Los israelitas estaban humillados, pero seguían floreciendo y, en el reino del Mesías, recibirían riquezas incomparables. Los mirtos o arrayanes se utilizaban para fabricar los tabernáculos para la fiesta de los tabernáculos (Neh. 8:15), una celebración de la liberación de Israel por parte de Dios que se remonta a la época de su peregrinación por el desierto (Lv. 23:42-44). Esta fiesta recibió la atención de Hageo (Hag. 2:1) y también de Zacarías (Zac. 14:16). En el reino milenario, todo el mundo celebrará la fiesta de los tabernáculos para conmemorar la fidelidad de Dios, no solo al llevar a Israel a casa en su peregrinar por el desierto, sino también al llevar de vuelta al pueblo de Dios de su dispersión entre las naciones (Zac. 14:16; cp. 1 P. 1:1-2). Durante el reinado de mil años de Cristo (Ap. 20:1-6), Dios hará que los mirtos o arrayanes abunden incluso en el desierto para facilitar esta celebración (Is. 41:19; 55:13). La presencia de los mirtos en esta visión simbolizaba la fidelidad de Dios, la victoria del Mesías y la restauración definitiva de Israel.

Los árboles estaban **en la hondura**. El término que se traduce **hondura** puede referirse a las profundidades del mar (Éx. 15:5; Jon. 2:3). No obstante, en este contexto, describe un lugar profundo en la tierra, probablemente el punto más bajo del torrente de Cedrón en las afueras de Jerusalén. Los mirtos crecían en esta zona porque, al ser el punto más bajo de la región, el agua drenaba por allí. Antes, durante la historia de Israel, un jardín estuvo presente en esta ubicación y también fue el lugar por donde el ejército de Israel huyó de los invasores babilonios (2 R. 25:4). De manera que este varón sobre un caballo alazán, el Mesías, estaba ahora listo en el lugar de la humillación de Israel, a la espera para salvar a su pueblo, restaurar Jerusalén y llevar a término las bendiciones prometidas de su reino.

Junto con el hombre de la visión había **caballos alazanes, overos y blancos**. **Overo** probablemente se refiere a un caballo moteado o a una combinación de color rojo y blanco. Los caballos eran alazanes (rojos), blancos y una combinación de los dos colores. Como ya lo mencionamos, el rojo es el color del derramamiento de sangre y del juicio. El **blanco** está asociado con la pureza y la santidad y, en la visión nocturna de Daniel, también era una señal de victoria (Dn. 7:9). El libro de Apocalipsis confirmó esto cuando Juan vio a un jinete sobre un caballo blanco que salía a vencer (Ap. 6:2). Además, el regreso de Cristo también será sobre un caballo blanco (Ap. 19:11). Por lo tanto, el color de los caballos deja en claro que sus jinetes serán mensajeros de violencia y de victoria en el avance del plan de Dios. Este enorme ejército cabalgaba bajo el mando del Mesías, Jehová de los ejércitos. Por supuesto que el Mesías mismo vencerá a todos (Zac. 14:3; Ap. 19:11-16), pero sus ejércitos angelicales irán **detrás de él** para seguir su mando y ejecutar su voluntad al lanzarse Él a una victoria segura y aplastante (Mt. 24:29-31; 25:31).

Para cualquier israelita que se preguntara si Dios estaba inactivo en esta época, la primera escena de la primera visión de Zacarías ofrecía una respuesta contraria clara. No solo estaba activo el plan de Dios, sino que también la Persona central en el plan (el Mesías venidero, el postrer Adán, el Gobernante supremo de la creación) estaba preparado y listo. Acompañado por un ejército innumerable de ángeles, su victoria final está asegurada y se efectuará exactamente como Dios lo había ordenado en su soberanía. Esta gloriosa verdad debería infundir confianza al corazón de todos los creyentes, tanto de los que vivieron en el antiguo Israel como de los de la era de la iglesia.

EL CONOCIMIENTO DEL SEÑOR ES PRECISO

Entonces dije: ¿Qué son estos, señor mío? Y me dijo el ángel que hablaba conmigo: Yo te enseñaré lo que son estos. Y aquel varón que estaba entre los mirtos

respondió y dijo: Estos son los que Jehová ha enviado a recorrer la tierra. Y ellos hablaron a aquel ángel de Jehová que estaba entre los mirtos, y dijeron: Hemos recorrido la tierra, y he aquí toda la tierra está reposada y quieta. (1:9-11)

Cuando contempló en su visión al Mesías y a su ejército celestial, Zacarías preguntó: **¿Qué son estos, señor mío?** La palabra **señor** se refiere aquí al ángel que le habló y no es el título para Dios *(Adonai)*, sino más bien una palabra relacionada *(adón)* que se usa a menudo para dirigirse a alguien con respeto (Gn. 31:35; 32:4; 1 R. 1:17; 2 R. 8:12). La pregunta de Zacarías fue sencilla: **¿Qué son estos**? Su duda no radicaba en la identidad de los objetos que tenía delante de él. Él sabía que estaba viendo caballos de diferentes colores, mirtos y un varón que cabalgaba y que luego se ponía de pie. En cambio, su pregunta era en cuanto al significado de estas cosas. ¿Qué propósito tenía Dios al revelarle estos elementos de la visión?

Aquí, **el ángel que hablaba** con Zacarías no era el mismo que el varón entre los mirtos mencionado en el versículo 8. Por lo tanto, este no es el ángel de Jehová. En cambio, es un ángel que funge como intérprete, enviado para dar entendimiento al profeta respecto al significado de la visión. Este ángel también aparece en libros proféticos anteriores (Ez. 40:3; Dn. 7:16) y también aparecerá en la profecía de Zacarías un total de once veces (cp. Zac. 1:9, 13, 14, 19; 2:3; 4:1, 4, 5; 5:5, 10; 6:4).

El ángel intérprete respondió de inmediato a la pregunta de Zacarías: **Yo te enseñaré lo que son estos**. El intercambio ilustra la necesidad y también la misericordia de la revelación divina. En el caso de Zacarías, la revelación era necesaria porque el profeta no podía entender el significado de la visión. Dios tenía que revelar su significado mediante su mensajero angelical. En esta pregunta cortés (**señor mío**), Zacarías no exigió una explicación. En cambio, creyó que ya que Dios le había permitido ver la visión (Zac. 1:8), también le daría su explicación.

Resulta sorprendente que, aunque la pregunta estaba dirigida al ángel, **aquel varón que estaba entre los mirtos respondió**. Como se explicó antes, este **varón** representaba al Mesías. Él estaba entre **los mirtos**, lo que anticipa la fabricación de tabernáculos en Israel con este material para celebrar la fidelidad de Dios en el reino milenario (cp. Neh. 8:15; Is. 41:19; 55:13; Zac. 14:16). Aunque este sería el resultado futuro, el varón en la visión estaba de pie y no había entrado todavía en acción. Sin embargo, Él fue quien respondió a Zacarías: **Estos son los que Jehová ha enviado a recorrer la tierra**. Los caballos que vio Zacarías estaban en una misión de reconocimiento. La palabra hebrea que se traduce aquí **recorrer** conlleva la noción de ir de un lado para otro. La misma terminología se usa en Job 1:7 para referirse a Satanás mientras recorre el mundo con el objetivo de desafiar a Dios. A diferencia del diablo, los santos ejércitos del Señor recorren la tierra para hacer su voluntad, servir a su pueblo y evaluar al enemigo. **Jehová** mismo **ha enviado** a estos ángeles con este propósito.

El enunciado **y ellos hablaron** nos muestra que los jinetes angelicales llevaron su reporte al **ángel de Jehová que estaba entre los mirtos**. La descripción del **ángel de Jehová** aquí en el versículo 11 se corresponde de forma exacta con la descripción del varón en el versículo 10. Ya que ambos están entren los mirtos, ambos son la misma persona. La vez anterior que se había aparecido el ángel de Jehová fue en los días de Ezequías, aproximadamente dos siglos antes, cuando Él mató a ciento ochenta y cinco mil asirios para librar a Judá (2 R. 19:35). Tal como Él había venido para efectuar una tremenda liberación a favor de su pueblo en la época de Ezequías, así también apareció en la visión de Zacarías, listo para actuar en beneficio de ellos. El ángel de Jehová estaba entre los **mirtos**, símbolos de la victoria de Israel, y previsualizaba el triunfo futuro (ver planteamiento previo).

Dada la presteza del Mesías para la batalla (Zac. 1:8), el reporte de los ángeles que recorrían la tierra resulta inesperado. Estos dijeron: **Hemos recorrido la tierra, y he aquí toda la tierra está reposada y quieta.** A pesar de la anticipación por ver el cumplimiento de los planes escatológicos de Dios (cp. Ap. 6:10), la condición de la tierra no estaba aún lista. Las palabras **y he aquí** expresaban la sorpresa de los ángeles porque **toda la tierra está reposada y quieta.** Aunque un estado de quietud usualmente es bueno, en este caso fue desconcertante, porque los profetas habían predicho que, antes que Dios estableciera su reino en la tierra, no habría quietud, sino más bien una inmensa agitación y turbulencia. Habrá una enorme batalla (Ez. 38–39; Jl. 3:9-21) y el juicio de las naciones (Sof. 2:4-9) cuando el Mesías salga a la guerra y obtenga la victoria a favor de su pueblo (Is. 63:1-2; Hab. 3:2-15; Abd. 17-21). Esto indica cualquier cosa menos reposo. Así pues, cuando los ángeles afirmaron que **toda la tierra** estaba **reposada y quieta**, la implicación era que el mundo estaba en paz en el sentido incorrecto. La tierra estaba reposada, en oposición a sacudida por Dios. Aunque la palabra **quieta** denota un estado relajado y tranquilo (cp. Jue. 18:7), esta quietud puede usarse para describir también un sentido confiado de seguridad en uno mismo (cp. Jer. 48:11; Ez. 16:49). En su arrogancia, las naciones paganas asumían que la serenidad de la que gozaban continuaría de forma indefinida (cp. 2 P. 3:3-7). La agitación prometida que señalaría la culminación de la historia no había comenzado aún.

Hasta este punto, la primera visión de Zacarías reveló que Dios tenía un plan maravilloso para su pueblo y que estaba haciéndolo avanzar de forma activa. Sin embargo, aquí también demostró que los tiempos de ese plan, en términos de su cumplimiento, aún estaban lejos. Al igual que los ángeles en el versículo 11, los israelitas habrían percibido también esta realidad. Ellos sabían que las naciones a su alrededor estaban reposadas y quietas, mientras que el pueblo de Dios estaba angustiado y turbado en sus esfuerzos por reedificar el templo. Sin duda, se preguntaban si Dios estaba consciente de sus circunstancias. La primera visión nocturna de Zacarías declaraba a este Israel afligido que Dios conocía precisamente las circunstancias que estaban enfrentando. El Señor había sondeado la escena en lo espiritual de forma completa, tanto en Israel como en el resto del mundo. Esto ofrecía al pueblo la seguridad de que su experiencia actual estaba dentro del plan de Dios para la nación y progresaba de manera perfecta hacia su liberación y victoria por medio del Mesías.

LA DEFENSA DEL SEÑOR ES PERSONAL

Respondió el ángel de Jehová y dijo: Oh Jehová de los ejércitos, ¿hasta cuándo no tendrás piedad de Jerusalén, y de las ciudades de Judá, con las cuales has estado airado por espacio de setenta años? Y Jehová respondió buenas palabras, palabras consoladoras, al ángel que hablaba conmigo. (1:12-13)

Aunque la tierra estaba reposada y quieta, muchos en Israel, incluyendo Zacarías, de seguro se preguntaron si Dios estaba haciendo algo a su favor. En respuesta, comenzó un acto maravilloso en la visión de Zacarías. **El ángel de Jehová** salió al rescate y **respondió** y **dijo**. La segunda Persona de la Trinidad, el Cristo preencarnado, el Mesías Abogado (cp. 1 Jn. 2:1), tomó su lugar como intercesor. Aunque el mundo parecía estar paralizado, el Hijo de Dios hacía avanzar la historia de la redención mediante su intercesión por su pueblo. Tal vez estemos habituados a ver a Cristo rogando por su pueblo después de la cruz (cp. Ro. 8:34; 1 Jn. 2:1). Sin embargo, la obra intercesora de Dios ha estado en marcha desde la antigüedad (cp. Job 16:19), pasando por el tiempo de Zacarías y hasta el presente en la historia. Cristo siempre ha rogado por el bienestar de los suyos. En una época cuando Israel pudo verse tentado a preguntarse si Dios los había abandonado, el Señor reveló que su causa seguía representada, no solo por el Abogado más hábil, sino también por el representante más glorioso y honroso posible.

El Hijo, el ángel de Jehová, le dijo al Padre: **Oh Jehová de los ejércitos, ¿hasta cuándo no tendrás piedad de Jerusalén, y de las ciudades de Judá**? Este pasaje revela la naturaleza de la intercesión del Señor al orar a su Padre y demostrar así compasión hacia su pueblo. Primero, apeló al carácter y a la naturaleza de Dios e hizo notar su poderío y sus recursos como General de los **ejércitos** celestiales, así como su Persona y sus promesas como el Dios de pactos de Israel (**Jehová**). Como Dios había comprometido su nombre (Jehová de los ejércitos) con la restauración de su pueblo (cp. Zac. 1:3), el ángel de Jehová apeló a Dios el Padre para que este actuara en pro de lo que había jurado hacer. Este tema se repite durante toda la profecía de Zacarías, ya que esta se refiere a Dios por el nombre "Jehová de los ejércitos" en cincuenta y tres ocasiones.

Segundo, apeló al amor de Dios por su pueblo. El Hijo pidió a su Padre considerar la duración de los sufrimientos de Israel con las palabras: ¿**hasta cuándo no tendrás piedad**? Esta pregunta retórica expresaba la simpatía del Señor hacia su pueblo, al mismo tiempo que asumía la **piedad** de Dios hacia **Jerusalén** y **las ciudades de Judá**. La **piedad** se relaciona con la intensidad de los sentimientos de una madre hacia su hijo recién nacido. Describe un afecto, una conexión y un cuidado profundos y tiernos. Los profetas proclamaron que Dios mostraría compasión a Jerusalén y a Israel en lo escatológico (Sal. 102:13; Is. 54:8; Ez. 39:25; Lm. 3:32; Os. 2:23; Mi. 7:19). Profetizaron que, algún día, Él vería a Jerusalén en gran angustia y, motivado por amor, se abocaría a defender la ciudad y librar al pueblo. Con su conocimiento divino del profundo amor del Padre por los suyos, el Hijo exclamó: **¿hasta cuándo**? Como su Abogado, el Hijo intercedió por Israel y pidió que el Padre salvara y bendijera a su pueblo.

Tercero, la intercesión del Hijo estaba fundamentada en la voluntad de la Trinidad. Su ruego (¿**hasta cuándo**?) fue especialmente apropiado dada la circunstancia que Israel enfrentaba en la época de Zacarías. Tal como lo reconoció el Hijo, Dios había **estado airado por espacio de setenta años**, en referencia al cautiverio en Babilonia. **Airado** es una palabra fuerte que refleja el enojo que precede al juicio. Dios ejecutó tal indignación contra su pueblo durante esta época en el destierro. No obstante, antes de que Israel fuera desterrado, Jeremías predijo que los judíos regresarían a la tierra después de setenta años (Jer. 29:10). Ahora que habían pasado **setenta años**, el Abogado estaba apelando a su Padre porque el tiempo de su indignación se había terminado. Había llegado el momento para que Dios renovara su compasión hacia su pueblo. El ruego del Hijo estaba fundamentado en la voluntad singular de la Trinidad revelada en las Escrituras. Aunque el mundo estaba reposado, el Hijo de Dios intercedía de forma personal por Israel de la misma manera en que intercede por su amada iglesia en la actualidad (cp. Jn. 17:6-26; He. 7:25-28).

No solo el Hijo de Dios rogó por su pueblo, sino que también **Jehová respondió** al ruego del Hijo. La intercesión perfecta del Hijo siempre es efectiva. Por lo tanto, en respuesta al Hijo, el Padre habló **al ángel que hablaba** con Zacarías. Dios habló a este ángel porque él era el encargado de explicar la visión al profeta (cp. Zac. 1:9). La repuesta de Dios constó de **buenas palabras, palabras consoladoras**. El término **buenas palabras** revela que Dios dio una respuesta positiva en respuesta a la petición de su Hijo. Asimismo, fueron **palabras consoladoras**, un mensaje celestial que ofreció solaz a los que estaban pasando por angustia y desesperación.

Algunas revelaciones anteriores nos informan sobre el contenido de estas palabras buenas y consoladoras. La palabra "consuelo" aparece en la segunda mitad de la profecía de Isaías con las famosas palabras: "Consolaos, consolaos, pueblo mío, dice vuestro Dios" (Is. 40:1). Isaías afirmó que el Señor daría consuelo a Israel al salvarlos mediante la obra expiatoria de su Siervo (52:13–53:12), al llevar a su pueblo a casa (60:4-14), al establecer paz en todo el mundo (60:10-14) y al llenar la tierra de su gloria (60:18-22). Cuando el Padre habló palabras consoladoras al ángel aquí en Zacarías, Él no pronunció cosas desconocidas, sino más bien lo que ya había revelado, quizás por medio de este mismo ángel (cp. Dn. 7:16-28). Dios prometió consuelo a su pueblo, un consuelo que sanaría las heridas del destierro, que aseguraría un futuro glorioso para la nación y, finalmente, que sería garantizado por la obra salvadora de su Hijo. Al pronunciar **buenas palabras** y **consoladoras** al ángel, Dios informó a Zacarías que su plan para su pueblo no había cambiado.

El Señor reveló a su profeta que, aunque todo parecía estar reposado y quieto, Dios estaba haciendo avanzar sus propósitos. La actividad del Señor era presente, incluso si el pueblo no podía percibir todo lo que Él estaba haciendo tras bambalinas. Su conocimiento de las circunstancias era preciso, tanto de la situación que enfrentaba Israel en ese momento como de los tiempos de los eventos en conformidad con su plan para la historia mundial. Además, la defensa del Hijo en beneficio de su pueblo era personal y Él intercedía por ellos delante del Padre. En respuesta al ruego del Hijo, el Padre afirmó que Él daría consuelo a su pueblo, tal como lo había prometido en tiempos pasados. Por estas razones, el pueblo de Israel podía hacerse de valor y confiar en que Jehová no los había olvidado ni abandonado. Él trabajaba a su favor, incluso si este no podía percibirlo de forma visible. Tal como el apóstol Pedro les recordó a sus lectores, el Señor nunca retarda el cumplimiento de sus promesas, sino que tiene siempre un propósito para las cosas que hace y el momento en que las hace (2 P. 3:9). Esta verdad, reflejada en la visión de Zacarías, habría sido de gran aliento para los israelitas a medida que estos se volvían a Dios y confiaban en Él (cp. Zac. 1:3). Para los creyentes de cualquier época, esta verdad ofrece el consuelo y la valentía necesarias para vivir por fe y andar en obediencia.

La primera visión nocturna, segunda parte: Dios es fiel

4

Y me dijo el ángel que hablaba conmigo: Clama diciendo: Así ha dicho Jehová de los ejércitos: Celé con gran celo a Jerusalén y a Sion. Y estoy muy airado contra las naciones que están reposadas; porque cuando yo estaba enojado un poco, ellos agravaron el mal. Por tanto, así ha dicho Jehová: Yo me he vuelto a Jerusalén con misericordia; en ella será edificada mi casa, dice Jehová de los ejércitos, y la plomada será tendida sobre Jerusalén. Clama aún, diciendo: Así dice Jehová de los ejércitos: Aún rebosarán mis ciudades con la abundancia del bien, y aún consolará Jehová a Sion, y escogerá todavía a Jerusalén. (1:14-17)

Antes que Israel entrara a la tierra prometida, Moisés le advirtió al pueblo que no se enorgulleciera ni se olvidara de Aquel que los había sacado de Egipto (Dt. 4:9; 6:12; 8:11, 14, 19). El salmista también llamó a Israel a no olvidarse de ninguno de los beneficios de Dios (Sal. 103:2). A pesar de este tipo de recordatorios, el pueblo no se acordó del Señor. Jueces 3:7 documenta de qué forma los israelitas "olvidaron a Jehová su Dios, y sirvieron a los baales y a las imágenes de Asera", lo que desencadenó una espiral descendente de amnesia espiritual que se prolongó por toda la historia de Israel. Jeremías documentó las palabras de Dios mismo en respuesta a la infidelidad de Israel:

> *Porque mi pueblo me ha olvidado, incensando a lo que es vanidad, y ha tropezado en sus caminos, en las sendas antiguas, para que camine por sendas y no por camino transitado, para poner su tierra en desolación, objeto de burla perpetua; todo aquel que pasare por ella se asombrará, y meneará la cabeza. Como viento solano los esparciré delante del enemigo; les mostraré las espaldas y no el rostro, en el día de su perdición (Jer. 18:15-17).*

Este olvido del Señor llevó a Israel a la idolatría y, como consecuencia, al juicio y al cautiverio.

En contraste, Dios no se olvida (Dt. 4:31). Él siempre se acuerda. Este es el tema de Zacarías, un libro que revela en repetidas ocasiones la memoria perfecta de Dios. A lo largo de la historia de la redención, Dios ha hecho promesas múltiples y específicas, que comienzan con su primera promesa de bendición concerniente al Mesías (Gn. 3:15). Él también prometió nunca destruir el mundo con un diluvio de nuevo (9:13-15). Asimismo, prometió proveer de tierra, simiente y bendición a su pueblo elegido (12:1-3; 15:1-5; 22:17-18). Él hizo promesas respecto a otras naciones, incluyendo que Esaú, el hermano mayor, y su descendencia servirían a Jacob, el hermano menor, y a su descendencia (25:23); que los amalecitas serían exterminados (Éx. 17:16); y que otras naciones como Babilonia (Is. 13:1-22) y Edom (Abd. 1-21) sufrirían un juicio terrible por su mal trato hacia Isael. En el

Nuevo Testamento, el Señor prometió nunca abandonar a su pueblo (He. 13:5), sino más bien sustentar a los creyentes por medio del Espíritu que moraría en ellos (Ef. 5:18). Él prometió que su Padre guardará hasta el final a sus elegidos (Jn. 5:21-23; 18:9) y que nunca rechazará a los que tienen un conocimiento salvador de Él (6:37), sino que morarán en el lugar celestial que ha preparado para ellos (14:2-3). Él garantizó que ellos vencerían la muerte por estar unidos a Él (Ap. 3:10-11) y prometió que gozarían para siempre de un nuevo cielo y una nueva tierra (21:1). Estos son tan solo unos cuantos ejemplos de la multitud de promesas divinas reveladas a los creyentes en las páginas de las Escrituras.

El sorprendente carácter y número de tales promesas ofrece un testimonio claro a favor de la gracia y benevolencia que Dios derrama sobre personas que de ninguna manera las merecen. El pueblo de Dios es llamado a recordar estas promesas y a cobrar ánimo porque el Señor las cumplirá todas. ¡Dios nunca se olvida! Él declaró lo siguiente a los israelitas: "Acuérdate de estas cosas, oh Jacob, e Israel, porque mi siervo eres. Yo te formé, siervo mío eres tú; Israel, no me olvides" (Is. 44:21). En otra parte, enfatizó que el olvido es contrario a su naturaleza: "Pero Sion dijo: Me dejó Jehová, y el Señor se olvidó de mí. ¿Se olvidará la mujer de lo que dio a luz, para dejar de compadecerse del hijo de su vientre? Aunque olvide ella, yo nunca me olvidaré de ti. He aquí que en las palmas de las manos te tengo esculpida; delante de mí están siempre tus muros" (Is. 49:14-16).

El pueblo de la época de Zacarías pudo haberse preguntado si Dios se acordaba de ellos. Estaban experimentando problemas y parecía que Dios se estaba tardando en cumplir sus promesas (cp. Zac. 1:11). No obstante, la conclusión de la primera visión nocturna de Zacarías le demostró a Israel que, aunque los tiempos de Dios puedan ser diferentes de lo que su pueblo preferiría, Él ciertamente no se ha olvidado de su Palabra. Él se acuerda de todo. Por lo tanto, Zacarías debía proclamar con valentía que Dios se acordaba de sus promesas a su pueblo.

Las promesas que encontramos en este pasaje, incluyendo pronunciamientos divinos respecto a las naciones, Jerusalén y las bendiciones futuras para Israel, demuestran la naturaleza de la fidelidad de Dios. Él es fiel en su compromiso con su pueblo (1:14), en la condenación de los malvados (1:15), en su compasión hacia Jerusalén (1:16) y en la culminación de todo lo que ha dicho que hará (1:17). Sus promesas son certeras, concretas y precisas. Dios conoce la profundidad y la anchura de estas promesas y las cumplirá en todos sus detalles.

FIDELIDAD EN EL COMPROMISO

Y me dijo el ángel que hablaba conmigo: Clama diciendo: Así ha dicho Jehová de los ejércitos: Celé con gran celo a Jerusalén y a Sion. (1:14)

Dios viene de hablar palabras consoladoras (en el v. 13), tan alentadoras y llenas de ánimo que **me dijo el ángel que hablaba conmigo: Clama**. Este mandato (**clama**) emplea una palabra estándar que a menudo usan los profetas y que significa "proclamar" (Is. 40:6; Jer. 3:12; Jl. 3:9; Jon. 1:2). Denota una declaración valerosa. A lo largo de las Escrituras, Dios llamó a su pueblo a recordar sus beneficios (cp. Sal. 103:2), a enfrentarse a las dudas con confianza en Dios (42:5) y a recordar la victoria definitiva de Dios en Cristo (2 Ti. 4:16-18). Para los que pensaban que Dios se estaba tardando en cumplir sus promesas, el Señor mandó a Zacarías: **Clama** y echa por tierra sus dudas con una proclamación poderosa de la fidelidad divina.

Primero, Zacarías debía declarar a sus lectores que Dios se acordaba de su celo por su pueblo. **Así ha dicho Jehová de los ejércitos: Celé con gran celo a Jerusalén y a Sion.** De nuevo, el nombre **Jehová de los ejércitos** transmite que Dios dirige todo el ejército angelical para el servicio de sus propósitos y el sostenimiento de su pueblo (cp. Zac. 1:3, 8). Dios no ha abandonado a los suyos, sino que está tremendamente comprometido con cumplir las promesas que ha hecho en beneficio de ellos.

Jehová trasmitió la intensidad de su compromiso diciendo: **Celé con gran celo a Jerusalén y a Sion**. Mucho tiempo atrás, Dios se reveló a sí mismo caracterizado con un celo santo por su pueblo (Éx. 20:5). Así como un esposo que en verdad ama a su esposa no puede ser indiferente si esta se conduce de forma infiel, así también Jehová, como Dios celoso, se rehusaba a ignorar la desviación de su nación escogida. Tras toda una historia de castigos por su adulterio espiritual, Israel estaba íntimamente familiarizado con el amor celoso de Dios (Ez. 23:19-24). Sin embargo, aquí, Dios le aseguró a su pueblo que, así como fue celoso en castigarlos, también lo sería en restaurar **a Jerusalén y a Sion** (cp. 2 Cr. 6:6; Is. 31:5; Zac. 8:14-15). **Jerusalén** era la capital de la nación y **Sion** era el nombre del monte en Jerusalén que David conquistó y sobre el cual se edificó el templo (2 S. 5:7). En el reino venidero, **Sion** será la ciudad principal de todo el mundo (cp. Sal. 69:35; 128:5; Is. 2:3; Jer. 31:12; 50:5) y la ubicación misma del trono del Mesías (Sal. 2:6). En su declaración inicial a Israel, Dios anunció su compromiso y celo por cumplir sus intenciones hacia su pueblo. Pablo lo expresó de esta manera: "Irrevocables son los dones y el llamamiento de Dios" (Ro. 11:29).

FIDELIDAD EN LA CONDENACIÓN

Y estoy muy airado contra las naciones que están reposadas; porque cuando yo estaba enojado un poco, ellos agravaron el mal. (1:15)

Segundo, Zacarías debía declarar que Dios no solo se acordaba de su compromiso con Israel, sino que también estaba **muy airado contra las naciones que están reposadas**. La palabra **airado** denota un menosprecio extremo y una presteza por estallar en condenación y juicio (cp. Zac. 1:2). Esta es la disposición de Dios hacia las impías **naciones que están reposadas**. Antes, los ángeles habían reportado al Mesías que todo el mundo estaba reposado y quieto (cp. 1:11) y que estas naciones estaban relajadas en su arrogancia y autoconfianza (2 R. 19:28) y en su pecado descarado (Is. 32:9). Para que el plan de Dios se cumpliera, las naciones debían ser derrocadas y Dios reveló a su pueblo que Él no solo estaba airado, sino que estaba **muy airado**. Él estaba listo para retribuir a los gentiles en toda su furia y completar así todo lo que Él había prometido.

El Señor explicó que las naciones estaban especialmente listas para el juicio porque **cuando yo estaba enojado un poco, ellos agravaron el mal**. En términos antropomórficos y relativos a la ira de Dios hacia los enemigos de Israel, al principio, Dios **estaba enojado un poco** hacia Israel por sus pecados (cp. Zac. 1:2). Por causa de este enojo, el Señor envió a otras naciones como Edom, Asiria y Babilonia para castigar y disciplinar a su pueblo elegido. Aunque estas naciones impías llevaron a cabo la disciplina de Dios, de hecho, **agravaron** su propio **mal**. Ellos se gloriaron en los sufrimientos de Israel y afligieron a la nación con una crueldad mucho más grande que la que era justa. Dios estaba plenamente consciente de las atrocidades que estas naciones cometieron. En consecuencia, lo que comenzó con **un poco** de enojo contra su pueblo resultó en mostrarse **muy airado** contra las naciones. Dios estaba decidido a volver su ira de Israel y multiplicarla contra sus opresores. Abdías profetizó de la siguiente manera contra estos pueblos paganos: "Como tú hiciste se hará contigo" (Abd. 15). Puede que la escena mundial pareciera muy tranquila en ese momento específico, pero la ira de Dios se había encendido para hacer temblar los cielos y la tierra (cp. Hag. 2:21) a favor de su pueblo y en contra de sus enemigos.

FIDELIDAD EN LA COMPASIÓN

Por tanto, así ha dicho Jehová: Yo me he vuelto a Jerusalén con misericordia; en ella será edificada mi casa, dice Jehová de los ejércitos, y la plomada será tendida sobre Jerusalén. (1:16)

Tercero, Zacarías debía declarar que Dios se acordaba de su misericordia hacia Jerusalén y sus habitantes. **Por tanto, así ha dicho Jehová: Yo me he vuelto a Jerusalén con misericordia**. La frase **por tanto** es un recordatorio de que Dios nunca actúa de forma arbitraria (Nm. 23:19), sino que siempre lo hace conforme a su carácter. En este caso, el amor celoso de Dios por su pueblo (Zac. 1:14) y su enojo contra las naciones (1:15) lo movieron a tomar acciones decisivas. A causa de sus compromisos, Dios decidió irrevocablemente: **Yo me he vuelto a Jerusalén**. La palabra **volverse** aparece en todo este capítulo y transmite de manera muy rica la forma en que Dios restaurará a Israel al final de los tiempos. Él se volverá a ellos (1:3) cuando ellos se vuelvan en sinceridad a Él (1:3, 4, 6). Este regreso incluirá su presencia física de vuelta en **Jerusalén**. Antes del destierro de Israel, la presencia de Dios salió de Jerusalén (Ez. 10:9-22) y la abandonó a su ruina. No obstante, Zacarías confirmó la profecía de Ezequiel de que la gloria de Dios regresaría a la ciudad (Ez. 43:1-5) para revertir su juicio anterior y derramar bendiciones inigualables. Así pues, Dios se volvería a Sion **con misericordia**. Antes ya en esta visión, el ángel de Jehová exclamó: "¿Hasta cuándo no tendrás piedad de Jerusalén, y de las ciudades de Judá [...]?" (Zac. 1:12). Aquí, el Padre respondió a la intercesión del Hijo, confirmó su compasión para con Israel y reiteró que, un día, Él tendría comunión con su pueblo con la ternura de una madre que ama a su hijo.

Al volverse a Jerusalén con tales muestras de afecto, Dios reveló que uno de los beneficios sería que **en ella será edificada mi casa**. Cuatro años después de esta profecía, se terminó el templo posterior al cautiverio (Esd. 6:15), aunque este no cumplió la profecía de Zacarías. La finalización del tiempo en la época de Zacarías evidenció e hizo avanzar el plan de Dios hacia el cumplimiento de estas palabras en el reino milenario. En aquel tiempo, Dios edificará un templo magnífico que demostrará que su gloria ha llenado el mundo (Is. 6:3; Ez. 43:2), que su Espíritu ha llegado a morar en el corazón de su pueblo (Ez. 36:26-27) y que Él mismo se ha vuelto para tener comunión con sus santos (40–48). Por lo tanto, Zacarías no llamó a la construcción un "templo", sino más bien una **casa** (cp. Ez. 40:5, 45, 47, 48; 41:7), en la que habitaría Dios. Dios incluso la llamó **mi** casa, por causa de la comunión personal que Jehová tendrá allí con su pueblo.

Además, **la plomada será tendida sobre Jerusalén.** Ocho años después de la profecía de Zacarías, Nehemías terminó los muros de Jerusalén (Neh. 6:15). No obstante, ese proyecto, al igual que el templo de la época de Zacarías, meramente anticipaba y señalaba a la ciudad y al templo que se terminarían en el reino milenario. La referencia a una **plomada** es similar a la visión de Ezequiel de un ángel intérprete que tenía una caña (Ez. 40:3) para medir el templo milenario y un cordel para medir el río que corría en medio de la Jerusalén restaurada (47:3). Dios se acordaba de lo que había prometido por medio de Ezequiel. Así como antes había extendido una plomada para destruir Jerusalén (2 R. 21:13), así tenderá sobre ella una plomada algún día para garantizar su gloriosa reconstrucción. Para los que vivían en la época de Zacarías y que trabajaban en la reedificación del templo de Israel y de su ciudad capital, Dios confirmó que Él seguía comprometido en su misericordia a todas las promesas que había hecho concernientes a Jerusalén y a sus habitantes.

FIDELIDAD EN LA CULMINACIÓN

Clama aún, diciendo: Así dice Jehová de los ejércitos: Aún rebosarán mis ciudades con la abundancia del bien, y aún consolará Jehová a Sion, y escogerá todavía a Jerusalén. (1:17)

Cuarto, Zacarías fue llamado a proclamar que Dios se acordaba del resultado de sus promesas. El Señor ya había llamado al profeta a clamar (Zac. 1:14) y ahora lo exhorta: **Clama aún**. La palabra **aún** se repite tres veces en este versículo (más una aparición de **todavía**) para reiterar la certeza de la restauración futura de Israel. Como la nación tendrá **aún** lo que tuvo en el pasado y, de hecho, mucho más, el ángel mandó a Zacarías a declarar este mensaje una y otra vez. Este debía comunicarse de forma repetida para transmitir su contenido de consolación.

Jehová declaro: **Aún rebosarán mis ciudades con la abundancia del bien**, lo que resalta las bendiciones físicas que Dios derramará sobre el Israel restaurado y unido. La palabra que se traduce **abundancia** puede incluir la idea de "esparcir" y se usa en otros lugares para referirse a la dispersión de Israel por todo el mundo a causa del juicio (Dt. 4:27; Jer. 9:16; 13:24; 23:1; Ez. 11:16). No obstante, en el futuro, el Señor revertirá esto. El pueblo de Dios no será esparcido por todo el mundo, sino que su riqueza y prosperidad sobreabundarán de sus ciudades. Hageo, el contemporáneo de Zacarías, afirmó que esta realidad se cumpliría en el milenio:

> *Y haré temblar a todas las naciones, y vendrá el Deseado de todas las naciones; y llenaré de gloria esta casa, ha dicho Jehová de los ejércitos. Mía es la plata, y mío es el oro, dice Jehová de los ejércitos (Hag. 2:7-8).*

De manera similar, Joel habló de la prosperidad de Israel durante esta era futura:

> *Sucederá en aquel tiempo, que los montes destilarán mosto, y los collados fluirán leche, y por todos los arroyos de Judá correrán aguas; y saldrá una fuente de la casa de Jehová, y regará el valle de Sitim (Jl. 3:18).*

Isaías predijo la transformación completa de la nación, de la ruina a la riqueza:

> *Reedificarán las ruinas antiguas, y levantarán los asolamientos primeros, y restaurarán las ciudades arruinadas, los escombros de muchas generaciones. Y extranjeros apacentarán vuestras ovejas, y los extraños serán vuestros labradores y vuestros viñadores. Y vosotros seréis llamados sacerdotes de Jehová, ministros de nuestro Dios seréis llamados; comeréis las riquezas de las naciones, y con su gloria seréis sublimes (Is. 61:4-6).*

La descripción de Zacarías de esta riqueza futura de Israel no era hiperbólica. Él reiteró el testimonio consistente de los profetas que vinieron antes de él.

La prosperidad económica de Israel reflejará la restauración espiritual y relacional entre Dios y su pueblo escogido. El Señor llamará **mis ciudades** a las ciudades de Israel. Tal como los profetas predijeron el regreso físico de Israel, también profetizaron su salvación espiritual, lograda por la obra expiatoria del Siervo Sufriente a favor de los suyos (Is. 52:13–53:12). Su sacrificio sustitutivo le dio a su pueblo justificación (53:10-11), regeneración (Ez. 36:26), la dádiva de la morada del Espíritu Santo en ellos (36:27), un arrepentimiento verdadero (cp. Jl. 2:13) y la capacidad para obedecer la Palabra de Dios de corazón (Jer. 31:31-33). La salvación extensiva que lograría el Siervo de Jehová reconciliaría a la nación con Dios y llevaría a su pueblo a un compañerismo pleno con Él (cp. Ez. 36:28). En aquel tiempo, Dios en verdad llamará **mis ciudades** a las ciudades de Israel.

Con esta transformación física y espiritual, **aún consolará Jehová a Sion, y escogerá todavía a Jerusalén**. En el versículo 13, Dios habló palabras consoladoras que abarcaban sus planes para el futuro de Israel (ver planteamiento en Zac. 1:13; cp. Is. 40:1). De manera que, solo después de que Dios haya culminado todo lo que ha prometido en este pasaje, es decir, su ira derramada contra los enemigos de Israel (Zac. 1:15; cp. Mt. 25:30), su regreso a Jerusalén (Zac. 1:16a; Ez. 48:35), la reconstrucción de su casa (Zac. 1:16b; cp. Ez. 40–48), la reconstrucción de Jerusalén (Zac. 1:16c; Jer. 31:38-40), la reinstauración de la nación (Zac. 1:17a; Is. 60:4-9) y la renovación de su relación de pacto con Israel (Zac. 1:17b; cp. 9:17), podrá decirse que Jehová ha provisto un consuelo pleno y definitivo a los suyos (cp. Is. 14:1; 40:1). Solo entonces, la ciudad de Jerusalén será **Sion**, la capital del mundo bajo el reinado del Mesías Rey (cp. Sal. 102:13; 110:2; 146:10; Is. 2:3; 4:5; 24:23; Jer. 31:6). Solo entonces, Jehová **escogerá todavía a Jerusalén**. A lo largo de la historia de Israel, en repetidas ocasiones Dios declaró que Él ha escogido a Jerusalén (cp. Dt. 12:5; 1 R. 11:13, 32; 2 R. 21:7). Sin embargo, solo cuando su pueblo y su ciudad capital sean restauradas por completo, el Señor cumplirá plenamente esta declaración, ya que la ciudad será todo lo que Dios anhela que sea (cp. Sal. 48:1-2; 68:15-16).

La declaración de que Dios consolará a Sion significa que Él culminará hasta el último detalle de lo que ha dicho que hará.

Dios demostró a su pueblo que, aunque las cosas parecían quietas en ese momento, Él no se había olvidado de ninguna de sus promesas. Para los judíos que regresaron del cautiverio y que habían perdido de vista sus prioridades (cp. Hag. 1:1-12), el mensaje de Dios en esta escena fue que Él no se había olvidado de ellos. Aun cuando los israelitas fueron infieles, el Señor permaneció fiel a sus promesas, a su plan y a su pueblo. Su compromiso y celo hacia ellos eran inamovibles. Aunque Él juzgaría a las naciones impías con ira y condenación, miraría más bien a Jerusalén con misericordia y favor. A partir de este amor, Él le aseguró a su pueblo que culminaría algún día lo que prometió. Por esta razón, ellos podían hallar consuelo en Él al saber que los que esperan en el Señor no serán decepcionados.

La segunda visión nocturna: Dios se acuerda de las naciones

5

Después alcé mis ojos y miré, y he aquí cuatro cuernos. Y dije al ángel que hablaba conmigo: ¿Qué son estos? Y me respondió: Estos son los cuernos que dispersaron a Judá, a Israel y a Jerusalén. Me mostró luego Jehová cuatro carpinteros. Y yo dije: ¿Qué vienen estos a hacer? Y me respondió, diciendo: Aquellos son los cuernos que dispersaron a Judá, tanto que ninguno alzó su cabeza; mas estos han venido para hacerlos temblar, para derribar los cuernos de las naciones que alzaron el cuerno sobre la tierra de Judá para dispersarla. (1:18-21)

Salmos 2:1-3 afirma:

> *¿Por qué se amotinan las gentes,*
> *Y los pueblos piensan cosas vanas?*
> *Se levantarán los reyes de la tierra,*
> *Y príncipes consultarán unidos*
> *Contra Jehová y contra su ungido, diciendo:*
> *Rompamos sus ligaduras,*
> *Y echemos de nosotros sus cuerdas.*

La pregunta inicial del salmista respecto a la hostilidad de las naciones hacia Dios y su pueblo habría sido especialmente relevante para la audiencia de Zacarías. Para el momento de su profecía, Israel ya había sufrido grandemente a manos de los gentiles (cp. Dt. 28:49-68). Salmos 44:22 afirma: "Pero por causa de ti nos matan cada día; somos contados como ovejas para el matadero". A lo largo de su historia, los israelitas enfrentaron oposición, subyugación y muerte a manos de invasores extranjeros. Para los que regresaron a Jerusalén después de la cautividad en Babilonia, esto no era teoría abstracta ni historia antigua. Ellos habían experimentado de primera mano esta opresión. Dado el pasado de Israel, lleno de épocas de sufrimiento y de abuso, el pueblo necesitaba la seguridad de que Dios se acuerda de su promesa de juzgar a las naciones. En la primera visión, el Señor reveló su celo por su pueblo. En esta segunda, Él ofreció a Israel la confianza de que Él sigue siendo absolutamente soberano sobre las naciones y de que tiene un plan para castigar a los enemigos de Israel.

La doctrina de la soberanía divina provee consolación y consuelo, no solo para el antiguo Israel, sino también para todo el pueblo de Dios. En todas las épocas, los santos enfrentan enemistad de parte del mundo. La iglesia primitiva fue perseguida tanto por los judíos (Hch. 4:13-31) como por los gentiles

(14:1-28). Pablo les explicó a los tesalonicenses: "Porque vosotros, hermanos, vinisteis a ser imitadores de las iglesias de Dios en Cristo Jesús que están en Judea; pues habéis padecido de los de vuestra propia nación las mismas cosas que ellas padecieron de los judíos" (1 Ts. 2:14). Más adelante, el apóstol dijo: "[yo] cumplo en mi carne lo que falta de las aflicciones de Cristo por su cuerpo, que es la iglesia" (Col. 1:24). La idea aquí es que Pablo participó de las aflicciones de Cristo porque la persecución contra Pablo en realidad estaba dirigida hacia el Señor Jesús. La antigua participación del propio Pablo en la persecución de los creyentes ilustra esta verdad. En el camino a Damasco, mientras se dirigía para oponerse a los cristianos, Pablo quedó cegado y el Señor le preguntó: "Saulo, Saulo, ¿por qué me persigues?" (Hch. 9:4; cp. 5:38-39). Perseguir a la iglesia implicaba perseguir al Señor de la iglesia. Desde la perspectiva de Dios, atacar a su pueblo es lo mismo que atacarlo a Él.

Por lo tanto, en su odio hacia el pueblo de Dios, las naciones en realidad estaban amotinándose y despotricando contra Él. Esto fue verdad de Israel en el pasado, es verdad de la iglesia en el presente y de nuevo será verdad de Israel en el futuro. Para abordar este maltrato contra el pueblo de Dios, la segunda visión nocturna de Zacarías reveló que el plan de Dios era tan completo que no solo respondía la inquietud de pueblo de la época de Zacarías, sino que también ofrecía aliento para los creyentes de todas las épocas. Con una visión de cuernos (Zac. 1:18-19) y de carpinteros (1:20-21), Dios mostró que lo que Él ya había revelado (cp. Dn. 7) es exactamente lo que sucederá en la conclusión gloriosa de la historia: las naciones terminarán por postrarse ante un solo gobernante, el Señor Jesucristo. Esta promesa es la esperanza del pueblo de Dios en un mundo que se amotina contra Él y contra su Ungido.

LOS CUERNOS

Después alcé mis ojos y miré, y he aquí cuatro cuernos. Y dije al ángel que hablaba conmigo: ¿Qué son estos? Y me respondió: Estos son los cuernos que dispersaron a Judá, a Israel y a Jerusalén. (1:18-19)

El enunciado **después alcé mis ojos**, una expresión que a menudo marca el inicio de una nueva visión (cp. Zac. 2:1; 5:1, 5; 6:1), describe una intensa atención y estado de alerta ante algo nuevo. Abraham alzó sus ojos para ver un carnero trabado en un zarzal (Gn. 22:13). Jacob alzo sus ojos para ver a Esaú que venía a su encuentro (33:1). Josué alzó sus ojos para ver al Príncipe del ejército de Jehová (Jos. 5:13). Cuando Zacarías alzó sus ojos, esto indicaba que una nueva revelación había captado su atención. Luego, al **mirar** la visión con más cuidado, esta le ofreció un entendimiento espiritual de la perspectiva celestial.

En esta segunda visión, la atención de Zacarías quedó atrapada de inmediato (**y he aquí**) en una nueva escena. En lugar de ángel de Jehová y el grupo de caballos listos para la batalla, había **cuatro cuernos**. **Cuernos** se refiere a la cornamenta de un animal (Gn. 22:13) y a menudo representan fuerza o poderío. David llamó a Dios el fuerte (en el original, *cuerno*) de su salvación (2 S. 22:3). Ana habló del poderío (*cuerno*) del Ungido de Dios, es decir, del Mesías (1 S. 2:10). Estas imágenes describen un poder efectivo que simboliza la fuerza que vence al enemigo y que prevalece sobre todos.

Aunque Zacarías de seguro entendió el simbolismo de los cuernos, buscó claridad respecto al significado de la visión. **Y dije al ángel que hablaba conmigo: ¿Qué son estos?** El profeta quería conocer la interpretación de esta simbología. Ciertamente, hizo la pregunta a la persona correcta, porque el ángel que hablaba con él era el mismo que le había explicado el significado de la visión anterior (cp. Zac. 1:9, 13, 14). Este ángel bien pudo haber sido el mismo ángel intérprete de las otras visiones del profeta (Ez. 40:3; Dn. 7:16). Su tarea era dar claridad a Zacarías.

El ángel respondió: **Estos son los cuernos que dispersaron a Judá, a Israel y a Jerusalén**. Entre los profetas del Antiguo Testamento, solo otro libro menciona imágenes de **cuernos**: Daniel. Existen muchos vínculos entre las visiones de Zacarías y las de Daniel. Zacarías tuvo sus visiones de noche (Zac. 1:8), igual que Daniel. Ambos contaron con ángeles intérpretes (cp. Dn. 7:16-28) y probablemente incluso se trató del mismo ángel. La visión de Daniel en el capítulo 7 describía cuernos que se asociaban con cuatro animales diferentes (7:1-8; cp. 8:1-27); en su segunda visión, Zacarías vio cuatro cuernos (Zac. 1:18-21). La explicación del ángel intérprete apuntaba a Zacarías hacia la visión de Daniel para ayudar al profeta a entender lo que estaba viendo.

Esta alusión revela lo que los cuernos representan. En el libro de Daniel, los animales y sus cuernos representaban a cuatro naciones: Babilonia, Media y Persia, Grecia y Roma (con un Imperio romano modificado). Estas naciones fueron superpotencias de la historia universal y todas ellas oprimieron a Israel. De manera similar, los cuatro cuernos en Zacarías también representaban a estas cuatro naciones. Esto es evidente por la descripción de Zacarías de estos cuernos, es decir, que **dispersaron a Judá, a Israel y a Jerusalén**. Dispersar se refiere a echar fuera algo y esparcirlo (Éx. 32:20; Nm. 16:37; Is. 30:22). Tanto Moisés (Lv. 26:33) como los profetas (Jer. 31:10; 49:32; Ez. 5:12) usaron la misma palabra para describir el destierro de Israel. Las naciones en verdad participaron en la dispersión de los reinos norte y sur de Israel y de Judá, lo que resultó en un esparcimiento del pueblo que habitaba en Jerusalén y en las regiones aledañas.

La realidad de que los cuernos en esta visión representaban a los cuatro imperios gentiles se confirma tanto por el trasfondo de Daniel como por la descripción de los cuernos en Zacarías. Se los describe como cuernos para demostrar que habían traspasado o que traspasarían a la nación en puntos clave de su historia. Sin embargo, Jehová no se había olvidado de la angustia de su pueblo. Él no ignoraba la agresión de estas naciones ni el plan que reveló por medio de Daniel. De nuevo, esta visión demostraba que Dios seguía siendo soberano sobre todas las naciones y que nada que pudieran hacer estos pueblos gentiles a Israel alteraría su propósito para la restauración y salvación de su pueblo escogido.

LOS CARPINTEROS

Me mostró luego Jehová cuatro carpinteros. Y yo dije: ¿Qué vienen estos a hacer? Y me respondió, diciendo: Aquellos son los cuernos que dispersaron a Judá, tanto que ninguno alzó su cabeza; mas estos han venido para hacerlos temblar,

para derribar los cuernos de las naciones que alzaron el cuerno sobre la tierra de Judá para dispersarla. (1:20-21)

Dios no solo se acordaba del maltrato de Israel a manos de estas naciones, sino también del juicio que había planeado y que ejecutaría contra ellas. Así pues, **mostró luego Jehová** a Zacarías **cuatro carpinteros**, que en realidad se refiere a artesanos que trabajaban con metales (1 S. 13:19) o con piedras preciosas (Éx. 28:11; Is. 41:7; 44:11). Sus habilidades incluían martillar, esculpir, batir (Is. 41:7), grabar (Éx. 28:11) o fundir (Is. 40:19). Un artesano trabajaba con las materias primas para fabricar algo más fuerte o bello. El hecho de que hubiera **cuatro** carpinteros sugiere una estrecha correspondencia con los cuatro cuernos. Había un carpintero por cada cuerno.

Una vez más, Zacarías buscó claridad respecto a los elementos de la visión, de manera que preguntó: **¿Qué vienen estos a hacer?** Él sabía que habían llegado a fabricar algo, pero ¿qué exactamente? El ángel le respondió: **Aquellos son los cuernos que dispersaron a Judá**. Al referirse de nuevo a **los cuernos**, el ángel explicó que los carpinteros entraron en escena porque los cuatro cuernos, o naciones, merecían un juicio. Estas naciones fueron usadas por Dios como instrumentos de la disciplina divina cuando **dispersaron a Judá**. Sin embargo, también se excedieron en esto, **tanto que ninguno alzó su cabeza**. Alzar la cabeza era un acto de triunfo y de victoria (cp. Sal. 110:7). En contraparte, no alzar la cabeza denotaba vergüenza, humillación y derrota. Las cuatro naciones a las que se refirió Daniel aplastaron al pueblo de Dios y lo dejaron débil, destrozado y abatido. Como se hizo notar ya (cp. Zac. 1:15), Dios se enojó solo un poco contra Israel cuando envió a estas naciones a disciplinar a su pueblo. No obstante, estas se excedieron y agravaron el mal. Actuaron con gran crueldad, cometieron actos barbáricos contra Israel y se jactaron de su violencia.

Como resultado, estas naciones serían juzgadas. El Señor incluyó a **estos** carpinteros en la visión para **hacerlos temblar** (a los cuernos). Este temblor puede ser físico, a menudo producido por un temor y preocupación extremas (cp. Éx. 19:16, 18; 1 S. 13:7; 1 R. 1:49). Esta descripción se usa con frecuencia para referirse a personas que han experimentado una pérdida completa y catastrófica a manos de algún enemigo (Jue. 8:12; 2 S. 17:2; Ez. 30:9). Los carpinteros habían llegado para hacer que todos los cuernos o naciones quedaran abrumadas en derrota total. El ángel afirmó que los carpinteros habían llegado **para derribar los cuernos de las naciones que alzaron el cuerno sobre la tierra de Judá para dispersarla**. Estas naciones habían tenido el descaro de **alzar** su cuerno (es decir, su poderío) en contra de la nación escogida por Dios. Esta terminología hace un juego de palabras con lo que se acababa de decir. Las naciones buscaron "alzar" su propio poderío y orgullo, a tal punto que el pueblo de Israel no pudo "alzar" su propia cabeza (cp. Is. 10:5-14). En lugar de llevar a cabo el justo juicio de Dios de forma estricta, estas naciones alardearon de su fuerza y poderío. Al hacerlo, se excedieron en **dispersar** a Israel al destierro. Dios respondió en juicio y envió a cuatro carpinteros para **derribar** a las naciones que se habían alzado, un castigo directo sobre ellos por su arrogancia. El juicio divino aplastaría a estas superpotencias que **dispersaron** a Israel al destierro. El Señor ejecutaría venganza a favor de los suyos.

Queda todavía una característica adicional para poder entender esta revelación a plenitud: la identidad de los carpinteros. ¿Quiénes eran estos? De nuevo, la visión en Daniel 7 se vuelve crucial para responder esta pregunta. En la visión de Zacarías, cada uno de los cuernos tenía un carpintero para derribarlo. En la de Daniel, cada nación fue destruida por la siguiente. Por lo tanto, parece ser que los carpinteros de la visión de Zacarías son las mismas naciones que destruyeron y reemplazar a sus predecesoras. Babilonia (el primer cuerno) fue conquistada por Media y Persia (el primer carpintero). Luego, Media y Persia (el segundo cuerno) fue reemplazada por Grecia (el segundo carpintero). Más tarde, Grecia (el tercer cuerno) fue destruida por Roma (el tercer carpintero). Con esto, Dios aseguró a su pueblo que Él trataría con los gentiles crueles e impíos. Él no permitiría que estos quedaran sin castigo por sus injusticias contra su pueblo. Su plan estaba en marcha, tal como se lo había revelado a Daniel.

Sin embargo, el mensaje de Zacarías no se detiene allí, porque solo hemos identificado tres cuernos y tres carpinteros. ¿Quién es el cuarto cuerno y quién el cuarto carpintero? Según la visión de Daniel, la última nación principal es Roma (el cuarto cuerno) y esta será derrocada por una piedra cortada no con mano, es decir, el Señor Jesucristo. Su reino se convertirá en un gran monte que llenará toda la tierra (Dn. 7:9-14; cp. 2:34-35). El cuarto y último carpintero es el Mesías, el Hijo de Dios, y su reino jamás será derrotado.

Históricamente, parte de las visiones de Daniel y de Zacarías ya han sucedido. Babilonia fue conquistada por los medos y persas (539 a. C.). Media y Persia fue derrotada por Grecia (333 a. C.). Grecia cayó a manos de los romanos (en el siglo I o II a. C.). En algún punto, una forma del Imperio romano revivirá y será finalmente destruida por el Mesías (cp. Dn. 2:34, 35, 45). Tal como Daniel y Zacarías lo revelaron, no habrá más carpinteros después del Mesías, pues su reino jamás será derrocado. En resumen, en esta segunda visión de los cuernos y de los carpinteros, Dios reveló que Él no solo se acordaba de las naciones, de sus injusticias y de su juicio, sino que también subyugaría finalmente a todas las naciones impías bajo Aquel que nunca será derrotado, el Señor Jesucristo. Su plan no ha cambiado, sino que sigue determinando el clímax de la historia mundial. Para las personas de todas las épocas que son testigos del caos de las naciones malvadas, este mensaje ofrece una esperanza inmensa y un consuelo perdurable.

La tercera visión nocturna, primera parte: Dios se acuerda de Israel

6

Alcé después mis ojos y miré, y he aquí un varón que tenía en su mano un cordel de medir. Y le dije: ¿A dónde vas? Y él me respondió: A medir a Jerusalén, para ver cuánta es su anchura, y cuánta su longitud. Y he aquí, salía aquel ángel que hablaba conmigo, y otro ángel le salió al encuentro, y le dijo: Corre, habla a este joven, diciendo: Sin muros será habitada Jerusalén, a causa de la multitud de hombres y de ganado en medio de ella. Yo seré para ella, dice Jehová, muro de fuego en derredor, y para gloria estaré en medio de ella. (2:1-5)

Cuando el Señor escogió a Israel como nación suya, lo hizo únicamente por causa de su propio amor soberano. En Deuteronomio 7:7-8, Moisés dijo a los israelitas: "No por ser vosotros más que todos los pueblos os ha querido Jehová y os ha escogido, pues vosotros erais el más insignificante de todos los pueblos; sino por cuanto Jehová os amó, y quiso guardar el juramento que juró a vuestros padres, os ha sacado Jehová con mano poderosa, y os ha rescatado de servidumbre, de la mano de Faraón rey de Egipto". Como la nación escogida por la misericordia de Dios, Israel recibió la comisión de brillar como luz para el mundo. El Señor llamó a su pueblo a hacer esto de diversas maneras. Primero, Israel debía proclamar la existencia y las excelencias del Dios verdadero. En Isaías 43:21, el Señor afirmó: "Este pueblo he creado para mí; mis alabanzas publicará". Esta proclamación pública de alabanza comenzaba con una devoción personal al Señor. En estos términos, Dios ordenó a su pueblo en Deuteronomio 6:6-9: "Estas palabras que yo te mando hoy, estarán sobre tu corazón; y las repetirás a tus hijos, y hablarás de ellas estando en tu casa, y andando por el camino, y al acostarte, y cuando te levantes. Y las atarás como una señal en tu mano, y estarán como frontales entre tus ojos; y las escribirás en los postes de tu casa, y en tus puertas". Una vez internalizada la Palabra de Dios, los israelitas estarían en una posición única para proclamar al mundo la verdad sobre Él.

Segundo, Dios escogió a Israel para ser la nación mediante la cual revelaría al Mesías. En Génesis 12:3, el Señor dijo a Abraham: "Serán benditas en ti todas las familias de la tierra". Dios logró esto al enviar al Mesías mediante el linaje de Abraham. Jesús lo explicó de esta manera en Juan 4:22: "La salvación viene de los judíos", lo que significa que el Salvador vino por medio de la simiente de Israel. Pablo también afirmó esto en Gálatas 3:16 cuando dijo: "Ahora bien, a Abraham fueron hechas las promesas, y a su simiente. No dice: Y a las simientes, como si hablase de muchos, sino como de uno: Y a tu simiente, la cual es Cristo". Dios determinó que el Mesías vendría por medio de Israel y que esta nación apuntaría al mundo hacia el Mesías.

Tercero, la nación escogida de Dios debía representarlo como reino de sacerdotes (Éx. 19:5-6). Un sacerdote es aquel que funge como mediador entre Dios y los hombres, uno que intercede por los pecadores. El Señor escogió a Israel como su intermediario y proveyó un sistema sacrificial y ordenanzas sacerdotales mediante las cuales los pecadores podían acercarse a Dios en adoración. Por supuesto, estos sacrificios y ordenanzas apuntaban hacia el Cordero perfecto de Dios y gran Sumo Sacerdote, el Señor Jesucristo (cp. Jn. 1:29; He. 4:14-16). Aunque, en el Antiguo Testamento, Israel a menudo fracasó en este aspecto, Zacarías 8:23, afirma que, en el milenio, los israelitas servirán de nuevo de esta manera y llevarán a los gentiles a Jehová: "En aquellos días acontecerá que diez hombres de las naciones de toda lengua tomarán del manto a un judío, diciendo: Iremos con vosotros, porque hemos oído que Dios está con vosotros".

Cuarto, Dios escogió a Israel para que, como nación, preservara y transmitiera las Escrituras. La nación recibió la responsabilidad de la verdad divina revelada por medio de los profetas (cp. Ro. 3:1-2; He. 1:1). En respuesta, el pueblo debía estimar, obedecer, proteger y preservar la Palabra de Dios. También debían proclamarla a sus hijos y al mundo. Por tanto, el Señor ordenó al rey de Israel en Deuteronomio 17:18: "Cuando se siente sobre el trono de su reino, entonces escribirá para sí en un libro una copia de esta ley, del original que está al cuidado de los sacerdotes levitas". Con respecto a sus mandamientos, Dios dijo a todo Israel en Deuteronomio 4:6: "Guardadlos, pues, y ponedlos por obra; porque esta es vuestra sabiduría y vuestra inteligencia ante los ojos de los pueblos, los cuales oirán todos estos estatutos, y dirán: Ciertamente pueblo sabio y entendido, nación grande es esta". El Señor escogió a la nación de Israel para resguardar su Palabra y manifestarla al mundo.

Quinto, Dios escogió a Israel para que, como nación, demostrara su fidelidad. Por medio de su irrevocable lealtad hacia su pueblo, el Señor comprobó la naturaleza de su amor eterno. En Romanos 11:26-29, Pablo reiteró que, aunque habían sido cegados temporalmente por causa de su incredulidad, algún día, todo Israel sería salvo conforme a las promesas de Dios. Él lo explicó de esta manera: "Así que en cuanto al evangelio, son enemigos por causa de vosotros; pero en cuanto a la elección, son amados por causa de los padres. Porque irrevocables son los dones y el llamamiento de Dios" (vv. 28-29). Ciertamente, Dios hará lo que prometió a Abraham y a sus descendientes. A pesar de la repetida infidelidad de Israel, el Señor sigue siendo siempre fiel. Si queremos ver pruebas del amor fiel de Dios, no tenemos más que mirar la historia de Israel.

Sexto, por medio de Israel, Dios mostró su gracia hacia quienes se arrepentían de su pecado. En Éxodo 34:6-7, el Señor proclamó de sí mismo: "¡Jehová! ¡Jehová! fuerte, misericordioso y piadoso; tardo para la ira, y grande en misericordia y verdad; que guarda misericordia a millares, que perdona la iniquidad, la rebelión y el pecado, y que de ningún modo tendrá por inocente al malvado; que visita la iniquidad de los padres sobre los hijos y sobre los hijos de los hijos, hasta la tercera y cuarta generación". Es de notar que esta proclamación divina vino inmediatamente después de que los israelitas pecaron de forma terrible al adorar al becerro de oro. Durante toda la historia de Israel, sin importar cuán grave fue su transgresión, el Señor estuvo dispuesto a perdonar a quienes reconocían su pecado y se apartaban de él (cp. Sal. 32:5). De hecho, el sistema de sacrificios de los levitas revelaba la misericordia y la gracia de Dios y, al mismo tiempo, reconocía su rectitud y justicia. El profeta Miqueas exclamó lo siguiente: "¿Qué Dios como tú, que perdona la maldad [...]?" (Mi. 7:18).

Séptimo, el objetivo de Dios también fue que Israel fuera la nación por medio de la cual manifestaría su justicia y su ira santa hacia quienes se negaban a arrepentirse. Así como Israel fue una ilustración viviente de la gracia de Dios, el pueblo también manifestó la ira divina cuando endurecieron su corazón y persistieron en su pecado. Éxodo 34:7 le recordó a Israel que Jehová es un Dios "que guarda misericordia a millares, que perdona la iniquidad, la rebelión y el pecado, y que de ningún modo tendrá por inocente al malvado; que visita la iniquidad de los padres sobre los hijos y sobre los hijos de los hijos, hasta la tercera y cuarta generación". Cuando Israel persistió en sus patrones de maldad, el Señor respondió con diversas formas de juicio divino, incluyendo sequías, hambrunas, plagas, pestilencias, invasiones y destierros.

Tal como lo ilustran estos propósitos, Dios levantó a la nación de Israel como plataforma para magnificar su propio carácter, revelar su Palabra y traer a su Mesías, el Señor Jesucristo. Dentro de estos propósitos, Dios no solo tenía una función específica para la nación, sino también para su ciudad capital: Jerusalén. Ubicada a unos veintidós kilómetros y medio (14 mi) al oeste del Mar Muerto y a unos cincuenta y tres kilómetros (33 mi) al este del Mediterráneo, Jerusalén se encuentra en la parte superior de una llanura rocosa a, aproximadamente, setecientos cincuenta metros (2500 ft) sobre el nivel del mar. Sin embargo, no son sus características físicas las que hacen única a la ciudad. Al igual que la nación que la rodea, Jerusalén goza de una posición especial porque el Señor, en su soberanía, puso su amor sobre ella (cp. Is. 62:1-4). Como resultado, toda la historia de la redención, desde Génesis hasta Apocalipsis, resalta a Jerusalén.

De todas las ciudades de la tierra, Jerusalén (también llamada Sion) es especial y única para Dios. Salmos 132:13 exclama así: "Porque Jehová ha elegido a Sion; la quiso por habitación para sí" (cp. Sal. 48:2-3; 102:13-14; 122:6). Esta ciudad fue reconocida, no solo entre los israelitas, sino también en todo el mundo antiguo. En documentos extrabíblicos, Jerusalén se menciona en los textos de execración egipcios (probablemente ya en el siglo XIX a. C.); más adelante, aparece en documentos diplomáticos en las cartas de Amarna (cerca del siglo XIV a. C.); e incluso en textos asirios posteriores, como en los registros del sitio de Jerusalén a manos de Senaquerib, cuando Asiria dominaba el antiguo Cercano Oriente (a principios del siglo VIII a. C.).

Más importante aún, en las Escrituras, la ciudad aparece por primera vez en Génesis como la ciudad de Salem, gobernada por Melquisedec. En Génesis 14:18, se le llama a Melquisedec rey de Salem. El nombre "Salem" está asociado con Jerusalén (cp. Sal. 76:2) y se cree que está relacionado con la palabra hebrea *shalóm,* que significa paz. Después de Génesis 14, Jerusalén aparece en referencia a Josué durante la entrada de Israel a la tierra prometida (Jos. 10). Josué dijo que esta ciudad y el territorio que la rodeaba pertenecían a la tribu de Judá (Jos. 15). Sin embargo, no fue sino hasta varios siglos más tarde, en el 1003 a. C., que David finalmente conquistó Jerusalén de manos de los jebuseos. Según 2 Samuel 5:7, después de la conquista de David, la ciudad llegó a conocerse como la Ciudad de David. Bajo Salomón, Jerusalén alcanzó su era dorada; se extendió la muralla que la rodeaba (1 R. 3:1) y se construyó un palacio en su interior (1 R. 7). La joya de la corona fue la construcción del templo de Salomón, una maravilla del mundo antiguo (1 R. 6–8). Sin embargo, después de Salomón, Israel descuidó el templo y a Dios mismo (2 R. 22–23), Como resultado, la presencia del Señor se apartó del santuario (Ez. 10) y, más adelante, Jerusalén y el templo fueron destruidos por Nabucodonosor en el 586 a. C.

No obstante, Dios nunca se olvidó de sus promesas respecto a su ciudad ni a su pueblo. Setenta años después de la deportación de Israel, un remanente regresó a Jerusalén para reedificar el templo. Zacarías ministró a estos desterrados que habían vuelto y llamó al pueblo para reconstruir el templo y restaurar el culto que allí se llevaba a cabo. Unos cien años más tarde, Nehemías regresó a Judá y reconstruyó las murallas. Aun así, Jerusalén siguió siendo relativamente insignificante en términos de poder político y económico. Finalmente, en el 70 d. C., después del ministerio terrenal de Jesucristo, los romanos atacaron la ciudad y destruyeron el templo.

Durante casi dos milenios después de esto, varias potencias mundiales controlaron Jerusalén, incluyendo los romanos, los musulmanes y hasta los cruzados durante un breve período. Sin embargo, en 1948, renació el Estado de Israel y Jerusalén de nuevo quedó bajo el control del pueblo judío. Así pues, desde la época de Melquisedec en Génesis 14, durante miles de años después y hasta nuestros días, la historia de Jerusalén ha testificado de la fidelidad de Dios. Contra todo pronóstico, el Señor preservó a su pueblo escogido y lo restauró a la ciudad que Él eligió. Otras ciudades vienen y van, florecen y desaparecen, pero no así Jerusalén. La ciudad de Melquisedec, la ciudad de David y la ciudad de la iglesia primitiva es ahora la capital de una nación reconstituida. Algún día, Jerusalén se convertirá en la ciudad del Mesías bajo el poder y el gobierno justo del Señor Jesucristo. Durante siglos, el pueblo judío ha acudido al Muro de los Lamentos para orar por la paz de Jerusalén, para rogarle a Dios que envíe al Libertador y que rompa el yugo de la opresión gentil. Llegará el día cuando Dios haga precisamente esto, conforme a las Escrituras. Un día, el mundo irá a Jerusalén para aprender sobre la ley de Dios y gloriarse en Él (Is. 2:2-4; Zac. 8:23). Esta ciudad se convertirá en el epicentro de la adoración global (cp. Is. 19:16-25; Zac. 14:16).

Los desterrados que regresaron a Judá de Babilonia encontraron los escombros de una ciudad y un templo en ruinas. Sin dudas, se preguntaron si Dios seguiría siendo fiel a Israel y en especial a Jerusalén. Dios reveló la respuesta a Zacarías en la tercera visión nocturna del profeta. En los versículos 1-2, el Señor ofreció una promesa mensurable y afirmó que Jerusalén sería reconstruida, de manera que sus dimensiones podrían calcularse con precisión. Después de esto, en los versículos 3-5 encontramos una promesa inmensurable, es decir, que Jerusalén sobreabundará algún día de habitantes y, más importante aún, de la gloria de Dios. En todo esto, el Señor reafirmó su plan para Israel y también para todos los que participarán de su bendición en el milenio (Zac. 1:14, 16; 8:23; Is. 56:6-7; 66:23).

UNA PROMESA MENSURABLE: JERUSALÉN SERÁ REEDIFICADA

Alcé después mis ojos y miré, y he aquí un varón que tenía en su mano un cordel de medir. Y le dije: ¿A dónde vas? Y él me respondió: A medir a Jerusalén, para ver cuánta es su anchura, y cuánta su longitud. (2:1-2)

Una vez más, Zacarías **alzó** sus **ojos y miró** una nueva visión, **y he aquí un varón que tenía en su mano un cordel de medir**. Antes, el Señor había declarado a Zacarías que "la plomada será tendida sobre Jerusalén" (Zac. 1:16). Esta tercera visión detallaba esta verdad, es decir, que Dios reconstruirá Jerusalén. También afirmaba que el Señor se acordaba de lo que antes había revelado a Ezequiel cuando le mostró una visión de un varón que tenía "una caña de medir" (Ez. 40:3; cp. 40:3–42:20). La visión de Zacarías del **varón que tenía en su mano un cordel de medir** fue similar a la visión que recibió Ezequiel. ¿Quién era este varón? En la visión de Ezequiel, el profeta implicó que el varón era el Mesías, pues lo describió de la misma manera en que él mismo describió al Mesías en otros pasajes (Ez. 8:2; 10:2; 40:3). El contexto de Zacarías confirma esta interpretación. Lo más probable es que el varón de la visión de Zacarías fuera el mismo que había visto en la primera visión, aquel que cabalgaba sobre un caballo alazán (Zac. 1:8). Si esto es así, entonces el varón es el mismísimo Cristo preencarnado (cp. 1:11). Como resulta apropiado, Él es la figura central de las visiones de Zacarías, un recordatorio de que Él es fundamental para el plan de redención de Dios para su pueblo.

Al conocer a este importante varón, Zacarías preguntó: **¿A dónde vas?** En la visión de Ezequiel, el varón que tenía la caña de medir tenía una misión. En ese pasaje, el varón midió el templo futuro (Ez. 40–41), así como la ciudad de Jerusalén y los límites de Israel (47–48). En la visión de Zacarías, el profeta quería saber si el varón haría lo mismo o no. Su pregunta implicaba una consulta más profunda respecto a si Dios cambiaría su plan o cumpliría sus promesas.

El varón respondió diciendo que iba a **medir a Jerusalén, para ver cuánta es su anchura, y cuánta su longitud**. El varón que tenía la caña de medir en la visión de Ezequiel hizo lo mismo. También allí se usan con frecuencia los términos **anchura** y **longitud** (cp. Ez. 40:5, 6, 7, 20, 21; 41:1; 46:22; 48:8, 9, 10, 13, 18). Para Zacarías, el mensaje era claro: el Señor no había cambiado con respecto a su plan. Jerusalén sería reconstruida a plenitud, de manera que pudiera medírsela conforme a las mismas especificaciones que Dios había revelado antes a Ezequiel. Para la audiencia inmediata de Zacarías que luchaba con reconstruir el templo y la ciudad circundante, esta verdad habría resultado tremendamente alentadora.

UNA PROMESA INMENSURABLE: JERUSALÉN SOBREABUNDARÁ CON GLORIA

Y he aquí, salía aquel ángel que hablaba conmigo, y otro ángel le salió al encuentro, y le dijo: Corre, habla a este joven, diciendo: Sin muros será habitada Jerusalén, a causa de la multitud de hombres y de ganado en medio de ella. Yo seré para ella, dice Jehová, muro de fuego en derredor, y para gloria estaré en medio de ella. (2:3-5)

Aunque la visión de Zacarías estaba en su fase inicial, **salía aquel ángel que hablaba conmigo, y otro ángel le salió al encuentro**. El **ángel que hablaba** con Zacarías, el ángel intérprete que se encuentra en todas sus visiones (cp. Zac. 4:1; 5:10; 6:4) salió abruptamente (**salía**) y partió, pero **otro ángel le salió al encuentro**. Dios quería darle a Zacarías un mensaje adicional, de manera que envió a otro ángel a declararlo. La urgencia de este mensaje queda evidente de dos maneras: por la partida abrupta del ángel intérprete para encontrarse con el otro ángel y por la instrucción del otro ángel al ángel intérprete: **Corre** de vuelta con el mensaje. Al regresar, el ángel intérprete debía **hablar** esta revelación al **joven** Zacarías, quien a su vez la proclamaría al pueblo de Dios. Esta nueva revelación era tan maravillosa que el Señor no quería ocultarla ni retrasarla, sino más bien darla a conocer de inmediato al pueblo para alentar su corazón.

Esta palabra oportuna fue que **será habitada Jerusalén, a causa de la multitud de hombres y de ganado en medio de ella**. Uno pensaría que, como Jerusalén sería medida, necesitaría tener murallas, ya que las murallas solían establecer los límites de una ciudad. Sin embargo, el Señor reveló que, aunque Jerusalén sería reconstruida y medida, no tendría murallas, sino que sobreabundaría con una **multitud de hombres y de ganado en medio de ella**.

La promesa de que Jerusalén rebosaría algún día de personas no era nueva. Isaías 49:19 ya había afirmado: "Porque tu tierra devastada, arruinada y desierta, ahora será estrecha por la multitud de los moradores". Jeremías también escribió: "Así ha dicho Jehová: He aquí yo hago volver los cautivos de las tiendas de Jacob, y de sus tiendas tendré misericordia, y la ciudad será edificada sobre su colina, y el templo será asentado según su forma. Y saldrá de ellos acción de gracias, y voz de nación que está en regocijo, y los multiplicaré, y no serán disminuidos; los multiplicaré, y no serán menoscabados" (Jer. 30:18-19).

Además de llenar a Jerusalén de personas, Dios también profetizó que la ciudad rebosaría de **ganado**. En Jeremías 31:24, Jeremías escribió: "Habitará allí Judá, y también en todas sus ciudades labradores, y los que van con rebaño". Normalmente, las granjas quedaban fuera de la ciudad y los animales solo entraban para ser vendidos o sacrificados. Sin embargo, como Jerusalén llegará a ser tan próspera algún día, sus límites se expandirán para incluir toda la tierra aledaña. Por lo tanto, las palabras de Zacarías respecto a una **multitud de hombres y de ganado** se corresponden con lo que Dios ya reveló.

Aunque Dios ya les había mostrado a otros profetas anteriores que Él haría que la ciudad gozara de gran abundancia, hasta este punto no había revelado el *alcance* de esta restauración. En esta visión, el Señor revelo que Jerusalén sería una ciudad **sin muros**. El término hebreo para esto no solo denota una falta de murallas físicas, sino que también nos describe un cierto tipo de ciudad. En Deuteronomio 3:5, Moisés utilizó esta palabra para describir ciudades que no tienen límites ni fronteras marcadas, en lugar de ciudades amuralladas. Había ciertas ciudades diseñadas con muros que separaban las zonas rurales de las metropolitanas. Otras ciudades no tenían muros, sino que la frontera entre la zona agrícola y la zona urbana principal era indistinguible. Por necesidad, Jerusalén siempre había sido una ciudad fortificada con murallas (cp. 2 S. 5:6-9). Sin embargo, Dios declaró un cambio sorprendente: al final, Jerusalén quedará transformada en una ciudad sin muros. Además, el término **sin muros** es plural en hebreo y denota normalmente múltiples ciudades abiertas (Est. 9:19). No obstante, aquí, el término plural se aplica a solo una ciudad: Jerusalén. Aunque Jerusalén será una sola ciudad, será tan enorme que parecerá muchas ciudades sin muros. En la época de la profecía de Zacarías, Jerusalén apenas estaba poblada. Solo uno en diez del grupo, de por sí pequeño, que regresó habitaba en la ciudad (cp. Esd. 2:64; Neh. 11:1). Sin embargo, Dios reveló que, algún día, la ciudad **será habitada** de forma espectacular. Aunque los que vivían en la época de Zacarías no podían verlo, su labor al regresar a casa y comenzar a reconstruir la ciudad tendría un resultado mucho más trascendental que el anticipado.

El aliento de parte del Señor no se detuvo allí. Surgió otro nuevo detalle, más maravilloso aún. Como estaban familiarizados con la historia de ataques sobre la ciudad de parte de sus enemigos, los israelitas pudieron haberse preguntado cómo podría mantenerse segura la ciudad sin muros. Dios mismo respondió: **Yo seré para ella, dice Jehová, muro de fuego en derredor**. Aunque un ángel puede servir como poderoso protector (cp. Gn. 3:24), la palabra **yo** refuerza la verdad de que Jehová mismo será el protector de esta ciudad. Él hará guardia sobre ella con esplendor y magnificencia al ser **muro de fuego en derredor** de **ella** (Jerusalén). Una muralla brinda seguridad solo si rodea por completo a la ciudad; así será precisamente la protección de Dios. Por kilómetros y kilómetros, su presencia se extenderá en derredor de Jerusalén sin huecos ni aberturas para garantizar la seguridad de la ciudad y rodear a sus habitantes de su gloria.

No obstante, la presencia de Dios no solo estará alrededor de la ciudad, pues el Señor también declaró: **y para gloria estaré en medio de ella**. Este enunciado confirma que la **gloria** de Dios regresará a Jerusalén (Ez. 41:1-3) y que, desde allí, su gloria llenará la tierra (cp. Is. 6:1-3) sin medida. Su luz, que emanará desde Jerusalén (4:4-6; 24:23) será la única luz, más brillante que ninguna otra que el mundo haya conocido jamás (60:19-20). Tal gloria y magnificencia morará **en medio** de la capital de Israel dentro de un templo glorioso (Ez. 37:28; 40–48). Dios ocupará el corazón de su pueblo y la ciudad a tal grado que Jerusalén será conocida como "Jehová-samá", es decir, "Jehová allí" (48:35). Esta realidad futura cumplirá las palabras **Yo seré**, que de hecho es la misma palabra en hebreo que "YO SOY", el nombre que se encuentra en Éxodo 3:14. Así pues, en el reino milenario de Cristo, Jerusalén no solo experimentará la protección perfecta de Dios, sino que también gozará de una comunión sin restricciones con Él.

De estas verdades surgen implicaciones fascinantes. En primer lugar, al edificar la muralla en la época de Nehemías, Israel debió de haber reconocido que su momento en la historia estaba lejos todavía del final. Como Dios le reveló a Zacarías que la Jerusalén definitiva no tendría muros, la nación debió de haber seguido esperando su futuro glorioso bajo el reinado del Mesías. Incluso Satanás entiende esto. Ezequiel profetizó que, durante el reinado del anticristo, Israel será una tierra de ciudades sin muros y utilizó el mismo término que encontramos en este pasaje (Ez. 38:11; cp. Dn. 9:27). Por medio del anticristo, Satanás ofrecerá en engaño la protección que Dios le promete a su pueblo; sin embargo, su paz será fraudulenta (ver planteamiento en Zac. 11:15-17). Lo que se describe en la visión de Zacarías será una realidad claramente futura y literal, pero solo vendrá por medio del Mesías. Solo el Señor Jesucristo, el varón que tenía el cordel de medir en la visión de Zacarías, puede cumplir estas promesas a favor de su pueblo, mucho más abundantemente de lo que cualquiera pudiera pedir o imaginar (cp. Ef. 3:20).

La tercera visión nocturna, segunda parte: Huye del mundo

7

Eh, eh, huid de la tierra del norte, dice Jehová, pues por los cuatro vientos de los cielos os esparcí, dice Jehová. Oh Sion, la que moras con la hija de Babilonia, escápate. Porque así ha dicho Jehová de los ejércitos: Tras la gloria me enviará él a las naciones que os despojaron; porque el que os toca, toca a la niña de su ojo. Porque he aquí yo alzo mi mano sobre ellos, y serán despojo a sus siervos, y sabréis que Jehová de los ejércitos me envió. (2:6-9)

Cuando los israelitas entraron por primera vez a la tierra prometida, el Señor les mandó no contaminarse con la idolatría y la inmoralidad de la cultura cananea (Dt. 20:17-18). El pueblo de Dios debía destruir tales influencias y escoger consagrarse de forma exclusiva a Él (cp. Lv. 20:22-26). Si los israelitas adoptaban las prácticas religiosas, éticas o hasta culturales de sus vecinos paganos, esto habría constituido una infidelidad descarada contra Jehová. Todo en el pueblo escogido de Dios, incluyendo su dieta diaria, debía consagrarse al Señor y distinguirse del mundo a su alrededor (cp. Lv. 11).

Durante el destierro a Babilonia, el pueblo judío de pronto se encontró rodeado de una cultura pagana. Aunque estaban inmersos en una sociedad idólatra e inmoral, los israelitas fueron llamados a mantener su devoción únicamente al Señor y a su ley. Un ejemplo poderoso de este tipo de obediencia es Daniel cuando se rehusó a comer carne sacrificada a los ídolos (Dn. 1:8-16). Cuando terminaron los años del destierro y se les permitió a los israelitas regresar a casa, muchos escogieron no volver. Ellos se habían establecido en Babilonia y estaban satisfechos allí. No obstante, hacerlo implicó un peligro espiritual importante. La influencia impía del mundo incrédulo a su alrededor representaba para ellos una amenaza constante. Dios mismo advirtió a su pueblo de esto y los llamó a apartarse de la cultura pagana en la que vivían y regresar a Jerusalén, donde podrían adorarlo sin distracciones ni contaminación (cp. Is. 52:11-12; Esd. 6:21).

Este pasaje (Zac. 2:6-9) se une al coro de textos en los que Dios advierte a su pueblo que debe evitar la contaminación del mundo (cp. 2 Co. 6; He. 11:15-16; Stg. 4:4; 1 Jn. 2:15-17). En los versículos 1-5, el Señor reveló a Zacarías que Él se acordaba de las cosas extraordinarias que le había prometido a su pueblo. A continuación, en los versículos 6-9, Él mandó a su pueblo responder de forma correcta a estas verdades maravillosas. Primero, Dios exhortó a los israelitas a dejar atrás el mundo y a vivir de todo corazón para Él (Zac. 2:6-7). Segundo, Él explicó la motivación para hacerlo: porque sus promesas son mucho mejores que lo que el mundo puede ofrecer y estas promesas están garantizadas en el Mesías (2:8-9).

LA EXHORTACIÓN

Eh, eh, huid de la tierra del norte, dice Jehová, pues por los cuatro vientos de los cielos os esparcí, dice Jehová. Oh Sion, la que moras con la hija de Babilonia, escápate. (2:6-7)

Al inicio del versículo 6, Jehová exclamó: **Eh, eh.** Aunque este término podría denotar un fuerte sentido de condenación (como "Oh Sion" en el v. 7; ver también Am. 6:1), es fundamentalmente un clamor de intensa urgencia que puede expresar también un profundo dolor (Am. 5:18) o un anhelo apasionado (cp. Is. 1:4). En el original, la palabra se repite ("Eh, eh") para acentuar el profundo nivel de anhelo que Dios tiene de que Israel preste atención.

El clamor urgente de parte de Dios fue un mandato y también una advertencia: **huid de la tierra del norte.** Jehová exhortó a su pueblo a abandonar la tierra de su destierro y a separarse de sus costumbres y cultura. Esta no fue la primera vez que Dios se dirigía a su pueblo respecto a este asunto. Mucho antes del cautiverio, Isaías proclamó estas palabras a Israel: "Salid de Babilonia, huid de entre los caldeos; dad nuevas de esto con voz de alegría, publicadlo, llevadlo hasta lo postrero de la tierra; decid: Redimió Jehová a Jacob su siervo" (Is. 48:20). El profeta instó a los israelitas a salir de Babilonia tanto en lo físico como en lo espiritual por causa de la redención prometida de Jehová. Dos siglos más tarde, Zacarías reiteró la misma exhortación a la gente de su época. **Huir** significa salir o escapar deliberadamente del peligro, lo más rápido posible. Cuando la mujer de Potifar se asió de José para seducirlo, él "dejó su ropa en las manos de ella, y huyó y salió" (Gn. 39:12). Los israelitas debían responder de la misma manera con respecto a Babilonia, **la tierra del norte.** Babilonia se describe como **la tierra del norte** porque los ejércitos de Nabucodonosor invadieron Judá desde esta dirección (cp. Jer. 6:22; 10:22). Al ser una nación pagana, caracterizada por la idolatría, la violencia, la avaricia y la inmoralidad, Babilonia se oponía a la ley de Dios y a la pureza de su pueblo.

El pueblo de Dios también necesitaba recordar que su presencia en Babilonia era el resultado directo del juicio divino. Fue el Señor quien los esparció **por los cuatro vientos de los cielos.** La palabra **esparcir** denota algo que se dispersa (Sal. 68:14) y que se extiende (Is. 1:15): una descripción adecuada de la forma en que Dios distribuyó a los israelitas durante el destierro. La terminología de **los cuatro vientos de los cielos** describe lo lejos que fue dispersado Israel. Los judíos llegaron en su dispersión hasta Nínive y Media, a entre trescientos y casi quinientos kilómetros (200-300 mi) de la tierra prometida, respectivamente (cp. 2 R. 17:6). Algunos también se habían refugiado en Moab, Amón, Edom y Egipto. De hecho, el pueblo se dispersó de su tierra natal en todas direcciones. La frase **los cuatro vientos de los cielos** también describía la inestabilidad y la violencia de aquella época. Las únicas otras apariciones de la frase completa están en Daniel y describen a reyes y reinos que quedan repartidos por los cuatro vientos del cielo (Dn. 8:8; 11:4). El destierro fue una época de castigo, cuando Dios lanzó a Israel al torbellino caótico de un mundo impío. Sin embargo, ahora que se había terminado la época del juicio, ¿por qué querrían los israelitas aferrarse a partes de él?

La disminución de la ira de Dios era razón suficiente para abandonar la corrupción de las naciones extranjeras y regresar a la tierra prometida.

Jehová declaró a continuación: **Oh Sion**. El Señor no se refirió a su pueblo como **Sion** porque vivieran en Jerusalén. La siguiente frase afirma que muchos israelitas seguían viviendo en Babilonia. En cambio, el Señor llamó **Sion** a su pueblo porque eso era lo que se suponía que debían ser. La primera parte de Zacarías 2 ya había explicado que, algún día, Dios llenaría a Jerusalén de su gloria (Zac. 2:4-5). Tal como lo predijeron otros profetas, la capital de Israel sería el centro del mundo, el trono del Rey de reyes (cp. Is. 2:1-4; 60:14; Jer. 31:6-12; Mi. 4:1-5). Dios llamó **Sion** a su pueblo para recordarles su destino y animarlos a regresar a su tierra natal. Para los que se sentían renuentes a hacerlo, Él lanzó una advertencia grave. Al declarar **oh** sobre ellos, que en el original es un término de fuerte condenación, el Señor los reprendió por participar en la cultura pagana de su destierro. Él los instó a **huir** de Babilonia y a reunirse en Jerusalén.

En la última parte de este versículo, el Señor enfatizó aún más el punto: **la que moras con la hija de Babilonia**. **Morar** es la misma palabra hebrea que se usa en el versículo 4 para describir la morada de Jerusalén al final de los tiempos. Es evidente que los israelitas que permanecieron en Babilonia estaban viviendo en el lugar incorrecto. La cultura pagana de Babilonia era contraria a la adoración pura de Sion, donde el templo estaba siendo reedificado. Dios llamó a los israelitas a reconocer que estas dos se excluían mutuamente. El apóstol Pablo, al dirigirse a los creyentes del Nuevo Testamento, hizo un llamado similar para que los santos se apartaran del mundo:

> *No os unáis en yugo desigual con los incrédulos; porque ¿qué compañerismo tiene la justicia con la injusticia? ¿Y qué comunión la luz con las tinieblas? ¿Y qué concordia Cristo con Belial? ¿O qué parte el creyente con el incrédulo? ¿Y qué acuerdo hay entre el templo de Dios y los ídolos? Porque vosotros sois el templo del Dios viviente (2 Co. 6:14-16).*

En esta advertencia a Israel para **la hija de Babilonia**, Dios no solo personificó a la nación caldea, sino que también enfatizó su caída; este título se usa de forma constante en contextos que nos hablan del juicio de Babilonia (cp. Sal. 137:8; Is. 47:1; Jer. 50:42; 51:33). Permanecer en Babilonia no solo era necio, sino también peligroso. Sion y Babilonia tenían dos destinos dramáticamente diferentes: una sería el objeto definitivo de la bendición de Dios y, la otra, de su ira. Israel debía huir del lugar que se convertiría en el epicentro del juicio divino y regresar a Jerusalén, que sería el sitio de la gloria de Dios.

Esta exhortación para salir del mundo y vivir en las promesas de Dios trasciende el pasado de Israel y se extiende hacia los últimos tiempos. En el libro de Apocalipsis, Babilonia se refiere a una ciudad en el futuro y también al sistema contrario a Dios que esta perpetuará. El pueblo de Dios recibe la advertencia de no tener nada que ver con ella. En Apocalipsis 18:4, Dios dice: "Salid de ella, pueblo mío, para que no seáis partícipes de sus pecados, ni recibáis parte de sus plagas". Estas palabras forman un paralelo con las exhortaciones y advertencias que encontramos en Zacarías. Las implicaciones para los creyentes siguen siendo las mismas, desde el pasado hasta el futuro. El pueblo de Dios debe siempre apartarse del mundo y aferrarse a las promesas de Dios y a su propósito para ellos.

LA EXPLICACIÓN

Porque así ha dicho Jehová de los ejércitos: Tras la gloria me enviará él a las naciones que os despojaron; porque el que os toca, toca a la niña de su ojo. Porque he aquí yo alzo mi mano sobre ellos, y serán despojo a sus siervos, y sabréis que Jehová de los ejércitos me envió. (2:8-9)

A continuación, el Señor explica la razón que tiene el pueblo para responder a su llamado: **Porque así ha dicho Jehová de los ejércitos: Tras la gloria me enviará él.** La palabra **gloria** se usa en el versículo 5 para referirse a la presencia magnífica de Dios que habitaría en el templo, que llenaría Jerusalén (y la tierra, cp. Is. 6:3) y que protegería la ciudad de Sion. Las promesas reveladas (en los vv. 1-5) giran en torno a la gloria de Dios. Al ir **tras** esta gloria, Jehová se comprometía a cumplir todo lo que mostró a Zacarías en esta tercera visión.

El orador en el versículo 8 se identifica como **Jehová de los ejércitos**. Ahora bien, ¿a quién se refiere específicamente? En el enunciado **Tras la gloria me enviará él**, el pronombre **me** debe referirse a Jehová, porque Él es quien habla en este punto (**Porque así ha dicho Jehová de los ejércitos**). De la misma forma, el pronombre **él** también debe referirse a Jehová, algo que queda explícito en el versículo 9, que dice: **Jehová de los ejércitos me envió**. A la luz de esto, la afirmación del Señor en el versículo 8, **Tras la gloria me enviará él**, expresaba una profunda verdad, es decir, que Jehová envió a Jehová. Ahora pues, ¿cómo puede Jehová enviar a Jehová? Esta pregunta no puede responderse sin la doctrina de la Trinidad. Es evidente que el Padre estaba enviando a su Hijo.

Esta no es la primera vez que se revela una interacción así dentro de la Trinidad en el Antiguo Testamento. Génesis 19:24 afirma que "*Jehová* hizo llover sobre Sodoma y sobre Gomorra azufre y fuego de parte de *Jehová* desde los cielos" (cursivas añadidas; cp. Am. 4:10-11). Además, Isaías 61:1, que también usa terminología de envío, dice: "El Espíritu de Jehová el Señor está sobre mí, porque me ungió Jehová; me ha enviado a predicar buenas nuevas a los abatidos, a vendar a los quebrantados de corazón" (cp. Is. 48:16). Isaías 61:1 no solo describe a las tres Personas de la Trinidad, sino que también utiliza la misma terminología que Zacarías: "me ha enviado" Jehová. Como Isaías 61:1 fue pronunciado por el Mesías, como el Señor Jesús lo confirmó (Lc. 4:18), Aquel que habla en el pasaje paralelo de Zacarías 2:8-9 también debe ser el Mesías. Por lo tanto, sería correcto redactar la frase de la siguiente manera: "Tras la gloria el Padre me ha enviado a mí, el Mesías". Como el Mesías divino prometió buscar y cumplir las gloriosas promesas de Dios a Israel, el pueblo podía confiar en Él con fe inamovible.

En su labor por restaurar a su pueblo, el Mesías prometió ir **a las naciones que os despojaron**. Aunque, históricamente, los invasores habían antagonizado a Israel y abusado de la nación (Is. 10:6; Ez. 26:12; 38:12-13), ninguno sería capaz de frustrar los propósitos de Dios para su pueblo. En respuesta, Dios prometió enviar a su Hijo, el Mesías, a contratacar a los adversarios de Israel. Él prometió tomar acción drástica porque **el que os toca, toca a la niña de su ojo**. La niña de su ojo se refiere a la pupila, un componente esencial de un órgano crítico que cualquiera protege de forma instintiva. Dios ya había afirmado que Israel era la niña de sus ojos (Sal. 17:8). De manera que, cuando las naciones despojaron a Israel, fue como si le picaran el ojo a Dios, lo que provocó su venganza. El gran amor de Dios por su pueblo lo movió a desatar su ira feroz contra los captores de Israel.

De hecho, Dios prometió que, algún día, el Mesías daría pasos dramáticos (**porque he aquí**) para lidiar con las naciones y preparar el camino para el cumplimiento de sus promesas. Él dijo: **yo alzo mi mano sobre ellos**. Ya que la **mano** es el símbolo del poder de una persona, **alzar** la mano significa ejercer este poder feroz. Dios hizo esto cuando lanzó sus plagas contra Egipto (Éx. 7:4-5), cuando golpeó el Nilo y lo dividió (Is. 11:15) y cuando hizo que las naciones se derritieran de temor (19:16). Al final de los tiempos, el Mesías levantará su mano contra las naciones para desatar tal poder que **serán despojo a sus siervos**. El trastorno será tan tremendo que las naciones que despojaron a otras (ver Zac. 2:8) se convertirán ellas mismas en **despojo** (cp. Hab. 2:8). Estas mismas naciones, que convirtieron en **siervos** a los hijos de Israel (cp. Neh. 9:36; 2 Cr. 12:8) quedarán ahora bajo la posesión de los que antes fueron sus siervos. Metafóricamente, con un movimiento de su poderosa mano, el Mesías liberará de forma permanente a Israel de su historia de servidumbre y de opresión que recorre desde Egipto hasta la llegada del reino milenario. Ya que Él ha prometido hacer esto en beneficio de su pueblo, su cumplimiento está absolutamente garantizado.

Esto solo puede tener un resultado: **y sabréis que Jehová de los ejércitos me envió**. Esta terminología de **envió** es muy importante a lo largo de las Escrituras. Como ya se planteó, esta terminología distingue al Siervo de Jehová, la segunda Persona de la Trinidad (cp. Is. 48:16; 61:1; Jn. 3:17; 4:34; 5:23-24, 37; 6:29, 44, 57; 7:16). Enviar demuestra que el Mesías fue comisionado por Dios (Is. 61:1), que proviene del cielo (Jn. 6:38) y que es Jehová mismo (Is. 40:3; Mr. 1:1-3; ver también planteamiento anterior). Por lo tanto, al afirmar que Israel **sabrá** que Jehová lo envió, el Mesías anunciaba que su obra a favor de ellos sería tan sorprendente que, algún día, Israel la vería y reconocería plenamente que Él es el Hijo de Dios enviado del cielo (cp. Zac. 12:10).

La realidad de esta tremenda revelación debía motivar aún más a Israel de huir de la maldad de Babilonia. Los israelitas debían recordar que Dios había hecho promesas magníficas a su pueblo y que las había garantizado de forma personal por medio de su Hijo, el Mesías. Al poner su esperanza en el Señor y concentrarse en la gloria futura que Dios garantizaba, su pueblo se motivaría a huir de la impiedad de este mundo y a aferrarse a Él en amor y obediencia.

La tercera visión nocturna, tercera parte: Cánticos y silencio

8

Canta y alégrate, hija de Sion; porque he aquí vengo, y moraré en medio de ti, ha dicho Jehová. Y se unirán muchas naciones a Jehová en aquel día, y me serán por pueblo, y moraré en medio de ti; y entonces conocerás que Jehová de los ejércitos me ha enviado a ti. Y Jehová poseerá a Judá su heredad en la tierra santa, y escogerá aún a Jerusalén. Calle toda carne delante de Jehová; porque él se ha levantado de su santa morada. (2:10-13)

En el pasaje anterior (Zac. 2:6-9), el Señor exhortó a los israelitas a apartarse del mundo y a vivir únicamente para Él. Esta sección (vv. 10-13), que concluye la tercera visión nocturna de Zacarías, especifica dos maneras adicionales en las que el pueblo de Dios debe responder a sus promesas: con cánticos y silencio. Estas respuestas pueden parecer contrarias, pero ambas tienen un lugar adecuado en la adoración. Una revisión de los ejemplos bíblicos demuestra el valor de los cánticos y también del silencio.

Los cánticos eran parte esencial de la adoración de Israel. Después de su dramática liberación en el Mar Rojo, los hebreos cantaron una alabanza al Señor (Éx. 15:1-8; cp. Jue. 5:1-31). Más adelante, Moisés mandó al pueblo entonar un cántico que relatara la fidelidad de Dios durante su historia (Dt. 32:1-43). Este himno, conocido como el cántico de Moisés, era tan profundo y atemporal que Pablo lo citó en Romanos 9–11 (cp. Ro. 10:19). Siglos después de Moisés, David escribió docenas de himnos de alabanza a Jehová y compuso una gran parte de los Salmos. También comisionó cantores para dirigir al pueblo en alabanza en el templo (1 Cr. 25:1-31). A lo largo del libro de los Salmos, la palabra "nuevo" aparece más veces junto con "cántico" que con cualquier otro sustantivo. La salvación produce un cántico nuevo (Sal. 33:3; 40:3; 96:1; 98:1; 144:9; 149:1) y la obra del Espíritu Santo produce una melodía en el corazón que se expresa en salmos, himnos y cánticos espirituales (cp. Ef. 5:18-19; Col. 3:16). La alabanza no está limitada a esta vida. En el futuro, los creyentes cantarán alabanzas al Señor tanto en el cielo (Ap. 5:9) como en el regreso de Cristo (14:1-3).

El silencio también puede ser una forma apropiada de adoración. Los Salmos llaman a los santos a callar (Sal. 65:1, NBLA) y luego a esperar en Él (cp. Sal. 62:5, NBLA). Isaías mandó al mundo callar delante del Señor para poder escucharlo (Is. 41:1, NBLA). El apóstol Juan incluso resaltó un período de silencio en el cielo después que se rompió el séptimo sello de juicio (Ap. 8:1). Aunque, a menudo, se asocia la adoración con alabanza resonante (y aunque permanecer en silencio puede ser a veces una respuesta incorrecta [cp. Sal. 30:12]), sí hay momentos y lugares donde se debe guardar un silencio solemne al adorar.

Ya sea con cánticos o con silencio, la alabanza genuina nunca es superficial. Ambas expresiones fluyen de un corazón que medita con profundidad en la verdad divina. Tal riqueza teológica forma el fundamento para las siguientes instrucciones en este pasaje (Zac. 2:10-13). Aquí, el Señor mismo lanza el llamado para que Su pueblo cante (vv. 10-12) y también el mandato para que toda carne calle (v. 13). La razón de estos cánticos y de este silencio es la misma, pues ambos fluyen de una respuesta correcta a las promesas, a la presencia y al poder de Jehová.

EL LLAMADO A CANTAR

Canta y alégrate, hija de Sion; porque he aquí vengo, y moraré en medio de ti, ha dicho Jehová. Y se unirán muchas naciones a Jehová en aquel día, y me serán por pueblo, y moraré en medio de ti; y entonces conocerás que Jehová de los ejércitos me ha enviado a ti. Y Jehová poseerá a Judá su heredad en la tierra santa, y escogerá aún a Jerusalén. (2:10-12)

La tercera visión de Zacarías confirmaba las promesas de Dios para su pueblo y explicaba cómo debían conducirse a la luz de ellas (ver planteamiento en el capítulo 7 de este tomo). A la luz de la maravilla de estas promesas, el Señor mandó a su pueblo: **Canta**. La palabra hebrea que se traduce **canta** transmite la noción de un fuerte clamor (cp. Sal. 17:1; 30:5; 42:4; 47:1; 61:1; 88:2). Describe el estallido vocal de uno que reacciona a alguna noticia maravillosa. El cántico aquí es eufórico, apasionado y expresivo: todo esto en respuesta a las asombrosas promesas del Señor. El mandato que lo acompaña (**alégrate**) describe una actitud de júbilo y una actitud de gozo. La única respuesta correcta a la bondad de Dios era que Israel estallara en adoración ferviente y en alabanzas de corazón.

El llamado a cantar y a alegrarse se dirigía a la **hija de Sion**. Aunque la expresión **hija de Sion** personifica a la ciudad en su desolación (Is. 1:8; 52:2), pureza (2 R. 19:21) y esperanza expectante (Is. 62:11; Zac. 9:9), esta vez personifica a Jerusalén en su alabanza. El pueblo debía cantar con tanto entusiasmo que pareciera que la ciudad misma cantaba. La frase **hija de Sion** también marca un contraste con la "hija de Babilonia" (v. 7), lo que le recuerda al pueblo de Israel la tremenda diferencia cultural y de destino que distinguía a ambos lugares. El llamado a la adoración para la **hija de Sion** le recordaba al pueblo de Dios que debía apartarse de la corrupción de Babilonia y regresar a la santidad de Jerusalén. Después de todo, una adoración aceptable no solo exige alabanza apasionada, sino también pureza personal.

Un llamado paralelo para cantar se encuentra en la profecía previa de Sofonías. Según Sofonías 3:14, una generación futura de israelitas será refinada por Dios (cp. 3:9). Con labios purificados, resonarán con alabanza y, en respuesta, Dios mismo se regocijará sobre ellos con cánticos de alegría (3:17). ¡Cuán sorprendente será el día en que Dios se una a su pueblo en cánticos! La terminología de Zacarías fue un recordatorio de que Dios no se había olvidado de lo que había ya prometido por medio de Sofonías.

En el resto de los versículos 10-12, el Señor le dio a Israel cuatro razones por las que deberían cantar y alegrarse. La primera de estas se concentraba en la relación de Dios con su pueblo. Israel fue llamado a regocijarse porque Dios prometió morar con ellos. El Señor afirmó: **he aquí vengo, y moraré en medio de ti**. Las palabras **he aquí** y **vengo** transmiten la certeza y la inminencia del regreso del Señor. No hay duda de que Él vendrá e intervendrá en los problemas de este mundo caído. Como resultado, Él **morará en medio de** Jerusalén y prometerá tener comunión íntima para siempre con su pueblo. La promesa de Jehová nos recuerda cómo habitó con Israel en una columna de fuego y de nube en el desierto (cp. Éx. 25:8; 29:45; 40:35). No obstante, en el futuro, Dios morará con su pueblo de forma mucho más magnífica. Él no solo estará sobre ellos en una columna de nube, sino que también estará **en medio de** ellos. Él morará en el magnífico templo profetizado por Ezequiel y Hageo y su gloria inundará Jerusalén y toda la tierra (Is. 6:3; Ez. 43:2). Él estará con su pueblo de forma personal y permanente (Ez. 43:7).

Con esta maravillosa promesa, **moraré en medio de ti**, surge una pregunta importante: ¿Quién hace esta promesa de venir y morar en Jerusalén? El final del versículo 10 explica que este enunciado fue proferido por Jehová (**ha dicho Jehová**). Sin embargo, para ser más específicos, el que habla es Aquel enviado por Jehová (vv. 8-9), es decir, el Mesías. Él es Aquel que prometió morar en Jerusalén. El versículo 11 lo confirma, diciendo: "Entonces conocerás que Jehová de los ejércitos me ha enviado a ti". Una vez más, Jehová envía a Jehová, lo que confirma que el orador es la segunda Persona de la Trinidad, Cristo mismo (ver planteamiento en 2:8). Por lo tanto, Jehová, el Mesías, afirmó que, un día, Israel viviría en comunión con Él, quien fue enviado por el Padre para dar su vida por su pueblo (cp. Zac. 12:10). De hecho, este es el fundamento del gozo y de la alabanza de todos los santos: saber que estarán con el Señor para siempre (cp. 1 Ts. 4:17-18).

En el versículo 11, podemos encontrar una segunda razón por la que se insta a Israel a cantar. El pueblo de Dios debía cantar, no solo por lo que el Señor haría por Israel, sino también por lo que Él haría por las naciones. El mismo Mesías declaró en la visión: **se unirán muchas naciones a Jehová en aquel día**. De forma constante, los profetas usaban la frase **en aquel día** para describir el momento escatológico y culminante que rodearía al día de Jehová (cp. Is. 26:1; Sof. 1:7-10; Zac. 12:3, 6, 8). Al igual que todo lo demás en este contexto, estas palabras se referían al futuro, cuando **muchas naciones** fuera de Israel conocerían la salvación de Dios. A lo largo de su historia, el mundo se ha opuesto a Cristo y a su pueblo. El Señor Jesús lo expresó de esta manera: "En el mundo tendréis aflicción" (Jn. 16:33). No obstante, llegará un día en el que personas de toda nación, tribu y lengua se postrarán en adoración al Mesías (cp. Dn. 7:14).

En aquel día, las naciones **se unirán** a Jehová. La palabra hebrea que se traduce **se unirán** se usa para describir la unión de un matrimonio (Gn. 29:34). También se usaba para referirse a la formación de una alianza de apoyo mutuo con otro (Est. 9:27). Por consiguiente, cuando las naciones se unan a Jehová, lo harán en vida, fidelidad y amor. Otros profetas anteriores ya habían anticipado esta maravillosa realidad. La historia de Jonás y de la salvación de Nínive demostraba que Dios estaba dispuesto a mostrar misericordia a personas fuera de Israel. Isaías escribió con frecuencia sobre cómo las naciones se unirían a Israel y se reconciliarían con Dios (Is. 14:1; 56:3, 6). Al reiterar aquí esta verdad, Zacarías reafirmaba la realidad de que Dios ciertamente se acuerda de sus promesas, incluso de aquellas que conciernen a los gentiles. Aunque el Mesías juzgará a las naciones que han maltratado a su pueblo (cp. Zac. 2:8), Él también salvará de sí mismo a muchos de entre las naciones. Además, la palabra hebrea que se traduce **unirse** *(lavá)* es la raíz de la palabra "Leví", la tribu de los sacerdotes (Gn. 29:34). Tal como la tribu de Leví fue apartada para unirse a Dios en una relación característica para un servicio especial, así las naciones tendrán comunión cercana e íntima con Él. Dios enfatizó esto con su nombre de pacto, **Jehová**. En el futuro, Él tendrá una relación de pacto con las naciones, además de con Israel.

Sin embargo, no solo las naciones se unirán a Dios, sino que también Él se unirá a ellos. Jehová afirmó que las naciones **me serán por pueblo**. Aunque pudo haber sorprendido a la audiencia original de Zacarías, esta verdad no era nueva. Dos siglos atrás, Dios dijo por medio de Isaías: "Bendito el pueblo mío Egipto, y el asirio obra de mis manos, e Israel mi heredad" (Is. 19:25). Oseas reveló de forma conmovedora que la descripción "**pueblo** mío" definía la relación de salvación de Dios con Israel (Os. 1:9; 2:23). No obstante, en Zacarías, el Señor declaró que, un día, Él tendría una comunión igualmente cercana con las naciones.

Para el remanente fiel de la época de Zacarías, esta promesa habría constituido una revelación de gozo: saber que la salvación de Dios llegaría hasta los confines de la tierra (cp. Is. 49:6). Después de milenios de pecado, hostilidades y confusión, las naciones llegarían a conocer algún día al Señor y a gozar de su perfecta paz. Aunque la obra salvadora de Cristo se extiende en su misericordia a los gentiles en la era de la iglesia (cp. Ef. 2:11-12), el cumplimiento pleno de la promesa de Zacarías 2:11 aguarda aún su cumplimiento durante el reino milenario. Apocalipsis 7:9 presenta un anticipo de esta realidad futura. En una visión del cielo, anterior al regreso de Jesús, Juan vio "una gran multitud, la cual nadie podía contar, de todas naciones y tribus y pueblos y lenguas, que estaban delante del trono y en la presencia del Cordero".

El Señor articuló una tercera razón para cantar en la segunda mitad del versículo 11: porque Israel llegará a conocer a su Salvador. Él afirmó: **y moraré en medio de ti; y entonces conocerás que Jehová de los ejércitos me ha enviado a ti**. La promesa **moraré en medio de ti** repite las palabras de Dios del versículo anterior. Estas palabras implicaban que, un día, su gloria *shekinah* estaría con su pueblo de forma incomparable e inconfundible (ver Zac. 2:10). No obstante, el Señor enfatizó que Él no solo estaría con su pueblo, sino que también **conocerás que Jehová de los ejércitos me ha enviado a ti**. Una afirmación similar aparecía anteriormente para describir la inmediatez con la que el pueblo reconocería al Mesías (cp. Zac. 2:9). Sin embargo, el enunciado aquí en el versículo 11 añade dos palabras que ofrecen un matiz importante: **a ti**. Zacarías profetizo que los israelitas no solo *conocerían* que Dios envió al Mesías, sino que también *lo aceptarían* y entenderían que Él vino *por ellos*. Esto describe, no solo una asimilación intelectual, sino también una fe genuina. Las promesas de Dios eran claras: un día, Israel conocería al Señor Jesús de forma personal, relacional y salvadora, tal como los profetas, incluyendo Zacarías, habían predicho (cp. Ez. 34:23; Os. 3:5;

Mi. 7:14-15; Zac. 12-10). Al final, la nación llegaría a amar a Aquel que siempre los había amado a ellos; esta ciertamente es una buena razón para cantar y adorar.

El versículo 12 nos ofrece una última razón para el cántico de Israel: para la honra y la gloria del Mesías. El Señor afirmó: **Y Jehová poseerá a Judá su heredad en la tierra santa, y escogerá aún a Jerusalén**. Cuando Él venga, el Mesías será honrado, comenzando con la recepción de la herencia que le corresponde. Para expresar este punto, el versículo 12 explica: **Y Jehová poseerá a Judá**. Los creyentes tienen razón en concentrarse en la promesa de una herencia incorruptible que les espera en la gloria (cp. 1 P. 1:4). Al mismo tiempo, también están destinados a ser la herencia de Cristo (cp. Tit. 2:14). La intención de Dios Padre siempre ha sido que su pueblo sea un regalo de amor, una esposa para su Hijo (cp. Jn. 6:37; Ef. 1:11). Aunque todo el pueblo de Dios es la herencia de Cristo, este pasaje resalta a **Judá**, la tribu de la realeza, para demostrar que toda la autoridad y la nobleza pertenecen a Cristo (cp. Fil. 2:9-11). Por causa de su obra de redención, el Mesías recibirá a un pueblo que lo elogiará con toda gloria, honra y poder (cp. Dn. 7:14; Ap. 7:12). Al ver a su esposa redimida, su alma quedará satisfecha (Is. 53:10-11) para gozo de su pueblo.

Además de la herencia que le corresponde, el Mesías también recibirá el reconocimiento que merece. Zacarías se refirió aquí a Judá como **su heredad**. La palabra **heredad** denota algo que se designa a alguien, a menudo una parte de los despojos tras una victoria. La raíz de esta palabra se usa de esta manera en Isaías 53:12: "Por tanto, yo le daré parte con los grandes, y con los fuertes repartirá despojos". Dios prometió a su Hijo una recompensa en honor de su sacrificio expiatorio. El Siervo de Jehová, el Mesías, recibirá a un pueblo como heredad en reconocimiento distintivo por su incomparable obra de redención. Incluso la tierra glorificará a Cristo, ya que Judá será suya **en la tierra santa**. Este es el único lugar en el Antiguo Testamento donde aparecen las palabras **tierra santa**. La transformación de Jerusalén (cp. Zac. 2:1-5) se extenderá a todo el país a medida que Dios la convierte, de ser un lugar desolado, a uno que refleja la pureza y la gloria del Mesías.

Todo esto refleja la gloriosa verdad de que Jehová **escogerá aún a Jerusalén**. El enunciado se usó antes (Zac. 1:17) para demostrar que, en el futuro, Jerusalén será la ciudad escogida de Dios, única entre todas las demás. Al mismo tiempo, al escoger a Jerusalén aún, Dios demostrará que Él se regocija al fin sobre la ciudad. Él ya había amado y escogido antes a la ciudad (1 R. 11:13, 32; 2 Cr. 33:7), pero esta se corrompió y la gloria de Él salió de ella (Ez. 10:18-22; 11:22-23). No obstante, esta separación no fue permanente. Gracias al Mesías, Jerusalén sería transformada, de manera que Dios **aún** pondrá en ella su afecto especial. Él se agradará en su pueblo, en la tierra que les prometió y en la ciudad que Él escogió para sí mismo. En vista de tan maravillosa salvación, debería ser el gozo supremo de todos los santos cantar alabanzas a Dios y alegrarse en Él.

EL MANDATO DE CALLAR

Calle toda carne delante de Jehová; porque él se ha levantado de su santa morada. (2:13)

Es sorprendente que, después de un llamado tan poderoso a alabar con euforia, el Señor de pronto profiere un fuerte imperativo: **Calle toda carne delante de Jehová**. El mandato de **callar** refleja un asombro temeroso y una reverencia solemne ante Dios. El profeta Sofonías documenta que muchos quedaron callados de asombro al presenciar el poder de juicio del Señor (Sof. 1:7). Habacuc escribió que toda la tierra calla delante de Dios al saberse incapaz de oponerse a Él (Hab. 2:20). De manera que este llamado al silencio es un mandato a todo el pueblo de alabar al Señor en rendición a Él.

El Mesías (que sigue siendo el orador) exigía este silencio de **toda carne**, de toda persona viviente. Dios igualó a la humanidad con carne cuando dijo en Génesis 6:3: "No contenderá mi espíritu con el hombre para siempre, porque ciertamente él es carne". Dios es espíritu y es perfectamente santo, de manera que trasciende todo cuanto ha creado. El silencio conviene al pecador que se presenta indefenso y condenado **delante de Jehová**. El marcado contraste entre los pecadores carnales y el Dios eterno y santo exige un silencio asombrado (cp. Job 40:4). La gente muere, pero el Señor permanece para siempre (Sal. 78:39; 90:2-3). Toda la creación depende de Él, pero Él no depende de nadie (cp. Éx. 3:14; Sal. 136:25; Hch. 17:24-25). Dios no fue creado, sino que es infinito, independiente e inmutable. El hombre no cumple con ninguna de estas características (Nm. 23:19). Al describir su grandeza sin igual, Isaías declaró:

> *Como nada son todas las naciones delante de él; y en su comparación serán estimadas en menos que nada, y que lo que no es. ¿A qué, pues, haréis semejante a Dios, o qué imagen le compondréis? [...] Él está sentado sobre el círculo de la tierra, cuyos moradores son como langostas; él extiende los cielos como una cortina, los despliega como una tienda para morar. Él convierte en nada a los poderosos, y a los que gobiernan la tierra hace como cosa vana (Is. 40:17-18, 22-23).*

Dada la trascendencia de su esplendor y su infinito poder, es evidente que toda la humanidad debe callar ante su gloriosa presencia.

Aunque la exhortación al silencio es un llamado general a permanecer en asombro y adoración, va más allá de esto. Todos reciben el mandato de callar porque el Señor **se ha levantado de su santa morada**. El término **levantado** describe a uno que se despierta de estar dormido (Jue. 5:12) o que se incita a actuar (Is. 10:26; 13:17; Jer. 50:9, 41; 51:1). En la segunda mitad de Isaías, el profeta mencionó con frecuencia que Dios se ha levantado para librar a su pueblo (Is. 50:4; cp. 41:2, 25; 42:13; 45:13; 64:7); esta es la obra divina que Zacarías tenía en mente aquí. Así pues, el día viene cuando Dios se levante de su trono celestial (**su santa morada**) para redimir a su pueblo. Él descenderá de las alturas en los cielos con autoridad infinita e incorruptible para intervenir en los asuntos de este mundo (cp. Dt. 26:15; Jer. 25:30; Sal. 68:6). Esta escena será tan impresionante que toda carne callará al instante por necesidad. De hecho, podemos ver este silencio en el libro de Apocalipsis. Cuando Cristo rompa los sellos, antes del sonido de las trompetas (Ap. 6:1; 8:1-2), habrá silencio en el cielo como por media hora (8:1). Toda carne se preparará para que Dios actúe para liberar a su pueblo y juzgar a sus enemigos.

Ahora pues, ¿cuál debería de ser la respuesta del pueblo de Dios a sus maravillosas promesas? Este pasaje ofrece dos respuestas para esta pregunta. Por una parte, deben cantar alabanzas alegres por lo que Dios ha dicho que hará, tanto por Israel como por las naciones, por medio de su Hijo, el Mesías. Por otro lado, también deben guardar silencio en su corazón por reverencia a Él, porque saben que un día vendrá a juzgar el mundo en rectitud. Ya sea mediante los cánticos o mediante el silencio, el pueblo de Dios siempre debe responder a Él con adoración ante la certeza de que Él cumplirá todo lo que ha prometido hacer.

La cuarta visión nocturna, primera parte: La obra sacerdotal del Mesías

9

Me mostró al sumo sacerdote Josué, el cual estaba delante del ángel de Jehová, y Satanás estaba a su mano derecha para acusarle. Y dijo Jehová a Satanás: Jehová te reprenda, oh Satanás; Jehová que ha escogido a Jerusalén te reprenda. ¿No es este un tizón arrebatado del incendio? Y Josué estaba vestido de vestiduras viles, y estaba delante del ángel. Y habló el ángel, y mandó a los que estaban delante de él, diciendo: Quitadle esas vestiduras viles. Y a él le dijo: Mira que he quitado de ti tu pecado, y te he hecho vestir de ropas de gala. Después dijo: Pongan mitra limpia sobre su cabeza. Y pusieron una mitra limpia sobre su cabeza, y le vistieron las ropas. Y el ángel de Jehová estaba en pie. (3:1-5)

En Romanos 8, el apóstol Pablo afirmó: "Si Dios es por nosotros, ¿quién contra nosotros?" (Ro. 8:31). En el tribunal celestial, los santos se presentan justificados, no por causa de sus propios esfuerzos, sino más bien por la obra expiatoria del Hijo de Dios. Aunque el sufrimiento y el pecado en el presente parecen obstáculos para la gloria (8:18), Pablo les recuerda a los creyentes que nada puede separarlos del amor de Dios que es en Cristo Jesús (8:38-39). A los que Dios ha elegido, también glorificará (8:28-30). Nadie puede acusar con éxito a sus elegidos, pues Cristo intercede por los suyos (8:34). La vindicación plena del creyente y su glorificación final están garantizadas por la obra imparable del Señor Jesús, pues vive "siempre para interceder por" su pueblo (He. 7:25).

Mucho antes que se escribiera Romanos 8, Dios reveló una escena paralela a Zacarías. El profeta presenció un tribunal celestial donde Satanás intentó acusar a los elegidos de Israel, representados por el sumo sacerdote Josué. En esta escena, al igual que en Romanos 8, solo Uno pudo interceder por el pueblo de Dios: el Señor Jesucristo. En la primera parte de la visión, Zacarías vio que, en el tribunal celestial, Israel solo tenía un gran Sumo Sacerdote y Abogado: el ángel de Jehová, Dios Hijo. Al describir esta escena, el profeta enfatizó dos aspectos del ministerio sacerdotal del Mesías a favor de su pueblo: su obra de intercesión (3:1-2) y su obra de imputación (3:3-5).

Aunque la visión de Zacarías fue específicamente para la nación de Israel, los creyentes de todas las épocas deben apreciar profundamente la verdad que esta revela respecto a la obra de intercesión y de imputación de Cristo. Aquí, el Señor ofreció un vistazo profundo al poder, a la efectividad y al fervor de la obra sacerdotal de Cristo. Tal como Pablo les recordó a sus lectores en Romanos 8, el Señor Jesús no solo hace esto por Israel, sino también por todo el pueblo de Dios. Por lo tanto, los creyentes gentiles se unen al remanente de Israel en agradecimiento al Señor por ser el gran Sumo Sacerdote (cp. He. 4:14-16).

LA OBRA DE INTERCESIÓN

Me mostró al sumo sacerdote Josué, el cual estaba delante del ángel de Jehová, y Satanás estaba a su mano derecha para acusarle. Y dijo Jehová a Satanás: Jehová te reprenda, oh Satanás; Jehová que ha escogido a Jerusalén te reprenda. ¿No es este un tizón arrebatado del incendio? (3:1-2)

Esta visión (así como la siguiente) comienza diferente que las otras seis visiones de Zacarías. En las demás, él normalmente veía (Zac. 1:8) o alzaba sus ojos para ver lo que Dios le revelaba (cp. 1:18; 2:1; 5:1, 5; 6:1). Sin embargo, el texto dice aquí: **Me mostró**. El término **mostró** comunica la idea de hacer que otro vea. Zacarías no podía percibir por cuenta propia lo que estaba sucediendo, de manera que Dios movió al profeta a presenciar verdades gloriosas más allá de lo que había visto hasta ese punto.

Al igual que la cuarta y quinta visión de las ocho que Zacarías recibió, esta y la siguiente son fundamentales para lo que el Señor le reveló a su profeta. En conjunto, las ocho visiones demostraban que Dios se acordaba de su palabra, incluyendo su plan en el presente para su pueblo, su propósito para las naciones y sus promesas a Israel. En específico, las dos visiones intermedias se enfocaban en Cristo y en las promesas de Dios con respecto a la obra del Mesías.

La primera persona que aparece en esta escena era el **sumo sacerdote Josué**. **Josué** sirvió como sumo sacerdote de Israel en la época de Zacarías (cp. Esd. 5:2; Hag. 1:1; Zac. 6:11). El rol de **sumo sacerdote** en esta visión es de gran importancia. La función de un sacerdote era mediar la relación entre Dios y el hombre. El Señor incluso llamó a Israel a ser un reino de sacerdotes que mediaran la relación de Él con el mundo (Éx. 19:5-6). El sacerdocio de Israel dirigía a la nación en esta labor. Ellos mediaban la relación de Israel con Dios al presentar ofrendas de alabanza y sacrificios por el pecado. En el centro de todo esto, el sumo sacerdote dirigía a los demás sacerdotes en este servicio sagrado. Una vez al año, el sumo sacerdote ofrecía sacrificios por el pecado y rociaba también la sangre de estos sobre el propiciatorio del arca del pacto en el Lugar Santísimo (cp. Lv. 16:11-14; He. 9:7). Esto expiaba de forma simbólica el pecado (Lv. 16:15-16) y restablecía el sistema levítico para el siguiente año. En este rol tan elevado, desde una perspectiva humana, el sumo sacerdote llevaba la mayor responsabilidad de la comunión de Dios con su pueblo. Si el sumo sacerdote cumplía su papel de forma aceptable, el Señor seguiría teniendo comunión con Israel. Si fracasaba, la relación se deterioraría rápidamente (cp. Ez. 8:10-18). De manera que la aparición del **sumo sacerdote Josué** en esta escena provoca una pregunta importante, en especial después de décadas de destierro: ¿Seguiría manteniendo el Señor una relación positiva con su pueblo?

Mientras Josué estaba de pie allí, en representación de la nación, Dios hizo evidente que las bendiciones de Israel no dependían de Josué. Más bien, dependían de Aquel **delante** de quien Josué estaba, es decir, el **ángel de Jehová**. La idea de estar **delante** de alguien denota participación en el servicio y en la intercesión sacerdotal (cp. Dt. 10:8; 18:5-7; Jue. 20:28; 2 Cr. 29:11; Ez. 44:15). La realidad de que Josué servía **delante** del **ángel de Jehová** y oraba a Él es evidencia clara de que el ángel de Jehová es Jehová mismo, ya que solo Dios es digno de recibir adoración (cp. Ap. 19:10; 22:8-9). Esto queda confirmado por el contexto general, en el que el ángel de Jehová es llamado en repetidas ocasiones Jehová (cp. Zac. 2:8, 10, 11).

La profecía de Zacarías ya había presentado antes el ministerio sacerdotal del ángel de Jehová. En la primera visión, el ángel intercedió por Jerusalén (cp. 1:12). En la tercera, Él fue el Siervo sufriente profetizado como sacrificio para su pueblo (cp. Zac. 2:8; Is. 53:6; 61:1). De manera que, al ministrar **delante del ángel de Jehová**, Josué estaba delante del Señor mismo. Así pues, Josué apeló al gran Sumo Sacerdote (cp. He. 7:25), Aquel que es Jehová y también el Intercesor divino a favor de su pueblo. Si Israel quería ser aceptable ante Dios, un mero sumo sacerdote humano no sería suficiente. Solo el ángel de Jehová, la segunda Persona de la Trinidad, Dios Hijo, podría lograr esto a favor de su pueblo.

Una figura más aparece en este dramático tribunal celestial. **Satanás estaba a** la **mano derecha** de Josué **para acusarle**. En hebreo, la palabra "Satanás" significa acusador. De hecho, el texto en hebreo dice literalmente: "Y Satanás estaba a su mano derecha para satanizarle". Como corresponde a su naturaleza, Satanás lanzaba alegatos contra Josué para condenarlo y argumentar que el pueblo al que representaba era indigno de recibir las promesas de Dios. Satanás siempre ha acusado a los santos (Ap. 12:10). En Job 1, él entró a la presencia de Dios para acusar a Job y hasta al mismo Señor por bendecirlo. De forma similar, aquí en Zacarías 3, Satanás proclamó ante Dios la culpa y la indignidad de Josué. La situación era crítica. Si Josué era vindicado, esto significaba que Israel sería aceptado por Dios. Sin embargo, si Josué era condenado y desechado, Israel terminaría condenado y desechado. Por supuesto que el resultado no dependía de Josué. Con esto, la pregunta que plantea esta escena en el tribunal se vuelve evidente. ¿Las acusaciones de Satanás contra Josué tendrán éxito o intercederá el Mesías a favor de su pueblo de manera que Josué y la nación puedan continuar gozando del favor de Dios y de las bendiciones que Él prometió (cp. Ap. 12:1-3; 17:1-8; 22:15-18)?

En el momento definitivo para el destino de Israel, el ángel de **Jehová** dijo **a Satanás: Jehová te reprenda, oh Satanás**. Al igual que en otras partes de Zacarías en las que Jehová envía a Jehová (2:8) o en las que Jehová se dirige a Jehová (cp. Zac. 1:12), aquí también la segunda Persona de la Trinidad (el ángel de Jehová) invocó a la primera Persona de la Trinidad (**Jehová**) para que reprendiera a Satanás (cp. Gn. 19:24). Al reprenderlo, el ángel de Jehová contrarrestó las acusaciones del diablo e intercedió a favor de su pueblo como su gran Sumo Sacerdote (cp. He. 7:25; también Jn. 17:9-10; Ro. 8:34; 1 Jn. 2:1). En este momento de necesidad urgente en la historia de Israel, el Sumo Sacerdote celestial, el Hijo eterno, defendió de forma directa y decisiva a los suyos.

La intercesión del ángel de Jehová en esta visión fue eficaz. Diversas observaciones demuestran este punto. Primero, la intercesión se dio con el poder de Dios. El ángel de Jehová dijo: **Jehová te reprenda, oh Satanás**. La intercesión de Cristo apelaba a la autoridad infinita del mismo **Jehová** porque Cristo pidió que el Padre **reprenda** a Satanás. En las Escrituras, la reprensión no solo exponía el mal actuar de uno (cp. Gn. 37:10; Jer. 29:27; Rut 2:16), sino que también pronunciaba un juicio sobre él. La reprensión divina es una fuerza irresistible. Por ejemplo, Dios reprendió al mar y este se secó (Sal. 106:9; Nah. 1:4). Él reprendió a las naciones y estas huyeron (Is. 17:13). La reprensión de Dios no es una simple advertencia, sino más bien un discurso potente que transmite la fuerza y la devastación divinas. De manera que, cuando el ángel de Jehová apeló a Jehová para reprender al acusador, llamó a Dios a silenciar y a negar cualquier acusación que Satanás levantara. El poder de esta frase específica también puede verse en su franqueza. El ángel de Jehová enfrentó a **Satanás** de forma directa, listo para contrarrestar y vencer cualquier cargo que levantara el acusador.

Segundo, la intercesión del Mesías fue efectiva porque estaba fundamentada en la promesa de la elección de Dios. El ángel de Jehová exclamó: **Jehová que ha escogido a Jerusalén te reprenda**. El Señor les recordó a todos que Dios ciertamente **reprenderá** y silenciará a Satanás porque Él **ha escogido a Jerusalén**. La verdad de que Dios escogió a Jerusalén se repite, no solo en el Antiguo Testamento (cp. Dt. 7:6-8; 1 R. 11:13, 32; 14:21; 2 Cr. 12:13), sino también en el contexto inmediato de Zacarías (cp. Zac. 1:17; 2:12). Estos versículos revelaban que Dios ya había hecho una promesa con respecto a Jerusalén y que las acusaciones de Satanás no podrían revertir lo que Dios había determinado hacer de antemano (cp. Nm. 23:19; 1 S. 15:29; Ro. 8:33).

Tercero, la intercesión del Mesías también fue efectiva porque estaba fundamentada en el propósito de Dios. El ángel de Jehová exclamó: **¿No es este un tizón arrebatado del incendio?** Este enunciado describía un tronco o una vara que se rescataba y preservaba del fuego. Esta intervención, que implicaba meter la mano en las llamas, podía ser riesgosa. Sin embargo, solo es lógico aceptar el riesgo si es necesario rescatar el objeto antes de que este se queme. Israel se hallaba rodeado de las llamas de la persecución, del juicio y del destierro. La historia del Antiguo Testamento pudo haber terminado con el pueblo de Dios consumido entre las naciones. Sin embargo, Dios los arrebató del fuego del incendio de las naciones y los llevó a casa; así los preservó y prometió redimirlos definitivamente (Ro. 11:26). Es evidente que Dios no había terminado con Israel.

Al señalar que Israel era **un tizón arrebatado del incendio**, el Mesías afirmó que el propósito de Dios para este pueblo seguía intacto. Las acusaciones de Satanás no incitarían al Señor a destruir a la nación que Él había elegido. Hacerlo habría sido contrario a los propósitos de Dios y a los pactos que Él había hecho con Israel. Al apelar al Señor en beneficio de Israel, Moisés afirmó: "[Las naciones oirán] que has hecho morir a este pueblo como a un solo hombre; y las gentes que hubieren oído tu fama hablarán, diciendo: Por cuanto no pudo Jehová meter este pueblo en la tierra de la cual les había jurado, los mató en el desierto" (Nm. 14:15-16; cp. Éx. 31:11-14). Si el propósito de salvación de Dios fracasaba, su nombre sería deshonrado. Por lo tanto, por amor a su propio nombre, Dios no abandonaría a su pueblo (cp. 1 S. 12:22).

Dios no retractará sus promesas. Aunque Satanás acusa constantemente a los elegidos y destaca sus fracasos y su indignidad, hay Uno que intercede por ellos. Él es nada menos que el gran Sumo Sacerdote, el Mesías. Él intercede ante el tribunal de Dios, donde ningún pecador puede permanecer de pie, y vence sobre el acusador, de manera que su pueblo es perdonado y declarado justo. En el tribunal celestial, el Padre se acuerda de la obra de mediación de su Hijo, por la cual los redimidos de todas las épocas son justificados (cp. Ro. 8:34).

LA OBRA DE IMPUTACIÓN

Y Josué estaba vestido de vestiduras viles, y estaba delante del ángel. Y habló el ángel, y mandó a los que estaban delante de él, diciendo: Quitadle esas vestiduras viles. Y a él le dijo: Mira que he quitado de ti tu pecado, y te he hecho vestir de ropas de gala. Después dijo: Pongan mitra limpia sobre su cabeza. Y pusieron una mitra limpia sobre su cabeza, y le vistieron las ropas. Y el ángel de Jehová estaba en pie. (3:3-5)

Pecar es transgredir la ley de Dios y errar al blanco de su estándar de justicia. El pecado mancha a las personas y las hace culpables delante de Dios. Desde el mismo principio de la historia de la humanidad, el Señor dejó claro que cubrir los pecados requería una muerte. Esta realidad quedó simbolizada cuando Dios mató a un animal y utilizó su piel para cubrir la desnudez de Adán y Eva después que estos pecaron (cp. Gn. 3:21). El sistema sacrificial que Dios ordenó siguió ilustrando la necesidad y también la naturaleza de la obra que Dios debía realizar para lidiar con el pecado. Se mataban animales para mostrar que la muerte es necesaria para satisfacer la justicia y la ira de Dios (cp. Lv. 4:4; 17:11). Las ofrendas por el pecado demostraban el precio del perdón y la necesidad de un sustituto (cp. 1:4; 16:21-22). Además, el sistema sacrificial ilustraba que cualquier indicio de pecado hacía que la persona fuera culpable e inaceptable a los ojos de Dios (cp. 14:10-20). Esta parte de la cuarta visión nocturna de Zacarías ilustraba estas verdades teológicas, así como la necesidad de justicia posicional (Zac. 3:3), la imputación de esta justicia (3:4) y el cambio resultante en la posición del pecador delante de Dios (3:5).

La razón por la que Josué dependía por completo de la intercesión del ángel de Jehová (3:1-2) era que **Josué estaba vestido de vestiduras viles**. Las vestiduras del sacerdote debían estar en un estado de pureza para poder actuar él como intercesor (cp. Éx. 28:1-43). Se requería de un atuendo inmaculado porque este simbolizaba su rol como representante del pueblo ante Dios. No obstante, las **vestiduras** con las que Josué **estaba vestido** no estaban limpias. El término **viles** procede de una raíz que denota estiércol o excremento (cp. Dt. 23:13; Ez. 4:12). Para un sacerdote, esto no solo era repugnante, sino también problemático. Servir como sumo sacerdote en un estado de impureza resultaría en ser cortado de Dios y de Israel (Lv. 22:3-6). En este momento, Josué estaba totalmente descalificado para servir al Señor. En este sentido, Satanás sí tenía una acusación legítima que hacer contra él. Manchado de pecado, Josué no era digno de entrar a la presencia del Señor. Como resultado, Israel no contaba con un sacerdote mortal calificado para mediar entre ellos y Dios. Esta escena ofrece una ilustración descriptiva de la naturaleza del pecado, que es repulsivo y vil delante del Juez divino (cp. Is. 64:6; Fil. 3:8).

Como están manchados e impuros, los pecadores no están calificados para servir a Dios, para entrar a su presencia ni para gozar de comunión con Él. Son culpables y merecen condenación. No obstante, Josué **estaba delante del ángel**, como antes. Tal como Josué dependía por completo en la intercesión del ángel de Jehová a su favor y a favor del pueblo de Israel (ver planteamiento en Zac. 3:1), también dependía de Él para ser justo delante de Dios (cp. He. 5:2-3). Para que Dios pudiera cumplir sus promesas a su pueblo (tener comunión con ellos y morar en medio de ellos [cp. Zac. 2:5]), ellos necesitaban ser santos como Él es santo (Lv. 11:44-45). Esta cuarta visión demostraba que esto es imposible para cualquier sacerdote humano pecador, pero que se logra únicamente mediante la obra sacerdotal de imputación del Mesías sin pecado. Josué **estaba delante del ángel** de Jehová y confiaba en que Él haría lo que Josué mismo no podía hacer.

Tal como antes (ver Zac. 3:2), el ángel de Jehová no se quedó pasivo ni callado, sino que **habló**. El Cristo preencarnado habló **a los que estaban delante de él**. Lo más probable es que estos fueran ángeles, los ejércitos celestiales que hacen la voluntad de Dios y que llevan a cabo su plan providencial (cp. He. 1:7). Dios ha dispuesto a todo el cielo para servir a los que heredarán la salvación (cp. Is. 6:6; He. 1:14; 1 P. 1:12). Con soberana autoridad, Cristo mandó: **Quitadle esas vestiduras viles**. Si Josué quería ser aceptable delante de Dios, ponerse vestiduras limpias sobre las viles no sería suficiente. Él seguiría impuro y sus nuevas vestiduras se contaminarían. En cambio, era necesario que Josué se **quitara** por completo las **vestiduras viles**. Hasta la última prenda sucia debía removerse. Así pues, el ángel de Jehová mandó que le quitaran estas vestiduras. Si Josué se quitaba las vestiduras solo para ponérselas de nuevo más tarde, habría sido totalmente inútil. Estas vestiduras impuras debían separarse de forma total y permanente del sumo sacerdote.

Esta remoción total era necesaria, no solo para las vestiduras viles de Josué, sino también para el pecado que estas simbolizaban. Por lo tanto, el ángel de Jehová dijo: **Mira que he quitado de ti tu pecado**. En un sentido judicial y posicional, todo lo que sucedió a las vestiduras de Josué sucedió también a su pecado; esto ilustra la naturaleza maravillosa del perdón y de la justificación. El ángel del Jehová había **quitado** la culpa de Josué. Tal como las vestiduras impuras de Josué, la culpa de su pecado aquedó abolida de forma completa y permanente.

Cuando el Señor perdona en su misericordia al pecador, no enmascara de forma superficial la culpa de su pecado ni la quita en parte. El ángel de Jehová afirmó que había lidiado por completo con el **pecado** de Josué, incluyendo su culpa. El perdón del Señor no es parcial ni temporal; no se atenúa ni falla, ni tampoco obliga al pecador a compensarlo por sus propios medios. Más bien, el sacrificio de Cristo es plenamente suficiente, una vez y para siempre (cp. He. 9:12; 10:10). El perdón que Dios otorga es completo y definitivo.

Al hablar en primera persona, el ángel de Jehová asumía la responsabilidad personal de quitar los pecados de Josué. Esto es un recordatorio de que solo Dios tiene la autoridad y la prerrogativa para perdonar el pecado (cp. Mr. 2:7-9). La obra de expiación es cien por ciento una obra divina (cp. 10:45), a la que ni Josué ni ningún otro pecador contribuye. Las obras de justicia propia no tienen papel alguno en justificar al pecador delante de Dios (cp. Ro. 3:27-28; Ef. 2:8-10). Josué era indigno por causa de su pecado. No obstante, gracias a la obra del gran sumo sacerdote, sus vestiduras viles le fueron quitadas, de manera que Dios lo perdonó.

Aun así, la remoción del pecado y de la impureza es solo la mitad de lo que era necesario hacer. Para ser limpio, no solo deben quitarse las ropas sucias, sino también deben ponerse ropas limpias. Esto dirige nuestra atención a la naturaleza de la justificación: al pecador no solo se le quita la culpa del pecado, sino que también se lo viste con la justicia imputada de Cristo. De manera que el ángel de Jehová le dijo a Josué que Él lo había **hecho vestir de ropas de gala**. Es notorio que el ángel de Jehová fue quien vistió a Josué con estas ropas. El verbo es causativo y resalta que el ángel vistió al sumo sacerdote con estas ropas nuevas y no que Josué haya hecho esto por cuenta propia. Esta escena es similar a lo que sucedió en el huerto de Edén cuando Adán y Eva intentaron hacerse ropas, pero fracasaron. Dios, en su gracia, los vistió con túnicas que Él mismo fabricó (cp. Gn. 3:7, 21). Así como Josué no podía quitar su propia vileza y pecado, tampoco podía hacerse de ropas de justicia ni vestirse de ellas.

Las nuevas ropas de Josué estaban perfectamente limpias. Tal como lo afirma el texto, a Josué se lo vistió con **ropas de gala**. En esencia, estas ropas eran blancas y de gran calidad. Marcaban un tremendo contraste con la vileza de Josué. Su nuevo atuendo resplandeciente no provino de sus propios esfuerzos, sino que fue una dádiva de la gracia de Dios. Aunque, en la práctica, Josué seguía siendo pecador, en lo posicional era ahora justo, pues estaba vestido de la impecable justicia de Cristo. Isaías 53:11 profetizó del Mesías: "Por su conocimiento justificará mi siervo justo a muchos, y llevará las iniquidades de ellos". La forma en que Dios declara justas a las personas es mediante cubrirlas con la justicia de su Hijo. Pablo lo dijo así en 2 Corintios 5:21: "Al que no conoció pecado, por nosotros lo hizo pecado, para que nosotros fuésemos hechos justicia de Dios en él". En otro pasaje, Pablo explica que su deseo era "ser hallado en él, no teniendo mi propia justicia, que es por la ley, sino la que es por la fe de Cristo, la justicia que es de Dios por la fe" (Fil. 3:9). Hasta los actos más religiosos de los pecadores más santurrones son trapos de inmundicia (Is. 64:6), pero en la salvación, estas ropas inmundas quedan remplazadas con las ropas de la justicia de Cristo.

Estas **ropas de gala** no solo eran puras, sino que también estaban diseñadas para las fiestas y las celebraciones. Tal como el Señor Jesús afirmó en la parábola de la fiesta de bodas, los que no cuentan con ropas adecuadas no pueden asistir a la fiesta de bodas del Hijo (cp. Mt. 22:11-14). Solo cuando la persona es justificada delante de Dios y vestida de la justicia de Cristo, puede gozar de comunión con Él. Como Josué había recibido ropas así, había un futuro, no solo para él, sino también para aquellos a quienes representaba. Mediante su obra de expiación sustitutiva, el Mesías no solo quitaría la vileza que manchaba a su pueblo, sino que también los vestiría con una justicia que jamás podrían alcanzar por cuenta propia.

A continuación, el ángel **dijo: Pongan mitra limpia sobre su cabeza** [de Josué]. La mitra era la última prenda que el sacerdote se colocaba en su ordenamiento (Lv. 8:9). Esta frase expresaba que la consagración del sacerdote estaba ahora completa y prefiguraba que el pueblo se uniría algún día con el sacerdote en obedecer a Dios. Esta escena anticipa el momento en el futuro cuando "todo Israel será salvo" (Ro. 11:26), pues será justificado por Dios gracias a la obra del Mesías.

Tan pronto el ángel pronunció la palabra, los ángeles que lo asistían **pusieron una mitra limpia sobre su cabeza**, no solo porque esta era la última prenda que se colocaba el sacerdote (ver planteamiento anterior), sino también por dos razones adicionales. Primero, la mitra **limpia** marcaba un gran contraste con la vileza que Josué llevaba puesta antes. Era un recordatorio vívido de que ahora estaba vestido con una justicia que no era propia, sino que provenía del Señor (Fil. 3:9). Segundo, la **mitra** indicaba que Josué en verdad había sido ordenado y estaba listo para el servicio como sacerdote (cp. Éx. 29:6; 39:31; Lv. 8:9). En el Antiguo Testamento, la mitra del sacerdote llevaba una inscripción que decía "SANTIDAD A JEHOVÁ" (Éx. 28:36; 39:30), lo que designaba que el sacerdote había sido apartado, consagrado y dedicado a Jehová y que le pertenecía a Él por completo. Colocar la **mitra** sobre la **cabeza** de Josué significaba que Josué estaba ahora consagrado de forma oficial para la labor de dirigir al pueblo en adoración.

Con este fin, Zacarías también mencionó que a Josué **le vistieron las ropas**. Josué no solo tenía una túnica y una mitra limpias, sino que también estaba vestido de la cabeza a los pies con santidad. Él no estaba limpio en parte, sino completo. El término **ropas** aquí es la misma palabra que se usó antes para describir las vestiduras viles de Josué (cp. Zac. 3:3-4). Toda la vileza de Josué quedó remplazada, lo que demuestra que Dios había cambiado el estatus de Josué, de impuro (culpable) a puro (justo). De esta manera, Josué estaba justificado en el tribunal celestial y comisionado para el servicio al Señor, una ilustración de lo que sucedería con Israel y con sus sacerdotes en el futuro (cp. Is. 61:6).

Un aspecto adicional del atuendo del sacerdote también resulta importante. La palabra en hebreo que se traduce **mitra** no es el término normal que se usaba para describir las vestimentas del sacerdote. Su otro uso se refiere a una diadema o corona real (cp. Is. 62:3), que indicaba, no solo sacerdocio, sino también realeza. En consecuencia, esta visión presentaba a Josué como un sacerdote y rey, una ilustración sorprendente, ya que ningún sacerdote israelita podía también ser rey. Los sacerdotes y los reyes provenían de dos tribus diferentes (He. 7:13-17). Sin embargo, esta descripción de Josué como sacerdote y rey es crucial. Es la primera vez que el rol doble aparece en el libro de Zacarías, pero no la última. El siguiente capítulo también presenta esta terminología (Zac. 4:14) y, en Zacarías 6:9-15, el sumo sacerdote Josué recibe una corona sobre su cabeza. El Señor diseñó esta ilustración de un sacerdote y rey para demostrar que, aunque ningún hombre común podía asumir ambos oficios, el Mesías sí podía hacerlo y, de hecho, lo haría. El Mesías es la culminación de estos roles combinados: Él es el Rey que se sienta a la diestra de su Padre (Sal. 110:1-3) y también el gran Sumo Sacerdote según el orden de Melquisedec (110:4; cp. Gn. 14:18).

En este punto de la visión de Zacarías, se representa a Josué, no solo como receptor de la obra de Cristo, sino también como figura de Él. Josué apuntaba hacia el Mesías como Aquel que, como Rey y Sumo Sacerdote, puede alcanzar la salvación que su pueblo necesita. Tal como el escritor de Hebreos proclamaría más adelante, los del linaje de Leví jamás podrían alcanzar el perdón de pecados (cp. He. 10:1-4). Solo el gran Sumo Sacerdote y Rey, aquel que es según el orden de Melquisedec, puede lograrlo (cp. He. 7:11-17; 10:12).

Esto explica por qué el versículo 5 concluye con la frase **Y el ángel de Jehová estaba en pie**. La idea de **estar en pie** aparece en repetidas ocasiones en esta cuarta visión. Josué estaba delante del ángel de Jehová con necesidad tanto de intercesión (Zac. 3:1) como de justicia imputada (3:3). Ahora, el ángel de Jehová **estaba** allí **en pie** como recordatorio de que Él era quien había logrado todo esto a favor de Josué y de su pueblo. Aunque Josué era una figura importante en esta cuarta visión, no era la persona principal. En cambio, desde el principio, el ángel de Jehová, el Mesías, fue el personaje principal. De esta manera, Dios le mostró a Zacarías (y a todo Israel) que no se había olvidado de sus promesas con respecto al Mesías, el Sumo Sacerdote y Rey definitivo. Él siempre intercede por los suyos y los viste con su justicia, de manera que puedan ofrecer adoración y servicio aceptables a Dios.

La cuarta visión nocturna, segunda parte: La relación de Dios con Israel

10

Y el ángel de Jehová amonestó a Josué, diciendo: Así dice Jehová de los ejércitos: Si anduvieres por mis caminos, y si guardares mi ordenanza, también tú gobernarás mi casa, también guardarás mis atrios, y entre estos que aquí están te daré lugar. (3:6-7)

La adoración es la prioridad suprema de Dios. El Padre busca adoradores de verdad (Jn. 4:23) que se ofrezcan a sí mismos a Él como sacrificios vivos (Ro. 12:1-2) y que consideren hasta las actividades más rutinarias como oportunidades para darle gloria a Él (1 Co. 10:31). Así pues, no es de sorprender que, una vez que purificó a Josué y lo vistió de ropas de justicia, el ángel de Jehová le ordenara retomar su responsabilidad como sumo sacerdote y dirigir a Israel en adoración.

En su plan, el Señor levantó a Israel para ser una nación de sacerdotes (Éx. 19:5-6), una nación que dirigiera a otras en adoración al único Dios verdadero (Dt. 4:6-8; Zac. 8:23). Con su tabernáculo/templo, su sistema sacrificial, sus festivales anuales y sus salmos de alabanza, Israel debía ser una nación de adoradores que invitara a otras naciones a unírsele en servir al Señor (cp. Sal. 117:1). En todo esto, Dios usaba a los sacerdotes para dirigir en adoración a su reino de sacerdotes. Estos daban mantenimiento al tabernáculo/templo, dirigían a la congregación en la alabanza, presentaban los sacrificios y enseñaban las Escrituras. Dios también llamó a su pueblo a adorarlo, no solo como individuos, sino también como comunidad, y a hacerlo de forma colectiva, pública y nacional. Ellos debían proclamar y adorar su dignidad en todos los niveles. Los sacerdotes tenían el privilegio de dirigir al pueblo en esta actividad, razón por la cual el sacerdocio debía caracterizarse por el gozo y la celebración. El salmista declaró: "Tus sacerdotes se vistan de justicia, y se regocijen tus santos" (Sal. 132:9). El salmista también dijo de los sacerdotes: "Desde Sion te bendiga Jehová, el cual ha hecho los cielos y la tierra" (134:3). Israel anticipaba el día en que tal adoración se cumpliera por completo y en el que los sacerdotes dirigieran al mundo en alabanzas puras y llenas de pasión. Este tiempo representaría la culminación de la relación de Dios, no solo con la nación de Israel, sino también con los sacerdotes.

Esta culminación nunca sucedió durante la historia de Israel. Los sacerdotes abandonaron constantemente sus responsabilidades y pervirtieron el rol que Dios les había dado. El profeta Oseas los condenó por su fracaso y afirmó:

> *Ciertamente hombre no contienda ni reprenda a hombre, porque tu pueblo es como los que resisten al sacerdote. Caerás por tanto en el día, y caerá también contigo el*

profeta de noche; y a tu madre destruiré. Mi pueblo fue destruido, porque le faltó conocimiento. Por cuanto desechaste el conocimiento, yo te echaré del sacerdocio; y porque olvidaste la ley de tu Dios, también yo me olvidaré de tus hijos (Os. 4:4-6).

Se suponía que los sacerdotes debían enseñar al pueblo el conocimiento de Dios, pero no pudieron hacerlo porque ellos mismos no lo conocían. Muchos de los sacerdotes rechazaron la ley que habían sido nombrados para defender. De manera que Dios declaró que Él los rechazaba y afirmó que tanto ellos como sus descendientes serían echados de su servicio. Más adelante en la historia de Israel, los babilonios conquistaron Judá, destruyeron el templo y se llevaron a los sacerdotes al cautiverio (2 R. 25:8-11). Por perseverar en su pecado, la nación perdió las bendiciones de Dios y experimentó su juicio (Ez. 44:10-14).

No obstante, este no fue el final de la historia. Dios no se olvidó de las promesas que había hecho a su remanente ni a los sacerdotes. La promesa del Señor de un sacerdocio perpetuo estaba establecida en el pacto sacerdotal en Números 25:10-13:

Entonces Jehová habló a Moisés, diciendo: Finees hijo de Eleazar, hijo del sacerdote Aarón, ha hecho apartar mi furor de los hijos de Israel, llevado de celo entre ellos; por lo cual yo no he consumido en mi celo a los hijos de Israel. Por tanto diles: He aquí yo establezco mi pacto de paz con él; y tendrá él, y su descendencia después de él, el pacto del sacerdocio perpetuo, por cuanto tuvo celo por su Dios e hizo expiación por los hijos de Israel.

El pacto que Dios dio a Finees y a sus descendientes prometía un sacerdocio perpetuo hasta el cumplimiento de la plenitud de la promesa de Dios de bendecir a los sacerdotes y al pueblo. El profeta Jeremías reveló que el sacerdocio continuaría cuando escribió: "Ni a los sacerdotes y levitas faltará varón que delante de mí ofrezca holocausto y encienda ofrenda, y que haga sacrificio todos los días" (Jer. 33:18). Esta actividad sacerdotal continuará hasta el reino futuro de Cristo y el templo milenario. En Ezequiel 44:15, Dios anunció: "Mas los sacerdotes levitas hijos de Sadoc, que guardaron el ordenamiento del santuario cuando los hijos de Israel se apartaron de mí, ellos se acercarán para ministrar ante mí, y delante de mí estarán para ofrecerme la grosura y la sangre". Dios afirmó que, aunque algunos levitas fueron infieles en el pasado, la tribu de Leví seguiría ministrando en el templo futuro (Ez. 44:10-11). No obstante, no todos los levitas presentarán ofrendas ni entrarán en el Lugar Santísimo (44:10-14), ya que solo el linaje de Sadoc ha recibido estos privilegios (44:15-16; cp. 48:11). La razón de esto es el valor que Dios otorgó a la fidelidad de Sadoc (1 S. 2:35; 2 S. 15:24ss; 1 R. 1:32-40; 2:26-35). Así pues, Dios cumplirá sus promesas al linaje sacerdotal de Israel.

En estos pasajes relacionados con el templo milenario, la actividad de los sacerdotes no será expiatoria. Los holocaustos y las ofrendas de primicias se usarán para la adoración y la acción de gracias, para conmemorar y celebrar la obra, una vez y para siempre, que Cristo completó en la cruz. Durante el reino milenario, Dios usará una vez más a los sacerdotes de Israel para dirigir al mundo en adoración. Al hacerlo, los sacerdotes gozarán del privilegio y la bendición que el Señor les prometió en el pacto sacerdotal (Nm. 25:10-13).[1]

Esto nos ayuda a explicar la importancia de los mandatos divinos del ángel de Jehová al sumo sacerdote Josué, en los que ordena a este cumplir su responsabilidad de dirigir al pueblo de Dios en adoración. Estos mandatos no solo nos enseñan sobre la adoración en general, sino que también señalan hacia la promesa específica de que Israel no será cortado del servicio al Señor en su reino futuro. Algún día, los sacerdotes de Israel tendrán el honor de dirigir a Israel y al mundo en adoración verdadera y plena. Aunque los levitas merecían quedar descartados por su infidelidad, Dios los purificará y los invitará a servir en su presencia. Por improbable que esto parezca en este mundo, llegará el día en que todas las naciones se unirán a Israel para adorar a Jehová.

En la actualidad, los creyentes pueden maravillarse de que Dios recordará sus promesas al linaje indigno de Leví. Su participación en la adoración durante el reino milenario será un poderoso testimonio de la fidelidad de la bondad y de la misericordia de Dios. El Señor vencerá en su gracia el pecado de Israel para salvar a su pueblo y capacitarlo para el servicio. En este pasaje, el Mesías mismo reiteró la ordenanza de la adoración (Zac. 3:6-7a), la recompensa de la adoración (3:7b) y la relación en la adoración (3:7c).

LA ORDENANZA DE LA ADORACIÓN

Y el ángel de Jehová amonestó a Josué, diciendo: Así dice Jehová de los ejércitos: Si anduvieres por mis caminos, y si guardares mi ordenanza, (3:6-7a)

Una vez que hubo vestido y purificado al sumo sacerdote y que lo hubo hecho digno para el servicio, **el ángel de Jehová amonestó a Josué**. El termino traducido **amonestar** se usa a menudo para referirse a una advertencia solemne. Significa dar testimonio de todo el peso, la autoridad y la responsabilidad que conllevan las exigencias de una ley o de un mandato (cp. Dt. 4:26; 8:19; 30:19; 31:28; 1 S. 8:9; 1 R. 2:42). A diferencia de la superficialidad de muchas tendencias y modas de la iglesia moderna, la adoración es la responsabilidad más seria. Por esta razón, el Señor daba a menudo una fuerte consigna a los que buscaban adorarlo de forma aceptable (Lv. 10:1-3; Ec. 5:1; Jn. 4:21-24; 1 Co. 11:23-34). Así como el cristiano es libre del pecado, no para libertinaje, sino para andar en justicia (cp. Ro. 6:18), también Dios purificó al sumo sacerdote para hacerlo útil para el servicio y alis-

1. "La naturaleza perpetua del pacto sacerdotal sugiere que representa un pacto separado, y que no forma parte del pacto mosaico que es temporal. En primer lugar, la terminología empleada es similar a los pactos realizados con Noé, Abraham, David y el nuevo pacto. En segundo lugar, que permanezca cuando el pacto mosaico quedó obsoleto habla incluso más alto de su condición de pacto separado. El pacto mosaico fue abrogado por el nuevo pacto, pero la promesa dada a Finees continúa hasta el milenio. En tercer lugar, el lenguaje de Jeremías 33:20-21 sitúa su permanencia junto al pacto davídico, y afirma que sigue en vigor mientras dure el ciclo del día y la noche". John MacArthur, ed., *Doctrina cristiana esencial: Manual de verdades bíblicas* (Grand Rapids, MI: Portavoz, 2021), 457.

tarlo para desempeñar sus funciones. Con esto en mente, el ángel de Jehová le recalcó a Josué la seriedad de lo que fue llamado a hacer para cumplir el rol que Dios le había dado.

La responsabilidad de Josué era, primeramente, **anda por mis caminos**. Esta idea de **andar** describe la vida como un camino o una senda. Al resumir la vida piadosa de Enoc, Moisés escribió en Génesis 5:24: "Caminó, pues, Enoc con Dios". En contraste con esto, Pablo describió a los incrédulos como aquellos que andan en sus delitos y pecados (Ef. 2:1-2). Los términos delitos y pecados describen a personas que se desvían deliberadamente del camino prescrito por Dios y que, en cambio, buscan andar por su propio camino de pecado. Cuando Cristo mandó a Josué que anduviera **por mis caminos**, Él estaba exigiendo lo que Dios siempre exige de su pueblo: una vida conforme a la Palabra. En el Nuevo Testamento, Pablo en particular presentó las características de un andar digno en su carta a los Efesios. Él hizo notar que el Señor llama a los creyentes a andar de una forma digna del evangelio (Ef. 4:1), a andar de manera diferente que los incrédulos (4:17), a andar en amor (5:1), a andar en la luz (5:8) y a andar en sabiduría (5:15).

La exhortación del Señor en el versículo 6 no solo era para Josué, sino también para todos los líderes. Como el liderazgo espiritual es tan importante, Dios exige que los que están en tales posiciones demuestren una vida de consagración continua y de obediencia constante. Los ancianos del Nuevo Testamento no están calificados para servir en este rol de liderazgo sencillamente por la razón de que puedan enseñar. En cambio, el Señor exige que su vida lo honre en todos los aspectos (cp. 1 Ti. 3:1-7). De hecho, andar en los caminos de Dios es el estándar para todos los creyentes que desean adorar al Señor en espíritu y en verdad.

Aun así, Josué necesitaba **guardar mi ordenanza**. La raíz de la palabra hebrea que se traduce **ordenanza** es la palabra "guardar" o "prestar atención". Una ordenanza es una tarea que se le confía a uno. La palabra a menudo se usaba para describir la labor de los sacerdotes y de la tribu de Leví (Lv. 8:35; 22:9; Nm. 1:53; 3:7, 8, 25, 28, 31, 32, 36, 38). En el reino milenario, los sacerdotes tendrán la ordenanza de hacer la guardia del templo (Ez. 40:45) y del altar (40:46), así como muchas de las actividades de adoración que tienen lugar en el templo y alrededor de este (44:14).

Estos mandatos a Josué eran símbolo de un futuro glorioso. A lo largo de la historia de Israel, los sacerdotes nunca pudieron llevar a cabo sus responsabilidades con fidelidad perfecta. Sin embargo, llegará un día, en el reino milenario, cuando sean transformados por el Mesías, tal como Cristo purificó a Josué en esta visión. En aquel día, el Señor dará a los sacerdotes de Israel la fuerte consigna que aquí dio a Josué. Transformados por Él, podrán finalmente cumplir el llamado que Dios les ha dado: dirigir al pueblo en adoración auténtica y plena.

La ordenanza de Dios a Josué sirve como recordatorio de que, aunque nadie puede contribuir a la salvación, la obra de salvación de Dios capacita a todo creyente para responder en obediencia y en buenas obras (cp. Ef. 2:10). Aunque no todos eran sumos sacerdotes como Josué, Israel era un reino de sacerdotes (Éx. 19:5-6). Al dar esta consigna a Josué, el Señor demostró que Él se acordaba de lo que había prometido al linaje de los sacerdotes y a toda la nación. En el milenio, Él no solo dará a Israel la oportunidad de cumplir este glorioso privilegio y de gozar de él, sino que también los transformará para que puedan hacerlo de forma efectiva.

LA RECOMPENSA DE LA ADORACIÓN

también tú gobernarás mi casa, también guardarás mis atrios, (3:7b)

En general, los sacerdotes tenían dos papeles principales en Israel. Servían como mediadores entre Dios y el hombre al enseñar al pueblo cómo interpretar la ley del Señor (cp. Dt. 17:8-13). En contraparte, también funcionaban como mediadores entre el hombre y Dios al dirigir al pueblo en adoración por medio del sistema sacrificial (Lv. 1–7). Si los sacerdotes cumplían de forma fiel las responsabilidades que Dios les había dado, experimentarían la bendición divina. Tristemente, durante la historia de Israel, los sacerdotes nunca alcanzaron esta bendición por culpa de su pecado e infidelidad. No obstante, en el reino milenario, Dios los capacitará para servirle fielmente. Entonces, gozarán de todos los privilegios y de las ricas bendiciones que Él les prometió.

En ese momento futuro, el sacerdocio cumplirá su papel de explicar la ley de Dios al hombre. Así pues, el ángel de Jehová explicó a Josué: **también tú gobernarás mi casa**. **Gobernar** no solo implica presidir o regir, sino también dar consejo judicial y pronunciar decisiones. En la historia de Israel, a menudo se consultaba a los sacerdotes para que estos dictaminaran casos legales complicados (cp. Dt. 17:8-13). Aquí, el profeta confirmaba que esto sucedería también en el milenio. Isaías profetizó que, en aquella época, muchas naciones llegarían a Jerusalén para aprender sobre los mandamientos de Dios y que el Señor gobernaría sobre toda nación y tomaría decisiones por ellos (Is. 2:2-4). También Ezequiel predijo que los sacerdotes tendrían un papel en este proceso: "En los casos de pleito ellos estarán para juzgar; conforme a mis juicios juzgarán; y mis leyes y mis decretos guardarán en todas mis fiestas solemnes, y santificarán mis días de reposo" (Ez. 44:24). En el reino milenario, los sacerdotes de Israel servirán bajo el Sacerdote y Rey, el Mesías, para asistir en hacer justicia. Este es el privilegio sacerdotal supremo: servir junto con el ángel de Jehová, el Señor Jesucristo.

Además, Dios declaró que, en el futuro, los sacerdotes dirigirán, no solo en justicia, sino también en adoración. El Señor le prometió a Josué: **también guardarás mis atrios**. La palabra **guardarás** genera un juego de palabras en el contexto inmediato. Los sacerdotes podrían "guardar" los atrios de Dios por haber "guardado" su ordenanza (ver Zac. 3:7a). Este juego de palabras enfatizaba la estrecha conexión entre la obediencia y las riquezas de la recompensa y de la ordenanza de los sacerdotes como líderes de la adoración. El término **atrios** se refiere a la zona que rodeaba al edificio mismo del tempo (1 Cr. 28:6). Históricamente, la tragedia fue que la infidelidad de Israel a Jehová se manifestó a menudo en los atrios. En Isaías, Dios condenó los sacrificios defectuosos que se llevaban a cabo en estos atrios (Is. 1:12). Ezequiel también hizo notar la práctica de la idolatría en ese lugar (Ez. 8:16). Por esta razón, los atrios fueron el lugar donde comenzó el juicio de Dios (9:7).

En contraste, los atrios que se describen en la visión de Zacarías son los atrios del templo milenario que Ezequiel describió (Ez. 40–48) y al que aludieron Isaías (Is. 2:2-4), Jeremías (Jer. 33:18) y el mismo Zacarías (Zac. 2:5). Estos atrios serán una maravilla arquitectónica que contará con inmensos postes (Ez. 40:14), enlosados (40:17), puertas formidables (40:23) y espacios gigantescos (40:19-20). Los sacerdotes serán quienes guarden este lugar tan exquisito y enorme. Tan solo entrar en este lugar glorioso será un gran privilegio, pero los sacerdotes harán aún más que esto. Ellos dirigirán las actividades que tengan lugar en esta parte del templo. Los atrios, antes el escenario de la infidelidad espiritual, estarán llenos de adoración genuina y los sacerdotes encabezarán esta eufórica asamblea. Finalmente, cumplirán sus deberes sin transigencia ni fracaso (44:21) al dirigir al pueblo en ofrecer sacrificios de acción de gracias a Jehová. Estar en el centro de una celebración tan gozosa será un honor incomparable. En aquel día, gracias a la obra del Mesías en beneficios suyo, los sacerdotes finalmente alcanzarán las bendiciones profundas y el gozo que Dios les prometió tanto tiempo atrás.

Este es el hermoso final de la historia de la relación de Dios con la tribu de Leví. A lo largo de la historia de Israel, los sacerdotes pecaron y no sirvieron a Dios; en ocasiones, actuaron con una maldad extrema y hasta rechazaron al Señor y se fueron tras los ídolos. Ellos merecían el rechazo de Dios porque en verdad eran un sacerdocio con vestiduras viles (al igual que Josué en la visión). No obstante, el Señor no les negó sus promesas. Por el contrario, en el futuro, Él levantará a un sacerdocio limpio, purificado por la obra de su Mesías. Como resultado, experimentarán el honor y el privilegio que Dios diseñó para ellos al dirigir al mundo en adoración.

Todo esto testifica de la verdad de que el Señor cumplirá todas las promesas que dio a sus sacerdotes. Para los israelitas de la época de Zacarías, esta verdad habría sido de gran aliento en la reconstrucción del templo. De hecho, para todos los creyentes de toda nación, la fe y la esperanza se plantan sobre este fundamento: Dios siempre se acuerda de sus promesas a su pueblo.

LA RELACIÓN EN LA ADORACIÓN

y entre estos que aquí están te daré lugar. (3:7c)

Durante la historia de Israel, los sacerdotes no solo gozaron del privilegio de servir a Dios, sino también de la bendición de una relación especial con Él. El privilegio del sacerdocio era puramente una dádiva de la gracia divina, una verdad que el ángel de Jehová enfatizó cuando dijo a Josué: **te daré lugar**. Las bendiciones del Señor, ya sea a los sacerdotes de Leví, a Israel o a la iglesia, no son merecidas en manera alguna. Nadie puede afirmar merecerse las bendiciones de Dios. Por otra parte, nadie puede tachar de injusto que el Señor dé un privilegio a una persona y no a otra. Las bendiciones de Dios se basan únicamente en su decisión amorosa y misericordiosa (Éx. 33:19; Ro. 9:14-18; cp. 1 Co. 12:4-6).

A los sacerdotes, Dios prometió que, un día, ellos tendrían **lugar** entre **estos que aquí están**. La cláusula **estos que aquí están** se refería a los ángeles que aparecieron en la visión (cp. Zac. 3:4, 5). Estos ángeles ministraban delante del Señor mismo. Por lo tanto, tener **lugar** entre ellos implicaba que los sacerdotes podrían moverse de forma libre en la presencia de Dios. El Señor prometió que, en el reino milenario, Él moraría con su pueblo y que su gloria estaría en medio de ellos (cp. Is. 4:2-3; Ez. 43:1-5; Zac. 2:5). Los sacerdotes se acercarían a Él sin vacilación, tal como lo hacen los ángeles que están constantemente delante de Él (Is. 6:1-2; Ap. 4:1-5). De esta manera, el ángel de Jehová le dijo al sumo sacerdote que, si andaba en los caminos de Dios, un día también andaría entre los ángeles en la presencia de Dios en el cielo. En el milenio, la bendición suprema de la adoración para los sacerdotes será la íntima comunión que gozarán con Dios en su presencia.

Por especiales que sean, los sacerdotes no son los únicos que gozarán de un lugar tan cercano al Señor. Las Escrituras revelan que Dios ya mora en el corazón de todo creyente (cp. Ez. 36:26; cp. 2 Co. 6:16-18). Aunque los sacerdotes podrán experimentar esto de alguna manera única durante el reino milenario, todos los sacerdotes ya gozan de una comunión íntima con Dios porque Él habita en ellos. El objeto de la adoración, Dios mismo, es la recompensa suprema de la adoración. Aunque su presencia es una recompensa presente, en la gloria venidera, esta comunión implicará una relación más intensa con Él (cp. 1 Jn. 3:2; Ap. 22:1-4). Cuán glorioso será el día en que el mundo se reúna junto con los sacerdotes en Jerusalén para adorar a Jehová con corazón puro y amor vehemente.

La cuarta visión nocturna, tercera parte: El Mesías Sacerdote y Rey

11

Escucha pues, ahora, Josué sumo sacerdote, tú y tus amigos que se sientan delante de ti, porque son varones simbólicos. He aquí, yo traigo a mi siervo el Renuevo. Porque he aquí aquella piedra que puse delante de Josué; sobre esta única piedra hay siete ojos; he aquí yo grabaré su escultura, dice Jehová de los ejércitos, y quitaré el pecado de la tierra en un día. En aquel día, dice Jehová de los ejércitos, cada uno de vosotros convidará a su compañero, debajo de su vid y debajo de su higuera. (3:8-10)

No hay tema más fundamental en las Escrituras que Cristo. Él es el sujeto de la primera promesa de Dios (Gn. 3:15), una promesa que marcó la trayectoria del plan de Dios para la redención. Desde el principio, toda la historia fluye de Cristo y lleva a Él. Eva anticipó al Mesías cuando esperó que su primogénito fuera aquel adquirido de Dios para derrotar al diablo (4:1). Los patriarcas lo esperaron cuando Dios reveló que reyes descenderían de Abraham (17:6) y que el Rey definitivo sería semejante a Melquisedec, un Rey de justicia que también era sacerdote (Gn. 14:18; cp. Sal. 110:1-4). Jacob afirmó que el cetro (un símbolo de autoridad) no sería quitado de Judá y que el Mesías descendería de esta tribu con el título "Siloh", es decir, paz (Gn. 49:10; cp. Is. 9:6).

En la época de David, se revelaron más detalles respecto al Mesías. El pacto davídico incluía promesas preciosas concernientes a su reino venidero (2 S. 7:1-17) que indicaban que el destino de Israel (y, por lo tanto, la bendición para el mundo entero) dependían del Mesías. Los Salmos resonaban con el mismo tema. Estos relataban los sufrimientos de Cristo (Sal. 22), su resurrección (Sal. 16), su vindicación (Sal. 6:8), su victoria (Sal. 110) y su reinado (Sal. 2; 24; 72).

La descripción del Mesías continuó durante la época de Salomón, cuyo reinado prefiguró las bendiciones del reino milenario. El reinado de Salomón se vio caracterizado por la paz; cada uno vivía debajo de su parra y debajo de su higuera (1 R. 4:25; cp. Zac. 3:10), Israel rebosaba de prosperidad y las naciones circundantes recibieron bendición (1 R. 10:8-9). Bajo Salomón, Israel anticipó el cumplimiento de lo que Dios prometió a Abraham tanto tiempo antes: "Serán benditas en ti todas las familias de la tierra" (Gn. 12:3).

A medida que progresaba la historia de Israel, los reyes fracasaron e Israel se sumió constantemente en períodos de desobediencia. No obstante, los profetas se mantuvieron firmes en proclamar la esperanza del Mesías venidero. Isaías profetizó que Cristo nacería de una virgen (Is. 7:14), que su nombre sería Dios Fuerte y Príncipe de Paz (9:6) y que su reino permanecería para siempre (9:7). Ezequiel afirmó que el Mesías sería el Buen Pastor que conduciría a su pueblo a salvo a casa (cp. Ez. 34:1-24). Jeremías declaró que Cristo sería el Profeta, Sacerdote y Rey que tendría éxito donde todo el liderazgo de Israel fracasó (cp. Jer. 23:5-22). Estos y muchos otros textos del Antiguo Testamento demuestran la centralidad de Cristo en el plan de redención de Dios. El Mesías es Aquel que cumple toda la historia, toda teología, toda profecía y todo pacto.

Por lo tanto, es adecuado que este tema se encuentre cerca del final de la historia del Antiguo Testamento, en el libro de Zacarías, cuya profecía garantizaba a Israel que Dios se acordaba de sus promesas. Es relevante que, justo en el centro de las ocho visiones nocturnas de Zacarías, Dios se concentró en la figura central de la historia de la redención: su Hijo, el Mesías. Esta cuarta visión ya había indicado que Cristo es el que intercede por su pueblo (cp. Zac. 3:2), lo purifica (cp. 3:4-5) y lo restaura (cp. 3:6-7). En los versículos 8-10, el Señor hizo evidente que esta visión trataba, de hecho, del Mesías (3:8). Después de resaltar la importancia de Josué y de sus amigos (3:8a), Él describió el servicio (3:8b), la supremacía (3:9a), la salvación (3:9b) y el éxito (3:10) del gran Sumo Sacerdote y Rey definitivo de Israel.

LA IMPORTANCIA DE JOSUÉ Y DE SUS AMIGOS

Escucha pues, ahora, Josué sumo sacerdote, tú y tus amigos que se sientan delante de ti, porque son varones simbólicos. (3:8a)

En la visión, el ángel de Jehová continúa su discurso, ahora en un tono de urgencia. Él exclama: **Escucha pues, ahora, Josué sumo sacerdote, tú y tus amigos que se sientan delante de ti**. El imperativo **escucha pues** transmitía un mandato apasionado a dejar de hablar y prestar plena atención a lo que vendría a continuación. La instrucción destacaba la importancia de la verdad que estaba por revelarse.

Las personas a la que se dirigía eran **Josué sumo sacerdote, tú y tus amigos que se sientan delante de ti**. Al inicio de esta visión, **Josué** estaba delante del ángel de Jehová y dependía de su intercesión (cp. Zac. 3:2-3) y purificación (cp. 3:4-5). Él necesitaba una transformación espiritual y la justicia misma de Cristo (cp. 2 Co. 5:21). Como **sumo sacerdote**, él era el jefe de todos los sacerdotes de Israel y tenía el privilegio distintivo de, una vez al año en el día de la expiación, ofrecer el sacrificio en el propiciatorio a favor del sacerdocio y de toda la nación (cp. Lv. 16:11-19). En esta visión, Josué estaba vestido de forma única en ropas dignas de un sacerdote rey para cumplir este papel (cp. Zac. 3:4-5). A medida que la visión avanzaba en el versículo 8, Josué aparece con sus **amigos que se sientan delante de** él. El término **amigos** también puede significar "compañeros", es decir, colegas. No debemos confundir a estos individuos con los ayudantes angelicales que aparecen antes en la visión (cp. Zac. 3:4, 5, 7). Los ángeles estaban delante del ángel de Jehová, pero el pasaje menciona que estos **se sientan delante de** Josué. La implicación es que estos individuos eran otros sacerdotes que, de manera similar, representaban a Israel en virtud de su oficio (ver planteamiento en 3:1).

Podemos encontrar la importancia de Josué y de sus amigos en su descripción: **porque son varones simbólicos**. El término **simbólicos** se refiere a un acto milagroso o a una maravilla de Dios, ya sea en la historia (cp. Éx. 4:21; 7:3, 9; Neh. 9:10) o en el futuro (cp. 1 R. 13:3; 2 Cr. 32:34; Is. 8:18). Esta escena revelaba una realidad futura relacionada con el regreso de Cristo y el establecimiento de su reino terrenal. Josué, vestido con ropas puras de gala (Zac. 3:4) y con una mitra real y sacerdotal (3:5) prefiguraba al Sacerdote y Rey definitivo, el Mesías. Él demostraba que el Mesías no solo sería el gran Sumo Sacerdote, sino también el Rey definitivo (cp. 6:11, 13; Sal. 110:1, 3-4; Ez. 21:26). Este Mesías Rey y Sacerdote sería la culminación de todo el liderazgo de Israel, tanto de la realeza como del religioso.

Los varones que se sentaban delante de Josué prefiguraban el día en que Israel y sus sacerdotes se sienten delante del Mesías en adherencia expectante y sumisión humilde a Él. Tal como el ángel de Jehová quitó la vileza de Josué y le dio nuevas ropas para hacerlo digno para el servicio (Zac. 3:4-5), también el Mesías redimirá a los sacerdotes y a la nación a su regreso (cp. Is. 61:6; Jer. 33:18-22; Ez. 44:15-31). De esta manera, la imagen de Josué de pie delante de sus colegas sacerdotes es un símbolo del día en el futuro cuando el Mesías salve y santifique a su pueblo Israel (cp. Ro. 11:26).

EL SERVICIO DEL MESÍAS SACERDOTE Y REY

He aquí, yo traigo a mi siervo el Renuevo. (3:8b)

Aquí, Dios explica que Israel sería purificado gracias a la Persona y a la obra del Mesías. El Señor reveló verdades maravillosas respecto a Cristo con las palabras: **He aquí, yo traigo**. Las palabras **he aquí**, junto con el verbo **yo traigo**, no solo dirigen nuestra atención hacia lo que el Señor está diciendo, sino que también enfatizan la certeza y la inminencia de sus acciones.

Para presentar a su Mesías, Dios utilizó dos títulos. El primero fue **mi siervo**. A lo largo de las Escrituras, el título **siervo** se usa para referirse a aquellos que Dios usa de forma especial para cumplir sus propósitos. Esto incluyó a individuos como Abraham (Gn. 26:24), Moisés (Nm. 12:7), Caleb (Nm. 14:24) y David (2 S. 3:18); Dios llamó a todos ellos "mi siervo". Sin embargo, el uso definitivo de este título se refiere al Mesías. Él tenía la distinción crítica de ser Aquel que lograría la salvación de Dios (Is. 49:4-6) al brindar la justicia perfecta que Dios exige y que los pecadores necesitan urgentemente (cp. 50:1-4). El Siervo de Jehová lo lograría al ofrecerse a sí mismo como el sacrificio supremo por el pecado (cp. Is. 52:13–53:12; Mr. 10:45). El título "siervo" en Isaías señala la importancia fundamental del Mesías y de su obra de expiación, de justificación y de salvación. Gracias a su obra redentora, Israel sería purificado.

El segundo título es "**el Renuevo**". En el Antiguo Testamento, se usa de cuatro maneras diferentes el título "el Renuevo" con referencia al Mesías. Primero, se le llamó al Mesías un vástago o renuevo de David, lo que establece su lugar como Rey (Is. 11:1; Jer. 23:5). Este se convirtió en uno de los temas del Evangelio de Mateo. Segundo, este mismo versículo de Zacarías enfatizaba al Renuevo como el Siervo Sufriente de Dios (ver planteamiento anterior). El Evangelio de Marcos resaltó esta faceta de Jesús. Tercero, en Zacarías 6:12-13, se le llama al Mesías el varón cuyo nombre es el Renuevo, lo que destaca su humanidad. El Evangelio de Lucas enfatizó que Cristo fue el varón perfecto. Finalmente, Isaías 4:2 afirma la deidad del Mesías en su título "el renuevo de Jehová". El Evangelio de Juan se escribió para revelar que Jesucristo es verdaderamente Dios y hombre. Por lo tanto, la rica teología que abarca el término "Renuevo" puede verse en detalle en los Evangelios en el Nuevo Testamento.

El Señor también llamó al Mesías "**el Renuevo**" porque su título enfatizaba su encarnación y su humildad. Así como un renuevo brota de una planta, también el Mesías descendería del linaje real como un humilde **renuevo** (Is. 11:1). Aunque Él es Dios (4:2; 7:14; 9:6), vendría como bebé (7:14; 9:6). Y, como tierno y humilde vástago, moriría por su pueblo (52:13–53:12). El título "**Renuevo**" identifica a Jesús como el sacerdote humilde y rechazado que se ofrecería a sí mismo una vez y para siempre como sacrificio por los pecados de su pueblo.

Con esto, Dios reiteró el rol salvador del Mesías. Como el Siervo de Jehová, Él cumpliría de forma perfecta la obra de expiación y de justificación. Como el Renuevo mesiánico, Él alcanzaría esta salvación mediante su humillación y sacrificio. Él se daría a sí mismo para sobrellevar la ira de Dios en lugar de su pueblo con tal de garantizar su perdón, purificación y salvación eternas.

LA SUPREMACÍA DEL MESÍAS SACERDOTE Y REY

Porque he aquí aquella piedra que puse delante de Josué; sobre esta única piedra hay siete ojos; (3:9a)

Una vez que ha presentado al Mesías como el Siervo y como el Renuevo, Dios se enfocó en otro título (**porque he aquí**) para el Mesías: "**aquella piedra**". Antes ya, Josué estuvo *delante* del ángel de Jehová, el Mesías (Zac. 3:3). Aquí, la piedra es puesta **delante de** Josué. Al colocar la piedra en una posición paralela con el ángel de Jehová, el Señor estaba indicando que **aquella piedra** era un símbolo para el Mesías.

El término **piedra** y sus sinónimos se usan como títulos para Cristo a lo largo de las Escrituras. En Isaías 8:14, se le llama al Mesías piedra para tropezar y tropezadero para caer. En Isaías 28:16, se le considera una piedra de refugio. Para quienes lo rechazaron, Él fue una piedra para tropezar; sin embargo, para quienes lo aceptaron en fe, fue una piedra de refugio. Además, el término piedra se refiere a la soberanía del Mesías sobre las naciones. En Daniel 2:34-35 y 44-45, el Mesías es la piedra cortada, no con mano, que desmenuza a las potencias mundiales gentiles. En el Nuevo Testamento, el término "piedra" también se relaciona con el rol del Mesías en la iglesia como su principal piedra del ángulo (Ef. 2:20). Tal como ilustran estos ejemplos, "piedra" es un título prevalente de Cristo.

Como el gran Sumo Sacerdote, el Mesías es la **piedra** porque Él edifica a su pueblo como templo o santuario para el que Él mismo funge como cimiento (cp. 1 Co. 3:11). El profeta Isaías explicó que Cristo es el santuario de Israel y también su piedra. En Isaías 8:14, afirmó: "Entonces él será por santuario; pero a las dos casas de Israel, por piedra para tropezar, y por tropezadero para caer, y por lazo y por red al morador de Jerusalén". Más adelante, Isaías dijo: "Por tanto, Jehová el Señor dice así: He aquí que yo he puesto en Sion por fundamento una piedra, piedra probada, angular, preciosa, de cimiento estable; el que creyere, no se apresure" (28:16). De la misma manera, el Salmo 118 proclamó: "La piedra que desecharon los edificadores ha venido a ser cabeza del ángulo" (Sal. 118:22). El Antiguo Testamento declaró que el Mesías era el fundamento de Sion e incluso su estructura central, el templo (cp. Jn. 2:19). Tanto Pablo como Pedro describieron a nuestro Señor como la piedra angular de los creyentes que son edificados como templo para Dios (cp. Ef. 2:20; 1 P. 2:5-8). En la época de Zacarías, Israel se esforzaba por reconstruir el templo (Esd. 4–5). Con el título "**piedra**", Zacarías le recordó a la nación que el Mesías no solo edificaría un templo (cp. Zac. 2:10; 6:12-13), sino que también haría de su pueblo un templo, la mismísima morada de Dios (cp. Ez. 3:1-2; 1 Co. 6:19; Ef. 2:20; 1 P. 2:5-8). Todo esto sucede únicamente porque Cristo, la **piedra** para tropezar, fue primero rechazado, pero luego exaltado como la piedra del ángulo (cp. Sal. 118:22).

En esta visión, Dios continuó su descripción: **sobre esta única piedra hay siete ojos**. El simbolismo de los **siete ojos** se refiere a la omnisciencia de Dios: Él ve y conoce todo de forma perfecta. La siguiente visión nocturna (Zac. 4:1-14) confirmó esta interpretación al describir cómo los siete ojos de Dios recorrían toda la tierra (cp. 4:10). Esta visión también asoció la actividad omnisciente de Dios con el Espíritu Santo (4:6). Así pues, el símbolo de una piedra con siete ojos revelaba dos verdades fundamentales: que el Mesías es Dios mismo, Aquel que todo lo sabe y todo lo ve, y que su poder proviene del Espíritu Santo. El poder del Mesías por medio del Espíritu se reitera en otras partes de las Escrituras. Antes ya en el Antiguo Testamento, Isaías proclamó que habría un ministerio séptuple del Espíritu con el Mesías (Is. 11:1-2). El libro de Apocalipsis también establece esta asociación y describe a "un Cordero como inmolado, que tenía siete cuernos, y siete ojos, los cuales son los siete espíritus de Dios enviados por toda la tierra" (Ap. 5:6; cp. 1:4). Antes de la primera venida de Cristo, el Espíritu Santo infundió poder a otros individuos selectos para su servicio (cp. Éx. 31:3; 1 S. 11:6; 19:23; Sal. 51:11), pero esta unción séptuple demostraba que el Mesías se encontraba en una categoría diferente. Él era y es el gran Sumo Sacerdote y Rey de Israel, supremo e inigualable (Is. 11:1-2). Como tal, el Mesías divino recibe la autenticación y el poder del Espíritu de Dios para lograr su misión como la Piedra, para ser por santuario sagrado para su pueblo.

LA SALVACIÓN DEL MESÍAS SACERDOTE Y REY

he aquí yo grabaré su escultura, dice Jehová de los ejércitos, y quitaré el pecado de la tierra en un día. (3:9b)

El término **he aquí** se usa para llamar la atención a la obra que Dios prometió hacer mediante la Piedra mesiánica. El Señor afirmó: **yo grabaré su escultura**. En la historia de Israel, un artesano grababa los nombres de las tribus de Israel en dos piedras sobre el uniforme del sumo sacerdote (cp. Éx. 28:11, 21, 36; 39:6, 14). Estos grabados simbolizaban su rol como mediador de la nación. De la misma manera, Dios afirmó que **grabaría** sobre Cristo, la Piedra, los nombres de los elegidos para demostrar la certeza de su salvación. El apóstol Pablo articuló esta realidad en Romanos 8: "A los que predestinó, a estos también llamó; y a los que llamó, a estos también justificó; y a los que justificó, a estos también glorificó" (Ro. 8:30). La obra redentora de Cristo no es potencial, sino específica. Los nombres de sus elegidos están grabados en su corazón y Él garantizará su salvación mediante una cadena irrompible de redención.

De manera que, en el futuro, Cristo alcanzará la liberación plena de aquellos a quienes vino a salvar. Jehová reveló además a Zacarías: **quitaré el pecado de la tierra en un día**. La palabra **quitaré** denota una eliminación completa, mientras que el término **pecado** no solo se refiere a las malas obras de la persona, sino también a toda la culpa y las consecuencias negativas que se desprenden de este pecado. Tal como el ángel de Jehová purificó a Josué de sus vestiduras viles y de su pecado (cp. Zac. 3:4), también en el futuro Jehová borrará de su pueblo la mancha del pecado. La obra purificadora de Dios será tan grande que hasta la **tierra** quedará purificada, como lo explica el siguiente versículo. Esta expiación no vendrá por el mérito de Israel ni por sus logros; en cambio, Dios afirmó explícitamente que Él (**yo**) quitaría la transgresión de su pueblo y alcanzaría su salvación únicamente mediante la obra sacerdotal del Mesías.

Esta redención tendrá lugar **en un día**. El fundamento de esta gran salvación es lo que Dios hizo en un día en el Calvario, cuando el Cordero de Dios quitó los pecados del mundo. Sin embargo, el **día** específico al que se refiere aquí se describe con más detalles en los profetas y más adelante también en el libro de Zacarías. En este día, la nación que rechazó a su Mesías mirará a Aquel a quien traspasaron y llorará por Él como se llora por un hijo unigénito (Zac. 12:10). Zacarías proclamó: "En aquel tiempo habrá un manantial abierto para la casa de David y para los habitantes de Jerusalén, para la purificación del pecado y de la inmundicia" (13:1). Aunque ha habido miles de días festivos en la historia de Israel, habrá uno en el futuro en el que la nación entera, todo judío que forme parte del remanente superviviente, será salvo (13:9; 14:2; cp. Ro. 11:26). Este será el día más glorioso de la historia de Israel. En aquel día, será inconfundible que el Señor Jesucristo es Aquel varón descrito en este pasaje: el Siervo que cumple de forma perfecta las promesas de Dios, el Renuevo que sufrió y que murió por el pecado y la Piedra que funge como mediador a favor de su pueblo y que lo convierte en morada de Dios.

EL ÉXITO DEL MESÍAS SACERDOTE Y REY

En aquel día, dice Jehová de los ejércitos, cada uno de vosotros convidará a su compañero, debajo de su vid y debajo de su higuera. (3:10)

La frase **en aquel día** hace referencia a lo que el profeta dijo en el versículo anterior. Se refiere a un día futuro cuando Israel se arrepentirá, creerá y será perdonado. En aquel momento, Dios no solo otorgará perdón, sino que también proporcionará todas las bendiciones de la salvación. Estos maravillosos beneficios solo vienen por medio de la obra expiatoria del gran Sumo Sacerdote, el Mesías.

Cuando llegue ese día, **cada uno de vosotros convidará a su compañero**. **Convidar** expresa la idea de una invitación, de dar la bienvenida a otros para tener compañerismo y unirse en celebración (Job 1:4). La descripción implica que los israelitas estarán en paz el uno con el otro y con las naciones a su alrededor. Ciertamente, esto no fue verdad durante la historia de Israel (cp. Jue. 19:1–21:25; 2 R. 18:1–19:37). No obstante, cuando Cristo vuelva y establezca su reino terrenal, Israel experimentará una tranquilidad permanente sin más enemigos. La nación gozará de paz verdadera y de comunión entre sus habitantes y con otras naciones. Este gozo y esta paz no solo caracterizarán a la nación en general, sino también a todas las personas en lo individual, a **cada uno de vosotros** (cp. Zac. 12:10-14). Cuando se elimine la mancha del pecado de Israel y el Príncipe de Paz gobierne el mundo, la tierra gozará de paz verdadera.

Esta paz se extenderá a toda la creación. La profecía afirma que el hombre se sentará **debajo de su vid y debajo de su higuera**. La **vid** a menudo se asocia tanto con la creación como con la nueva creación. Después que el diluvio de Dios cubrió la tierra, Noé plantó una viña y, a pesar de los efectos de la maldición (cp. Gn. 3:17; 5:29), la vid creció (cp. 9:20). Su crecimiento demostró que, hasta cierto punto, el Señor había limitado su maldición sobre la tierra (cp. 8:21-22). Más adelante en Génesis, la vid reaparece en una profecía sobre la nueva creación. En Génesis 49:10-11, Jacob predijo que, algún día, el Mesías (Siloh) vendría y ataría su pollino a la vid. Jacob estaba hablando de la abundancia en el reino futuro del Mesías. En aquel tiempo, una vid sería tan robusta que podría resistir que se le atara un animal. La vid aparece de nuevo en el libro de 1 Reyes, donde el autor describe el reino de Salomón. Este "señoreaba en toda la región al oeste del Éufrates, desde Tifsa hasta Gaza, sobre todos los reyes al oeste del Éufrates; y tuvo paz por todos lados alrededor. Y Judá e Israel vivían seguros, cada uno debajo de su parra y debajo de su higuera, desde Dan hasta Beerseba, todos los días de Salomón" (1 R. 4:24-25). La era dorada de Salomón estaba caracterizada por la paz y la prosperidad, tanto a nivel nacional como internacional. El símbolo de este bienestar era que todos vivían "debajo de su parra y debajo de su higuera".

La mención de la **vid** y la **higuera** en Zacarías anticipa un tiempo futuro en que la creación será renovada, una época que superará la era dorada de Salomón. Esto sucederá porque el reino milenario estará gobernado por Uno mayor que Salomón, el Señor Jesucristo (Mt. 12:42). Esta era de paz y de prosperidad solo será posible gracias a su obra sacerdotal a favor de su pueblo, mediante la cual ha eliminado sus pecados y los ha reconciliado con Dios.

La cuarta visión de Zacarías revelaba a Israel un drama espectacular centrado en su gran Sumo Sacerdote. Aunque Satanás es un acusador incansable, Cristo siempre está listo para interceder por su pueblo (Zac. 3:1-2). Él garantiza su justificación porque los ha purificado y vestido de su justicia (3:3-5). El Mesías no es un sacerdote ordinario. Él es el Siervo, el Renuevo y la Piedra. Como Dios hecho hombre, Él es divino y también cuenta con el poder de Dios. Y, como el perfecto Sacerdote y Rey, Él puede redimir y también reinar. A la mitad de estas ocho visiones asombrosas, Dios se concentró en la figura más importante de la historia. Al resaltar al Mesías como el punto principal de las visiones de Zacarías, el Señor enfatizó que la obra de salvación de Cristo está en el centro del plan de redención de Dios.

La quinta visión nocturna, primera parte: La luz del mundo

12

Volvió el ángel que hablaba conmigo, y me despertó, como un hombre que es despertado de su sueño. Y me dijo: ¿Qué ves? Y respondí: He mirado, y he aquí un candelabro todo de oro, con un depósito encima, y sus siete lámparas encima del candelabro, y siete tubos para las lámparas que están encima de él; Y junto a él dos olivos, el uno a la derecha del depósito, y el otro a su izquierda. (4:1-3)

La luz es una realidad poderosa y generalizada en las Escrituras. Las primeras palabras que Dios pronunció fueron: "Sea la luz" (Gn. 1:3); así fue la luz al inicio de la creación y esta seguirá brillando hasta el estado eterno (Ap. 22:5). El brillo de la luz, utilizado a menudo en la Biblia para ilustrar un entendimiento de las Escrituras (cp. Sal. 119:105) se entiende de mejor manera en contraste con su opuesto, la oscuridad. La Palabra de Dios usa la oscuridad para simbolizar las profundidades del pecado y de la ignorancia. Por culpa del pecado, el mundo se sumergió en oscuridad espiritual, moral y teológica (cp. Is. 5:20; Ef. 5:8, 11; 1 Jn. 2:9) y, como consecuencia, experimentó la oscuridad resultante del juicio de Dios (Sof. 1:15; cp. Is. 8:22).

No obstante, así como el sol recorre su órbita, lo veamos o no (cp. Sal. 19:4), la luz de Dios brilla también de forma constante. Fue Jehová quien se apareció como una antorcha de fuego en la oscuridad para garantizarle sus promesas a Abram (cp. Gn. 15:17). Él también se apareció en el fuego de la zarza ardiente para comisionar a Moisés y librar a su pueblo (Éx. 3:3). Fue Dios quien moró entre los israelitas como columna de fuego por la noche para emanar luz y guiar a su pueblo por el desierto (13:21). En términos espirituales, Dios prometió que su luz vencería las tinieblas. Esta promesa se extendía al remanente fiel en el destierro (Is. 9:2) y también a los creyentes de la era de la iglesia que antes anduvieron en tinieblas (2 Co. 4:6; Ef. 5:8-14). El Señor ha llamado a su pueblo de las tinieblas a su luz admirable (1 P. 2:9). En los nuevos cielos y tierra, habrá una luz eterna que provendrá, no del sol ni de la luna, sino más bien de la gloria de Dios (Ap. 21:23-25). El tema de la luz se extiende desde el principio hasta el final de las Escrituras y simboliza la presencia y el poder de Dios para dar confianza a su pueblo de que Él no los ha abandonado (cp. Sal. 27:1).

Cuando apareció un candelabro en la quinta visión de Zacarías, el profeta de seguro reconoció de inmediato el simbolismo. El candelabro transmitía la amplitud del plan de Dios respecto a su gloriosa luz (Zac. 4:1-2a). Este no solo simbolizaba la presencia de Dios, sino que también expresaba el papel que jugarían Israel y el templo en el plan de Dios para vencer las tinieblas. El candelabro también nos señala hacia la única Luz verdadera del mundo, el Señor Jesucristo (Zac. 4:2b-3; cp. Is. 49:5-6). El candelabro que describió Zacarías no era ordinario. Su singularidad apuntaba al extraordinario Mesías mediante quien Dios llenaría la tierra de su gloria. Cristo es la luz que penetra la oscuridad (Is. 9:2; Mt. 4:12-17), la luz que da vida (Jn. 8:12) y la luz que da vista tanto física como espiritual al ciego (Jn. 9; Hch. 9:3-19; 2 Co. 4:4-6). La revelación en esta visión presenta el tema glorioso de la luz de Dios y, en específico, de la refulgente resplandor de Jesucristo.

EL CANDELABRO

Volvió el ángel que hablaba conmigo, y me despertó, como un hombre que es despertado de su sueño. Y me dijo: ¿Qué ves? Y respondí: He mirado, y he aquí un candelabro todo de oro, (4:1-2a)

Al igual que en la anterior (cp. Zac. 3:1-10), la quinta visión comienza diferente que las otras seis visiones nocturnas de Zacarías. En lugar de decir que alzó sus ojos y miró, Zacarías escribió: **Volvió el ángel que hablaba conmigo, y me despertó, como un hombre que es despertado de su sueño**. El **ángel que hablaba conmigo** es el mismo ángel intérprete que apreció ya en las visiones de Zacarías (1:9, 13, 14, 19; 2:3). Su ausencia se hizo notoria en el capítulo anterior, pues el énfasis estaba en el ángel de Jehová, el Mesías. No obstante, para esta visión, el ángel intérprete **volvió**, lo que indica que seguía habiendo más revelaciones que Zacarías debía recibir y comprender. Es posible que este mismo ángel haya ayudado a otros profetas anteriores a entender también sus visiones (cp. Ez. 40:3; Dn. 7:16). El ángel no solo volvió, sino que también **despertó** al profeta y lo movió a la acción. **Como un hombre que es despertado de su sueño** se despierta y se pone en alerta, así el profeta llegó a un nivel de la más alta atención y lucidez. La actividad del ángel demostró que Zacarías debía estar plenamente consciente de todos los detalles de esta visión. Como en la visión anterior, esta quinta escena concernía a las promesas de Dios con respecto a la Persona y a la obra del Mesías. Por lo tanto, exigía toda la atención del profeta.

Lo que Zacarías vio fue algo complejo. Hasta el ángel llamó su atención a esto cuando preguntó: **¿Qué ves?** Él invitó al profeta a examinar y a describir lo que observaba. Así pues, Zacarías comenzó a ver (**he mirado**) y a concentrarse en las características de esta visión tan detallada (**he aquí**). La escena a continuación se enfoca en **un candelabro** (en hebreo, *menorá*), que tenía una base y un brazo central vertical, además de múltiples brazos que se desprendían de él, cada uno con una lámpara en la parte de arriba. Las lámparas daban luz al quemar aceite. En las Escrituras, este candelabro se encontraba principalmente en el tabernáculo (Éx. 25:31) y más adelante en el templo (1 Cr. 28:15). Como la luz que daba simbolizaba la presencia continua de Dios con su pueblo, las lámparas siempre estaban encendidas (2 Cr. 13:11). El candelabro anunciaba la esperanza de que, aunque el pueblo no podía ver a Dios por completo en el presente (Éx. 33:20), un día Él moraría con ellos cara a cara (cp. 1 Co. 13:12; 1 Jn. 3:2). También servía como símbolo del testimonio de Israel al mundo, porque el pueblo mediaba la presencia de Dios a las naciones como reino de sacerdotes (Éx. 19:6) y como luz a los gentiles (cp. Is. 42:6). En consecuencia, el candelabro que estaba en el templo, al igual que el de la visión de Zacarías, estaba fabricado **todo de oro**. Representaba el tremendo valor de la luz gloriosa y resplandeciente de la gloria de Dios en medio de su pueblo. Incluso en el Nuevo Testamento, se describe a la iglesia como un candelabro (Ap. 2:1, 5). Los creyentes tienen la instrucción de vivir como personas llamadas de las tinieblas a la claridad y a la santidad de la luz de la justicia (cp. Hch. 26:18; Ef. 5:9; Fil. 2:15; 1 Ts. 5:5; 1 Jn. 1:7). El Señor Jesús reiteró esta responsabilidad en el Sermón del monte, cuando dijo: "Vosotros sois la luz del mundo; una ciudad asentada sobre un monte no se puede esconder. Ni se enciende una luz y se pone debajo de un almud, sino sobre el candelero, y alumbra a todos los que están en casa. Así alumbre vuestra luz delante de los hombres, para que vean vuestras buenas obras, y glorifiquen a vuestro Padre que está en los cielos" (Mt. 5:15-16). Este refulgente testimonio de la luz continuará hasta el período de la tribulación por medio de los dos testigos, que fungirán como candelabros durante esta época de oscuridad (Ap. 11:1-4). Como lo resaltamos antes, el tema de la luz gloriosa de Dios se extiende desde el principio de la creación hasta su culminación en el estado eterno. El candelabro encapsula vívidamente este tema al representar tanto la presencia radiante de Dios como su plan deliberado para vencer las tinieblas y llenar la tierra con la luz de su gloria (Hab. 2:14; Nm. 14:21; Is. 40:5; Sal. 72:19).

LA LUZ DEL MUNDO

con un depósito encima, y sus siete lámparas encima del candelabro, y siete tubos para las lámparas que están encima de él; Y junto a él dos olivos, el uno a la derecha del depósito, y el otro a su izquierda. (4:2b-3)

Zacarías resaltó tres características que diferenciaban a este candelabro único de cualquier otro que hubiera visto antes. Estas tres diferencias demuestran que el candelabro era perfectamente autosuficiente, lo que ilustra la realidad de que Dios llenará la tierra con su gloria únicamente mediante su propio poder. Él no requiere ayuda ni asistencia externa para cumplir sus propósitos.

Primero, el candelabro se reabastecía a sí mismo con **un depósito encima**. Este depósito servía para almacenar aceite, lo que permitía un flujo constante de combustible para que las lámparas pudieran estar encendidas de forma continua. Para el candelabro que se encontraba en el tabernáculo o en el templo, los sacerdotes debían reabastecer de forma constante el aceite y rellenar todas las lámparas regularmente (Lv. 24:4; 2 Cr. 13:11). Una lámpara antigua cotidiana estaba lejos de ser automática, pero la de la visión de Zacarías tenía un depósito que hacía que fuera innecesaria cualquier asistencia por parte de los sacerdotes.

Segundo, la lámpara funcionaba por sí misma. Tenía **siete lámparas encima del candelabro, y siete tubos para las lámparas que están encima de él**. Esto hacía que la lámpara se llenara a sí misma. No se necesitaban sacerdotes que llevaran el aceite del depósito para encender las lámparas. Cada uno de los **tubos** de distribución conducía el aceite del depósito a las lámparas. El texto en hebreo menciona en específico que, para cada una de las siete lámparas, había **siete** tubos que alimentaban el aceite del depósito central, lo que resulta en cuarenta y nueve tubos en total. Aunque los candelabros del tabernáculo y del templo estaban diseñados para demostrar la plenitud de la presencia de Dios, el de Zacarías, con siete tubos adicionales para cada una de las siete lámparas, tenía la intención de mostrar la perfección completa (en verdad, la plenitud de la plenitud) de la gloria resplandeciente de Dios.

Finalmente, el candelabro no solo se reabastecía y funcionaba por sí mismo, sino que también se sustentaba a sí mismo. Tenía **junto a él dos olivos, el uno a la derecha del depósito, y el otro a su izquierda**. El ángel revelaría más tarde la importancia específica del olivo y la razón por la que había dos (cp. Zac. 4:12-14). No obstante, en este punto de la visión, todo estaba relacionado con la operación del candelabro y los **olivos** completaban la ilustración de su autosuficiencia. Zacarías había observado cómo las siete lámparas se abastecían de aceite mediante siete tubos, que proveían un flujo constante del abundante depósito de aceite. No obstante, si el depósito se terminaba, dejaría de haber luz. Sin aceite, los siete tubos perdían su propósito y el candelabro dejaba de funcionar. El profeta sabía (al igual que todos los demás en el antiguo Israel), que un olivo puede producir olivas y aceite de oliva durante siglos. De hecho, se estima que los olivos de mayor edad en la actualidad tienen más de 3000 años. Así pues, los **olivos** tenían una función crucial: demostraban que el suministro de aceite era infinito y que la operación del candelabro jamás se detendría. Además, Zacarías describió que un árbol estaba **a la derecha del depósito, y el otro a su izquierda**. Su posición a ambos lados del depósito era estratégica y tenía el fin de suplir aceite en abundancia (cp. Zac. 4:12). En efecto, el candelabro daría luz de forma brillante, automática y perpetua.

De esto resultan dos observaciones importantes. Primero, que el candelabro era verdaderamente excepcional, superior a cualquier otro en la historia de Israel. Era completamente autosuficiente. Su descripción repetía el número siete para destacar su plenitud. Este candelabro ilustraba visiblemente el esplendor y brillo de la presencia de Dios y su poder imparable para manifestar su gloria. Tal como el candelabro de la visión de Zacarías era más brillante que cualquier candelabro anterior, así también la presencia de Dios brillaría con más fuerza que cualquier rival en potencia. El sol dejará de ser, pero la luz de Dios nunca se apagará (cp. Is. 24:23; 60:19-20; Ez. 43:2-4) y llenará, no solo el mundo, sino también el corazón de su pueblo (cp. Ez. 36:26-27; 2 Co. 4:6). En todos los niveles, la luz de Dios vencería toda oscuridad. El candelabro que presenció Zacarías era un símbolo asombroso de que ciertamente Dios cumpliría su plan para la historia de la redención, porque la luz penetrante de su gloria siempre prevalecerá.

Otra característica clave de este candelabro era su plena autonomía. No dependía de la asistencia del hombre para ninguna parte de su proceso operativo. Los olivos suplían el aceite, el depósito almacenaba el combustible y una red de tubos distribuía a cada lámpara los recursos necesarios. Este candelabro operaba totalmente independiente de los sacerdotes y de cualquier otro poder humano. Esto demostraba que solo Dios, sin la ayuda de nadie más, cumpliría por completo la revelación victoriosa de su gloria.

¿Quién lograría esto en específico? La respuesta es el Hijo de Dios, el Señor Jesucristo. Isaías afirmó que Dios dio a su Siervo, no solo para salvación de los judíos, sino también para luz a los gentiles (Is. 49:5-6). Antes ya en la profecía de Isaías, se presentó al Siervo como la luz que brilla en la oscuridad (9:2). Simeón expresó esta majestuosa verdad cuando dijo del niño Jesús: "Luz para revelación a los gentiles, y gloria de tu pueblo Israel" (Lc. 2:32). En términos más explícitos, Jesús mismo declaró: "Yo soy la luz del mundo" (Jn. 8:12) e hizo esta declaración precisamente en el templo, donde estaba encendido un gran candelabro (7:28). En el momento de las palabras de Jesús, la fiesta de los tabernáculos había recién terminado y el enorme candelabro estaba encendido para conmemorar la gloria de Dios en el desierto. Mientras que Israel tenía un candelabro físico, un simple símbolo de la presencia de Dios, Jesús afirmó ser Él mismo la luz verdadera, Dios encarnado. Cristo exclamó que Él era la luz eterna y que todos los que estuvieran en Él tendrían la luz de la vida (Sal. 36:9; Jn. 8:12). En última instancia, el candelabro que Zacarías vio apuntaba al Señor Jesús, el Mesías divino y la Luz del mundo.

Al presentarle esta visión a Zacarías, el Señor le reveló al profeta y a su pueblo que la luz de la gloria de Dios sigue brillando. Su presencia está con su pueblo y, en última instancia, su gloria llenará la tierra. El candelabro demostraba que el propósito soberano de Dios no requiere de ninguna ayuda externa. Su luz es el Mesías eterno y divino, quien es la plenitud de la gloria de Dios (Jn. 1:14). La primera vez, Cristo vino como la Luz del mundo para salvar a los pecadores de su pecado. Él regresará con gloria descubierta para llenar la tierra con la luz de su presencia (Mt. 24:29, 30; 25:31-34; Ap. 1:12-17).

La quinta visión nocturna, segunda parte: No con fuerza, sino con mi Espíritu

13

Proseguí y hablé, diciendo a aquel ángel que hablaba conmigo: ¿Qué es esto, señor mío? Y el ángel que hablaba conmigo respondió y me dijo: ¿No sabes qué es esto? Y dije: No, señor mío. Entonces respondió y me habló diciendo: Esta es palabra de Jehová a Zorobabel, que dice: No con ejército, ni con fuerza, sino con mi Espíritu, ha dicho Jehová de los ejércitos. ¿Quién eres tú, oh gran monte? Delante de Zorobabel serás reducido a llanura; él sacará la primera piedra con aclamaciones de: Gracia, gracia a ella. Vino palabra de Jehová a mí, diciendo: Las manos de Zorobabel echarán el cimiento de esta casa, y sus manos la acabarán; y conocerás que Jehová de los ejércitos me envió a vosotros. Porque los que menospreciaron el día de las pequeñeces se alegrarán, y verán la plomada en la mano de Zorobabel. Estos siete son los ojos de Jehová, que recorren toda la tierra. (4:4-10)

La mayoría de los creyentes conoce bien la confiada afirmación del apóstol Pablo en Filipenses 4:13. Allí, él escribió: "Todo lo puedo en Cristo que me fortalece". Aunque este enunciado familiar expresa una verdad asombrosa, también es posible sacarlo de contexto y darle un mal uso. Con demasiada frecuencia, su significado se tergiversa para justificar la noción de que Dios otorga a los creyentes el poder de hacer todo cuanto les plazca. Sin embargo, esto es lo opuesto a lo que Pablo afirmó. Su punto era que Dios le daba la fuerza para soportar pruebas y tribulaciones, precisamente el tipo de circunstancias que nadie escogería para sí mismo. Pablo había aprendido a vivir con contentamiento y a perseverar incluso en medio de dificultades abrumadoras (cp. 2 Co. 11:23-29). Él afirmó esto explícitamente en el versículo anterior (Fil. 4:12): "Sé vivir humildemente, y sé tener abundancia; en todo y por todo estoy enseñado, así para estar saciado como para tener hambre, así para tener abundancia como para padecer necesidad". En el versículo 12, el apóstol habló de ese "todo" como el espectro completo de sus experiencias, ya fueran preocupantes o triunfales, en las que aprendió a contentarse con la voluntad de Dios. De manera que, cuando repite la palabra "todo" en el versículo 13, estaba afirmando que el Señor le daría la fuerza para ser fiel, sin importar cuán retadora pudiera llegar a ser la vida.

Así pues, el aliento de Filipenses 4:13 no está en que tengamos el poder para cambiar nuestras circunstancias, sino más bien en que podemos recibir gracia para soportar los momentos difíciles. Dios es fiel en sustentar a sus hijos con su fuerza para perseverar en obediencia a Él, incluso en las experiencias más retadoras. Para aquellos que desean vivir vidas piadosas, andar en contentamiento y servir al Señor de todo corazón, este versículo es de gran consuelo. Nos recuerda a los creyentes que Dios en verdad da el poder a sus hijos para soportar las pruebas a medida que obra en ellos conforma a su plan, para su gloria (cp. Ro. 8:28; Stg. 1:1-3). Antes, Pablo lo explicó así en Filipenses: "Porque Dios es el que en vosotros produce así el querer como el hacer, por su buena voluntad" (Fil. 2:13).

Esta es la verdad que la quinta visión nocturna le reveló a Zacarías. Tal como se explicó en el capítulo anterior de este tomo (ver Zac. 4:1-3), el candelabro simbolizaba la presencia gloriosa de Dios. Este representaba que Dios estaba presente y que actuaba con poder entre su pueblo. Saber que el Señor estaba con ellos en su labor de reconstruir el templo habría sido de gran aliento para Zacarías y para los demás israelitas (4:4-7). Su Espíritu garantizaba que el pueblo, bajo el liderazgo de Zorobabel, su gobernador, podría terminar la tarea. Sin embargo, el mensaje iba más allá de los eventos inmediatos de la vida de Zacarías. La terminación exitosa del templo en la época de Zorobabel prefiguraba la obra, mediante el poder del Espíritu, del Mesías, quien regresaría un día para edificar la casa definitiva de Dios, el templo milenario (Zac. 4:8-10; cp. 2 S. 7:13; 1 Cr. 17:12). Esta visión revela con claridad que la presencia de Dios no es hipotética ni abstracta. En cambio, su Espíritu está activo para dar poder a su pueblo y cumplir sus promesas.

EL PODER DE DIOS

Proseguí y hablé, diciendo a aquel ángel que hablaba conmigo: ¿Qué es esto, señor mío? Y el ángel que hablaba conmigo respondió y me dijo: ¿No sabes qué es esto? Y dije: No, señor mío. Entonces respondió y me habló diciendo: Esta es palabra de Jehová a Zorobabel, que dice: No con ejército, ni con fuerza, sino con mi Espíritu, ha dicho Jehová de los ejércitos. ¿Quién eres tú, oh gran monte? Delante de Zorobabel serás reducido a llanura; él sacará la primera piedra con aclamaciones de: Gracia, gracia a ella. (4:4-7)

El candelabro que Zacarías vio fue tan impresionante que, de nuevo, el profeta habló a **aquel ángel que hablaba conmigo** y le preguntó: **¿Qué es esto, señor mío?** El profeta no estaba preguntando sobre la identidad de las imágenes que vio (cp. Zac. 1:9, 19), sino más bien sobre su significado. Su descripción del candelabro y de sus componentes (en los vv. 2-3) indicaba que entendía su función general. Sin embargo, seguía sintiendo curiosidad respecto a su significado (cp. 4:4, 11-12), de manera que pidió una explicación adicional.

El ángel aceptó las preguntas de Zacarías y respondió al profeta: **¿No sabes qué es esto?** En las visiones anteriores, el ángel intérprete había ofrecido una explicación sin más cuestionamientos (cp. 1:19, 19). Sin embargo, esta vez, hizo una pregunta de seguimiento. La pregunta del ángel no tuvo la intención de reprender a Zacarías, sino más bien de alentarlo a buscar las respuestas que quería. La confesión del profeta: **No, señor mío**, reconocía con humildad tanto su ignorancia como su ardiente anhelo por recibir lo que el ángel se revelaría.

El ángel respondió afirmando el origen divino de su mensaje: **Esta es palabra**

de Jehová a Zorobabel. Aunque la visión anterior se enfocó en el sumo sacerdote Josué (Zac. 3:1-10), este contexto destaca a **Zorobabel**, el gobernador del linaje real. La visión anterior resaltó a Josué para prefigurar el ministerio sacerdotal del Mesías. Esta visión nos presenta a Zorobabel para señalar el ministerio de Cristo como rey. Como descendiente de David, Zorobabel era miembro del linaje real y antepasado de Cristo (cp. Mt. 1:12-13; Lc. 3:27). Él también fue el líder principal del pueblo judío que regresó del destierro (Esd. 2:2). Dios dio una revelación para Zorobabel con el objetivo de alentarlo en lo personal y también de ofrecer una ilustración de un Hijo de David mayor que él, el Mesías.

La exhortación específica que Dios le dio se expresaba en las palabras: **No con ejército, ni con fuerza, sino con mi Espíritu, ha dicho Jehová de los ejércitos**. El nombre **Jehová de los ejércitos**, la designación favorita del profeta para Dios, reflejaba la promesa de que el Señor usaría todos sus recursos celestiales (**ejércitos**) para cumplir sus promesas a su pueblo (ver planteamiento en Zac. 1:8). La obra de reconstrucción del templo no se lograría únicamente con fuerza mortal y Jehová lo expresó de forma explícita: **No con ejército, ni con fuerza**. Cuando se usan juntos estos términos, **ejército** se refiere a los recursos (como las riquezas [2 R. 15:20] o las fuerzas militares [1 R. 5:13-18]) que podían utilizarse para superar un obstáculo o alcanzar una meta. En contraste, **fuerza** nos habla de una energía personal y fortaleza interior. El punto del Señor era que ningún recurso material ni fuerza humana lograría lo que solo Dios puede hacer.

La implicación clara del texto es que la obra espiritual solo puede lograrse **con** el poder del **Espíritu** de Dios. La verdad de esto se demuestra a lo largo de las Escrituras. El Espíritu es Aquel que regenera un corazón muerto en lo espiritual y que hace que el creyente crea y acepte el mensaje de salvación (cp. Ez. 36:26; Tit. 3:5). El Espíritu mora en el corazón de los hijos de Dios (Ez. 36:26-27) y les da el poder para vivir en obediencia y brillar como luminares en el mundo (Mt. 5:16; Ef. 5:18). El Espíritu preserva al pueblo de Dios para el día del regreso de Cristo (Ef. 1:13-14) y su ministerio de morar en ellos anticipa la comunión íntima que tendrán con Dios en el reino venidero (cp. Ez. 36:26-27; 37:1-28; 40–48). La obra del Espíritu extiende la gloria de Dios, no solo en la creación, sino también en el corazón de su pueblo. Al llamar a Zorobabel y a los demás israelitas a completar la tarea que Dios les había dado, el Señor les recordaba que no debían confiar en su propio poder ni ingenio, sino más bien en la fuerza que su Espíritu les ofrecía.

La descripción del candelabro ilustraba con poder esta verdad. El aceite era esencial para su operación, ya que, sin combustible, dejaría de funcionar. A lo largo de las Escrituras, el aceite también se usaba como símbolo de la unción y del poder del Espíritu Santo (cp. 1 S. 16:13; Is. 61:1; Lc. 4:18; Hch. 10:38). La conexión con la visión de Zacarías es evidente. Si Zorobabel y los demás israelitas no descansaban en el poder del Espíritu, su depósito finito de fuerzas humanas pronto se terminaría y no podrían completar la tarea. No obstante, si confiaban en el poder del Espíritu, gozarían de una Fuente sin fin de fuerza imparable (cp. Zac. 4:1-3).

Jehová resaltó el punto con las siguientes palabras: **¿Quién eres tú, oh gran monte? Delante de Zorobabel serás reducido a llanura**. La Biblia usa los montes para ilustrar lo fuerte y lo inamovible (cp. Sal. 36:6; Pr. 8:25). En consecuencia, pueden representar obstáculos o problemas que parecen insuperables e inexpugnables (cp. Mr. 11:23). En la época de Zacarías, Zorobabel se enfrentó a tales retos al reconstruir el templo. No obstante, para animar a su pueblo, el Señor puso estos obstáculos en la perspectiva adecuada. Él se dirigió a estas dificultades, al parecer insuperables, con una pregunta retórica: **¿Quién eres tú?** Los retos que Zorobabel enfrentaba eran nada comparados con Dios. Así pues, el Señor proclamó: **Delante de Zorobabel serás reducido a llanura**, una superficie plana y pareja. Dios juró allanar el camino para Zorobabel y para su pueblo. Si ellos confiaban en Él en obediencia, Él quitaría todo obstáculo de su camino.

En una declaración de victoria, Jehová dijo a Zorobabel: **él sacará la primera piedra con aclamaciones de: Gracia, gracia a ella**. La **primera piedra** es la piedra que se encuentra en el pináculo de un edificio, la última que se colocaría para completar el templo. Aunque Israel enfrentaba probabilidades abrumadoras, Dios confirmó que su Espíritu Santo daría a Zorobabel la capacidad y el poder para superar toda adversidad y terminar la tarea. Una vez que el templo estuviera completado, se produciría un gran gozo, marcado por **aclamaciones de: Gracia, gracia a ella**. El término que se traduce **aclamaciones**, usado para denotar el sonido del trueno (cp. Job. 36:29) y de una ciudad ruidosa (Is. 22:2), describía la respuesta eufórica y ensordecedora del pueblo. En su entusiasmo, exclamarían y repetirían: **Gracia, gracia**. En hebreo, la palabra **gracia** significa favor y bondad divinas. En reconocimiento de que su éxito provenía del poder de Dios, Zorobabel y los demás israelitas darían toda la gloria y el crédito al Señor y expresarían su emoción y gratitud por la fidelidad y favor de Dios hacia ellos. Para Zorobabel y los que se hallaban a su alrededor, la anticipación de este momento de gozo fue fuente de gran motivación y aliento.

La profecía de los versículos 6-7 no solo nos apunta hacia Zorobabel y sus labores, sino que también anticipa la obra definitiva del Mesías. La idea de un **monte** que se convierte en **llanura** nos recuerda a Isaías 40:4: "Todo valle sea alzado, y bájese todo monte y collado; y lo torcido se enderece, y lo áspero se allane". Este versículo de Isaías describía la venida del Mesías para reconstruir el templo (cp. Is. 2:2; Ez. 40–48; Dn. 9:24), tal como Zorobabel estaba haciendo en la época de Zacarías. Esta alusión a la profecía de Isaías conecta a Zorobabel con el Mesías, lo que demuestra que el primero prefiguraba al segundo. Así pues, la profecía de Zacarías respecto a Zorobabel estaba diseñada para traer a la memoria las grandes profecías de la venida de Cristo y de su reino glorioso. Si el Señor fue fiel a Zorobabel, de cierto lo sería para cumplir sus promesas concernientes al Gobernador y Rey supremo, el Mesías (cp. Is. 9:6).

LA ILUSTRACIÓN DE CRISTO

Vino palabra de Jehová a mí, diciendo: Las manos de Zorobabel echarán el cimiento de esta casa, y sus manos la acabarán; y conocerás que Jehová de los ejércitos me envió a vosotros. Porque los que menospreciaron el día de las pequeñeces se alegrarán, y verán la plomada en la mano de Zorobabel. Estos siete son los ojos de Jehová, que recorren toda la tierra. (4:8-10)

El mensaje de los versículos 6-7 tenía la fuerte implicación de que la profecía sobre Zorobabel se refería a más que solo él y su época. En los versículos 8-10, lo implícito se hace explícito cuando, de nuevo, **vino palabra de Jehová** a Zacarías. Esta palabra del Señor se enfocó en la labor de Zorobabel y la describió como la labor de un rey davídico: **Las manos de Zorobabel echarán el cimiento de esta casa**. Este enunciado describía la labor de un oficial de la realeza. En la antigüedad, un líder echaba en los cimientos de un edificio un ladrillo simbólico para arrancar su construcción. La realidad de que **Zorobabel** participó en este acto lo describía como el edificador y como el jefe de Estado, en especial porque solo un descendiente del linaje de David tenía la autorización de Dios para edificar **esta casa**, el templo. En sus promesas a David respecto al linaje real del Mesías, Dios dijo: "Él edificará casa a mi nombre, y yo afirmaré para siempre el trono de su reino" (2 S. 7:13; cp. 1 Cr. 17:12). En relación con esta promesa, el salmista relató el anhelo de David de que el Señor tuviera su templo establecido, comenzando con que el arca del pacto estuviera de vuelta en Jerusalén (ver 2 S. 6):

Acuérdate, oh Jehová, de David,
Y de toda su aflicción;
De cómo juró a Jehová,
Y prometió al Fuerte de Jacob:
No entraré en la morada de mi casa,
Ni subiré sobre el lecho de mi estrado;
No daré sueño a mis ojos,
Ni a mis párpados adormecimiento,
Hasta que halle lugar para Jehová,
Morada para el Fuerte de Jacob (Sal. 132:1-5).

Aunque los descendientes de David no sirvieron en el rol de los sacerdotes levitas (cp. 2 Cr. 26:18-21; He. 7:12-14), sí jugaron un papel vital en construir el templo y en respaldar su trabajo. Cuando Zorobabel echó el cimiento de este edificio, no solo estaba actuando como un líder cualquiera de la realeza. Estaba fungiendo específicamente como rey davídico.

El Señor enfatizó que **las manos de Zorobabel,** que comenzaron la obra, también **la acabarán**. La repetición del término **manos** demuestra que Zorobabel participó de forma personal en dirigir el proceso de principio a fin. Esto no fue algo fácil. Muy pocos en la historia de Israel tuvieron el honor de edificar el templo (cp. 1 R. 8:12-13) o hasta de renovarlo (2 R. 12:14-16, cp. vv. 17-18; 22:5). Los esfuerzos personales de Zorobabel en esta labor son dignos de notar y lo colocan en la categoría de reyes anteriores como Salomón, Joás y Josías. De forma preliminar, él cumpliría la promesa de Dios a David y, al hacerlo, sirve como ilustración del Mesías.

El éxito de Zorobabel conduciría al pueblo a una conclusión: **conocerás que Jehová de los ejércitos me envió a vosotros**. Este enunciado debe interpretarse en términos mesiánicos por, al menos, dos razones. Primero, fue pronunciado por la **palabra de Jehová** (4:8), el Mesías, el Cristo preencarnado (ver planteamiento en Zac. 1:1). Segundo, en otras partes de las Escrituras, la frase "me envió" se refiere constantemente al Mesías. Esta terminología se usa antes en Zacarías 2:8 y 11; allí, describía que el Mesías cumpliría su misión (ver planteamiento en Zac. 2:8, 11).

La frase también aparecía en Isaías 61:1, que describía al Siervo Sufriente, como lo confirma Jesús en el Nuevo Testamento (Lc. 4:18). A la luz de esto, cuando la gente viera el templo terminado, no solo **conocería** que la revelación que había recibido Zacarías era en verdad del Señor, sino que también recibiría la garantía de que Dios enviaría a su Mesías, tal como lo había prometido. El pueblo respondió con gozo y celebración cuando Zorobabel terminó la obra de edificación (cp. Zac. 4:7). En términos mucho más elevados, una futura generación de israelitas tendrá gozo abundante y gracia sublime cuando el Mesías regrese y edifica la casa definitiva de Dios (2 S. 7:13; cp. Ro. 11:26). El éxito de Zorobabel en la reconstrucción del templo presagiaba la gloria final del Mesías. Cuando Israel viera lo primero, podría confiar en que, ciertamente, el Señor cumpliría lo segundo. Tal como lo ilustraba la visión del candelabro, Jehová llenará un día la tierra de su gloria mediante la obra de su Hijo y el poder de su Espíritu.

Todo esto ofrecía una nueva perspectiva de victoria para los de la época de Zacarías. El Señor señaló a **los que menospreciaron el día de las pequeñeces**. Esta frase se dirigía a los de entre la audiencia de Zacarías que se sentían tristes y desanimados al comparar el proyecto de construcción de Zorobabel con el recuerdo del majestuoso templo de Salomón (cp. Esd. 3:12; Hag. 2:3). Como el templo de Zorobabel les parecía tan pobre, algunos en la época de Zacarías lo **menospreciaron** y mostraron desdén hacia el **día** cuando comenzaron las labores. Ellos percibían estos esfuerzos como **pequeñeces**.

No obstante, Jehová se pronunció contra este desdén: **se alegrarán, y verán la plomada en la mano de Zorobabel. Estos siete son los ojos de Jehová**. El texto describe a Zorobabel durante la construcción del templo con una **plomada** en la mano; esta palabra hebrea puede denotar una piedra dedicatoria para conmemorar la terminación de un templo o, lo más tradicional y probable, la roca que se ataba al final de una plomada. Esta roca tiraba hacia abajo el hilo de la plomada y creaba una línea vertical que se usaba para asegurar que los ángulos de un edificio fueran rectos. La plomada en la **mano** de Zorobabel enfatizaba sus esfuerzos en esta labor. Así como Zorobabel había puesto la primera piedra para iniciar el proyecto (Zac. 4:9a) y como sus manos lo acabarían (4:9b), también su **mano** participó durante el proyecto. El jefe de Israel no estaba meramente dirigiendo la obra de construcción, sino que también participaba en ella de forma personal. Aunque algunos habrían pensado que los esfuerzos de Zorobabel eran patéticos, el Señor celebró el arduo trabajo del gobernador y afirmó que "estos" **se alegrarán**. En hebreo, la frase "se alegrarán" corresponde a **estos siete**. El número **siete** se relaciona con el candelabro, que tenía siete lámparas y siete tubos por lámpara (4:2). Estos sietes del candelabro representaban la plenitud de la presencia de Dios y su juramento de hacer brillar la luz de su gloria por todo el mundo. La misma presencia de Dios estaba con Zorobabel. El Señor presenciaba sus esfuerzos y se regocijaba por ellos. Dios celebró la obra de reconstrucción del templo pues sabía que este momento representaba un paso hacia el cumplimiento de su plan soberano. Israel necesitaba ver este evento de la misma manera que Dios.

El Señor agregó que **estos siete** eran **los ojos de Jehová, que recorren toda la tierra**. El número siete no solo se refiere al candelabro, sino también, de forma más específica, a los ojos de Jehová, que representaban la misma omnisciencia y omnipresencia de Dios. De hecho, Dios lo sabe todo y está presente en todo lugar, ya que sus ojos **recorren toda la tierra**. Este no es el primer lugar en el que Zacarías conectó el número siete con ojos. Esta conexión también se encuentra en la visión anterior del profeta en el capítulo 3. En 3:9, la piedra, el Mesías, tenía siete ojos que representaban el ministerio séptuple del Espíritu por medio del Mesías (cp. Is. 11:1-3). El apóstol Juan también definió los "siete ojos" como la obra del Espíritu. Él vio a "un Cordero como inmolado, que tenía siete cuernos, y siete ojos, los cuales son los siete espíritus de Dios enviados por toda la tierra" (Ap. 5:6). Según este patrón, la asociación en este pasaje entre el número siete y los ojos también nos señala al Espíritu Santo. Esto encaja con el contexto de Zacarías 4, ya que el texto indicaba que el Espíritu abastecía el candelabro (Zac. 4.6). Por lo tanto, aunque, en general, el siete se refería al candelabro y a la presencia de Dios (ver planteamiento anterior), el Señor especificó aquí que el número se refería más bien a la presencia y al poder del Espíritu.

Puede que algunos de los israelitas subestimaran el valor de la obediencia de Zorobabel, pero Dios no lo hizo. Él había ordenado de forma soberana este momento en conformidad con sus propósitos perfectos. El Espíritu Santo dio poder a los esfuerzos de Zorobabel y se regocijó por ellos, porque contribuían al plan divino para la venida del Mesías y para la manifestación de gloria de Dios. Así pues, el Señor mandó a Zorobabel y a todo el pueblo a no vivir por ejército ni por fuerza, sino por su Espíritu.

La quinta visión nocturna, tercera parte: El Mesías Rey y Sacerdote

14

Hablé más, y le dije: ¿Qué significan estos dos olivos a la derecha del candelabro y a su izquierda? Hablé aún de nuevo, y le dije: ¿Qué significan las dos ramas de olivo que por medio de dos tubos de oro vierten de sí aceite como oro? Y me respondió diciendo: ¿No sabes qué es esto? Y dije: Señor mío, no. Y él dijo: Estos son los dos ungidos que están delante del Señor de toda la tierra. (4:11-14)

A lo largo de la historia de Israel, los oficios de rey y de sacerdote fueron distintos y estuvieron separados. Los sacerdotes venían de la tribu de Leví, pero los reyes, de la tribu de Judá. Aunque los sacerdotes aplicaban la ley (Dt. 17:8-13), no tenían la autoridad de un rey. De la misma manera, aunque los reyes facilitaban los sacrificios (cp. 1 R. 3:4), se les prohibía ofrecer sacrificios ellos mismos. Así pues, cuando el rey Uzías intentó quemar incienso delante del Señor como lo hacían los sacerdotes, Dios lo hirió con lepra y lo convirtió en un marginado. Su lepra le sirvió como un recordatorio vívido de lo estricto que fue Dios en mantener separados estos dos roles (cp. He. 7:12-14). Aun así, los reyes y los sacerdotes de Israel nunca cumplieron a la perfección sus respectivos oficios. Como pecadores, eran finitos y falibles.

No obstante, el Antiguo Testamento anunció la esperanza de que llegaría Uno que cumpliría impecablemente ambas funciones. Desde el principio, Dios mostró que pretendía que su Mesías fuera tanto rey como sacerdote al presentarle a Abraham al piadoso Melquisedec. Una de las características de Melquisedec fue que era tanto rey como sacerdote (Gn. 14:18). Aunque se lo menciona solo brevemente, no quedó en el olvido. Más adelante, David reveló que el Mesías sería según el orden de Melquisedec (Sal. 110:4); Él sería tanto rey como sacerdote. La profecía de Ezequiel también afirmó este rol y privilegio doble. En Ezequiel 21:26-27, el profeta predijo que llegaría Uno que tendría el derecho tanto a la mitra sacerdotal como a la corona real. Solo Él sería digno y capaz de cargar el peso de ambos oficios.

El futuro de Israel y de toda la raza humana dependía de la habilidad del Mesías para hacer lo que nadie más pudo: ser el Rey definitivo y el gran Sumo Sacerdote. El rol mesiánico se describe en la última porción de la quinta visión de Zacarías. El ángel dirigió la atención de este al candelabro una última vez para establecer una verdad importante sobre el Mesías. Solo Él es capaz de mediar al mundo la gloriosa presencia de Dios. Como Rey, Él puede representar a Dios ante la humanidad y, como Sacerdote, Él puede representar a la humanidad ante Dios. La quinta visión de Zacarías terminó con una nota majestuosa de esperanza mesiánica y anunciaba que Cristo cumpliría el rol de mediador que nadie más podía cumplir.

LOS DOS OLIVOS

Hablé más, y le dije: ¿Qué significan estos dos olivos a la derecha del candelabro y a su izquierda? Hablé aún de nuevo, y le dije: ¿Qué significan las dos ramas de olivo que por medio de dos tubos de oro vierten de sí aceite como oro? (4:11-12)

Asombrado por todo lo que se le había revelado respecto al candelabro y a sus componentes (cp. 4:1-10), Zacarías hizo una pregunta más al ángel: **Hablé más, y le dije: ¿Qué significan estos dos olivos a la derecha del candelabro y a su izquierda?** El ángel intérprete ya había explicado el candelabro, que simbolizaba la plenitud de la gloriosa presencia de Dios. El flujo de aceite en el candelabro, que pasaba del depósito a cada una de las siete lámparas por medio de siete tubos, representaba la obra del Espíritu que daría poder a su pueblo y, en última instancia, al Mesías. Sin embargo, quedaba todavía por explicar una característica vital del candelabro: los **dos olivos**. La pregunta inicial de Zacarías respecto a estos árboles no fue muy detallada. Al describir antes el candelabro, había hecho notar que los olivos estaban a la derecha y a la izquierda del depósito del candelabro (v. 3). En este punto del pasaje, no mencionó el depósito, sino solo **estos dos olivos** que estaban **a la derecha** y a la **izquierda** del **candelabro.**

Aunque esta pregunta fue sencilla y directa, el profeta no recibió respuesta de parte del ángel, de manera que Zacarías se vio forzado a preguntar **aún de nuevo** respecto a la visión. La necesidad de hacer una pregunta una segunda vez es tremendamente inusual en la profecía en general y totalmente excepcional en las visiones de Zacarías. ¿Por qué le exigió esto el ángel al profeta? Aunque Zacarías entendía en general el significado de los olivos, su pregunta inicial no fue lo suficientemente específica. Con su silencio, el ángel obligó a Zacarías a ver de nuevo los olivos con más atención y a reformular su pregunta con más precisión.

Al estudiar los **dos olivos** con más detalle, Zacarías reformuló su pregunta de manera más precisa: **¿Qué significan las dos ramas de olivo que por medio de dos tubos de oro vierten de sí aceite como oro?** Zacarías ya había hecho notar que los olivos brindaban un suministro infinito de aceite para el candelabro. Sin embargo, el ángel no quería que él se detuviera allí. El profeta tenía que concentrarse más intensamente en el flujo de aceite de las ramas del olivo hacia el candelabro. Esto era importante porque el aceite representaba el combustible del candelabro.

El flujo de aceite hacia el candelabro implicaba varios elementos: dos árboles, dos ramas y dos tubos. Una vez identificados los dos árboles en el versículo 11, el profeta especificó además **dos ramas de olivo** y **dos tubos de oro**. El término **ramas** describe a un racimo lleno de olivas (cp. Rut 2:2; Is. 17:5). Estas eran extensiones de los olivos y el conducto mediante el cual el aceite goteaba hacia los **tubos** del candelabro. En hebreo, la palabra **tubos** aquí es diferente del término que se usó antes (cp. Zac. 4:2). Aunque estos tubos eran diferentes de los del candelabro, funcionaban de manera similar para transportar el aceite que goteaba de las ramas hasta el candelabro. Es importante notar que se repite el número **dos** para enfatizar la presencia de **dos** olivos (4:3) con **dos** ramas (4:12) y **dos** tubos correspondientes (4:12). El énfasis en el número **dos** prepara la escena para una verdad teológica importante que está por revelarse. Tal como el aceite fluía de dos ramas y de dos tubos hasta un solo candelabro, también Dios fundiría dos realidades en una. Tal como se definirá en breve con más detalles, esto simbolizaba los dos oficios de sacerdote y de rey unidos en la Persona del Mesías. Solo Él podría cumplir estos dos oficios de forma simultánea y perfecta.

Un énfasis importante de la última descripción de Zacarías del candelabro es su material y color **de oro**. Estos tubos que llevaban el aceite desde las ramas del olivo eran **de oro** y complementaban al resto del candelabro que también estaba fabricado de oro (cp. Zac. 4:2). Zacarías incluso describió el aceite **como oro**. El brillo dorado de la lámpara es un símbolo de la presencia y la gloria de Dios, en especial el **aceite como oro**, porque, en las Escrituras, el Espíritu Santo está asociado con el aceite y con la unción (1 S. 16:13; 1 Jn. 2:27). Así pues, tal como todo el candelabro era de oro (el aceite como oro fluía de forma perfecta por tubos de oro hasta el candelabro de oro), también Aquel que funge como mediador de la presencia de Dios debe ser perfectamente divino. Aunque, en el pasado, muchos sacerdotes y reyes mediaron la presencia y el poder de Dios, ninguno de ellos cumplió de forma adecuada esta labor. Solo el Mesías encarnado podía alcanzar la perfección requerida, ya que Él es verdaderamente Dios (Jn. 1:1; Col. 1:15; 2:9; He. 1:3) y verdaderamente Hombre (Jn. 1:14; Fil. 2:6-8; 1 Jn. 4:2-3).

Zacarías vio cómo las ramas del olivo **vierten** el aceite **de sí** para abastecer el candelabro. Este detalle reiteraba el punto principal de la visión, que resaltaba cómo el candelabro recibía su combustible y, por extensión, cómo se cumpliría la teología que simbolizaba el candelabro. Conforme a su perfecto plan, Dios mediaría su presencia gloriosa al mundo por medio del Mesías, su Hijo, el Único que puede ser tanto Rey como Sacerdote.

LOS DOS OFICIOS

Y me respondió diciendo: ¿No sabes qué es esto? Y dije: Señor mío, no. Y él dijo: Estos son los dos ungidos que están delante del Señor de toda la tierra. (4:13-14)

Una vez más, el ángel intérprete preguntó: **¿No sabes qué es esto?**, a lo que Zacarías respondió con una negación: **Señor mío, no**. La compleja simbología del candelabro requería mucha luz para comprender su significado. De manera que, de nuevo, el profeta reconoce su ignorancia, como ya lo hizo antes en la visión (4:5).

Esta culminación de la escena giraba en torno a **dos ungidos** o, más literalmente en hebreo: "dos hijos del aceite". No obstante, en este caso, la palabra "aceite" es diferente de la que se usa antes en la visión. Aquí, la palabra se refiere a aceite sin procesar que se toma fresco del árbol. Este aceite es una metáfora tremendamente apropiada para la presencia pura de Dios. En Israel, las posiciones de rey y de sacerdote eran **dos** oficios importantes que implicaban unción con aceite en el punto de su inauguración (cp. Lv. 8:12; 1 S. 16:13). Ambos oficios tenían la tarea de mediar la presencia de Dios a su pueblo. Los reyes representaban a Dios delante de la nación. Ellos ayudaban a edificar o a renovar la casa de Dios, el templo (2 S. 7:13; 1 R. 8:12-13) y transmitían la autoridad divina conforme a la ley de Dios (cp. Dt. 17:18-20). En contraste, los sacerdotes representaban a la nación delante de Dios. Ellos celebraban servicios en el templo, facilitaban el sistema sacrificial y dirigían a Israel en adoración delante del Señor (cp. Éx. 28:12). En esencia, el rey llevaba a Dios delante del pueblo y el sacerdote llevaba al pueblo delante de Dios. Ambos, rey y sacerdote, participaban de forma fundamental en mediar la presencia de Dios y ambos buscaron hacerlo durante toda la historia de Israel (cp. Éx. 28:30; 1 R. 8:1-61). Los **ungidos** de la visión de Zacarías representaban estos dos oficios y ambas funciones eran vitales para el cumplimiento de la teología del candelabro al mediar la presencia de Dios a su pueblo.

Por diseño de Dios, ningún individuo podía ser sacerdote y rey en Israel. Nadie podía ocupar ambos roles de presentar a Dios delante del hombre y al hombre delante de Dios. Los reyes y los sacerdotes provenían de tribus distintas: Judá y Leví. Como se hizo notar antes, Dios mantuvo la distinción de estos oficios de forma estricta. En 1 Samuel 13, el rey Saúl intentó ofrecer sacrificios a Dios. En consecuencia, recibió un castigó por asumir un deber sacerdotal que no tenía permitido cumplir. De la misma manera, en 2 Crónicas 26:16-23, como ya mencionamos antes, el rey Uzías, en su orgullo, ofreció incienso en el templo. Como resultado, Dios lo hirió con lepra por violar el oficio sacerdotal. En las ocasiones en las que David (2 S. 6:13) y Salomón (1 R. 3:4) ofrecieron sacrificios, se entiende que lo hicieron mediante un sacerdote.

Además, ningún rey ni sacerdote en el Antiguo Testamento cumplió su oficio a la perfección. El pasado de Israel estuvo marcado por una letanía de reyes y de sacerdotes que fracasaron en las responsabilidades que Dios les había dado (cp. Jer. 22:24-30; Os. 4:4-6; Mal. 2:1-9). Como resultado, la nación cayó bajo el juicio de Dios. Según Ezequiel, Dios castigó al linaje real de Israel (Ez. 19:1-14) e invalidó el rol de sus sacerdotes como mediadores (cp. 14:12-23). De la misma manera, Jeremías afirmó que, por culpa de los pecados de Israel, Jehová destruiría el oficio de los sacerdotes (Jer. 20:1-6) y el de los reyes (21:1-7; 22:24-30). El colapso del liderazgo de Israel ocurrió en su destierro a Babilonia. En la época de Zacarías, los efectos de este castigo seguían presentes. Aunque sí había sacerdotes en su época, no había rey en Israel (cp. Hag. 1:1), tan solo un gobernador (cp. Zac. 4:6-10). La historia de Israel demostraba que ningún simple mortal podía llevar toda la responsabilidad de liderazgo de la nación.

No obstante, el Antiguo Testamento profetizó que el Mesías fungiría como el Rey definitivo y también como el Sacerdote perfecto. En el Salmo 110, David dijo que el Mesías vendría según el orden de Melquisedec, un hombre que era tanto rey como sacerdote (cp. Gn. 14:18). Ezequiel también escribió de Aquel que llevaría la tiara (o mitra) y la corona (cp. Ez. 21:26-27). Aunque el Antiguo Testamento relató la incapacidad de Israel para cumplir estos oficios distintos, también proclamó la esperanza de que el Mesías tendría éxito en lo que los demás habían fallado. Él uniría en sí mismo los dos oficios y los cumpliría de forma perfecta.

Por eso, el ángel afirmó que los ungidos **están** delante del Señor. En la visión anterior, Josué estuvo delante del ángel de Jehová y dependió de su intercesión (Zac. 3:1) y justicia (3:3). Esta visión indicaba que Josué no podía cumplir el rol por cuenta propia, sino que necesitaba que el ángel de Jehová intercediera a su favor e hiciera expiación por él. De forma similar, en esta quinta visión, el ángel intérprete explicó que los **dos ungidos**, el rey y el sacerdote, estaban delante del Señor en dependencia completa a Él, confiando en que Él cumpliría lo que ellos nunca podrían hacer por cuenta propia. Así como el aceite fluía de las ramas por los dos tubos hasta un solo candelabro, también estos dos roles de unción se unirían en una sola Persona: el Señor Jesucristo.

Cristo puede unir estos roles y es digno de hacerlo, porque Él es el **Señor de toda la tierra**. Aunque, en esencia, este título expresa la soberanía completa del Mesías sobre todo el orden creado, en el Antiguo Testamento, se lo reservaba para describir el dominio único que tendrá cuando regrese y gobierne en el reino milenario (Sal. 97:5; Mi. 4:13; Zac. 6:5; cp. 6:8). Por eso, los dos oficios de sacerdote y de rey dependen de Él. Solo Él tiene la autoridad suprema y la pureza perfecta para unificar estos dos roles. Además, el título "**Señor de toda la tierra**" se usa en otras partes de las Escrituras para describir la presencia de Dios (cp. Sal. 97:5; Mi. 4:13; Zac. 6:5; cp. 6:8). Por ejemplo, Josué 3:13 habla del "arca de Jehová, Señor de toda la tierra" (cp. Jos. 3:11; cp. Nm. 10:35-36; 1 S. 4:4). Cristo cumplirá, no solo los oficios de sacerdote y de rey, sino también el mensaje revelado por la visión del candelabro. Como **Señor de toda la tierra**, Él es la misma presencia y luz de Dios y Él llenará la tierra de su gloria.

Por causa de su simbología mesiánica, se vuelve evidente por qué esta visión y la anterior están en el centro de las ocho visiones nocturnas de Zacarías. Las visiones del profeta revelaban las promesas divinas respecto a Israel y las naciones y representaban la presencia, la salvación, el juicio, la restauración y el reinado de Dios. Estas revelaban detalles respecto a su actividad en el pasado, en el presente y en el futuro. No obstante, en el centro de todas ellas se levanta el Mesías, porque Él puede hacer lo que ningún rey ni sacerdote pudo. La conclusión de la visión del candelabro revela con poder que la Luz del mundo viene y que, como Rey y Sacerdote definitivo, Él cumplirá la promesa de Dios de manifestar su gloria por toda la creación.

La sexta visión nocturna: Dios ejecuta el pacto

15

De nuevo alcé mis ojos y miré, y he aquí un rollo que volaba. Y me dijo: ¿Qué ves? Y respondí: Veo un rollo que vuela, de veinte codos de largo, y diez codos de ancho. Entonces me dijo: Esta es la maldición que sale sobre la faz de toda la tierra; porque todo aquel que hurta (como está de un lado del rollo) será destruido; y todo aquel que jura falsamente (como está del otro lado del rollo) será destruido. Yo la he hecho salir, dice Jehová de los ejércitos, y vendrá a la casa del ladrón, y a la casa del que jura falsamente en mi nombre; y permanecerá en medio de su casa y la consumirá, con sus maderas y sus piedras. (5:1-4)

La sexta de las ocho visiones de Zacarías (ver planteamiento en Zac. 1:7) corre en paralelo a su tercera visión (cp. 2:1-13) en que ambas visiones destacan los planes de Dios para Israel (cp. 2:1-5; 5:3). La tercera visión revelaba que, un día, Dios reconstruiría el templo, restauraría la ciudad de Jerusalén, moraría en ella como muro de fuego a su alrededor y establecería el reino del Mesías sobre toda la tierra. Sin embargo, todavía queda una pregunta vital: ¿Qué hará Dios con los impíos y con los que rehúsan arrepentirse? En esta visión, el Señor respondió esta pregunta y reveló que Él no solo cumpliría sus promesas de bendición para los redimidos, sino que también ejecutaría sus promesas de condenación contra los malvados. Dios castigaría a los pecadores impenitentes y, mediante este juicio, guardaría su pacto y haría avanzar sus propósitos.

El juicio es un tema importante en las Escrituras, requerido por la santidad y la justicia de Dios. El salmista proclamó lo siguiente a Israel: "Exaltad a Jehová nuestro Dios, y postraos ante su santo monte, porque Jehová nuestro Dios es santo" (Sal. 99:9). David también exclamó: "Tú no eres un Dios que se complace en la maldad; el malo no habitará junto a ti" (5:4). El profeta Habacuc declaró: "¿No eres tú desde el principio, oh Jehová, Dios mío, Santo mío? [...] Muy limpio eres de ojos para ver el mal, ni puedes ver el agravio" (Hab. 1:12-13). Desde los inicios de la nación, el Señor reveló su santidad y llamó a su pueblo a vivir conforme a ella: "Porque yo soy Jehová, que os hago subir de la tierra de Egipto para ser vuestro Dios: seréis, pues, santos, porque yo soy santo" (Lv. 11:45).

Puede que algunos cuestionen la determinación de Dios para ejecutar el juicio santo, porque ven a los malvados prosperar y progresar en este mundo (cp. Job 21:7-9; Sal. 10:2-6; 73:3; Hab. 1:12b; Ap. 6:9). Sin embargo, las Escrituras son claras: el Señor ejecutará su ira contra los malvados y aplicará el juicio en su propio tiempo. El salmista lo dijo así: "Jehová reina; regocíjese la tierra, alégrense las muchas costas. Nubes y oscuridad alrededor de él; justicia y juicio son el cimiento de su trono. Fuego irá delante de él, y abrasará a sus enemigos alrededor" (Sal. 97:1-3). En Isaías 42:13, el profeta escribió sobre la venida del Señor en juicio con estas palabras: "Jehová saldrá como gigante, y como hombre de guerra despertará celo; gritará, voceará, se esforzará sobre sus enemigos". El Señor Jesús confirmó que Dios desataría un juicio escatológico durante la tribulación (Mt. 24–25). En el libro de Apocalipsis, el apóstol Juan detalló este juicio de la tribulación (Ap. 6–19) y describió la forma en que la ira de Dios será derramada sobre las naciones antes del establecimiento del reino milenario (20:4-6).

Las escenas culminantes de la historia humana incluirán tanto el derramamiento de la ira de Dios sobre los malvados como el establecimiento de su reino para los redimidos. El mensaje de esta visión de Zacarías 5 expresa ambas realidades. Un comentarista lo explicó así:

> El pecado debe ser purgado, la iniquidad debe ser eliminada de la ciudad de Dios; y, cuando el pecador está tan atado a su pecado que ya no puede separarse de él, se convierte en el objeto de la maldición de Dios y debe ser "limpiado" de la tierra. Así pues, en resumen, las dos visiones en el capítulo cinco nos ofrecen el reverso de la verdad que describieron los primeros cuatro capítulos.[1]

El juicio y la bendición de Dios son realidades complementarias; la una conduce a la otra. Al purgar la maldad de la tierra en juicio, el Señor preparará al mundo para su gobierno de justicia durante el cual se cumplirán sus bendiciones prometidas. Tal como lo reveló Zacarías en este pasaje, Dios juzgará el pecado conforme a criterios claros (Zac. 5:1-2), con totalidad (5:3) y con calamidad certera como su resultado (5:4). El compromiso del Señor de condenar y castigar la iniquidad sirve como advertencia para que los pecadores se arrepientan y también como consuelo para que los creyentes descansen en las promesas de Dios (Ro. 12:19), porque saben que Él las cumplirá todas en sus tiempos perfectos, incluyendo la promesa de juzgar al mundo en justicia (cp. Gn. 18:25; Sal. 9:8).

LOS CRITERIOS DEL JUICIO DE DIOS

De nuevo alcé mis ojos y miré, y he aquí un rollo que volaba. Y me dijo: ¿Qué ves? Y respondí: Veo un rollo que vuela, de veinte codos de largo, y diez codos de ancho. (5:1-2)

La sexta visión comienza con las palabras de Zacarías: **De nuevo alcé mis ojos y miré.** Esta era una transición normal entre visiones y, en este caso, demostraba que Zacarías había pasado de las exaltadas visiones centrales sobre el Mesías (la cuarta visión y la quinta) a visiones respecto al plan de Dios para Israel y para las naciones. Como se hizo notar antes (ver planteamiento en Zac. 1:7), esta sexta visión forma un paralelo específicamente con la tercera visión del profeta porque ambas se concentran en el plan de Dios para Israel. La tercera visión describía la Jerusalén milenaria y destacaba que el Señor moraría un día entre su pueblo

1. David Baron, *The Visions and Prophecies of Zechariah: The Prophet of Hope and Glory* (Londres, Inglaterra: Morgan and Scott, 1918), 144.

como muro de fuego (cp. 2:1-13). En contraste, esta visión describe **un rollo que volaba**. Este rollo consistía en un pedazo largo de papiro o de pieles de animales que se enrollaba en dos varas. En las Escrituras, el uso predominante del rollo era contener la Palabra de Dios (Sal. 40:7; Jer. 36:2; Ez. 3:1). El rollo **volaba**; esto indicaba que el mensaje divino estaba vivo y activo (cp. He. 4:12) y que se movía con rapidez, agilidad y efectividad. El Señor declaró en Isaías 55:11: "Así será mi palabra que sale de mi boca; no volverá a mí vacía, sino que hará lo que yo quiero, y será prosperada en aquello para que la envié".

Al igual que en la visión anterior, el ángel intérprete le preguntó a Zacarías: **¿Qué ves?** Al analizar el objeto con más atención, Zacarías respondió: **Veo un rollo que vuela, de veinte codos de largo, y diez codos de ancho**. Con estas dimensiones, Zacarías implicó que el rollo estaba desenrollado; su mensaje no estaba oculto ni en espera, sino que era claro y actuaba con fuerza. En medidas modernas, el rollo tenía unos nueve por tres metros, es decir, treinta por quince pies. Al ser grande y visible, sus contenidos podían verse fácilmente por cualquiera. Además, estas medidas (veinte codos de largo y diez codos de ancho) eran las mismas dimensiones que las del pórtico delante del templo de Salomón (1 R. 6:3) y también las de la entrada del templo milenario (Ez. 41:2). Esta conexión era intencional y demostraba que los contenidos del rollo se correspondían con la entrada a la casa de Dios.

Por un lado, estas medidas le recordaban a Israel la santidad de Dios y que ningún pecador impenitente obtendría acceso a su presencia. Tal como había un pórtico antes de entrar al templo, también hay un estándar de santidad para aquellos que buscan comunión con el Señor. Este estándar no se basa en un código moral relativo; en cambio, este estándar está descrito de forma objetiva en el rollo de la Palabra de Dios. Israel debía tratar con su pecado conforme a la ley de Dios. Esto era especialmente importante, ya que el rollo volaba para implementar y ejecutar el juicio.

Por otro lado, el rollo no solo representaba la amenaza de juicio, sino también la esperanza de purificación. Su conexión con el templo era pertinente, dada la situación de la audiencia de Zacarías que trabajaba para reconstruir el templo bajo la dirección de Zorobabel. Esta visión les aseguraba que, un día, Dios purificaría a la nación y eliminaría a los rebeldes y a los malvados de entre su pueblo para así establecer el reinado justo del Mesías. En aquel reino futuro, el remanente purificado gozaría de una comunión íntima con el Señor en su templo milenario.

Como el juicio de Dios sigue siendo futuro, la ilustración de este rollo aparece de nuevo en el libro de Apocalipsis (Ap. 5:1-10). Allí, el apóstol Juan describió cómo el Señor Jesús tomará el rollo del juicio divino y comenzará a desenrollarlo. Las subsecuentes calamidades desatadas sobre el mundo incluirán los juicios de los siete sellos, de las siete trompetas y de las siete copas (6–16). Estas expresiones de la ira divina ocurrirán durante la tribulación, antes del regreso de Cristo y el establecimiento de su reino terrenal (19–20). De esta manera, el libro de Apocalipsis representa la culminación de la visión de Zacarías, es decir que, un día, Dios juzgará el mundo conforme al estándar justo de su Palabra.

LA TOTALIDAD DEL JUICIO DE DIOS

Entonces me dijo: Esta es la maldición que sale sobre la faz de toda la tierra; porque todo aquel que hurta (como está de un lado del rollo) será destruido; y todo aquel que jura falsamente (como está del otro lado del rollo) será destruido. (5:3)

El ángel intérprete siguió definiendo el rollo con estas palabras: **Esta es la maldición**. En hebreo, la palabra **maldición** transmite un castigo extremo que se produce cuando uno quebranta un juramento o viola un pacto (Gn. 24:41; Nm. 5:23; Dt. 19:12, 14). En su pacto con Israel, Dios prometió bendiciones por la obediencia y maldiciones por la desobediencia. En Deuteronomio 29:19-20, Moisés usó el mismo término hebreo, **maldición**, para reunir todos los juicios enumerados antes en Deuteronomio, incluyendo destrucción en todas partes (28:15-20), enfermedades, hambrunas, derrotas delante de los enemigos, úlceras, vergüenza y destierro (28:21-37). En la visión de Zacarías, el rollo que volaba ilustraba las maldiciones devastadoras que Dios desataría sobre los que habían violado el pacto que habían prometido cumplir.

En el resto del versículo, el ángel demostró cuán abrumadora y abarcadora sería esta maldición **que sale sobre la faz de toda la tierra**. En primer lugar, esto se refería a la tierra de Israel. El juicio de Dios abarcaría todo el país. En ciertos momentos en la historia de Israel, hubo crisis en una parte de la tierra, pero no en otra (cp. Jue. 3:15, 31; 12:8-15). Sin embargo, cuando descienda el juicio de Dios al final de los tiempos, ninguna parte de la nación se librará. Al mismo tiempo, la palabra **tierra** también se usa para referirse a todo el mundo, lo que sugiere que la maldición sobre Israel será parte de un juicio global más amplio (cp. Is. 24:1-6). Esto se corresponde con los juicios de la tribulación descritos en el libro de Apocalipsis, que implican a todo el mundo (cp. Ap. 6–16).

Para continuar, el ángel especificó los objetos de dicho juicio: **porque todo aquel que hurta (como está de un lado del rollo) será destruido; y todo aquel que jura falsamente (como está del otro lado del rollo) será destruido**. La advertencia, que aparece en dos líneas paralelas, estaba dirigida a todo el que **hurta** y a todo el que **jura falsamente**. Ambos pecados estaban prohibidos en los Diez Mandamientos, el corazón y el resumen de la ley (cp. Éx. 20; Dt. 5). En el Decálogo, hurtar estaba prohibido por el tercer mandamiento de los últimos cinco (Éx. 20:15; Dt. 5:19), mientras que jurar falsamente por el nombre de Jehová estaba prohibido por el tercer mandamiento de los primeros cinco (Éx. 20:7; Dt. 5:11). De esta manera, hurtar representaba el grupo de mandamientos que se relacionaban con el amor al prójimo (cp. Mr. 12:31; Ro. 13:9) y jurar falsamente representaba el conjunto de mandamientos que se relacionaban con el amor al Señor (cp. Mr. 12:30). Por lo tanto, la maldición de Dios caerá sobre todos los que quebranten cualquiera de sus mandamientos, ya sea con relación a su amor por Él o por el prójimo. El término **todo aquel** se repite en el versículo 3 para ambos tipos de pecadores, lo que demuestra que nadie escapará a su atención. Todos los violadores de la ley de Dios serán castigados (cp. Sal. 14:1; Ro. 3:23; Stg. 2:10), excepto aquellos que hayan sido perdonados por medio de la obra de su Hijo, el Mesías (cp. Zac. 3:3-4; Ro. 6:23; 2 Co. 5:21).

Todo esto sucedería **como está de un lado** y **del otro lado**, esto es, en el anverso y en el reverso del rollo que volaba. Esta descripción coincide con la del rollo en Apocalipsis 5:1, que también tenía texto por dentro y por fuera. Esta característica única vincula con más fuerza estos dos rollos e indica que la obra de juicio que comenzó en Zacarías culminará en Apocalipsis. Además, la descripción del rollo coincide con las tablas de piedra que contenían los Diez Mandamientos, que también tenían texto "de uno y otro lado" (Éx. 32:15). Esta conexión confirmaba que el rollo que volaba representaba el pacto que el Señor hizo con su pueblo en el Sinaí. Era un recordatorio de que Dios ejecutaría todo su pacto en toda su extensión, tanto al bendecir a los redimidos como al juzgar a los impenitentes.

LA CERTEZA DEL JUICIO DE DIOS

Yo la he hecho salir, dice Jehová de los ejércitos, y vendrá a la casa del ladrón, y a la casa del que jura falsamente en mi nombre; y permanecerá en medio de su casa y la consumirá, con sus maderas y sus piedras. (5:4)

El ángel ya había dicho que el rollo que volaba que contenía el juicio del pacto "sale" (cp. Zac. 5:3). En el versículo 4, agrega que esta maldición vendrá porque el mismo **Jehová de los ejércitos** dijo: **Yo la he hecho salir**. **Jehová de los ejércitos**, quien tiene todos los recursos y quien dirige a todos los ejércitos del cielo, garantizó que Él **haría salir** su juicio conforme a su voluntad soberana. El Señor enfatizó la absoluta certeza de esta realidad futura al anunciar de manera formal y personal su propia participación.

En consecuencia, Dios garantizará que el juicio ocurra tal como lo prometió. La maldición del pacto del Señor **vendrá a la casa del ladrón, y a la casa del que jura falsamente en mi nombre**. En el versículo anterior, el ángel advirtió a los pecadores de la maldición y castigo divinos que vendrían. Aquí, el Señor mismo describió la ejecución de este juicio, cuando su ira llegue **a la casa del ladrón** y **del que jura falsamente en mi nombre**. Esta vívida ilustración describe a Jehová haciendo exactamente lo que prometió hacer. Aquí, la redacción (el **ladrón** y el que **jura falsamente**) es singular y resalta que el juicio de Dios buscará y destruirá a todos los pecadores impenitentes. Nadie logrará escapar cuando Él ejecute su juicio escatológico.

El juicio de Dios será total y completo. Antes, el Señor declaró que la maldición purgaría al malvado de entre su pueblo (Zac. 5:3) y, aquí, demostró cómo se lograría esto. La ira de Dios, representada por el rollo que volaba, **permanecerá en medio de su casa y la consumirá, con sus maderas y sus piedras**. La idea de **permanecer** implica que el juicio de Dios seguirá activo hasta que alcance su efecto completo. El pecador no redimido estará en peligro hasta en su propia casa. La ira divina lo encontrará y lo **consumirá** junto con sus posesiones. La palabra **consumirá** transmite la idea de llevar algo a un fin completo y definitivo. Como, en aquel tiempo, las **maderas** y las **piedras** eran los materiales de construcción para una casa, la aniquilación de estas cosas expresaba la destrucción total tanto del pecador como de todo cuanto este poseía (cp. Mr. 8:37; Lc. 12:13-21).

Podemos hacer otra observación respecto a esta visión: su enfoque, tres veces en un solo versículo, en la **casa** del pecador no redimido. ¿Por qué se concentró tanto el Señor en la **casa** del pecador? Aunque, ciertamente, esto demuestra que Dios destruirá por completo a la persona y las pertenencias del malvado, hay algo más aquí que considerar. En Zacarías, se llama al templo de Israel la casa de Dios (Zac. 1:16; 3:7; 4:9; cp. 1 R. 6:1; Esd. 3). Hageo, contemporáneo de Zacarías, reprendió al pueblo por construir casas para sí cuando la casa de Dios seguía sin terminar (cp. Hag. 1:2-4). Este énfasis en las casas en la profecía de Zacarías habría motivado de forma similar al pueblo a priorizar la casa de Dios. Aunque, un día, su juicio derrumbaría las casas de los malvados, hay una casa que ciertamente permanecerá de pie cuando se establezca el reino del Mesías, es decir, la casa de Dios (cp. Ez. 40–48).

En resumen, la visión del rollo que volaba enseñaba una verdad profética profunda respecto al plan de Dios para Israel y para el mundo. El juicio de Dios es santo, activo, exhaustivo y seguro. Todos deben temblar ante su Palabra (cp. Is. 66:1-2) y advertir a los impenitentes de la ira venidera (cp. Hch. 2:37-40). Al mismo tiempo, los redimidos pueden descansar en que, un día, Dios juzgará en justicia la maldad. Así lo hará para cumplir las promesas de pacto, para purgar el tamo del trigo y recibir a sus santos en el reino santo donde gozarán de las bendiciones infinitas de su presencia gloriosa.

La séptima visión nocturna: Dios se acuerda de su plan para las naciones

16

Y salió aquel ángel que hablaba conmigo, y me dijo: Alza ahora tus ojos, y mira qué es esto que sale. Y dije: ¿Qué es? Y él dijo: Este es un efa que sale. Además dijo: Esta es la iniquidad de ellos en toda la tierra. Y he aquí, levantaron la tapa de plomo, y una mujer estaba sentada en medio de aquel efa. Y él dijo: Esta es la Maldad; y la echó dentro del efa, y echó la masa de plomo en la boca del efa. Alcé luego mis ojos, y miré, y he aquí dos mujeres que salían, y traían viento en sus alas, y tenían alas como de cigüeña, y alzaron el efa entre la tierra y los cielos. Dije al ángel que hablaba conmigo: ¿A dónde llevan el efa? Y él me respondió: Para que le sea edificada casa en tierra de Sinar; y cuando esté preparada lo pondrán sobre su base. (5:5-11)

En Apocalipsis 17 y 18, Dios reveló detalles sobre la ramera escatológica, Babilonia, el símbolo definitivo de la mundanalidad y de la maldad que fluye de ella. En Apocalipsis 17:4-5, Juan describió a la ramera de la siguiente forma: "Y la mujer estaba vestida de púrpura y escarlata, y adornada de oro, de piedras preciosas y de perlas, y tenía en la mano un cáliz de oro lleno de abominaciones y de la inmundicia de su fornicación; y en su frente un nombre escrito, un misterio: BABILONIA LA GRANDE, LA MADRE DE LAS RAMERAS Y DE LAS ABOMINACIONES DE LA TIERRA". A menudo, las Escrituras equiparan la religión falsa y la mundanalidad con el adulterio espiritual y la prostitución (cp. Ez. 16; Os. 1–3; Stg. 4:4). No obstante, toda esta corrupción culminará en una Babilonia definitiva, que será tanto el epicentro del comercio mundial (cp. Ap. 18:12-13) como la sede de la falsa religión. Juan profetizó lo siguiente en Apocalipsis 18:2: "Se ha hecho habitación de demonios y guarida de todo espíritu inmundo, y albergue de toda ave inmunda y aborrecible". La Babilonia futura será el clímax y el epicentro de la impiedad y seducirá a "todas las naciones" del mundo a participar con entusiasmo en el sistema falso de sensualidad y de secularismo que ella representa (18:1-3, 7). A pesar de su poder y a causa de su maldad, será destruida total y repentinamente por el juicio de Dios (cp. 18:7-19).

Unos seiscientos años antes de que Juan describiera a Babilonia en el libro de Apocalipsis, el Señor le mostró a Zacarías una visión similar en la que también aparecía la ramera de Babilonia. Esta séptima visión revelaba principalmente dos verdades respecto al plan de Dios para las naciones. Primero, demostraba que Dios restringe la maldad de forma soberana, incluso cuando esta sigue creciendo en el mundo (Zac. 5:5-8). Segundo, revelaba que Dios ha dictado el curso de este sistema mundial malvado (5:9-11). Como Dios mismo ha predeterminado su destrucción, el pueblo de Dios no debe preocuparse, sino más bien regocijarse en esperanza.

LA RESTRICCIÓN SOBERANA SOBRE LA MALDAD DEL MUNDO

Y salió aquel ángel que hablaba conmigo, y me dijo: Alza ahora tus ojos, y mira qué es esto que sale. Y dije: ¿Qué es? Y él dijo: Este es un efa que sale. Además dijo: Esta es la iniquidad de ellos en toda la tierra. Y he aquí, levantaron la tapa de plomo, y una mujer estaba sentada en medio de aquel efa. Y él dijo: Esta es la Maldad; y la echó dentro del efa, y echó la masa de plomo en la boca del efa. (5:5-8)

El profeta introduce esta visión con el enunciado: **Y salió aquel ángel que hablaba conmigo**. A lo largo de este capítulo, se ha usado la palabra "salir" en repetidas ocasiones. Zacarías destacó que el rollo que volaba salió (5:3) porque Dios lo hizo salir (5:4). De la misma manera, el ángel **salió**, tal vez por el mismo camino que el rollo del juicio de Dios. El rollo y el ángel no son las únicas cosas que salieron en este pasaje. El ángel le indicó a Zacarías: **Alza ahora tus ojos, y mira qué es esto que sale**. La expresión **alza ahora tus ojos** también aparece en visiones anteriores (1:18; 2:1; 5:1). En esta instancia, indicaba que Zacarías debía concentrarse en otro objeto **que sale**. La repetición del término **salir** establece el tema de esta visión. Al igual que en la anterior, en la que el rollo salió en juicio (ver planteamiento en 5:3-4), esta visión ilustraba el plan de Dios para la historia, incluyendo para la maldad del mundo, hasta llegar al día de su juicio. Sin embargo, aunque la visión anterior se centraba en Israel, esta se concentraba en las naciones (cp. 5:11; ver también planteamiento en 1:7). Ambas se unen para describir la forma en que el juicio de Dios se moverá de Israel al mundo entero.

Aunque obedeció el mandato del ángel, Zacarías no pudo discernir con exactitud lo que veía, de manera que preguntó al ángel: **¿Qué es?** En visiones anteriores, el profeta a menudo había preguntado qué estaba viendo para inquirir sobre el significado de lo que estaba delante de él (1:9; 2:2; 4:4, 5, 11-12). En otras ocasiones, el ángel intérprete le preguntó a Zacarías qué veía con el fin de instarlo a investigar con más profundidad (4:2). Sin embargo, aquí, Zacarías preguntó sencillamente porque no pudo identificar el objeto que le presentaba la visión. El ángel intérprete le dijo: **Este es un efa**, es decir, una canasta que podía contener unos treinta litros (8 gal) de grano. El profeta tuvo dificultad para verla porque la canasta era pequeña, una característica relacionada con el mensaje de Dios en la visión (ver planteamiento a continuación). Al responder a la pregunta de Zacarías, el ángel enfatizó que **esta** canasta **que sale** era, de hecho, el elemento que el profeta debía observar.

Una vez que identificó la canasta, el ángel reveló su significado. Este **dijo** de nuevo: **Esta es la iniquidad de ellos en toda la tierra**. El ángel intérprete equiparó la canasta con **la iniquidad de ellos**, es decir, la iniquidad del pueblo de Israel. En hebreo, la palabra que se traduce "iniquidad" significa literalmente "ojo". La terminología establece un contraste entre los ojos de Dios, que se mencionan antes en el libro, y los ojos del pueblo. A diferencia de los ojos de Dios que recorrían la tierra para hacer avanzar su plan (cp. 3:9; 4:10), los ojos del pueblo eran como una canasta vacía que añoraba llenarse de grano y de riquezas materiales. El "ojo" del pueblo era notoriamente avaro. Aunque el destierro en Babilonia purgó a los israelitas de la idolatría en lo externo, no los purgó de su materialismo. En cambio, durante su tiempo en el cautiverio, cayeron en la trampa del emporio comercial de Babilonia que los expuso a un nuevo nivel de avaricia y de secularismo.

El materialismo egocéntrico se había arraigado en su corazón y se quedó allí incluso después de su regreso a Judá. El profeta Hageo, contemporáneo de Zacarías, reprendió a Israel por concentrarse en sus propias riquezas y casas en lugar de hacer de la casa de Dios una prioridad (cp. Hag. 1:2-4). En Nehemías 5, Nehemías confrontó a los jefes de Israel por su materialismo egoísta. De forma similar, en Malaquías 3:8-9, el profeta aseveró que Israel le había robado a Dios con su avaricia. Esta se había extendido hasta los jefes y los laicos y distorsionaba su adoración y todas las demás áreas de su vida. El pecado de la avaricia fue **la iniquidad** de Israel **en toda la tierra**. Aunque ya no había adoración de ídolos paganos en Israel, el pueblo había llenado su país ancestral con una nueva forma de idolatría: la avaricia (cp. Col. 3:5). Sin embargo, como se hizo notar en Zacarías 5:3, el término **tierra** no solo denota la tierra de una nación específica como Israel. El término también puede referirse a todo el mundo, como sucede en este contexto. El resto del pasaje respalda esta interpretación porque el efa salió de Israel hacia Sinar, una tierra distante fuera de Israel (Zac. 5:11; cp. Gn. 10:10). Esta visión profética anunciaba que el pecado del materialismo mundano no se limitaba a Israel, sino que era común en las naciones.

En reconocimiento de la naturaleza ubicua de la mundanalidad, los escritores de Nuevo Testamento advirtieron a los creyentes en repetidas ocasiones sobre la avaricia (Col. 3:5), el amor al dinero (1 Ti. 6:10) y el amor al mundo (1 Jn. 2:15-16; 2 Ti. 4:10). De manera que el pecado del materialismo, simbolizado por el efa, no se limitaba a la época de Zacarías. Así como la canasta salía en la visión del profeta, también el pecado de la avaricia ha seguido operando a lo largo de la historia mundial y seguiría dominando hasta el final de los tiempos. No obstante, aunque el efa representaba el deseo avaro de los pecadores por idolatrar los bienes terrenales y las riquezas materiales, al mismo tiempo, Dios demostró que Él estaba en control de forma soberana. Precisamente, el pequeño tamaño del efa simbolizaba que el Señor había puesto límites sobre su influencia malvada.

El tema de los límites que Dios impone sobre la maldad continúa cuando el profeta observa: **Y he aquí, levantaron la tapa de plomo**. Zacarías hizo notar que una pesada pieza circular de plomo funcionaba como la tapa de la canasta. Esta tapa representaba el control restrictivo de Dios sobre la maldad, que la contiene en el interior de la canasta. En la visión, para beneficio de Zacarías, **levantaron la tapa** para permitir que el profeta viera en su interior. Allí, vio a **una mujer** que **estaba sentada en medio de aquel efa**. La canasta misma era un símbolo del materialismo pecaminoso. Conforme a la explicación de Zacarías (cp. Zac. 5:8, 11), así como en el libro de Apocalipsis (Ap. 17:1-7), la mujer simbolizaba la perversión religiosa. Su lugar dentro de la canasta representaba la relación entre la avaricia (el amor a las riquezas materiales) y la idolatría (el amor a cosas que no son Dios). Es de notar que la mujer cupiera adentro de la pequeña canasta: ella estaba **sentada** y además **en medio** del efa. En el libro de Apocalipsis, la ramera de Babilonia, la forma definitiva de la falsa religión mundana, se describe sentada en público sobre una gran bestia (17:3). Sin embargo, en la visión de Zacarías, la ramera de Babilonia seguía muy pequeña, lo que ilustra que, en aquel tiempo, Dios había confinado la extensión de su maldad.

Las acciones del ángel en contra de la mujer dejan clara la intensidad de la restricción de Dios contra la maldad que ella representaba. El ángel exclamó: **Esta es la Maldad; y la echó dentro del efa, y echó la masa de plomo en la boca del efa**. La referencia del ángel a la **Maldad** describe la terrible abominación de la mundanalidad y de la corrupción moral que representaba esta ramera. En Apocalipsis 17:4, Juan describió esta maldad como una ramera que va tras los placeres del mundo, las riquezas, la borrachera y la inmoralidad sexual. Aunque simbolizaba una maldad aborrecible, Zacarías vio que el Señor le había puesto límites. Esto queda claro por la habilidad del ángel para lanzarla **dentro** de la canasta. Ella también era de tamaño pequeño, pues cabía **en medio del efa**. Su confinamiento quedó completo cuando el ángel **echó la masa de plomo en la boca del efa** y, con esto, encarceló adentro de este a la maldad. Controlada por Dios y encerrada en esta canasta bajo una tapa pesada, la ramera estaba confinada. El Señor había puesto límites sobre la extensión de su influencia malvada.

Así pues, aunque, en el futuro, Dios juzgará definitivamente a la maldad, la visión de Zacarías demostraba que, hasta ese momento, Él restringe la maldad conforme a sus propósitos soberanos. Esta restricción no es nueva. Dios puso límites a la maldad después del diluvio (Gn. 8:20-22) al esparcir a las naciones (11:6-9). En el Nuevo Testamento, Pablo le recordó a la iglesia de los tesalonicenses que el Señor sigue restringiendo la maldad durante la era de la iglesia (2 Ts. 2:6-7). Como Dios restringe la maldad, su pueblo no debe temer la impiedad del mundo a su alrededor. El apóstol Juan les recordó a sus lectores lo siguiente: "Mayor es el que está en vosotros, que el que está en el mundo" (1 Jn. 4:4).

EL CURSO PREDETERMINADO DE LA MALDAD DEL MUNDO

Alcé luego mis ojos, y miré, y he aquí dos mujeres que salían, y traían viento en sus alas, y tenían alas como de cigüeña, y alzaron el efa entre la tierra y los cielos. Dije al ángel que hablaba conmigo: ¿A dónde llevan el efa? Y él me respondió: Para que le sea edificada casa en tierra de Sinar; y cuando esté preparada lo pondrán sobre su base. (5:9-11)

Las palabras **alcé luego mis ojos, y miré** presentan una característica adicional sobre el efa y la mujer que estaba en su interior. Al mirar Zacarías, una nueva imagen captó su atención: **he aquí dos mujeres que salían, y traían viento en sus alas, y tenían alas como de cigüeña**. Las dos mujeres tenían alas como los ángeles, pero el contexto sugiere que eran figuras demoníacas, no ángeles santos. Esta interpretación tiene respaldo en que ayudaron al efa y a la mujer que estaba en su interior. Zacarías reveló que estas **mujeres** edificaron una casa para la mujer y la pusieron sobre una base (cp. 5:11). Su disposición en ayudar a la ramera es evidencia de sus intenciones malvadas. Además, el profeta describió a estas mujeres con **alas**

como de cigüeña. Las cigüeñas eran animales inmundos (Lv. 11:19; Dt. 14:18). Al comparar a estas mujeres con tales aves, Zacarías las describió como precursoras impuras de cosas impuras.

El profeta resaltó que estas figuras aladas **salían**. El concepto de "salir" se repite en toda esta sección de la profecía de Zacarías. El rollo que volaba salía, así como la maldición de Dios (Zac. 5:3), el ángel intérprete (5:5) y el efa (5:6). Todo estaba en movimiento, y este movimiento en el texto enfatizaba que el juicio de Dios avanzaba en contra de los malvados. Al describir la **salida** de estas figuras, el texto las colocaba en el mismo flujo de juicio divino. Aunque eran agentes de maldad, estos ángeles demoníacos operaban conforme a los propósitos soberanos de Dios. La descripción de que **traían viento en sus alas** indicaba que volaban a gran velocidad. Estas piezas del plan soberano de Dios se ubicaban rápidamente en su lugar.

Al moverse estos seres angelicales, **alzaron el efa entre la tierra y los cielos**. Esta frase exacta, **entre la tierra y los cielos**, aparece en solo tres ocasiones en el Antiguo Testamento y siempre describe el juicio sobrenatural de Dios. En 1 Crónicas 21:16, un ángel estaba de pie entre la tierra y el cielo para herir a Jerusalén por causa del censo pecaminoso de David. Para apaciguar la ira de Dios, David compró la era de Orán (1 Cr. 21:18), que después se convirtió en el lugar donde se construyó el templo (cp. 2 Cr. 3:1). La siguiente vez que aparece esta frase fue cuando Ezequiel fue alzado entre el cielo y la tierra en una visión para presenciar las abominaciones de Jerusalén (Ez. 8:3). En juicio por esta idolatría, la gloria de Dios se apartó del templo (10:18-22), pero Ezequiel profetizó que, un día, su gloria regresaría (43:1-3). Este pasaje en Zacarías es la tercera vez que la frase **entre la tierra y los cielos** aparece y también implica un juicio divino. Al igual que en las otras dos apariciones, el contexto la conectaba con el templo, ya que la profecía de Zacarías hacía referencia a la tarea de completar la construcción del templo. Que el efa se alzara **entre la tierra y los cielos** indicaba que Dios juzgaría la maldad que esta representaba (Ap. 18:2). El Señor juzgará a los ángeles caídos y a la ramera malvada a la que acompañaban y, al mismo tiempo, establecerá su propio templo en justicia.

Al ver a las dos figuras demoníacas salir con la canasta, Zacarías dijo **al ángel que hablaba** con él: **¿A dónde llevan el efa?** La pregunta del profeta enfatizaba que los ángeles malvados y el efa salían de la tierra de Israel y se dirigían a otro lugar. Tal como se hizo notar antes, esta visión hablaba del plan de Dios, no solo para Israel, sino también para las naciones (ver planteamiento en Zac. 1:7 y la visión paralela en 1:18-21). La respuesta del ángel intérprete confirmó que esto sucedía conforme a los propósitos soberanos de Dios. **Y él me respondió: Para que le sea edificada casa en tierra de Sinar; y cuando esté preparada lo pondrán sobre su base**. La frase **para que le sea edificada casa** denota la construcción de un templo pagano; esto es adecuado, ya que la mujer en la canasta simbolizaba la religión falsa. El ángel explicó que el templo pagano estaría ubicado **en la tierra de Sinar**, la misma ubicación de la torre de Babel (Gn. 10:10, 11:2), donde la humanidad se unió en alguna ocasión en rebelión contra Dios. Además, Sinar no solo era la ubicación de la torre de Babel, sino también de la ciudad de Babilonia. La visión de Zacarías revelaba que la historia se dirigía de la torre de Babel en Génesis 11 a la ramera de Babilonia en Apocalipsis 17–18. Aunque la ramera era lo suficientemente pequeña como para entrar en la canasta en la época de Zacarías, Dios, en su soberanía, permitió que su influencia malvada creciera.

Al final de los tiempos, el sistema de maldad que ella simbolizaba dominaría todo el mundo. El ángel explicó que, **cuando** la **casa esté preparada lo pondrán** [al efa] **sobre su base**. La tarea de los demonios era facilitar y desarrollar el sistema mundial de idolatría y de inmoralidad representado por la mujer malvada. En Apocalipsis 17–18, Juan describió el resultado final de sus esfuerzos. Al final de la historia, la religión falsa de Babilonia estaría en su propia **base**, establecida como el centro principal de la religión mundial y de la blasfemia global. La visión de Zacarías reveló que la maldad progresaría durante el curso de la historia para culminar finalmente en los eventos descritos en el libro de Apocalipsis. Al final de los tiempos, el Señor juzgaría este sistema de maldad mundial y lo destruiría por completo antes de establecer el reinado justo del Mesías. Con este fin, el plan soberano de Dios avanza.

Por esta razón, el uso de la palabra **casa** por parte de Zacarías en este pasaje no debe ignorarse. El término **casa** no solo indica que surgiría el templo de la religión falsa, sino que también contrasta el énfasis de Zacarías en que la casa de Dios se edificaría y prevalecería (Zac. 1:16; 3:7; 4:9). Tal como la visión anterior revelaba que la ira de Dios destruiría las casas de los impenitentes (cp. 5:4), también esta visión describía la casa definitiva de la religión falsa para demostrar que esta también quedaría destruida. En contraste, cuando regrese el Mesías y establezca su reino terrenal, solo la casa verdadera y gloriosa de Dios permanecerá. Aunque la sociedad pecaminosa vaya de mal en peor (2 Ti. 3:1), la visión de Zacarías revelaba que este sistema mundial está restringido por Dios y que avanzará por el curso que Él ha ordenado. Al final, el Señor destruirá al mundo malvado y cumplirá su plan para la salvación de su pueblo.

La octava visión nocturna: Dios se acuerda de implementar su plan

17

De nuevo alcé mis ojos y miré, y he aquí cuatro carros que salían de entre dos montes; y aquellos montes eran de bronce. En el primer carro había caballos alazanes, en el segundo carro caballos negros, en el tercer carro caballos blancos, y en el cuarto carro caballos overos rucios rodados. Respondí entonces y dije al ángel que hablaba conmigo: Señor mío, ¿qué es esto? Y el ángel me respondió y me dijo: Estos son los cuatro vientos de los cielos, que salen después de presentarse delante del Señor de toda la tierra. El carro con los caballos negros salía hacia la tierra del norte, y los blancos salieron tras ellos, y los overos salieron hacia la tierra del sur. Y los alazanes salieron y se afanaron por ir a recorrer la tierra. Y dijo: Id, recorred la tierra. Y recorrieron la tierra. Luego me llamó, y me habló diciendo: Mira, los que salieron hacia la tierra del norte hicieron reposar mi Espíritu en la tierra del norte. (6:1-8)

En una sola noche, el Señor le mostró al profeta Zacarías una serie de dramas en forma de revelación. Los primeros siete transmitían que Dios no solo se acordaba de todas sus promesas, sino que, a final de cuentas, Él también cumpliría todo lo que había declarado por la llegada de su Mesías. Estas revelaciones asombrosas tenían la intención de consolar a los integrantes de la atribulada nación de Dios (cp. Zac. 1:13), que se preguntaban si el Señor pensaba cumplir su Palabra. Por si esto fuera poco, la octava y última visión de Zacarías revelaba de forma específica la disposición de Dios para echar a andar su plan. Jehová demostró al profeta que sus ejércitos celestiales estaban listos para la acción (6:1-3) y que Él los desplegaría para implementar su plan, tal y como se lo había descrito al profeta (6:4-8). Esta última escena constituía la conclusión perfecta para las visiones de Zacarías. Testificaba de forma sorprendente que Dios, en su fidelidad, recordaría y cumpliría todo lo que había determinado hacer.

DIOS PONE EN MARCHA SU PLAN

De nuevo alcé mis ojos y miré, y he aquí cuatro carros que salían de entre dos montes; y aquellos montes eran de bronce. En el primer carro había caballos alazanes, en el segundo carro caballos negros, en el tercer carro caballos blancos, y en el cuarto carro caballos overos rucios rodados. (6:1-3)

La octava y última visión de Zacarías comenzó de forma similar a las anteriores. Él afirmó: **De nuevo alcé mis ojos y miré.** En paralelo con la primera visión de caballos de diferentes colores (Zac. 1:8), esta octava visión también usó caballos para describir la velocidad con la que avanzaba su plan. Sin embargo, mientras que la primera visión mencionaba a tres caballos, esta última describía **cuatro**. En este contexto, el número cuatro representa universalidad, ya que estos caballos irían a recorrer toda la tierra (cp. v. 7). El número cuatro se usa de forma similar en otros pasajes. Por ejemplo, Isaías habló de los cuatro confines de la tierra (Is. 11:2) y Daniel describió los cuatro vientos del cielo (cp. Dn. 7:2; 8:8; 11:4; Jer. 49:36; Zac. 2:6; Mr. 13:27). La visión de Ezequiel repitió el número cuatro en referencia a varios objetos (seres vivientes, caras, alas y direcciones) para referirse a los cuatro puntos cardinales y enfatizar la omnipresencia de Dios (Ez. 1:5, 6, 8, 10, 15, 16, 17). Además, la segunda visión de Zacarías también describía cuatro cuernos que simbolizaban a las principales naciones de la historia (Zac. 1:18-21). En la octava visión, los **cuatro** caballos de Dios ilustraban su intención de actuar en todo el mundo para lograr sus propósitos.

Además de la diferencia en número (tres caballos en la primera visión, pero cuatro en la octava), las dos visiones también diferían en contenido: mientras que la primera visión solo tenía caballos, la octava tenía **caballos** y **carros**, lo que demostraba la disposición de Dios para actuar. En la anterior, los caballos recorrían la tierra y regresaban con un informe (1:10-11). Sin embargo, en la última visión, la presencia de carros indicaba que el reconocimiento había terminado y que Dios hacía avanzar sus fuerzas a la batalla. Así pues, Zacarías afirmó que estos carros **salían**. En correspondencia con la descripción del rollo que volaba, de la maldición, de los ángeles y del efa en el capítulo anterior, donde todos estos "salían", esta terminología revelaba que el plan de Dios estaba en marcha. Él se movía activamente para implementar el juicio (cp. 5:3, 4, 5, 6, 9). El Señor estaba despegando los carros de su ejército celestial para cumplir su plan escatológico.

Además, en la primera visión, los caballos estaban en la hondura (1:8), pero en esta última visión, los carros y los caballos vinieron **de entre dos montes** (6:1-3). En hebreo, encontramos un artículo definido (los **dos montes**); esto indica que estos eran específicos y conocidos para la audiencia de Zacarías. A partir de Eusebio, uno de los primeros padres de la iglesia, muchos eruditos bíblicos han creído que los dos montes representan el monte Sion y el monte de los Olivos.[1] Esta conclusión tiene respaldo, ya que la hondura que se menciona antes era el torrente de Cedrón (ver planteamiento en Zac. 1:8), el valle que se encuentra entre el monte Sion y el monte de los Olivos. Aunque al primera visión hablaba de esta hondura entre los montes, la última visión hace referencia a los montes en ambos lados de la hondura, el lugar donde sucederá la victoria de Dios. Por eso, el profeta hizo notar que **aquellos montes eran de bronce**. Como el bronce simboliza a menudo fuerza y santidad (Dn. 10:6; Ap. 1:15-16), estos demostraban el imparable poder y pureza de la victoria de Dios. Tal será el caso cuando se construya el templo definitivo en el monte Sion y se cumplan muchas de las profecías descritas en las visiones de Zacarías (cp. Zac. 1:16; 2:5, 10, 11; 3:7; 5:4, 11; 6:13). Además, cuando regrese el Mesías, Él descenderá sobre el monte de los Olivos para redimir a su

1. Eusebio Panfilio, *The Proof of the Gospel*, trad. y ed. W. J. Ferrar, 2 vols. (Grand Rapids: Baker Books, 1981), 2:26-27.

pueblo (cp. Zac. 14:4). Estos montes serán la ubicación de la victoria de Dios por sobre sus enemigos, a favor de su pueblo; esta visión enfatizaba que Dios estaba comprometido con esta victoria y que comisionaría a sus ejércitos celestiales para garantizarla.

Existe también una tercera diferencia entre la primera visión de Zacarías y esta última escena. Aunque ambas visiones describían caballos con colores específicos, no todos los colores eran los mismos. La primera visión tenía caballos alazanes, overos y blancos (Zac. 1:8). Sin embargo, en esta última visión, **en el primer carro había caballos alazanes, en el segundo carro caballos negros, en el tercer carro caballos blancos, y en el cuarto carro caballos overos rucios**. Cada uno de los colores es importante. Como se hizo notar antes (ver planteamiento en 1:8), el caballo alazán (o rojo) representaba la guerra. El caballo negro representaba la hambruna (cp. Ap. 6:5-6). El caballo blanco representaba la victoria (ver planteamiento en Zac. 1:8). El caballo overo (un caballo con manchas y descoloraciones) simbolizaba la muerte (cp. Ap. 6:8). El caballo overo se relaciona con el caballo amarillo de Apocalipsis 6:8 que se asociaba con la Muerte y el Hades. Zacarías concluyó con la observación de que estos caballos y carros sobrenaturales eran **rodados**, es decir, que tenían la fuerza para superar y destruir cualquier oposición. Al final de los tiempos, el Señor usará la guerra, la hambruna, la victoria y hasta la muerte para enfrentar, maldecir, vencer y aplastar a sus adversarios. Él ejercerá toda la fuerza necesaria para obtener una victoria total. Aunque la primera visión describía cosas que parecían estar quietas (cp. Zac. 1:11), en esta última visión, Dios reveló que sus carros de guerra se extenderían un día por todo el mundo para cumplir de forma dramática su programa y darle la gloria a Él.

Los mismos caballos también aparecen en la visión apocalíptica y escatológica de Juan en Apocalipsis 6. El apóstol Juan vio caballos bermejos (rojos), negros, blancos y amarillos (overos), tal como lo hizo Zacarías. Al revelarle a Juan la misma visión, el Señor demostró que su plan no había cambiado. Dios le confirmó a Juan que Él usaría a sus ángeles para juzgar al mundo y exaltar a su Hijo, tal como Zacarías presenció en su octava visión. Dios se acordaba de lo que le reveló a Zacarías y Él cumpliría hasta el último detalle de esa promesa.

DIOS PONE EN MARCHA TODAS SUS PROMESAS

Respondí entonces y dije al ángel que hablaba conmigo: Señor mío, ¿qué es esto? Y el ángel me respondió y me dijo: Estos son los cuatro vientos de los cielos, que salen después de presentarse delante del Señor de toda la tierra. El carro con los caballos negros salía hacia la tierra del norte, y los blancos salieron tras ellos, y los overos salieron hacia la tierra del sur. Y los alazanes salieron y se afanaron por ir a recorrer la tierra. Y dijo: Id, recorred la tierra. Y recorrieron la tierra. Luego me llamó, y me habló diciendo: Mira, los que salieron hacia la tierra del norte hicieron reposar mi Espíritu en la tierra del norte. (6:4-8)

Al igual que en las demás visiones, Zacarías buscó una explicación más profunda. De manera que **respondí entonces y dije al ángel que hablaba conmigo: Señor mío, ¿qué es esto?** (cp. Zac. 1:9; 4:4-5, 13). **El ángel respondió** la pregunta de Zacarías y le explicó que estos carros implementarían todo lo que Dios había revelado a su profeta en estas visiones nocturnas. El ángel comenzó diciendo que **estos** carros **son los cuatro vientos de los cielos**, es decir, que representaban ángeles, instrumentos del juicio divino. La palabra hebrea que se traduce **viento** *(rúakj)*, también puede traducirse "espíritu", aunque en el resto de las visiones de Zacarías se traduce como "viento". En la tercera visión, Israel fue dispersado a los "cuatro vientos" (2:6) y, en la séptima visión, un "viento" llenaba las alas de los dos seres angelicales (5:9). Al llamar a sus ángeles "vientos" o "espíritus", Dios indicaba que usaría a sus ángeles para hacer avanzar lo que había revelado en estas visiones. Él enviaría a estos ángeles para ayudar a restaurar a Israel del destierro y para asistir en el juicio de las naciones. En Apocalipsis 7:1, el apóstol Juan también describió a cuatro ángeles que participan precisamente en esta actividad: "Después de esto vi a cuatro ángeles en pie sobre los cuatro ángulos de la tierra, que detenían los cuatro vientos de la tierra, para que no soplase viento alguno sobre la tierra, ni sobre el mar, ni sobre ningún árbol".

El ángel intérprete también destacó que estos agentes angelicales **salen**, un verbo que se usa en repetidas ocasiones en la sexta visión y en la séptima (cp. Zac. 5:3, 5, 6). Tal como el rollo y el efa salieron, estos carros salieron conforme a los propósitos de Dios. Las dos visiones anteriores revelaban verdad sobre el juicio inminente de Dios. En esta visión, el Señor envió a estos ángeles para garantizar la ejecución del juicio.

Los ángeles fueron enviados para hacer esto desde su puesto, **delante del Señor de toda la tierra**. Los ángeles son siervos de Dios y están delante de Él, adorándolo y listos para hacer su voluntad (Dn. 7:10; Lc. 1:19). La palabra hebrea que se traduce aquí **delante** incluye la noción de estar en posición de firmes o de presentarse de forma oficial para servir (cp. Job 1:6). De manera que, aunque los ángeles que describe Zacarías estaban trabajando para hacer avanzar el plan de Dios, Jehová mismo los envió de forma soberana. Él es el **Señor de toda la tierra**, el gobernante de todo el orden creado, tanto de lo sobrenatural como de lo natural. Este título majestuoso se usó en la quinta visión de Zacarías para referirse al Mesías, Aquel que tiene toda la autoridad como Rey definitivo y como gran Sumo Sacerdote (Zac. 4:14). Dada esta conexión con la quinta visión de Zacarías, el título divino demuestra que el Mesías es quien dirige a los ángeles con el propósito de cumplir lo que se revelaba en esta visión. Cristo comisionó a estos ángeles para ejercer juicio de manera que, en su segunda venida, su luz gloriosa prevalezca en su dominio sobre **toda la tierra** (cp. 4:14). Miqueas reflexionó sobre esta identidad en su maravillosa ilustración del Señor Jesucristo:

> *Rodéate ahora de muros, hija de guerreros; nos han sitiado; con vara herirán en la mejilla al juez de Israel. Pero tú, Belén Efrata, pequeña para estar entre las familias de Judá, de ti me saldrá el que será Señor en Israel; y sus salidas son desde el principio, desde los días de la eternidad. Pero los dejará hasta el tiempo que dé a luz la que ha de dar a luz; y el resto de sus hermanos se volverá con los hijos de Israel. Y él estará, y apacentará con poder de Jehová, con grandeza del nombre de Jehová su Dios; y morarán seguros, porque ahora será engrandecido hasta los fines de la tierra. Y este será nuestra paz (Mi. 5:1-5a).*

El Señor asignó a estos carros a salir en direcciones específicas, comenzando con **los caballos negros** que salían **hacia la tierra del norte** para llevar consigo hambruna y devastación. La manera más efectiva en que los enemigos de Israel los atacaban era desde el norte y muchos ejércitos invasores como Asiria y Babilonia y, más tarde, lo seléucidas (griegos) y los romanos llegaron desde esa dirección. En este contexto específico, la **tierra del norte** se refiere a Babilonia y se relaciona con la séptima visión de Zacarías y el juicio contra la ramera (cp. Zac. 5:11). Así pues, Dios enviará **caballos negros** para juzgar a Babilonia. Sin embargo, para garantizar que la malvada Babilonia sea destruida por completo, en cumplimiento de la profecía, Dios envió un segundo grupo de caballos, **los blancos**, que simbolizaban la victoria. Estos **salieron tras** los caballos negros de la hambruna porque el Señor derrotaría a los enemigos del norte con una victoria total.

La tierra del norte no es la única dirección en la que avanzará el juicio de Dios. El ángel intérprete afirmó que **los overos salieron hacia la tierra del sur**. Esto se refería principalmente a Egipto, que se opuso a Israel desde los inicios de la nación (cp. Éx. 1:8-22) y a lo largo de toda su historia (1 R. 11:17-40; 14:25; 2 R. 18:21-24; 23:29). Los caballos overos o amarillos simbolizaban la muerte y salieron para maldecir a esta nación que antes había maldecido a Israel (cp. Gn. 12:1-3). La visión de Zacarías predecía que, un día, Egipto sería quebrantado bajo un juicio escatológico (cp. Is. 19:1-15).

Al atacar tanto al **norte** como al **sur**, Dios terminará por traer juicio, muerte y castigo sobre todos los enemigos de Israel. No se menciona ni el occidente ni el oriente porque, en general, los ataques contra Israel no provenían de estas direcciones. Israel colindaba en el occidente con el mar Mediterráneo y, en el oriente, con enormes desiertos. Las amenazas militares principales que enfrentaba la nación venían del norte y del sur. Al enviar ángeles en estas direcciones, Dios estaba indicando que Él eliminaría a todos los enemigos que se habían levantado en contra de su pueblo. El juicio final de las naciones al norte y al sur cumple también parte de la segunda visión de Zacarías, que describe a naciones que destruyen naciones.

Hasta aquí, se ha mencionado a tres grupos de caballos: los negros, los blancos y los overos. Ahora bien, ¿qué hay de los alazanes (cp. 6:2)? Los caballos alazanes, que simbolizaban la guerra y el derramamiento de sangre, se quedaron en Israel, porque habría guerra por toda la nación y la sangre mancharía hasta los frenos de los caballos (Ap. 14:20). Tal como se menciona en Daniel (Dn. 11:1-35) y en Zacarías (Zac. 13:8-9; 14:1-3), esta última batalla épica no solo destruirá a los enemigos de Israel, sino que también purgará a los incrédulos de la misma nación. Zacarías presenció este mismo evento en su sexta visión, que profetizaba que la maldición y el juicio del pacto de Dios caería sobre los rebeldes de entre su propio pueblo (cp. 5:1-4). Dios también había comisionado a su ejército celestial para cumplir esto.

En el versículo 7, el ángel intérprete indicó que Dios también cumpliría lo que había revelado en la primera visión y dijo así: **Y los alazanes salieron y se afanaron por ir a recorrer la tierra. Y dijo: Id, recorred la tierra. Y recorrieron la tierra**. En la primera visión, los caballos angelicales tenían una tarea de reconocimiento, pero aquí, se envían para ejecutar y vencer. En la primera visión, los ángeles llegaron, pero en esta, los carros **salieron**. En la primera visión, los ángeles dieron un informe, pero aquí, **se afanaron por ir a recorrer la tierra** para evaluar la situación y ejecutar el juicio divino. En la primera visión, el Señor hizo promesas de consuelo para su pueblo (1:13) y, en esta, Él comisionó la implementación de estas promesas. Él **dijo** a estos ángeles: **Id, recorred la tierra** y, en obediencia, estos **recorrieron la tierra** para cumplir su voluntad. En esta última visión, Jehová comenzó a poner en marcha los planes que reveló en la primera.

Cuando hubo demostrado que Él cumpliría las promesas que se encuentran en la primera, segunda, tercera, quinta, sexta y séptima visión de Zacarías, el Señor concluyó con la demostración de que también cumpliría la revelación de la cuarta visión. El profeta relató: **Luego me llamó, y me habló diciendo: Mira, los que salieron hacia la tierra del norte hicieron reposar mi Espíritu en la tierra del norte**. Al final de esta última visión, Zacarías explicó que el Señor **me llamó, y me habló**, lo que transmite el gozo y entusiasmo victorioso del Señor por el resultado de su obra. Los agentes angelicales de Jehová **salieron** para castigar a uno de los enemigos más feroces de Israel, Babilonia, en **la tierra del norte** (cp. planteamiento en Zac. 5:6, 11; Ap. 17–18).

En última instancia, este juicio haría **reposar mi Espíritu** [de Dios] **en la tierra del norte**. La idea de **reposar** se conecta con la cuarta visión de Zacarías, donde se describe al pueblo de Dios sentado cada uno bajo su respectiva vid y higuera, disfrutando del reposo edénico en el reino venidero de Cristo (ver planteamiento en Zac. 3:10). En aquel momento, el Señor cumplirá hasta el último detalle del reposo milenario que prometió y no solo en Israel, sino incluso **en la tierra del norte**, la tierra de los archienemigos de Israel (cp. 5:11).

Este **reposar** del **Espíritu de Dios** en el futuro es importante. Las visiones anteriores de Zacarías ya habían enfatizado el papel del Espíritu Santo. Por ejemplo, el Espíritu se menciona en el contexto del candelabro (4:1-5) al tener Él comunión con el pueblo de Dios. El Espíritu también dio poder a Zorobabel para terminar el templo en anticipación del poder que daría al Mesías para edificar el templo milenario (ver nota en 4:6-10). Según las visiones de Zacarías, el Espíritu está activo en todos los esfuerzos divinos de comunión, de otorgamiento de poder y de gobierno. De manera que, cuando el Espíritu repose, todo lo que Dios había determinado y revelado en visiones y en profecías se habrá cumplido. Entonces, habrá un reposo verdadero.

En el reino del Mesías habrá un reposo tal que no solo habrá paz mundial, sino que hasta Dios mismo reposará, tal como lo hizo después de la creación (cp. Gn. 2:2). El reino será el paraíso recobrado: la tierra restaurada a la paz que establecerá el reinado del Príncipe de Paz. Isaías lo dijo de esta manera:

> *Porque un niño nos es nacido, hijo nos es dado, y el principado sobre su hombro; y se llamará su nombre Admirable, Consejero, Dios Fuerte, Padre Eterno, Príncipe de Paz. Lo dilatado de su imperio y la paz no tendrán límite, sobre el trono de David y sobre su reino, disponiéndolo y confirmándolo en juicio y en justicia desde ahora y para siempre. El celo de Jehová de los ejércitos hará esto (Is. 9:6-7).*

Esta será una victoria plena y, en esta última visión, Dios comisionó a sus mensajeros angelicales con este fin.

La octava y última visión de Zacarías es la suma de todas las demás y demuestra de forma dramática que Dios se acuerda de sus promesas y que ha asegurado su cumplimiento mediante su carácter inmutable y su Palabra. Aunque su pueblo no siempre podía ver su invisible poder, Dios les recordaba que Él gobierna sobre toda la realidad material y espiritual. En el futuro, Jehová de los ejércitos enviará a sus huestes angelicales por todo Israel y el mundo para ejecutar el juicio e implementar la salvación, tal como le mostró a Zacarías a los veinticuatro días del mes undécimo, que es el mes de Sebat, en el año segundo de Darío (Zac. 1:7).

Para todos los que siguen preguntándose: "¿Dónde está la promesa de su advenimiento?" (2 P. 3:4), la respuesta fue dada hace más de dos mil quinientos años en la revelación de Zacarías, nieto de Iddo. Él oyó a Jehová afirmar: "Se enojó Jehová en gran manera contra vuestros padres. Diles, pues: Así ha dicho Jehová de los ejércitos: Volveos a mí, dice Jehová de los ejércitos, y yo me volveré a vosotros, ha dicho Jehová de los ejércitos" (Zac. 1:2-3). Con esto, Zacarías recibió visiones para consolar al pueblo de Dios de todas las generaciones y revelar que, un día, Israel se volvería a Dios en arrepentimiento y fe en su Mesías (Ro. 11:26). Entonces, ellos recibirán todas las bendiciones de salvación del pacto de Dios y estas bendiciones de salvación se extenderán a todos los que creen (Jn. 3:16). Tal como Dios le mostró a Zacarías, estas promesas solo pueden venir por medio de Cristo, "porque todas las promesas de Dios son en él Sí" (2 Co. 1:20).

La coronación del rey venidero

18

Vino a mí palabra de Jehová, diciendo: Toma de los del cautiverio a Heldai, a Tobías y a Jedaías, los cuales volvieron de Babilonia; e irás tú en aquel día, y entrarás en casa de Josías hijo de Sofonías. Tomarás, pues, plata y oro, y harás coronas, y las pondrás en la cabeza del sumo sacerdote Josué, hijo de Josadac. Y le hablarás, diciendo: Así ha hablado Jehová de los ejércitos, diciendo: He aquí el varón cuyo nombre es el Renuevo, el cual brotará de sus raíces, y edificará el templo de Jehová. Él edificará el templo de Jehová, y él llevará gloria, y se sentará y dominará en su trono, y habrá sacerdote a su lado; y consejo de paz habrá entre ambos. Las coronas servirán a Helem, a Tobías, a Jedaías y a Hen hijo de Sofonías, como memoria en el templo de Jehová. Y los que están lejos vendrán y ayudarán a edificar el templo de Jehová, y conoceréis que Jehová de los ejércitos me ha enviado a vosotros. Y esto sucederá si oyereis obedientes la voz de Jehová vuestro Dios. (6:9-15)

Las coronaciones y las inauguraciones se cuentan entre los eventos más impresionantes y trascendentales de cualquier sociedad, antigua o moderna. Por ejemplo, el 2 de junio de 1953, más de veinte millones de personas sintonizaron su televisor para mirar la coronación de la reina Isabel II de Inglaterra. El evento captó la atención, no solo de las personas en el Reino Unido, sino también en los Estados Unidos, ya que ochenta y cinco millones de estadounidenses verían más adelante los momentos más destacados del evento. La transmisión fue tan grande que ayudó a afirmar a la BBC como el principal medio televisivo del Reino Unido para eventos nacionales.

En una sola noche, Dios dio a Zacarías ocho visiones espectaculares. El día siguiente, el Señor dirigió a su profeta a participar en una representación dramática de la coronación del Mesías en la inauguración del reino milenario (cp. Dn. 12:11-12; Mt. 24:29-31; Ap. 19:11-21). Cuando llegue aquel día, las promesas de las visiones de Zacarías estarán totalmente cumplidas. En este pasaje, Jehová comenzó describiendo la escena para la ceremonia que simbolizaría la coronación futura de Cristo (Zac. 6:9-11). Luego, Dios reveló la importancia de este momento futuro (6:12-13). Finalmente, llamó a Zacarías y a los que lo acompañaban a esforzarse con fidelidad en vista de las glorias mesiánicas venideras (6:14-15).

LA ESCENA DE LA CORONACIÓN

Vino a mí palabra de Jehová, diciendo: Toma de los del cautiverio a Heldai, a Tobías y a Jedaías, los cuales volvieron de Babilonia; e irás tú en aquel día, y entrarás en casa de Josías hijo de Sofonías. Tomarás, pues, plata y oro, y harás coronas, y las pondrás en la cabeza del sumo sacerdote Josué, hijo de Josadac. (6:9-11)

Aunque un remanente de entre los judíos había regresado del destierro a Israel, hubo muchos que permanecieron en Babilonia. De forma ocasional, otros del pueblo de Dios regresaron también a su tierra ancestral. En este pasaje, Zacarías hizo notar que una de estas caravanas llegó el mismo día que concluyeron las visiones nocturnas del profeta (Zac. 6:10). En este momento providencial, **vino** a Zacarías **palabra de Jehová**. Dios usó esta ocasión para dirigir una escena que prefiguraba la futura coronación del Mesías en el reino milenario. Esta ceremonia simbólica servía como el epílogo perfecto para las visiones de Zacarías, porque anticipaba la culminación de las realidades reveladas durante la noche anterior.

Dios dirigió hasta el último detalle de esta escena y dispuso todos sus elementos para prefigurar la grandeza de la coronación milenaria del Mesías. En el versículo 10, el Señor comenzó a describir cinco características clave de los asistentes a la ceremonia. En primer lugar, eran generosos y estaban listos para apoyar, razón por la cual el Señor instruyó a Zacarías: **toma** (una ofrenda) de ellos. Los que regresaron de Babilonia en la época de Zacarías no lo habían hecho con las manos vacías. Estos regresaron con oro y plata, que contribuyeron para la reedificación del templo (cp. Esd. 7:11-20) y para fabricar la corona de Josué (Zac. 6:11). Segundo, al regresar **del cautiverio** en Babilonia, este grupo fue parte del remanente fiel que viajó hasta su hogar en Israel. Tercero, estos eran varones de carácter piadoso. El Señor mencionó sus nombres: **Heldai**, **Tobías** y **Jedaías**. El significado de estos nombres es importante, pues describen el carácter centrado en el Dios de estos varones. Probablemente, el nombre **Heldai** signifique "el mundo del Señor". **Tobías** significa "Jehová es bueno". **Jedaías** significa "Jehová sabe". Juntos, sus nombres dan testimonio del dominio, de la bondad y de la omnisciencia de Dios. Cuarto, estos eran parte del sacerdocio de Israel. Zacarías debía juntarse con los demás y entrar ese mismo día **en casa de Josías hijo de Sofonías**, que probablemente pertenecía al linaje sacerdotal (cp. 2 R. 25:18; Jer. 21:1). Su **casa** era un lugar de reunión para estos desterrados, incluyendo **a Heldai, a Tobías y a Jedaías**, que también estaban relacionados con el sacerdocio (cp. Esd. 2:36, 59-60). Aparentemente, los sacerdotes se reunían en la casa de otro sacerdote para comenzar sus preparativos para servir al Señor. En estas ocasiones, se reunieron para una ceremonia de coronación muy especial. Quinto, los asistentes **volvieron de Babilonia**. Este enunciado no solo reitera que regresaron del destierro, sino que también hacía referencia al mandato de Dios de abandonar la mundanalidad y la maldad de Babilonia (cp. Zac. 2:6-7).

Estas cinco características anticipaban la generación futura de israelitas que celebrarían la coronación del Mesías al inicio de su reino milenario. En primer lugar, ellos también llevarán una ofrenda para edificar el templo milenario (Is. 60:10-14; 61:4; 62:6-9; Hag. 2:7-9) y para honrar a su Mesías (Mi. 4:13). Tal como lo describieron los profetas, esta ofrenda incluirá los tesoros del mundo (cp. Mi. 4:13; Hag. 2:7-9). Algún día, la nación que descuidó el templo (cp. Hag. 1:2) y que rechazó a su Mesías (Zac. 11:12-14) ofrecerá enormes riquezas en su entusiasmo por la casa y por el Hijo de Dios. En segundo lugar, regresarán como desterrados desde los confines de la tierra (Dt. 30:3-4; Is. 60:4-9). Aunque un pequeño remanente regresó de Babilonia en la época de Zacarías, su llegada prefiguró el día cuando toda una generación de judíos regresará a Israel y obedecerá el llamado de salvación de Dios para convertirse en la generación suprema de la nación (Dt. 30:3-6, 19; Is. 61:9; Ro. 11:23-27). En tercer lugar, esta generación futura de israelitas amará y temerá al Señor. Al andar en devoción y obediencia a Él, el pueblo llegará a ser fuerte (Is. 60:22), justo (61:3), gozoso (61:7) y lleno de vida y de bendición (Dt. 30:19). En cuarto lugar, adorarán bajo la dirección de un linaje de sacerdotes milenarios. Tal como lo describió la cuarta visión de Zacarías, el linaje de los sacerdotes será restaurado para dirigir al mundo en adoración a Cristo (cp. Zac. 3:7). Para el momento de la coronación del Mesías, un remanente piadoso estará listo para adorar y servir a su Rey con amor y fidelidad. En quinto y último lugar, el remanente futuro consistirá en aquellos que han rechazado la mundanalidad y la maldad de la Babilonia escatológica. Estos dejarán atrás su sistema de impiedad para honrar y servir al Señor. Tal como lo demuestran estas cinco características, esta generación futura de judíos será apta para el reino de Cristo y gozará de sus bendiciones y de su plenitud. Esta generación, la más respetable de la historia de Israel, se reunirá para celebrar el regreso de Cristo y la inauguración de su reinado milenario (cp. Ap. 20:4-6).

Una vez descritas las características del remanente, el enfoque del relato se vuelve al Rey de gloria (Zac. 6:11). En toda coronación, el símbolo de la soberanía real es la corona, porque representa tanto autoridad como grandeza (2 S. 12:30; Jer. 13:18; Ez. 23:42). En consecuencia, Dios mandó a Zacarías: **Tomarás, pues, plata y oro**, los metales más preciosos de su época, **y harás coronas**. Este término plural (**coronas**) enfatiza el diseño elaborado, hermoso y ornamentado que excede en majestad a cualquier otra prenda para la cabeza. La corona que Zacarías preparó ilustraba la corona que recibirá Cristo en el futuro. La de la época de Zacarías se fabricó con la **plata** y el **oro** que tenían a disposición, pero la corona de Cristo estará fabricada con los enormes tesoros que llegarán a Jerusalén, procedentes de todo el mundo (Hag. 2:7-9). Será la corona más valiosa y bella que jamás se haya fabricado, una corona de coronas digna del Rey de reyes y Señor de señores (Ap. 19:12, 16).

Una corona majestuosa sería un escándalo si el rey mismo no fuera digno de ella. Dios simbolizó la dignidad del Mesías al instruir a Zacarías: **pondrás** (la corona) **en la cabeza del sumo sacerdote Josué**. Para los israelitas de la época de Zacarías, poner una corona real sobre la **cabeza** del **sumo sacerdote** era impensable. Tal como se mencionó antes, en Israel, los reyes no podían ser sacerdotes ni los sacerdotes, reyes. Dios ejerció de forma estricta la separación de estos poderes mediante la amenaza de una maldición divina (cp. 2 Cr. 26:18-19; ver planteamiento en Zac. 4:14). Por lo tanto, la corona que se colocó sobre la cabeza de Josué no era para Josué. En cambio, era un símbolo de algo que trascendía la época de Zacarías, como lo demuestra la yuxtaposición entre la **corona** real y la **cabeza** del **sumo sacerdote**. Como se mencionó antes, la escena señalaba hacia el Mesías futuro, el único que es Rey y Sacerdote (cp. Sal. 110:1-4; Ez. 21:26-27). En el momento de la futura coronación de Cristo, no habrá dudas respecto a su valía. Será evidente que solo Él reúne y cumple lo que nunca pudo mezclarse en la historia de Israel (cp. Zac. 3:5; 4:13-14). Él es el Soberano definitivo y el Intercesor divino, el Rey eterno y el gran Sumo Sacerdote. Así, con la mejor asistencia, la mejor corona y el mejor Rey, esta coronación no tendrá igual en toda la historia. Su majestad será inigualable y su gloria, suprema.

EL SIMBOLISMO DE LA CORONACIÓN

Y le hablarás, diciendo: Así ha hablado Jehová de los ejércitos, diciendo: He aquí el varón cuyo nombre es el Renuevo, el cual brotará de sus raíces, y edificará el templo de Jehová. Él edificará el templo de Jehová, y él llevará gloria, y se sentará y dominará en su trono, y habrá sacerdote a su lado; y consejo de paz habrá entre ambos. (6:12-13)

Entonces, Jehová le mandó a Zacarías que **dijera** a Josué el significado del simbolismo. Al describir la gloria de la ceremonia futura del Mesías, el Señor reveló seis características de este evento escatológico.

En primer lugar, revelaría y celebraría al Soberano supremo. Zacarías afirmó: **Así ha hablado Jehová de los ejércitos, diciendo: He aquí el varón**. Esta terminología nos recuerda que, en una visión anterior, el profeta vio a un **varón** (cp. Zac. 1:8), a quien se identificó como el postrer Adán, el Mesías. Al referirse al Mesías como un **varón**, Zacarías describió a Cristo como Aquel que cumpliría y recuperaría el rol de dominio sobre toda la tierra que tuvo Adán (Gn. 1:28; cp. 2:23-25; Zac. 1:8; 14:9-21; y Dn. 7:13-14). Su inauguración no solo anunciará que Él es Rey de los judíos, sino que también es Rey de toda la creación. Sin saberlo y sin conocer a Zacarías, Pilato se refirió a Jesús en términos similares cuando dijo de Él en Juan 19:15: "¡He aquí el hombre!". Si los líderes judíos que estaba reunidos delante de Pilato hubieran prestado atención, en lugar de cerrar su corazón en incredulidad, quizás habrían recordado esta escena del drama mesiánico de Zacarías. No obstante, lo que los líderes religiosos de la época de Jesús no lograron reconocer, una generación futura de israelitas entenderá cuando Cristo regrese como el último Adán, el heredero de toda la tierra.

En segundo lugar, la coronación honrará los logros del Mesías. Zacarías anunció que el **nombre** de este varón **es el Renuevo**, un título mesiánico mencionado en las visiones de Zacarías (cp. Zac. 3:8) y en otros profetas (cp. Is. 4:2; 11:1; Jer. 23:5). En estos contextos, quedaba claro que ningún simple mortal podría cumplir de forma perfecta ni el oficio de rey (cp. Is. 4:2; 11:1; Jer. 23:5) ni el de sacerdote (cp. Zac. 3:8), pero que el Renuevo mesiánico lograría hacerlo. La coronación de Cristo reconocerá que, a partir de su humilde nacimiento, Él venció todas las barreras para hacerse con el trono y cumplir todas las intenciones divinas (Is. 4:2; 11:1; Ap. 3:21).

En tercer lugar, la futura coronación del Mesías honrará su obra sacrificial de salvación. Como se planteó antes (ver Zac. 3:8), el título "Renuevo" está estrechamente ligado a la encarnación y el sufrimiento del Mesías como sacrificio sustitutivo a favor de su pueblo. Zacarías se refirió a esto cuando declaró que el Renuevo **brotará de sus raíces**. Esta redacción evoca las palabras de Isaías 53:2: "Subirá cual renuevo delante de él, y como raíz de tierra seca", así como de Isaías 61:11: "Así Jehová el Señor hará brotar justicia y alabanza delante de todas las naciones". Como el Renuevo, el Mesías no solo sufriría y moriría a manos de su propio pueblo, sino que también vencería la muerte para convertirse en el sacrificio expiatorio y en el Justo que justificaría a muchos (Is. 53:11-12). Este brote del Renuevo describe toda la obra de salvación de Cristo. Aquel que tuvo inicios humildes en su encarnación y aflicción (**de sus raíces**), **brotará** para redimir a los pecadores y reconciliarlos con Dios (cp. Is. 53:11; Mr. 10:45) al extenderse su justicia a las naciones (cp. Is. 61:11).

En cuarto lugar, la coronación del Mesías honrará su fidelidad para cumplir los propósitos de Dios para Israel. El Señor anunció: **y Él edificará el templo de Jehová**. Para el pueblo de la época de Zacarías, la mención del templo fue importante porque ellos mismos estaban teniendo problemas para reconstruir la casa de Dios (cp. Esd. 5:1; Hag. 1:2). La certeza de que el Mesías reedificaría algún día el templo milenario garantizaba al pueblo que su esfuerzo no era en vano, sino que era parte del plan soberano de Dios para su casa. El templo no solo era importante para los de la época de Zacarías, sino también para Dios mismo (cp. Mt. 21:13). Después de haber mandado a su pueblo edificar un primer templo (1 R. 5–9) y un segundo templo (en la época de Zacarías), Cristo edificaría algún día un tercer templo durante su reinado milenario. Este será el epicentro de la gloria de Dios (Is. 60:7; Ez. 40–48), la sede del gobierno mundial (Is. 2:2; Mi. 4:1-2), la casa global de adoración (Is. 62:9; Jer. 33:11; Dn. 9:24) y el lugar definitivo de paz (Hag. 2:9). Las visiones mismas de Zacarías revelaban que la terminación del templo después del regreso del Mesías marcará la restauración total de Israel y de Jerusalén (Zac. 1:16), la plenitud de la morada de Dios con su pueblo (2:5) y el disfrute de sus privilegios de misericordia en la adoración (3:7). En el plan de Dios, la construcción del último templo de Jehová representa la cúspide del cumplimiento de las bendiciones de Dios sobre Israel. A causa de su importancia, solo el Rey davídico supremo y verdadero podrá edificarlo (Zac. 4:9; cp. 2 S. 7:13; Sal. 132:3-5, 13-17). En su coronación, se celebrará al Hijo de Dios como el único digno de lograr esta tarea espectacular y todo lo que ella representa.

En quinto lugar, la coronación futura del Mesías manifestará su dominio único. Dios declaró: **Él edificará el templo de Jehová, y él llevará gloria, y se sentará y dominará en su trono**. Con estas palabras, Zacarías resaltó la dignidad única del Mesías para dirigir y motivar la obra de reconstrucción del templo milenario. En su reino, Cristo no solo será el centro de este logro glorioso, sino también el centro de toda la gloria porque **él llevará gloria**. El término **gloria** expresa la santidad personal y la majestad divina que solo Cristo posee. En esta magnificencia resplandeciente, Él **se sentará y dominará en su trono** como el único gobernante estable, cuyo trono se establecerá para siempre (2 S. 7:13). Desde ese trono, Él reinará sobre toda la creación como el último Adán (ver planteamiento anterior). La coronación futura del Mesías anunciará la excelencia de su obra, de su valía y de su reino mundial.

En sexto lugar, la coronación de Cristo proclamará su oficio supremo. El Señor pronunció: **y habrá sacerdote a su lado** (en el original, la frase es: "será sacerdote en su trono"). Durante la preparación de la escena, Zacarías ya había puesto una corona sobre la cabeza del sumo sacerdote Josué (cp. Zac. 6:11). Aquí, el Señor afirmaba explícitamente que este simbolismo era esencial porque describía al Mesías en su preeminencia sin igual. Como ya se mencionó antes, ningún rey de

Israel podía ser sacerdote y ningún sacerdote podía ser rey. Solo el Mesías puede unir ambos oficios y, de hecho, lo hará. David profetizó en Salmos 110:4: "Tú eres sacerdote para siempre según el orden de Melquisedec". Melquisedec fue un sacerdote de la antigüedad que también fue rey (Gn. 14:18). Aunque David nunca fue sacerdote, él entendió que aquel que cumpliría el pacto davídico tendría que ser como Melquisedec: rey y sacerdote. De la misma manera, Jeremías (Jer. 20:1-6; 22:1–23:12) y Ezequiel (Ez. 21:27), que presenciaron el colapso del liderazgo de Israel, profetizaron que solo el Mesías podría restaurar esto en sí mismo. El anticipo de la coronación del Mesías en Zacarías manifestó que Cristo sería el Rey y Sacerdote divino. Él sería el gobernante supremo, reinaría con justicia y mediaría de forma perfecta entre Dios y el hombre.

Así pues, Dios declaró en la profecía de Zacarías: **y consejo de paz habrá entre ambos** (oficios). En el pasado, **ambos** oficios de rey sacerdote produjeron conflicto, no **paz**. Los reyes fueron en su mayoría malvados, mientras que los sacerdotes se corrompieron con frecuencia y, a menudo, estos oficios se opusieron entre sí (cp. 1 S. 22:18; 2 R. 11:1-21; 2 Cr. 23:16-23; 24:20-22). No obstante, unidos en Cristo, el poder y la función de ambos roles produciría finalmente **consejo de paz** entre ellos. El término **consejo** se refiere al ejercicio de la autoridad en la planeación, la toma de decisiones y la ejecución de las intenciones. Isaías usó la palabra para describir al Mesías como el "Admirable, Consejero" (Is. 9:6). La palabra también expresa la forma infalible en la que Dios ordena el juicio (19:17; 23:9) y la salvación (25:1; 46:10). En consecuencia, la palabra consejo no se refiere aquí a una recomendación, sino más bien a un plan formado y ejecutado para moldear el mundo. Este plan divino tiene por objetivo la **paz** *(shalóm)* mundial, que describe un estado de plenitud, de unidad, de reposo, de gozo y de quietud. Como la maldición sobre la creación será limitada, el reino de Cristo estará caracterizado por el reposo edénico que ya se describió en las visiones de Zacarías (cp. Zac. 3:10; 6:8). El Admirable Consejero es el Príncipe de Paz y su coronación lo sentará en su trono, donde su pueblo celebrará las bendiciones inconmensurables de su reino. Su lema será: "En la tierra paz" (Lc. 2:14). Sus súbditos vivirán en paz. Su gobernante será el Príncipe de Paz. En Romanos 14:17, Pablo dijo que el reino es "justicia, paz y gozo"; así será en aquel momento definitivo.

LOS ESFUERZOS BASADOS EN LA CORONACIÓN

Las coronas servirán a Helem, a Tobías, a Jedaías y a Hen hijo de Sofonías, como memoria en el templo de Jehová. Y los que están lejos vendrán y ayudarán a edificar el templo de Jehová, y conoceréis que Jehová de los ejércitos me ha enviado a vosotros. Y esto sucederá si oyereis obedientes la voz de Jehová vuestro Dios. (6:14-15)

Las coronas servirán [...] **como memoria** de esta profecía de la coronación de Cristo. La referencia a la palabra **memoria** se corresponde muy bien con el libro de Zacarías. En hebreo, la palabra "memoria" o "memorial" es *zikrón* y tiene la misma raíz que el nombre "Zacarías", que significa "Jehová se acuerda". La corona que se colocó sobre la cabeza de Josué (cp. Zac. 6:11) simbolizaba la preciosa verdad de que Dios se acordaba de sus promesas relacionadas con el reino venidero de su Hijo. En la época del Antiguo Testamento, se edificaban memoriales para ayudar al pueblo a recordar ciertas verdades (cp. Éx. 12:14), actos (cp. 13:19) y hasta promesas (cp. 17:14). Dios hizo que se colocara esta corona como memoria **en el templo de Jehová** para simbolizar que Él nunca se olvidaría de lo que había prometido a su pueblo. Siempre que los israelitas vieran esta corona, también se acordarían del compromiso de Dios de cumplir su plan con respecto a su Hijo, el Rey mesiánico.

Al simbolizar la dedicación de Dios a su plan, la corona conmemoraba de forma específica **a Helem, a Tobías, a Jedaías y a Hen hijo de Sofonías**. El Señor anhelaba que su pueblo meditara sobre estos varones de dos maneras. Primero, en que eran colaboradores dispuestos y sacrificiales de la obra de Dios. Su generosidad fue digna de elogio. Segundo, en que eran varones de carácter piadoso que reflejaban el significado de su nombre. Los nombres **Tobías** ("Jehová es bueno") y **Jedaías** ("Jehová sabe") ya se usaron antes (cp. Zac. 6:10) y le recordaban al pueblo de Dios que debían confiar en la bondad y en el entendimiento de Jehová. Los otros dos nombres, **Helem** y **Hen hijo de Sofonías** probablemente eran nombres alternativos de Heldai y Josías hijo de Sofonías, respectivamente (cp. 6:10). Al igual que en la época moderna, las personas en el mundo antiguo solían tener más de un nombre. Con este uso de sus nombres alternativos, Zacarías destacó su significado. **Helem** significa "fortaleza" (cp. Job 39:4) y recordaba al pueblo de Dios que Él tiene el poder para cumplir sus promesas. **Hen** significa "gracia" o "bondad", la misma palabra que el pueblo entonó cuando Zorobabel terminó el templo (Zac. 4:7). El remanente futuro de Israel también responderá con clamores de "gracia" cuando el Mesías construya el templo milenario (ver planteamiento en 4:7). Así pues, la corona en el templo de Dios no solo manifestaba que Dios se acordaba de sus promesas, sino que también anunciaba qué clase de pueblo debía ser Israel. Ellos debían imitar el servicio, el carácter piadoso y la esperanza de Helem, de Tobías, de Jedaías y de Hen hijo de Sofonías.

En el versículo 15, Zacarías concluyó con tres formas en las que Israel debía responder al considerar la devoción y la diligencia de estos cuatro israelitas. Primero, Dios llamó a su pueblo a confiar en sus promesas. El Señor describió una hermosa escena futura con estas palabras: **Y los que están lejos vendrán y ayudarán a edificar el templo de Jehová. Los que están lejos** se refería a los israelitas dispersos en tierras lejanas en el destierro (cp. Is. 57:19; Hch. 2:39). Al final de los tiempos, Dios prometió volver a reunir a su pueblo, sin importar cuán lejos pudieran estar (cp. Dt. 30:4). Sin embargo, **los que están lejos** no solo incluía a los israelitas, sino también a los santos de entre los gentiles (cp. Zac. 2:11; Ef. 2:13) que ayudarían a Israel a volver a casa (cp. Is. 60:4). De manera que las palabras de Zacarías indicaban que los desterrados **que estaban lejos**, dispersos y en soledad, un día se descubrirían rodeados de naciones que se deleitan en Dios. Movidos por esta gente entusiasta, los atribulados de entre Israel **vendrán** con pleno gozo a su tierra ancestral. Bajo el liderazgo del Mesías (cp. Zac. 6:12), ellos, junto con los creyentes gentiles, **ayudarán a edificar el templo de Jehová** para proclamar el regreso de la gloria de Dios. Con estas palabras de consuelo, el Señor le garantizó a su pueblo que todo lo que Helem, Tobías, Jedaías y Hen habían esperado se cumpliría en el futuro.

Segundo, el Señor llamó a su pueblo a ejercer fe en el Mesías. El versículo 15 siguió explicando que, cuando el Mesías regrese, reúna a su pueblo y edifique su tempo milenario, entonces **conoceréis** [Israel] **que Jehová de los ejércitos me ha enviado a vosotros**. Este enunciado ya apareció antes (cp. Zac. 2:11; 4:9) y es de naturaleza mesiánica. Anunciaba, no solo que el pueblo de Israel reconocería y aceptaría a su Mesías en fe y arrepentimiento (12:10), sino también que gozaría de una relación personal con Él. Los que se distingan por la fe de Helem y de sus acompañantes aceptarán al Mesías por quién es en verdad, el Ungido de Jehová.

Tercero, Dios llamó a su pueblo a responder en amor y en obediencia. Por sí mismo, ser israelita era insuficiente para entrar en el reino venidero del Mesías (cp. Mt. 3:8-9; Jn. 8:39-44). En cambio, el Señor explicó: **Y esto sucederá si oyereis obedientes la voz de Jehová vuestro Dios**. Solo los que oigan **la voz de Jehová** (la Palabra de Dios) heredarán las bendiciones de su reino. Por el contrario, los que rechacen o ignoren su Palabra no tendrán permitido entrar. El apóstol Pablo aclaró este punto cuando dijo: "¿No sabéis que los injustos no heredarán el reino de Dios? No erréis; ni los fornicarios, ni los idólatras, ni los adúlteros, ni los afeminados, ni los que se echan con varones, ni los ladrones, ni los avaros, ni los borrachos, ni los maldicientes, ni los estafadores, heredarán el reino de Dios" (1 Co. 6:9-10). En contraste, el reino de Dios será únicamente de quienes amen, honren y obedezcan al Rey al oír **obedientes la voz de Jehová** su **Dios**.

Los actos externos de obediencia no conceden al pecador un lugar en el reino (cp. Fil. 3:3-9). Más bien, la verdadera obediencia es el resultado de un corazón que ha sido justificado y regenerado por la gracia de Dios, únicamente con base en la obra de su Hijo (cp. Jn. 8:43-47; Tit. 3:4-7). Pablo prosiguió: "Y esto erais algunos; mas ya habéis sido lavados, ya habéis sido santificados, ya habéis sido justificados en el nombre del Señor Jesús, y por el Espíritu de nuestro Dios" (1 Co. 6:11). Solo quienes hayan sido revestidos con la justicia de Cristo y salvados por gracia por medio de la fe (Hch. 16:31; Ef. 2:8) tendrán entrada a su reino (cp. Zac. 4:3-5; Mt. 22:1-14; 2 Co. 5:21). Como han sido transformados por el Espíritu Santo, ahora actúan en conformidad con su amor por el Señor (cp. Mr. 12:30-31; Jn. 14:15). De manera que, tal como lo anticipaba su lugar futuro en el reino del Mesías, el remanente justo de Israel era llamado a **oír** con sumisión a **Jehová**. Estos debían responder **obedientes**, dispuestos y de todo corazón y servir a **Dios** por amor y fidelidad a Él (cp. Dt. 6:5).

Así pues, Israel debía emular la esperanza, la fe y el amor de Helem, de Tobías, de Jedaías y de Hen porque de los tales es el reino de los cielos. Como fueron redimidos por la gracia de Dios, respondieron con disposición, devoción, diligencia y deleite en el Señor. Pedro resume de forma precisa la respuesta correcta a lo que Dios reveló en este capítulo: "Por lo cual, oh amados, estando en espera de estas cosas, procurad con diligencia ser hallados por él sin mancha e irreprensibles, en paz" (2 P. 3:14).

Ritual contra realidad

19

Aconteció que en el año cuarto del rey Darío vino palabra de Jehová a Zacarías, a los cuatro días del mes noveno, que es Quisleu, cuando el pueblo de Bet-el había enviado a Sarezer, con Regem-melec y sus hombres, a implorar el favor de Jehová, y a hablar a los sacerdotes que estaban en la casa de Jehová de los ejércitos, y a los profetas, diciendo: ¿Lloraremos en el mes quinto? ¿Haremos abstinencia como hemos hecho ya algunos años? Vino, pues, a mí palabra de Jehová de los ejércitos, diciendo: Habla a todo el pueblo del país, y a los sacerdotes, diciendo: Cuando ayunasteis y llorasteis en el quinto y en el séptimo mes estos setenta años, ¿habéis ayunado para mí? Y cuando coméis y bebéis, ¿no coméis y bebéis para vosotros mismos? ¿No son estas las palabras que proclamó Jehová por medio de los profetas primeros, cuando Jerusalén estaba habitada y tranquila, y sus ciudades en sus alrededores y el Neguev y la Sefela estaban también habitados? Y vino palabra de Jehová a Zacarías, diciendo: Así habló Jehová de los ejércitos, diciendo: Juzgad conforme a la verdad, y haced misericordia y piedad cada cual con su hermano; no oprimáis a la viuda, al huérfano, al extranjero ni al pobre; ni ninguno piense mal en su corazón contra su hermano. Pero no quisieron escuchar, antes volvieron la espalda, y taparon sus oídos para no oír; y pusieron su corazón como diamante, para no oír la ley ni las palabras que Jehová de los ejércitos enviaba por su Espíritu, por medio de los profetas primeros; vino, por tanto, gran enojo de parte de Jehová de los ejércitos. Y aconteció que así como él clamó, y no escucharon, también ellos clamaron, y yo no escuché, dice Jehová de los ejércitos; sino que los esparcí con torbellino por todas las naciones que ellos no conocían, y la tierra fue desolada tras ellos, sin quedar quien fuese ni viniese; pues convirtieron en desierto la tierra deseable. (7:1-14)

El problema principal que el Señor Jesús enfrentó y condenó durante su ministerio terrenal fue la religión superficial y santurrona. Aunque, en su compasión, Cristo ofreció salvación a los pecadores que se arrepentían, Él atacó de frente a la institución religiosa y su legalismo. En Lucas 18:9-14, Jesús ilustró vívidamente la distinción entre la hipocresía de la santurronería y la humildad de un arrepentimiento sincero:

> *A unos que confiaban en sí mismos como justos, y menospreciaban a los otros, dijo también esta parábola: Dos hombres subieron al templo a orar: uno era fariseo, y el otro publicano. El fariseo, puesto en pie, oraba consigo mismo de esta manera: Dios, te doy gracias porque no soy como los otros hombres, ladrones, injustos, adúlteros, ni aun como este publicano; ayuno dos veces a la semana, doy diezmos de todo lo que gano. Mas el publicano, estando lejos, no quería ni aun alzar los ojos al cielo, sino que se golpeaba el pecho, diciendo: Dios, sé propicio a mí, pecador. Os digo que este descendió a su casa justificado antes que el otro; porque cualquiera que se enaltece, será humillado; y el que se humilla será enaltecido.*

Para el fariseo santurrón, la religión era legalista y superficial y consistía enteramente en rituales externos como ayunar y dar diezmos. No le interesaban la tristeza genuina, el arrepentimiento ni la adoración. En contraste, el publicano se angustió profundamente por su propio pecado. Él reconoció la realidad de su bancarrota espiritual y respondió a ella con humildad, culpa y tristeza sinceras con estas palabras: "Dios, sé propicio a mí, pecador" (Lc. 18:13). Él le ofreció a Dios únicamente un corazón quebrantado y contrito. De los dos, Jesús destacó que solo el publicano regresó a su casa justificado.

El ritualismo y la hipocresía fueron características principales de la religión apóstata del judaísmo del siglo I. El Señor Jesús llegó a Israel durante un momento en el que la tradición religiosa de la superficialidad había llegado a su punto más alto. Él expuso este externalismo y legalismo como un engaño letal y predicó un evangelio de arrepentimiento y fe genuinos (cp. Mr. 1:15). El apóstol Pablo también desafió el ritualismo de la religión apóstata del judaísmo (cp. Fil. 3:3-9). Él escribió a los corintios que había algunos "que se glorían en las apariencias y no en el corazón" (2 Co. 5:12). En Romanos, al hablar sobre la incredulidad de Israel, él afirmó que, aunque estos habían recibido la ley y decían instruir y corregir a los necios (Ro. 2:20), de hecho habían transgredido la ley de Dios a tal punto que su nombre estaba siendo blasfemado por causa de ellos (2:23-24). Pablo abordó de nuevo el tema en Colosenses 2:20-23, donde escribió:

> *Pues si habéis muerto con Cristo en cuanto a los rudimentos del mundo, ¿por qué, como si vivieseis en el mundo, os sometéis a preceptos tales como: No manejes, ni gustes, ni aun toques (en conformidad a mandamientos y doctrinas de hombres), cosas que todas se destruyen con el uso? Tales cosas tienen a la verdad cierta reputación de sabiduría en culto voluntario, en humildad y en duro trato del cuerpo; pero no tienen valor alguno contra los apetitos de la carne.*

A lo largo de la historia bíblica, los mensajeros del Señor advirtieron de forma constante en contra de las maneras superficiales, ritualistas y santurronas de aproximarse a Dios. Esta advertencia es vital en la era de la iglesia y también lo fue durante la época de Zacarías, en el Israel del Antiguo Testamento. En consecuencia, este es el tema del capítulo 7, en el que Dios exhortó a su pueblo a abandonar las formas superficiales de ritualismo y, en cambio, a adorarlo de corazón. Este texto aborda el tema mediante una descripción del razonamiento ritualista (Zac. 7:1-3), de la adoración repulsiva (7:4-7), de la obediencia verdadera (7:8-10) y de las ramificaciones de la hipocresía religiosa (7:11-14).

UN RAZONAMIENTO RITUALISTA

Aconteció que en el año cuarto del rey Darío vino palabra de Jehová a Zacarías, a los cuatro días del mes noveno, que es Quisleu, cuando el pueblo de Bet-el había enviado a Sarezer, con Regem-melec y sus hombres, a implorar el favor de Jehová, y a hablar a los sacerdotes que estaban en la casa de Jehová de los ejércitos, y a los profetas, diciendo: ¿Lloraremos en el mes quinto? ¿Haremos abstinencia como hemos hecho ya algunos años? (7:1-3)

La frase **aconteció que** introduce la siguiente sección de la revelación que Dios le dio al profeta. En el contexto anterior, el Señor había demostrado, mediante una serie de visiones, que Él se acordaba de todas sus promesas a Israel (Zac. 1–6). También describió en términos vívidos la gloria del reino futuro de Cristo, la era del cumplimiento de las promesas (6:9-15). En los capítulos siete y ocho, Dios expresó lo que exigía de su pueblo en respuesta a sus promesas hacia ellos.

La fecha de este mensaje fue **en el cuarto año del rey Darío**, dos años después de que Zacarías recibió sus visiones (1:7). **Darío** fue un gobernante pagano del Imperio persa, del que formaba parte Israel. Antes, Zacarías solo había mencionado el nombre de Darío (1:7), pero ahora agregó que era **rey**. Esto resaltaba que, aunque Dios había prometido que el Mesías reinaría algún día, ese momento no había llegado aún. Otro rey gobernaba sobre Israel y las regiones circundantes: el **rey Darío**. Aunque Dios ya había informado a su pueblo que la tardanza no significaba que Él estuviera retardando sus promesas (cp. Zac. 1:7-17; 2 P. 3:9), algunos pudieron haberse preguntado qué debían hacer mientras esperaban.

Para aclarar lo que Él exigía, **vino palabra de Jehová a Zacarías, a los cuatro días del mes noveno, que es Quisleu**. En aquel tiempo, el pueblo estaba cerca del punto medio de su labor de reconstrucción del templo. Habían pasado ya dos años y el proyecto quedaría terminado dos años y tres meses más tarde (cp. Esd. 6:15). Sin dudas, este rápido progreso llenaba de emoción al pueblo, que lo percibía como una bendición de parte de Dios. Sin embargo, en su entusiasmo por el templo y por sus ceremonias, ahora se enfrentaban a un peligro bien conocido. El pueblo podía regresar a los patrones de ritualismo que fueron tan comunes durante la historia de Isael (cp. Is. 65:3-4; 66:1-3; Jer. 7:1-7). Este peligro también amenazaba a quienes se sentían desconcertados por seguir bajo un gobierno foráneo y por seguir teniendo que llamar al mes noveno por su nombre babilonio: **Quisleu**. En su frustración e impaciencia, se preguntaban si había algo más que pudieran hacer para acelerar el plan de Dios. De manera que Él envió una revelación para advertir tanto a los entusiastas como a los frustrados, de no caer en la trampa del ritualismo.

Ya fuera motivados por el entusiasmo o por la frustración, **el pueblo de Bet-el había enviado a Sarezer, con Regem-melec y sus hombres, a implorar el favor de Jehová**. El nombre **Bet-el** significa "casa de Dios" y los nombres **Sarezer** y **Regem-melec**, los líderes de los **hombres** que acudieron a Zacarías, significan respectivamente "príncipe del tesoro" y "mensajero del rey". En la providencia de Dios, estos nombres estaban vinculados con el templo y con las cosas que Jehová había revelado respecto al Mesías venidero. Por causa de su preocupación por estos temas (el templo y el cronograma de las promesas de Dios), estos varones acudieron **a implorar el favor de Jehová**. **Implorar** un favor no solo significaba pedir a Dios que los mirara con bondad, sino también buscar su liberación inmediata (Éx. 32:11; 1 R. 13:6; 2 R. 13:4). Así pues, la delegación de Bet-el viajó hasta Jerusalén para inquirir respecto al templo y para ver qué podían hacer para acelerar el cumplimiento de las promesas mesiánicas de Dios.

Estos hombres fueron enviados a **hablar a los sacerdotes que estaban en la casa de Jehová de los ejércitos, y a los profetas**. En su sinceridad, los miembros de la delegación dirigieron sus preguntas a las personas correctas: los sacerdotes y los profetas de Dios. Ya que estas preguntas apremiantes tenían que ver con el templo, era lógico que quisieran hablar con los **sacerdotes**, que pertenecían a **la casa de Jehová de los ejércitos**. Los sacerdotes conocían bien el templo y lo que Dios había prometido hacer por su casa. Además, la delegación habló con los **profetas**, aquellos que recibieron la revelación divina y que la declararon al pueblo (cp. Is. 8:19-20). La delegación no estaba buscando sabiduría humana, sino más bien verdad de parte de Dios mismo.

No obstante, a pesar de su sinceridad, el tenor de sus preguntas estaba equivocado. Ellos preguntaron: **¿Lloraremos en el mes quinto? ¿Haremos abstinencia como hemos hecho ya algunos años?** La pregunta podría parecer honesta y pura, pero llevaba las marcas del ritualismo. Revelaba la presuposición errónea de que se podía provocar una respuesta de Dios mediante prácticas ceremoniales. En la historia de Israel, durante la conquista de Nabucodonosor, la ciudad de Jerusalén cayó durante el **mes quinto** (2 R. 25:8). En años subsecuentes, el pueblo **lloró** en luto durante esa fecha y hasta hizo **abstinencia** de prácticas y lujos rutinarios para demostrar su dolor. Aunque, en sí mismas, estas conmemoraciones no tenían nada de malo, con el tiempo su práctica se había convertido en una tradición repetitiva. El vocero de la delegación dijo incluso: **como hemos hecho ya algunos años**, lo que enfatiza la naturaleza rutinaria de esta práctica anual. Es evidente que la presuposición era que tales tradiciones externas provocaban el favor de Dios (cp. Zac. 7:2) y compraban su bondad mediante rituales religiosos y obras ceremoniales. Sin embargo, el Señor estaba por demostrar que Él no se agrada en este externalismo superficial (cp. Mt. 5:21-48).

UNA ADORACIÓN REPULSIVA

Vino, pues, a mí palabra de Jehová de los ejércitos, diciendo: Habla a todo el pueblo del país, y a los sacerdotes, diciendo: Cuando ayunasteis y llorasteis en el quinto y en el séptimo mes estos setenta años, ¿habéis ayunado para mí? Y cuando coméis y bebéis, ¿no coméis y bebéis para vosotros mismos? ¿No son estas las palabras que proclamó Jehová por medio de los profetas primeros, cuando Jerusalén estaba habitada y tranquila, y sus ciudades en sus alrededores y el Neguev y la Sefela estaban también habitados? (7:4-7)

Dios respondió de forma precisa la pregunta de Israel sobre el ritualismo. Zacarías dijo: **Vino, pues, a mí palabra de Jehová de los ejércitos**. En su relación personal con Israel como **Jehová** y en su carácter poderoso como **Jehová de los ejércitos**, Dios ofreció una corrección a la pregunta honesta, pero errada, de la delegación. El Señor dijo a Zacarías: **Habla a todo el pueblo del país, y a los sacerdotes**. Aunque fue una delegación específica la que hizo la pregunta, el Señor dejó en claro que su respuesta era para **todo el pueblo del país**. Dios deseaba advertir a todos respecto a los peligros de la religión hipócrita y de la falsa adoración. En específico, Él se dirigió a **los sacerdotes** porque estos dirigían a su pueblo en adoración. Al hacerlo, debían tener cuidado de evitar los rituales vacíos y la superficialidad, precisamente de la clase que Dios rechaza. Más de quinientos años después, Jesús profirió advertencias similares al liderazgo de Israel de su época (cp. Mt. 23:1-12;

Lc. 11:37-54), como también lo hizo Pablo a la iglesia (cp. Col. 2:16-19). La advertencia en contra del ritualismo no solo se aplicaba a los de la época de Zacarías; también sigue siendo relevante para todas las eras.

La declaración de Dios reveló seis características del ritualismo para exponer la naturaleza fingida de este y la razón por la que, para Dios, es tan repugnante. Primero, el ritualismo es engañoso porque solo tiene la apariencia de piedad. La respuesta del Señor comenzaba con el enunciado: **Cuando ayunasteis y llorasteis en el quinto y en el séptimo mes. Ayunar** era parte de la práctica de "abstinencia" que se mencionaba antes en el texto (cp. Zac. 7:3). **Llorar** denotaba manifestaciones públicas de dolor, a menudo por la muerte de un ser querido (cp. Gn. 23:2; 50:10; 1 S. 25:1; 28:3; 2 S. 1:12). Israel ayunaba y lloraba para conmemorar la caída de Jerusalén en el mes **quinto** (2 R. 25:8) y el asesinato de Gedalías en el mes **séptimo** (25:25). Estas ceremonias eran dramáticas y visibles y tenían la apariencia de piedad porque el pueblo se negaba ciertas comodidades y participaba en expresiones externas de tristeza. Sin embargo, el Señor no se tardó en explicar, por medio de su profeta, que, cuando no hay un verdadero dolor por el pecado ni un asombro genuino ante Dios en estas prácticas, los actos externos se vuelven superficiales y pierden su sentido. Son como tumbas, limpias por fuera, pero llenas de muerte y putrefacción por dentro (Mt. 23:27). De hecho, Dios señaló la ironía de que Israel demostrara piedad solo dos veces al año. ¿Cómo podían ellos considerar que esto les hacía ganar méritos delante de Él?

Segundo, el ritualismo ignora lo que Dios exige. El Señor dijo que estos ayunos y llantos llevaban ocurriendo **estos setenta años**. Este período recordaba las siete décadas que Israel pasó en Egipto (cp. Jer. 25:11; 29:10; Dn. 9:2), durante las que Dios los llamó al arrepentimiento. El Señor declaró por medio de Jeremías que, al final de los setenta años, los hijos de Israel "me invocarán y vendrán a rogarme, y Yo los escucharé. Me buscarán y me encontrarán, cuando me busquen de todo corazón" (Jer. 29:12-13). En este pasaje, Dios se refirió a sí mismo cinco veces y enfatizó que Israel lo buscaría de todo corazón. Sin embargo, en vez de hacerlo, Israel persistió en un ritualismo superficial durante setenta años. Esto no agradó al Señor. Aunque la delegación describió sus esfuerzos religiosos "durante tantos años" (cp. Zac. 7:3), Dios conocía el número exacto (**setenta años**) que esto había durado. Durante todo este tiempo, Dios vio a su pueblo realizar ayuno tras ayuno, pero ninguna de estas ceremonias cumplió la obediencia de corazón que Él deseaba. De manera que, aunque Israel pensaba haber estado acumulando favores divinos durante décadas, el Señor estaba contando cada uno de los años de su desobediencia.

Tercero, el ritualismo no es sincero. Si Israel no se había dado cuenta aún de que la respuesta del Señor constituía una represión, la última parte de su enunciado lo hizo indudable. Las palabras del Señor llegaron con una pregunta escalofriante: **¿habéis ayunado para mí?** El lloro y el ayuno tienen la apariencia de devoción religiosa, pero Dios conoce el corazón (cp. 1 S. 16:7). Proverbios 16:2 dice: "Todos los caminos del hombre son limpios en su propia opinión; pero Jehová pesa los espíritus". El verdadero **ayuno** sucede cuando la persona está tan agobiada por su propio pecado y tan enfocada en el Señor que prescinde incluso de las necesidades más básicas de la vida, como el alimento (cp. Jon. 3:4-9). Como

Dios conocía la insinceridad de su corazón en sus ayunos y llantos, Él les preguntó: **¿habéis ayunado para mí?** Esta pregunta estaba diseñada para traspasar su armadura de santurronería y revelar que su adoración era hipócrita. Aunque sus actos parecían nobles, religiosos y hasta justos, estaban desagradando a Dios porque no los realizaban en verdad para Él. Su ayuno era una forma de ritualismo sin sentido. En contraste, la verdadera adoración busca al Señor en espíritu y en verdad (Jn. 4:23-24).

Cuarto, el ritualismo es egocéntrico y egoísta. Dios le anunció al pueblo: **Y cuando coméis y bebéis, ¿no coméis y bebéis para vosotros mismos?** Para enfrentar la hipocresía de Israel, Dios pasó de los comportamientos relacionados con la abstención y la tristeza a ocasiones **cuando coméis y bebéis**. Israel no solo guardaba los ayunos y los momentos de luto, sino también las fiestas y las celebraciones de su calendario anual. Dios afirmó que, incluso en estas actividades, el pueblo no lo honraba. Sus preguntas expusieron su duplicidad: **¿no coméis y bebéis para vosotros mismos?** El pueblo no solo *no* estaba ofreciendo a Dios una adoración que lo agradara; peor aún, se satisfacían a sí mismos en nombre de Él. Las fiestas, ya fueran **comer** o **beber**, eran para su propia gratificación. Este cambio del tiempo pasado al tiempo presente (**no coméis y bebéis**) era un recordatorio de que esta perversión no era un problema únicamente de la historia de Israel, sino también un problema presente en el corazón del pueblo. Incluso en la época del mensaje de Zacarías, los israelitas se habían convertido a sí mismos en el objeto de su adoración. Su ritualismo los había llevado a la idolatría.

Quinto, Dios condena el ritualismo. El Señor le recordó al pueblo las revelaciones anteriores que dio a Israel durante la historia de la nación: **¿No son estas las palabras que proclamó Jehová por medio de los profetas primeros**? La verdad que Dios le reveló a Zacarías no era nueva, sino más bien **las palabras que proclamó Jehová por medio de** sus mensajeros, **los profetas primeros** (cp. Éx. 9:3; 9:35; 10:21; 1 R. 18:46; 2 R. 4:34). Zacarías no fue el primero en denunciar la maldad y la idolatría del ritualismo. Isaías (Is. 1:10-15), Joel (Jl. 2:12-17), Jeremías (Jer. 7:21-23) y Samuel (1 S. 15:22-23) predicaron todos en contra de la blasfemia del legalismo y de la hipocresía. El estándar del Señor no había cambiado. El pueblo de la época de Zacarías no tenía excusa alguna.

Sexto, el ritualismo conlleva consecuencias graves. Antes, el Señor había enviado advertencias a Israel en un momento cuando **Jerusalén estaba habitada y tranquila, y sus ciudades en sus alrededores y el Neguev y la Sefela estaban también habitados**. En la época de David y de Salomón, había gran tranquilidad porque la capital de Israel (**Jerusalén**) y la región circundante (**sus ciudades en sus alrededores**) estaban en paz. De hecho, la paz se extendía por toda la tierra de Israel, desde el **Neguev** en la punta sur de la nación hasta la **Sefela** en el oeste. En este tiempo, los ciudadanos habían **habitado** la tierra, se habían asentado y estaban **tranquilos**, seguros de cualquier amenaza importante. La tierra de Israel estaba llena de personas prósperas. Sin embargo, la escena durante la época de Zacarías era totalmente diferente. Jerusalén apenas estaba habitada, prácticamente no había ciudades a su alrededor y las personas estaban en constante estado de alerta y no tranquilos. Además, el Neguev y la Sefela estaban sustancialmente vacías porque solo una pequeña parte del pueblo judío había regresado a la tierra.

¿Qué había provocado un cambio tan dramático? La repuesta estaba directamente relacionada con la historia nacional de hipocresía religiosa. Israel había recibido advertencias de parte de los profetas primeros, pero el pueblo no las había tomado a pecho (cp. Is. 1:10-15). Jeremías describió la actitud de Israel: "Te he hablado en tus prosperidades, mas dijiste: No oiré. Este fue tu camino desde tu juventud, que nunca oíste mi voz" (Jer. 22:21). El ritualismo de Israel desencadenó un juicio rápido y devastador de parte de Dios. Zacarías demostró que este externalismo vacío no era inofensivo y, en cambio, llamó al pueblo a estar alerta y a hacer todas las cosas de corazón para la gloria de Dios (1 Co. 10:31; Col. 3:17).

UNA OBEDIENCIA REAL

Y vino palabra de Jehová a Zacarías, diciendo: Así habló Jehová de los ejércitos, diciendo: Juzgad conforme a la verdad, y haced misericordia y piedad cada cual con su hermano; no oprimáis a la viuda, al huérfano, al extranjero ni al pobre; ni ninguno piense mal en su corazón contra su hermano. (7:8-10)

En una evocación de su llamado inicial (Zac. 1:4) y de las advertencias de otros profetas anteriores (cp. Is. 1:11-17; 58:1-7; Am. 5:10-15), Zacarías exhortó a Israel a producir fruto de justicia auténtico. **Vino** de nuevo **palabra de Jehová a Zacarías** con un mensaje paralelo al que recién había recibido (cp. Zac. 7:4-7). La sinceridad piadosa era necesaria, no solo en las prácticas religiosas de Israel, sino también en la vida diaria. El Señor Jesús abordó este tema con el pueblo de su época (cp. Mt. 5–7). Incluso, Él preguntó a los fariseos: "¿Por qué también vosotros quebrantáis el mandamiento de Dios por vuestra tradición?" (Mt. 15:3). Como no amaban de forma genuina a Dios, los fariseos habían remplazado la obediencia de corazón por un conjunto de reglas extrabíblicas contradictorias y difíciles de cumplir. Jesús les informó, pues, que habían elevado las tradiciones de hombres y los rituales legalistas por sobre la Palabra de Dios.

En el versículo anterior, el profeta utilizó a las generaciones precedentes de Israel para ilustrar la necesidad que tenían de una adoración genuina (cp. Zac. 7:7). Aquí, Zacarías continuó con este enfoque y habló sobre la vida piadosa. El tiempo pasado del verbo en la frase **Así habló Jehová de los ejércitos** indica que el profeta seguía haciendo referencia a lo que Dios había dicho a lo largo de la historia de Israel. Zacarías mencionó a las generaciones anteriores para demostrar la naturaleza y la importancia de la obediencia verdadera en su propia época.

El Señor reveló cuatro características de la obediencia verdadera, aquella que lo honra y que le agrada. Primero, la obediencia verdadera exigía de Israel: **Juzgad conforme a la verdad**. Como se hizo notar antes, ninguno de los mandamientos pronunciados por Zacarías era nuevo. Este primer imperativo fue pronunciado por varios profetas a lo largo del Antiguo Testamento (cp. Dt. 16:18; Jer. 5:28; Ez. 7:27). El llamado **juzgad** se relaciona con la práctica de emitir un veredicto legal o de tomar una decisión legal. Esto ciertamente concernía al liderazgo en los tribunales de Israel. Sin embargo, también se aplicaba a los laicos cuando estos tomaban decisiones relacionadas con el trato diario entre sí. El profeta Miqueas dijo: "Oh hombre, él te ha declarado lo que es bueno, y qué pide Jehová de ti:

solamente hacer justicia, y amar misericordia, y humillarte ante tu Dios" (Mi. 6:8). Cuando Jehová especificó que el pueblo debía juzgar **conforme a la verdad**, estaba exigiéndoles mostrar imparcialidad. En cuanto a este principio, Santiago exhortó: "Hermanos míos, que vuestra fe en nuestro glorioso Señor Jesucristo sea sin acepción de personas" (Stg. 2:1). Santiago resaltó que la parcialidad es incompatible con la fe verdadera en Cristo. No es justicia verdadera. Juzgar a otros conforme a la verdad significa hacer por ellos lo que la Palabra de Dios ordena.

Segundo, la obediencia verdadera exigía del pueblo de Dios: **haced misericordia y piedad cada cual con su hermano**. **Misericordia** significa utilizar todos los medios al alcance para extender compasión o benevolencia al otro. En el Nuevo Testamento, esta idea está englobada en la palabra "gracia" (Jn. 1:17; cp. Éx. 34:6-8). Tal como Dios, en su gracia, había intervenido en su vida (Ef. 1:4-5; 2:1-10; Tit. 3:5-6; 2 Ti. 1:9-10), también el pueblo de Dios debía actuar con gracia y bondad en la vida de otros. Zacarías también llamó a los israelitas a tener **piedad** para con los demás. Esta es una palabra hebrea relacionada con el vientre de una madre y transmite la idea de un inmenso cuidado y preocupación, como el que siente una madre hacia su hijo. Dios no solo quiere que su pueblo trate a otros con justicia ni con el mínimo requerido por la ley, sino más bien que ofrezcan amor y compasión genuinos hacia su **hermano**. Esta exhortación no solo se aplica a algunos, sino más bien a **cada** individuo.

Tercero, la obediencia verdadera no se aprovecha de otros. Zacarías exclamó esto de forma categórica: **no oprimáis a la viuda, al huérfano, al extranjero ni al pobre**. La palabra **oprimáis** se refiere el trato duro y la presión que se usa para obligar a otro más débil a cumplir los deseos de uno. Esto puede implicar manipulación para obtener una ganancia económica (Lv. 6:2) o actos que abruman grandemente o que humillan a los impotentes o a los vulnerables en una sociedad (Dt. 28:33). La **viuda** y el **huérfano** carecían de un esposo y de un padre, respectivamente, que los protegiera y proveyera para ellos. El **extranjero** era aquel de otro país que se asentaba en Israel y que fácilmente podía ser rechazado por foráneo y vivir sin el apoyo de la comunidad. De la misma manera, el israelita **pobre** y afligido habría sido un blanco fácil, pues no poseía la fuerza ni los recursos para defenderse. Estas eran las personas a las que Israel debía mostrar misericordia y piedad, la clase de actitud que refleja el carácter de Dios. En Deuteronomio 10:18-19, Moisés dijo con referencia a Dios: "[Él] hace justicia al huérfano y a la viuda; que ama también al extranjero dándole pan y vestido. Amaréis, pues, al extranjero; porque extranjeros fuisteis en la tierra de Egipto". Como Dios ama a los abatidos, llama también a su pueblo a hacer lo mismo. Esto revela un principio fundamental de la vida espiritual genuina: esta busca reflejar el carácter moral de Dios. Los mandamientos espirituales de moralidad están fundamentados en la ley de Dios, pero esta ley es un reflejo de la naturaleza santa de Dios. La obediencia a la Palabra de Dios es devoción a Dios mismo. Precisamente por esto, Santiago afirma: "La religión pura y sin mácula delante de Dios el Padre es esta: Visitar a los huérfanos y a las viudas en sus tribulaciones, y guardarse sin mancha del mundo" (Stg. 1:27). La mayor parte de Israel estaba atada a tradiciones y rituales por pensar que tales prácticas les harían obtener el favor del Señor. Sin embargo, Zacarías le recordó al pueblo que ningún ritual ni obra religiosa puede agradar a Jehová a menos que surja de un corazón que lo ama a Él y a otros (cp. Mt. 22:39-40).

Cuarto, la obediencia verdadera se niega a albergar maldad en el corazón. El Señor ordenó: **ni ninguno piense mal en su corazón contra su hermano. Pensar** se refiere a imaginar, tramar o planear. Aunado con el **mal**, denota una intención de dañar al otro. Las palabras de Zacarías resaltaban que estos planes destructivos se forman **en su corazón**, la sede de las intenciones y de la voluntad, oculta para el hombre, pero visible para Dios (cp. 1 S. 16:7). Es atinado que un mandamiento relacionado con el corazón fuera el toque final de la exhortación de Zacarías en este pasaje. El remedio para el ritualismo superficial es un corazón transformado que ama al Señor (Dt. 6:4-6; 30:1-6), que busca servirlo y que, al mismo tiempo, busca el bien de los demás (cp. Lc. 6:35-36).

El mandato de Dios de obedecer de corazón con sinceridad nos recuerda Isaías 58:3-7:

> *¿Por qué, dicen, ayunamos, y no hiciste caso; humillamos nuestras almas, y no te diste por entendido? He aquí que en el día de vuestro ayuno buscáis vuestro propio gusto, y oprimís a todos vuestros trabajadores. He aquí que para contiendas y debates ayunáis y para herir con el puño inicuamente; no ayunéis como hoy, para que vuestra voz sea oída en lo alto. ¿Es tal el ayuno que yo escogí, que de día aflija el hombre su alma, que incline su cabeza como junco, y haga cama de cilicio y de ceniza? ¿Llamaréis esto ayuno, y día agradable a Jehová? ¿No es más bien el ayuno que yo escogí, desatar las ligaduras de impiedad, soltar las cargas de opresión, y dejar ir libres a los quebrantados, y que rompáis todo yugo? ¿No es que partas tu pan con el hambriento, y a los pobres errantes albergues en casa; que cuando veas al desnudo, lo cubras, y no te escondas de tu hermano?*

El "ayuno" que Dios acepta como adoración no es un ritual hipócrita, sino más bien una vida justa y sacrificial, caracterizada por el amor a Él y la compasión por los demás.

LAS RAMIFICACIONES RUINOSAS

Pero no quisieron escuchar, antes volvieron la espalda, y taparon sus oídos para no oír; y pusieron su corazón como diamante, para no oír la ley ni las palabras que Jehová de los ejércitos enviaba por su Espíritu, por medio de los profetas primeros; vino, por tanto, gran enojo de parte de Jehová de los ejércitos. Y aconteció que así como él clamó, y no escucharon, también ellos clamaron, y yo no escuché, dice Jehová de los ejércitos; sino que los esparcí con torbellino por todas las naciones que ellos no conocían, y la tierra fue desolada tras ellos, sin quedar quien fuese ni viniese; pues convirtieron en desierto la tierra deseable. (7:11-14)

Como se hizo notar, estas exhortaciones no se originaron con Zacarías, sino que fueron los mismos mandatos que Jehová había dado a las generaciones anteriores. La trágica realidad es que, cuando los antepasados de los israelitas escucharon estas mismas instrucciones, las rechazaron abiertamente. Zacarías explicó secamente: **Pero no quisieron escuchar, antes volvieron la espalda, y taparon sus oídos para no oír**. Las generaciones anteriores **no quisieron escuchar**; esto significa, no que estuvieran confundidos ni que la voluntad de Dios les pareciera poco clara, sino más bien que tomaron una decisión deliberada de rechazar su Palabra. Luego, pusieron por obra esta intención cuando **volvieron la espalda**. Esta expresión, que también se usa en Nehemías 9:29, describía la persistencia de Israel en volverse y alejarse deliberadamente de Dios en rebelión. Los antepasados de Israel también se resistieron al Señor en que **taparon sus oídos para no oír**. Como niños inmaduros, las generaciones anteriores se taparon los oídos para no oír la instrucción incómoda de Dios. Se arraigaron en su pecado y se negaron a escuchar su voz.

Zacarías afirmó que la rebelión y testarudez de Israel procedían de su corazón. El enunciado **y pusieron su corazón como diamante** revela que la resistencia de Israel hacia Dios procedía de su interior. La patología es escalofriante: ellos **pusieron** su corazón tan duro como el diamante. Afirmaron su mente, incluyendo su pensamiento, su perspectiva y su actitud, contra el Señor y endurecieron su corazón al punto de una obstinación absoluta (**como diamante**). Los diamantes son tan densos que se requiere de otro diamante para cortar uno. Un corazón duro como el diamante es impenetrable.

Las generaciones anteriores de Israel habían fortificado de tal manera su corazón en contra de Dios que no pudieron **oír la ley ni las palabras que Jehová de los ejércitos enviaba por su Espíritu, por medio de los profetas primeros**. El pecado, escondido en lo más profundo de su ser, produjo una condición letal de autodestrucción espiritual. El pueblo de Dios se propuso resistirse a la Palabra de Dios, se negó a **oír** y a obedecerla. La rechazaron toda, tanto **la ley** como **las palabras**, es decir, los cinco libros de Moisés y el resto del Antiguo Testamento. Israel hizo esto con la plena consciencia de que la fuente de las Escrituras era **Jehová de los ejércitos**, Aquel que dirige a todas las potestades celestiales. Ellos ignoraron su Palabra, aunque sabían que fue enviada **por su Espíritu** y que hasta la última palabra de ella era inspirada (cp. 2 Ti. 3:16; 2 P. 1:20-21). Sin piedad, repudiaron la Palabra de Dios, aunque esta vino **por medio de los profetas primeros** que obraron señales y milagros para confirmar la autenticidad de las Escrituras (cp. He. 2:4). En lugar de temblar ante la Palabra de Dios (cp. Is. 66:1-2), Israel endureció su corazón y cerró sus oídos. A lo largo de la historia de Israel, el Señor constantemente llamó a la nación a una adoración sincera y a una obediencia de todo corazón, pero ellos en cambio le ofrecieron a Dios rituales superficiales y rebelión endurecida.

Las consecuencias de la hipocresía de Israel fueron que **vino, por tanto, gran enojo de parte de Jehová de los ejércitos** (cp. Zac. 1:2, 15). Dios, que controla a los ejércitos celestiales, expresó un desagrado intenso hacia su pueblo por la apostasía de ellos. Él respondió con **gran enojo** y el resultado fue un embate de ira que destruyó a la nación y que envió al pueblo al destierro (cp. Dt. 29:27). Increíblemente, este castigo divino cayó sobre un pueblo que, en apariencia, era altamente religioso. Israel nunca dejó de guardar los rituales externos, aunque su corazón se había desviado de Dios. El Señor demostró que Él reserva lo peor de su ira para esta duplicidad descarada.

Al juzgar a las generaciones anteriores, Dios hizo con ellas lo que ellas habían hecho con Él. **Y aconteció que así como él clamó, y no escucharon, también ellos clamaron, y yo no escuché, dice Jehová de los ejércitos**. En el pasado, el Señor **clamó** a los antepasados de Israel para que lo obedecieran de corazón (cp. Dt. 6:4-6), pero las generaciones anteriores **no escucharon**. En cambio, respondieron con ceremonias vacías y rituales repetitivos que fueron nada menos que una desobediencia disfrazada. De manera que, cuando Dios desató su ira, los hijos de Israel **clamaron** en oración a Él y buscaron con urgencia su ayuda y su liberación. Sin embargo, Jehová **no escuchó**. Como ellos habían ignorado su Palabra, el Señor ignoró sus clamores en el día de la angustia. Su pueblo experimentó la vanidad de su hueco ritualismo.

En lugar de responder las peticiones de Israel, Dios dijo: **los esparcí con torbellino**. Esta es la terminología de Jonás 1:11-13, en el que se levanta una tormenta con vientos arremolinados que casi destruye el barco de Jonás. Dios no solo había esparcido a su pueblo, sino que también lo había hecho con intensidad y violencia. Como resultado, el Señor dispersó a los israelitas **por todas las naciones que ellos no conocían**. Tal como lo prometió (cp. Dt. 29:25), Dios llevó a su pueblo a lugares tan ajenos que eran, en esencia, desconocidos para la nación. Al dispersar a Israel lejos de Jerusalén y del templo (cp. Dt. 12:1-14; 1 R. 8:33-34), Dios separó al pueblo de sí mismo. Para los que pudieran pensar que su ritualismo religioso los acercaba a Dios, este juicio probó lo contrario. Dios se deshace de aquellos cuya religión es puramente externa, de los que no tienen una relación genuina con Él (cp. Mt. 7:21-23).

El resultado del juicio de Dios fue grave: **y la tierra fue desolada tras ellos, sin quedar quien fuese ni viniese; pues convirtieron en desierto la tierra deseable**. El término **desierto** implica desolación, una tierra baldía sin habitantes, donde no quedaba nadie que **fuese ni viniese**. En verdad, los enemigos de Israel **convirtieron en desierto la tierra deseable**. La destrucción de la tierra prometida manifestó la furia que Dios desató contra la obediencia superficial de Israel. También ilustró la naturaleza de su externalismo. Israel ofreció a Dios una adoración vacía, de manera que Dios les dio una tierra vacía. La lección para nosotros es sencilla: jamás sustituyamos con ritualismo la realidad.

El Salmo 95 recordaba a una generación anterior del pueblo de Dios que salió de Egipto. Por culpa de esta misma dureza de corazón, murieron en el desierto y nunca entraron a la tierra prometida:

Venid, aclamemos alegremente a Jehová;
Cantemos con júbilo a la roca de nuestra salvación.
Lleguemos ante su presencia con alabanza;
Aclamémosle con cánticos.
Porque Jehová es Dios grande,
Y Rey grande sobre todos los dioses.
Porque en su mano están las profundidades de la tierra,
Y las alturas de los montes son suyas.
Suyo también el mar, pues él lo hizo;
Y sus manos formaron la tierra seca.

Venid, adoremos y postrémonos;
Arrodillémonos delante de Jehová nuestro Hacedor.
Porque él es nuestro Dios;
Nosotros el pueblo de su prado, y ovejas de su mano.
Si oyereis hoy su voz,
No endurezcáis vuestro corazón, como en Meriba,
Como en el día de Masah en el desierto,
Donde me tentaron vuestros padres,
Me probaron, y vieron mis obras.
Cuarenta años estuve disgustado con la nación,
Y dije: Pueblo es que divaga de corazón,
Y no han conocido mis caminos.
Por tanto, juré en mi furor
Que no entrarían en mi reposo.

El Espíritu Santo utilizó este salmo para hacer una advertencia en la epístola a los Hebreos. Esta advertencia se extiende a todas las generaciones e insta al lector a no endurecer su corazón como el diamante:

Por lo cual, como dice el Espíritu Santo:

Si oyereis hoy su voz,
No endurezcáis vuestros corazones,
Como en la provocación, en el día de la tentación en el desierto,
Donde me tentaron vuestros padres; me probaron,
Y vieron mis obras cuarenta años.
A causa de lo cual me disgusté contra esa generación,
Y dije: Siempre andan vagando en su corazón,
Y no han conocido mis caminos.
Por tanto, juré en mi ira:
No entrarán en mi reposo.

Mirad, hermanos, que no haya en ninguno de vosotros corazón malo de incredulidad para apartarse del Dios vivo; antes exhortaos los unos a los otros cada día, entre tanto que se dice: Hoy; para que ninguno de vosotros se endurezca por el engaño del pecado. Porque somos hechos participantes de Cristo, con tal que retengamos firme hasta el fin nuestra confianza del principio, entre tanto que se dice:

Si oyereis hoy su voz,
No endurezcáis vuestros corazones, como en la provocación.

¿Quiénes fueron los que, habiendo oído, le provocaron? ¿No fueron todos los que salieron de Egipto por mano de Moisés? ¿Y con quiénes estuvo él disgustado cuarenta años? ¿No fue con los que pecaron, cuyos cuerpos cayeron en el desierto? ¿Y a quiénes juró que no entrarían en su reposo, sino a aquellos que desobedecieron? (He. 3:7-18).

Un anticipo del reino futuro

20

Vino a mí palabra de Jehová de los ejércitos, diciendo: Así ha dicho Jehová de los ejércitos: Celé a Sion con gran celo, y con gran ira la celé. Así dice Jehová: Yo he restaurado a Sion, y moraré en medio de Jerusalén; y Jerusalén se llamará Ciudad de la Verdad, y el monte de Jehová de los ejércitos, Monte de Santidad. Así ha dicho Jehová de los ejércitos: Aún han de morar ancianos y ancianas en las calles de Jerusalén, cada cual con bordón en su mano por la multitud de los días. Y las calles de la ciudad estarán llenas de muchachos y muchachas que jugarán en ellas. Así dice Jehová de los ejércitos: Si esto parecerá maravilloso a los ojos del remanente de este pueblo en aquellos días, ¿también será maravilloso delante de mis ojos? dice Jehová de los ejércitos. Así ha dicho Jehová de los ejércitos: He aquí, yo salvo a mi pueblo de la tierra del oriente, y de la tierra donde se pone el sol; y los traeré, y habitarán en medio de Jerusalén; y me serán por pueblo, y yo seré a ellos por Dios en verdad y en justicia. (8:1-8)

Las páginas de las Escrituras resuenan con una esperanza gloriosa en el reino futuro de Cristo. Pasaje tras pasaje promete que, algún día, el Mesías reinará físicamente desde Jerusalén sobre la nación de Israel y también sobre todo el mundo (cp. 2 S. 7:16; Sal. 72:8; 89:20-37; Is. 2:1-4; 9:6-7; 11:1-16; 16:5; 24:23; 32:1; 40:1-11; 42:3-4; 52:7-15; 55:4; Jer. 31:12; 33:19-21; Ez. 34:25-29; Dn. 2:44; 7:27; Jl. 2:21-27; Am. 9:13-14; Mi. 4:1-8; 5:2-5; Zac. 9:9; 14:16-17). Los habitantes de las naciones servirán al Señor y se someterán a su autoridad absoluta (Sal. 2:6-9; 72:8-11; Is. 11:4; Dn. 2:35; 7:14; Mi. 4:1-2; Zac. 9:10; Ap. 19:16). Durante su reinado, los efectos de la maldición se verán mitigados y limitados (Is. 30:23; 32:14-15; 35:1-2, 7). El mundo estará caracterizado por la rectitud y la justicia (Is. 2:4; 11:3-5, 9; 12:3-4; Jer. 31:33-34; Sal. 72:7), por la paz y la prosperidad (Jer. 31:12; Ez. 34:25-29; Jl. 2:21-27; Am. 9:13-14), por la abundancia y la productividad (Is. 65:20, 23; Jer. 30:19-20; Ez. 37:25; Zac. 8:5), por la salud física y la larga vida (Is. 29:18; 33:24; 35:5-6; 65:20). La capital de Jerusalén será expandida y ampliada (Jer. 30:18b; 31:38-40; Zac. 14:10). Desde allí, el Mesías reinará en santidad y ejecutará su juicio soberano sobre aquellos que practiquen iniquidad (Sal. 2:9; Zac. 14:16-19; Ez. 44:15-27; Ap. 19:5; 20:7-10). La insuperable bendición del reino futuro del Mesías durará mil años (Ap. 20:1-7) y conducirá a la conclusión de la historia humana antes de la inauguración de las eras eternas (Ap. 21:1–22:5; cp. 1 Co. 15:28).

Los versículos iniciales de Zacarías 8 se centran precisamente en este tema: la venida del reino del Mesías. Aunque las visiones anteriores de Zacarías también revelaban aspectos del reino milenario, las declaraciones de esta visión explican estas verdades con más detalles. Este pasaje (Zac. 8:1-8) ofrece un vistazo a profundidad de la época en la que el Mesías reinará desde Jerusalén sobre toda la tierra.

Nuestro Señor nos mandó orar así: "Venga tu reino. Hágase tu voluntad, como en el cielo, así también en la tierra" (Mt. 6:10; cp. v. 33). ¿Por qué anhelamos los creyentes la llegada del reino de Dios? ¿Cómo será la vida cuando el Mesías gobierne sobre la tierra? Esta palabra profética de Jehová a Zacarías resalta cinco pronunciamientos poderosos respecto a aquella era dorada futura. La esperanza del reino le recuerda al pueblo de Dios su celo amoroso por ellos (Zac. 8:1-2), su morada continua (8:3), su paz duradera (8:4-5), su poder ilimitado (8:6) y su plan de salvación (8:7-8).

EL CELO DE DIOS POR SU PUEBLO

Vino a mí palabra de Jehová de los ejércitos, diciendo: Así ha dicho Jehová de los ejércitos: Celé a Sion con gran celo, y con gran ira la celé. (8:1-2)

Una vez más, **vino** a Zacarías **palabra de Jehová de los ejércitos.** En el capítulo 7, la revelación divina tenía el propósito de reprender al pueblo por su ritualismo y por su externalismo religioso. Aquí, el mensaje de Dios es de aliento y de exhortación. En lugar de enfatizar las cosas que estaban haciendo mal, este capítulo ofrece instrucciones para hacer lo correcto. Si la nación quería responder de forma adecuada a la amonestación del Señor, necesitaba comenzar a concentrarse en la esperanza del reino futuro del Mesías y a regocijarse en ella.

Para revelar la esperanza futura de Israel, esta sección está estructurada en torno a una serie de enunciados introductorios que comienzan con la frase: **Así ha dicho Jehová de los ejércitos**. Zacarías 8 sirve para refutar a quienes cuestionan la existencia de un reino futuro para Israel. La frase **así ha dicho Jehová** o **así ha dicho Jehová de los ejércitos** se repite en diez ocasiones en este capítulo y confirma la realidad de que la promesa de un reino futuro proviene de Dios mismo. El estribillo que se repite ofrece al lector una seguridad plena de que Jehová cumplirá las promesas que hizo a su pueblo Israel. Así como existen Diez Mandamientos, estas diez afirmaciones describen la plenitud y la certeza del plan de Dios para la nación. Para el pueblo de la época de Zacarías, este recordatorio repetido fue un llamado a despertar y a concentrar su atención en tener una relación correcta con Dios. En lugar de preocuparse por rituales externos, debían fijar su esperanza y su corazón en el Señor y en sus promesas.

El mensaje de Jehová en el versículo 2 resaltaba su celo por Israel: **Celé a Sion con gran celo**. El Señor ya había declarado esto antes en el libro (Zac. 1:14). En ambos pasajes, el enunciado describe el compromiso apasionado de Dios por su pueblo. En este contexto, la frase **celé** [...] **con gran celo** no nos habla de envidia, sino más bien de amor. Así como el marido tiene un celo justo por su esposa, también Dios tiene un celo por tener en posesión a Israel. Como Dios amó a Israel, se comprometió con su pueblo y con la ciudad de Jerusalén, el lugar en el que escogió hacer habitar su nombre (cp. Dt. 12:5, 11; Sal. 135:21). Por amor a su pueblo, se negó a tratar su idolatría con apatía o con indiferencia. En cambio, determinó hacer lo que fuera necesario para cumplir sus buenos propósitos para Israel.

El mensaje de Jehová continuó con este fuerte enunciado: **y con gran ira la celé**. El celo de Dios no solo explicaba su búsqueda apasionada por su pueblo, sino que también indiciaba su disposición por desatar una **gran ira** en contra de los enemigos de Israel. En Zacarías 1:15, el Señor afirmó: "Y estoy muy airado contra las naciones que están reposadas". La actitud de Dios hacia las naciones incrédulas es de furia destructiva. En Génesis 12, Dios advirtió que cualquier nación que maldijera a Israel sería maldita y que cualquiera que bendijera a Israel sería bendita. Llegará el día en que se lleve a cabo por completo esta amenaza divina. El celo de Dios se desatará en venganza contra las naciones que persiguieron a su pueblo. Tal como lo predijeron los profetas, este día de ajustar cuentas será el día de Jehová, cuando Él establezca su dominio terrenal al vencer a sus enemigos y herir la tierra con un juicio terrible. Jesús regresará del cielo con venganza (2 Ts. 1:7-10) para destruir a sus enemigos en Armagedón (Ap. 19:11-19) y para juzgar a todos los gentiles en el valle de Josafat (Jl. 3:12). Allí, Él separará a las ovejas de los cabritos y echará a estos al castigo eterno (Mt. 25:46).

Estas palabras no solo servían de advertencia a los enemigos de Israel, sino que también eran un recordatorio poderoso para el pueblo de Dios de su amor celoso por ellos. Su compromiso de pacto con Israel se evidenciaba tanto en su búsqueda apasionada de la nación como en su gran ira contra sus enemigos. Él no solo ayudaría a su pueblo escogido, sino que también derribaría a sus opositores. Israel debía dejar de concentrarse en sí mismos y en sus rituales religiosos y, en cambio, dirigir la mirada a la gloria y a la bondad de Dios.

LA MORADA DE DIOS CON SU PUEBLO

Así dice Jehová: Yo he restaurado a Sion, y moraré en medio de Jerusalén; y Jerusalén se llamará Ciudad de la Verdad, y el monte de Jehová de los ejércitos, Monte de Santidad. (8:3)

La siguiente aparición del enunciado **así dice Jehová** dirige nuestra atención hacia la morada de Dios durante el reino milenario. La gloria de su presencia transformará Jerusalén. Él afirmó así: **Yo he restaurado a Sion**. Esta afirmación reiteraba la promesa hecha antes en Zacarías 1:16 (cp. Ez. 43:2-5) respecto a que, aunque la gloria de Dios había salido de Jerusalén por causa del pecado de Israel (cp. Ez. 10:18; 11:22-23), esta regresará algún día en toda su majestad y brillo fulgoroso (Zac. 2:5; cp. Ez. 40–48). Con esto, la capital será verdaderamente **Sion**, el centro político y doxológico de toda la tierra (cp. Sal. 48:2; Is. 2:2). La frase **he restaurado** resalta un punto importante para Israel. Dios restaurará a su pueblo cuando este se vuelva a Él en arrepentimiento (Zac. 1:3-4).

La presencia continua del Señor en Jerusalén representa la comunión íntima que compartirá con su pueblo. Esto resulta evidente en el resto del enunciado: **y moraré en medio de Jerusalén**. La palabra **moraré** denota la idea de vivir o de habitar y se relaciona con la gloria de Dios que moraba en el tabernáculo (Éx. 40:35) y en el templo (1 R. 8:10-13). Este término también contiene la misma raíz que la palabra que describe la gloria *shekinah* de Dios. En aquel día, la gloria de Dios morará entre su pueblo de manera similar a la gloria que se manifestó como columna de nube (cp. Éx. 13:21-22; 40:34-38). En aquella época futura, Jehová se volverá a su pueblo y restaurará la nación y la relación de esta con Él.

La ubicación, **en medio de Jerusalén**, identifica el enfoque de Dios sobre la ciudad de Sion y su estrecha comunión con sus habitantes. Su pueblo lo rodeará en adoración y Él mismo los rodeará con su presencia (ver planteamiento en Zac. 2:5). En esta época, a diferencia de otras anteriores cuando al pueblo no se le permitía entrar en la presencia de su gloria (cp. Éx. 40:35; 1 R. 8:11), todos disfrutarán de una comunión íntima con Dios por medio del Mesías y participarán en adoración vibrante en el templo milenario (Ez. 40–48; Zac. 2:5; 3:7; 6:12-13). El pueblo de Dios experimentará una comunión perfecta con Él (cp. 1 Jn. 3:2), una clase de intimidad que solo existió antes en el huerto del Edén (Gn. 1–2). Allí, Dios se paseaba con el hombre al aire del día (cp. 3:8). Sin embargo, cuando Adán cayó, se terminó esta cercanía. A pesar de todo, algún día, Dios se paseará de nuevo entre un pueblo santo (cp. Lv. 26:12). Esta esperanza se cumplirá cuando regrese el Señor a Jerusalén para establecer su reino terrenal. Su pueblo lo conocerá como Él siempre quiso que fuera.

En conformidad con esta realidad, el Señor le declaró a Zacarías: **y Jerusalén se llamará Ciudad de la Verdad**. El regreso de la gloriosa presencia de Dios transformará a Jerusalén. Aunque es su ciudad elegida, el pasado de Jerusalén estuvo marcado por la maldad y la rebelión. Las Escrituras llaman ramera a la ciudad (Is. 1:21), la comparan con Sodoma y con Egipto (Ap. 11:8) y la condenan por su falta de buscadores de la verdad (Jer. 5:1). Históricamente, no ha sido una ciudad de la verdad. Sin embargo, cuando regrese Jehová y more en medio de su pueblo, la situación será totalmente diferente. La capital de Israel será finalmente **Ciudad de la Verdad**. Jerusalén será el sitio en el que la humanidad conocerá la Palabra de Dios y vivirá a la luz de ella (cp. Jn. 17:17). Aún más, será el lugar donde el Camino, la Verdad y la Vida, el Fiel y Verdadero reinará en gloria mesiánica (cp. Jn. 14:1-6; Ap. 19:11; 20:1-6).

La transformación de Jerusalén no se detendrá allí, porque **el monte de Jehová de los ejércitos** se llamará **Monte de Santidad**. La frase **el monte de Jehová de los ejércitos** es un título escatológico para Jerusalén (Is. 2:3; 30:29; Mi. 4:2). Este título identifica a Jerusalén como el lugar desde el cual el Señor reinará con vara de hierro y dirigirá a sus huestes celestiales (cp. Sal. 2:9; Ap. 2:27; 12:5). Todas las naciones se reunirán en el monte de Jehová para aprender de su ley y someterse a ella (cp. Is. 2:1-4). Jerusalén también servirá como la ciudad capital de toda la creación, tal como lo fue el Edén tanto tiempo atrás. De hecho, Ezequiel describió al Edén como el monte de Dios y como el santo monte (Ez. 28:14, 16), tal como Zacarías describe aquí a Jerusalén. Como la presencia de Dios regresará a su pueblo, Jerusalén se convertirá en el nuevo Edén. Durante el tiempo de Zacarías, la ciudad estaba en ruinas después de que los ejércitos invasores la destrozaron. Esto contrasta grandemente con la ilustración de esperanza que pintan estos versículos, de un reino futuro en el que Jerusalén brillará como el epicentro del mundo.

Por impresionante que sea esta ciudad futura, el punto principal del texto es que el monte de Jehová **se llamará** [...] **Monte de Santidad**. La santidad se refiere a la otredad de Dios: su perfección, su grandeza y su distinción de todos los demás. El resto del Antiguo Testamento anticipa esta designación (cp. Sal. 2:6; 48:1; Is. 11:9; 27:13; 66:20; Ez. 20:40; Jl. 2:32) y articula varias razones por las que Jerusalén será descrita como el monte de santidad de Dios. Salmos 2:6 afirma que Jerusalén será santo monte, único y apartado de todos los demás, porque el Mesías reinará desde ese lugar. Luego, Ezequiel 20:40 explica que Jerusalén se llamará santo monte porque Israel servirá allí a Dios en santidad. En Isaías 11:9, se llama a Jerusalén santo monte porque se conforma al carácter perfecto de Dios. Como el Señor estará en su monte santo, la vaca y la osa pacerán, el leopardo con el cabrito se acostará, el león comerá paja, el lobo morará con el cordero y el niño de pecho jugará con el áspid (Is. 11:6-9). Estos pasajes revelan que Jerusalén será el monte santo de Dios porque irradiará su gloriosa presencia y reflejará su carácter perfecto. Desde Jerusalén, su santidad permeará toda la tierra, de manera que la paz prevalecerá en todo aspecto de la vida. Isaías lo dijo de esta manera: "No harán mal ni dañarán en todo mi santo monte; porque la tierra será llena del conocimiento de Jehová, como las aguas cubren el mar" (Is. 11:9; cp. 65:25).

LA PAZ DE DIOS PARA SU PUEBLO

Así ha dicho Jehová de los ejércitos: Aún han de morar ancianos y ancianas en las calles de Jerusalén, cada cual con bordón en su mano por la multitud de los días. Y las calles de la ciudad estarán llenas de muchachos y muchachas que jugarán en ellas. (8:4-5)

Por tercera vez, se repite la declaración: **Así ha dicho Jehová de los ejércitos**. Aquí, se introduce un planteamiento sobre la paz generalizada que prevalecerá durante el reino milenario. Esta paz es el resultado de la presencia de Dios en medio de su pueblo. Las palabras de Jehová lo explican así: **Aún han de morar ancianos y ancianas en las calles de Jerusalén, cada cual con bordón en su mano por la multitud de los días**. La escena describe aquí una paz prolongada, ya que hasta los ancianos moran o se sientan en las calles sin preocupación ni temor. Las calles pueden ser un lugar peligroso, en el presente y en el antiguo Israel. Según Lamentaciones 4:18, los habitantes de Jerusalén llegaron a no poder salir a las calles por temor a sus enemigos. Sin embargo, en el reino futuro, hasta los miembros más vulnerables de la sociedad, los ancianos, se sentirán totalmente seguros en estas mismas calles de Jerusalén. No solo caminarán en las calles, sino que también **han de morar** y sentarse en tranquilidad allí.

La paz descrita en esta escena no tiene precedentes en la historia de la humanidad. Hasta el último anciano tendrá su **bordón en su mano por la multitud de los días**. Esta descripción denota una edad tremendamente avanzada, pues estos individuos requieren un bordón hasta para sentarse. La expectativa de vida durante el reino milenario incrementará dramáticamente. Isaías afirmó que aquel que muera a los cien años se considerará joven en el reino (Is. 65:20). La relevancia de esto está en que los efectos del pecado, incluyendo la brevedad de la vida, se verán grandemente limitados por el reinado de Cristo. En parte, esta es la razón por la que el reino terrenal durará mil años (Ap. 20:1-4). Al principio de la historia de la humanidad, Matusalén vivió novecientos sesenta y nueve años, más que ninguna otra persona (Gn. 5:27). No obstante, en el Milenio, las personas vivirán aún más que Matusalén. El texto afirma explícitamente que los **ancianos y ancianas** envejecerán con gracia. Con los efectos de la maldición mitigados y sin riesgo de guerra ni de crimen, la vida en el reino milenario estará caracterizada tanto por la cantidad como por la calidad. La paz que caracteriza el reinado terrenal de Cristo no solo evita los conflictos en el ámbito político, sino que también restringe los efectos de la maldición en el mundo natural. Esta paz duradera es consistente con el carácter nuestro Señor, el Príncipe de Paz (Is. 9:6).

El Señor siguió haciendo notar que **las calles de la ciudad estarán llenas de muchachos y muchachas que jugarán en ellas**. Esto también se contrasta con la escena descrita en Lamentaciones, en la que los niños y los que mamaban desfallecían de hambre en las calles de Jerusalén (Lm. 2:11-12). En el reino milenario, las calles de nuevo estarán **llenas** de niños, pero estarán en las calles jugando, no muriendo de hambre. La paz del reino del Mesías se extenderá, no solo a los ancianos (ver planteamiento anterior), sino también a los jóvenes. Estos **muchachos y muchachas** juegan, es decir, exhiben risas y actividad alegre, indicadores de una vida larga y buena en la tierra. Dios había prometido tales bendiciones a los hijos de Israel si andaban en obediencia, tanto a Él como a los padres (cp. Éx. 20:12).

La paz que caracteriza el reinado futuro de Cristo abarca a naciones y a individuos, a ancianos y a jóvenes, a hombres y a mujeres, a padres y a hijos. Sus bendiciones incluyen tanto cantidad (edad muy avanzada) como calidad de vida (seguridad y estabilidad) porque los ciudadanos del reino andarán en obediencia al Señor. Durante mil años, la vida en esta tierra regresará a ser como en Edén. Esta es la esperanza que tiene el pueblo de Dios al anticipar su reinado venidero.

EL PODER DE DIOS PARA SU PUEBLO

Así dice Jehová de los ejércitos: Si esto parecerá maravilloso a los ojos del remanente de este pueblo en aquellos días, ¿también será maravilloso delante de mis ojos? dice Jehová de los ejércitos. (8:6)

Una cuarta vez, el texto afirma: **Así dice Jehová de los ejércitos**. Los versículos anteriores identificaban realidades maravillosas respecto al reino del Mesías, a tal punto que alguna podría preguntarse si estos detalles proféticos en verdad sucederán. La respuesta de Dios a los escépticos llega en la forma de una pregunta retórica: **Si esto parecerá maravilloso a los ojos del remanente de este pueblo en aquellos días, ¿también será maravilloso delante de mis ojos?** La respuesta evidente a esta pregunta es no. Nada de lo que Dios prometió respecto al reino futuro es una hipérbole. Todo se cumplirá, tal como está predicho.

La pregunta retórica del Señor le daba al pueblo de Zacarías la garantía absoluta de que Él posee el poder para cumplir su palabra. Aunque sus promesas puedan parecer **maravillosas** desde una perspectiva humana, Él no tiene problema para cumplirlas. Ciertamente, las promesas de Dios son tan grandiosas que exceden los límites de la imaginación humana, en especial cuando uno contrasta las promesas divinas con las circunstancias presentes. Para el pueblo judío de la época de Zacarías, que era pequeño en número, la promesa de que Dios llenaría a Jerusalén de habitantes pudo haber parecido increíble. En este momento cuando Israel se esforzaba por reconstruir Jerusalén y el templo, la promesa del Señor parecía demasiado buena para ser verdad. Dadas la escasez del pueblo y la magnitud de los retos que enfrentaban, no es de sorprender que no pudieran imaginar de qué forma la presencia y la paz de Dios llegarían un día a transformar el mundo.

Sin embargo, lo que parece imposible desde una perspectiva humana no es difícil para Dios. **¿También será maravilloso delante de mis ojos? dice Jehová de los ejércitos**. Al repetir la palabra **maravilloso** de la frase anterior, el Señor formó un contraste directo entre la debilidad y finitud del hombre y su propio poder ilimitado. El punto era sencillo: nada es imposible para el Señor. Jeremías 32:17 lo dice así: "¡Oh Señor Jehová! he aquí que tú hiciste el cielo y la tierra con tu gran poder, y con tu brazo extendido, ni hay nada que sea difícil para ti". Más adelante en el mismo pasaje, el Señor repitió estas palabras: "He aquí que yo soy Jehová, Dios de toda carne; ¿habrá algo que sea difícil para mí?" (Jer. 32:27). En Génesis 18:14, cuando Sara pensó que le sería imposible tener un hijo, Dios le recordó su propia omnipotencia. El Dios que creó el mundo con su palabra y que bendijo a una mujer estéril con un hijo transformará la ciudad desierta de Jerusalén un paraíso edénico (cp. Is. 54:1). Como el poder de Dios garantiza sus promesas, el pueblo de Israel puede tener la certeza de que todo lo predicho sucederá.

La verdad de la omnipotencia divina da un gran consuelo al pueblo de Dios. Para los de la época de Zacarías que vieron a Jerusalén y al templo en ruinas, este mensaje les recordaba que eran parte del plan del reino de Dios (cp. Zac. 4:6-7). Para la futura generación que viva en los últimos tiempos, en la cúspide del juicio y del caos durante la gran tribulación, esta proclamación servirá como garantía del poder de Dios para librarlos. Para todos los miembros del pueblo de Dios que viven entre estos dos momentos de la historia, la esperanza verdadera se encuentra en recordar que nada es imposible para Dios (Lc. 1:37), aunque no logren ver la salida de sus circunstancias difíciles.

El poder de Dios garantiza el cumplimiento preciso y completo de sus promesas. Todos los obstáculos caerán, de manera que el resultado se conformará exacta y plenamente a lo que Él ha dicho. El reino futuro se establecerá precisamente como Él lo ha revelado. Para enfatizar la fuente divina de estas promesas, el texto reitera que estas afirmaciones provienen de **Jehová de los ejércitos**, el General soberano de las fuerzas celestiales. En el original, la palabra **dice** denota un anuncio oficial, un decreto formal e incambiable. Dios ha legislado su compromiso en su Palabra. Él no cambia, de manera que sus promesas son seguras.

EL PLAN DE DIOS PARA SU PUEBLO

Así ha dicho Jehová de los ejércitos: He aquí, yo salvo a mi pueblo de la tierra del oriente, y de la tierra donde se pone el sol; y los traeré, y habitarán en medio de Jerusalén; y me serán por pueblo, y yo seré a ellos por Dios en verdad y en justicia. (8:7-8)

Con la quinta aparición de la frase **así ha dicho Jehová de los ejércitos**, el Señor anunció su plan para todos los israelitas que estén vivos en su regreso. Para comenzar, dijo: **He aquí, yo salvo a mi pueblo**. En hebreo, la gramática indica que esta acción es inminente, un evento ya establecido en el cronograma escatológico de Dios. Su plan prometido no está en duda y no cambiará porque el Señor ya lo ha determinado.

Dios se ha propuesto **salvar** a su **pueblo**. La palabra **salvo** denota el acto global de liberación, de principio a fin. Incluye la obra espiritual de salvación de Dios (cp. Zac. 12:10), pero, en este contexto, se enfoca en el rescate físico del destierro del pueblo que se arrepienta. Esta liberación llegará por la iniciativa y la intervención de Dios. Jehová no permitirá que la desviación e infidelidad de Israel continúen indefinidamente, como tampoco su opresión física. Él intervendrá para salvarlos **de la tierra del oriente, y de la tierra donde se pone el sol**. Esta terminología describe a todo el mundo, desde un extremo hasta el otro. Algunos argumentan que esto se refiere solo a que Dios recogerá a Israel de Babilonia, pero este texto nos habla de algo mucho más grande. Esta terminología incluye a un país como Babilonia en el este (**del oriente**), pero también a otras naciones gentiles en el oeste (**donde se pone el sol**). La idea es que, sin importar el lugar en el que esté disperso el pueblo de Israel, Dios vencerá a sus captores y les permitirá regresar a casa. Ningún lugar estará demasiado lejos ni fuera de su alcance. Una liberación de tales magnitudes jamás ha ocurrido en la historia de Israel. Por lo tanto, el cumplimiento de esta promesa está en el futuro.

Además de librar a su pueblo, el Señor prometió: **los traeré**. Dios no solo salvará a su pueblo en lo espiritual y los rescatará en lo físico en su ubicación respectiva en el mundo. Él los reunirá y los llevará de vuelta a la tierra prometida. Isaías 43:5-7 afirmó: "No temas, porque yo estoy contigo; del oriente traeré tu generación, y del occidente te recogeré. Diré al norte: Da acá; y al sur: No detengas; trae de lejos mis hijos, y mis hijas de los confines de la tierra, todos los llamados de mi nombre; para gloria mía los he creado, los formé y los hice". La nación dispersada será restituida y repoblada. Por primera vez desde la deportación y destierro iniciales de Israel (cp. 2 R. 24:14), todos los israelitas dispersos a lo largo del mundo regresarán a un solo lugar. Esto no solo representa una restauración de la nación, sino también una restauración al diseño original de la nación (cp. Ro. 11:26).

Dios reunirá a su pueblo y ellos **habitarán en medio de Jerusalén**. En esencia, este enunciado recordaba al pueblo que **Jerusalén** sería una vez más una ciudad vibrante y poblada (cp. Zac. 2:4). Como se hizo notar antes, no muchas personas vivían en Jerusalén durante la época de Zacarías (cp. Neh. 11:1-2), pero Dios cambiará esto en el futuro. La palabra **habitarán** no solo enfatiza la residencia física del pueblo, sino también su relación con Dios. La misma palabra se utilizó antes en este capítulo para describir la forma en que la presencia de Dios **habitará** en intimidad con su pueblo (cp. Zac. 8:3). De esta manera, se enfatiza la naturaleza recíproca de la comunión íntima entre Dios y su pueblo redimido. Dios no solo habitará con su pueblo; su pueblo también habitará con Él. Tal como Él los amará y habitará con ellos, ellos a su vez buscarán, aceptarán y disfrutarán una relación con Él. Muchos vivirán en Jerusalén y se deleitarán en la presencia manifiesta de Dios y hasta aquellos que no vivan en Jerusalén (pues estará completamente llena, cp. Zac. 10:10), frecuentarán la ciudad para tener comunión con el Señor y adorarlo. Dios reunirá a su pueblo, no solo para vivir en la tierra prometida y, en específico, en Jerusalén, sino también para expresar su amor por el Señor y habitar en su presencia. Esta será la nación tal y como fue diseñada desde el principio.

El resultado de esto será, como lo declaró Dios, que **me serán por pueblo, y yo seré a ellos por Dios en verdad y en justicia**. Conforme al resto del Antiguo Testamento (cp. Ez. 11:20; Jer. 31:33), Zacarías expresó aquí la cúspide de la relación de Dios con Israel. Por una parte, Dios se acercará por completo a los suyos; Él dijo: **me serán por pueblo**. Israel llegará a ser todo lo que Dios planeó que fueran. Serán purificados, perdonados, justificados, santificados y redimidos. En verdad, serán pueblo suyo. Por otra parte, el pueblo se acercará por completo a Dios; Él declaró: **yo seré a ellos por Dios**. Israel, que siempre había sido idólatra (cp. Jer. 7:22-25), nunca conoció en verdad a Dios como nación (cp. Ro. 9:6). Invariablemente, el pueblo se desvió en pos de otros dioses, en lugar de adorar solo a Jehová. Sin embargo, en el reino futuro, Dios ocupará un lugar único de devoción en la vida y en el corazón de ellos. Jehová será su Dios **en verdad y en justicia**. En otros textos, esta frase expresa una conducta sincera y recta (1 R. 3:6; Jer. 4:2). Aunque la nación nunca alcanzó esto en su historia (Is. 48:1), al final sí manifestarán esta adoración y obediencia. Conocerán a Dios **en verdad** porque el amor de Él emanará de corazones sinceros. También conocerán a Dios **en justicia** porque sus pensamientos y sus hechos se conformarán a Él en obediencia plena. Amarán a Dios tal y como Él siempre lo ha anhelado.

Llegará el día en que la gloria de Dios regresará, Jerusalén será transformada, la paz cubrirá la tierra y el pueblo de Dios lo amará en verdad y en justicia. Esto es lo que Jehová tiene preparado para su pueblo Israel. Para los de la época de Zacarías, las promesas resaltadas en este pasaje brindaban una corrección necesaria. Ellos buscaban obtener el favor de Dios mediante actos externos y rituales religiosos (cp. Zac.7:2-3). En respuesta, Zacarías les recordó que su punto de partida nunca debía ser sus obras, sus esfuerzos o sus méritos. En cambio, necesitaban comenzar por voltear al Señor y a sus promesas, poner su esperanza en Él y descansar en su gracia.

Fidelidad presente con miras a las promesas futuras

21

Así ha dicho Jehová de los ejércitos: Esfuércense vuestras manos, los que oís en estos días estas palabras de la boca de los profetas, desde el día que se echó el cimiento a la casa de Jehová de los ejércitos, para edificar el templo. Porque antes de estos días no ha habido paga de hombre ni paga de bestia, ni hubo paz para el que salía ni para el que entraba, a causa del enemigo; y yo dejé a todos los hombres cada cual contra su compañero. Mas ahora no lo haré con el remanente de este pueblo como en aquellos días pasados, dice Jehová de los ejércitos. Porque habrá simiente de paz; la vid dará su fruto, y dará su producto la tierra, y los cielos darán su rocío; y haré que el remanente de este pueblo posea todo esto. Y sucederá que como fuisteis maldición entre las naciones, oh casa de Judá y casa de Israel, así os salvaré y seréis bendición. No temáis, mas esfuércense vuestras manos. Porque así ha dicho Jehová de los ejércitos: Como pensé haceros mal cuando vuestros padres me provocaron a ira, dice Jehová de los ejércitos, y no me arrepentí, así al contrario he pensado hacer bien a Jerusalén y a la casa de Judá en estos días; no temáis. Estas son las cosas que habéis de hacer: Hablad verdad cada cual con su prójimo; juzgad según la verdad y lo conducente a la paz en vuestras puertas. Y ninguno de vosotros piense mal en su corazón contra su prójimo, ni améis el juramento falso; porque todas estas son cosas que aborrezco, dice Jehová. (8:9-17)

"Algunos tienen la mirada tan puesta en el cielo que no hacen bien en la tierra". Este adagio conocido, que se le acredita a Oliver Wendell Holmes, expresa una noción popular: los que tienen la atención puesta en la gloria futura tienen poco valor en el presente. Para los israelitas que habían escuchado las profecías de Zacarías, pudo haber sido tentador compartir esta preocupación. Es posible que algunos, aunque se maravillaban ante la majestad del reino venidero del Mesías, se preguntaran: "¿De qué nos sirve pensar en el futuro ahora mismo?". El Señor mismo respondió esta pregunta en este pasaje.

La Palabra de Dios es clara en cuanto a que la esperanza futura es esencial para perseverar y ser efectivos en el presente. A lo largo de las Escrituras, la esperanza futura del creyente se presenta con objetivos inmediatos en mente: ofrecer perspectiva (2 Co. 4:17-18), producir perseverancia (Ro. 5:3-5; 8:25) y promover santidad en esta vida (1 Jn. 3:3). Por lo tanto, se instruye a los creyentes a poner la mira en las cosas de arriba (Col. 3:1-2) y a poner su esperanza en la gracia venidera (1 P. 1:13). Al hacerlo, pueden crecer en simultáneo en santidad (1 P. 1:16), reverencia (v. 17) y amor ferviente por los demás (v. 22). Al meditar en su ciudadanía celestial (Fil. 3:20-21) y en las promesas de gloria futura del Señor (Jn. 14:2-3; Ro. 8:18), los creyentes se preparan para andar en justicia a pesar de la oscuridad de este siglo presente (1 Ts. 5:4-10; cp. Ef. 5:15-17).

El tema de la esperanza permea el octavo capítulo de la profecía de Zacarías. En lugar de confiar en la falsa esperanza del ritualismo religioso (Zac. 7), Israel recibió el llamado de enarbolar la esperanza verdadera del Mesías y de su reino venidero. La gloria de este reino se describió en los versículos 1-8. En esta sección (vv. 9-17), el Señor siguió llamando a su pueblo a la obediencia sobre el fundamento de su esperanza mesiánica. Con miras a la gloria futura de Israel, el pueblo recibió el encargo de esforzarse en cuatro áreas vitales: en la obra de Dios (Zac. 8:9), en la gracia de Dios (8:10-12), en las promesas de Dios (8:13-15) y en la verdad de Dios (8:16-17).

ESFUÉRCENSE EN LA OBRA DE DIOS

Así ha dicho Jehová de los ejércitos: Esfuércense vuestras manos, los que oís en estos días estas palabras de la boca de los profetas, desde el día que se echó el cimiento a la casa de Jehová de los ejércitos, para edificar el templo. (8:9)

En los versículos 1-8, el Señor reveló una serie de realidades gloriosas respecto al reino futuro del Mesías. En el versículo 9, con la sexta aparición de la frase **Así ha dicho Jehová de los ejércitos**, Él presentó las implicaciones prácticas de estas promesas del reino. Para los que se preguntaban de qué forma su esperanza futura debía afectar su conducta presente, Dios los exhortó: **Esfuércense vuestras manos**. En lugar de acomodarse, volverse apáticos o descorazonarse, los israelitas debían hacerse de valor en su labor de completar la tarea que Dios les había asignado. La respuesta correcta a las promesas del reino no era la pereza ni la indiferencia. En cambio, el pueblo debía participar activamente en la labor presente y regocijarse en el plan infalible de Dios para el futuro de Israel.

En este llamado al pueblo a esforzarse, el Señor se concentró en aquellos que prestan atención a su Palabra: **los que oís en estos días estas palabras de la boca de los profetas**. A lo largo de la historia de Israel, la mayoría no oyó lo que Dios reveló por medio de sus profetas (cp. 1 R. 19:10; Neh. 9:26; Jer. 2:30; Mt. 23:37; Ro. 11:3). En contraste, el remanente justo (cp. Zac. 8:6) prestó atención a las palabras de la revelación profética. Su atención y sumisión a la verdad divina los distinguió como los redimidos (cp. Jn. 10:27). Una característica constante del pueblo de Dios es que ama la Palabra y se aferra a ella (cp. Is. 8:19-20; Sal. 1; 19; 119; Ef. 2:20; Stg. 1:19-25). En este pasaje, el Señor elogió al remanente justo porque **oyó** [...] **en estos días estas palabras** de exhortación y de ánimo **de la boca de los profetas** como Zacarías y Hageo.

A continuación, el Señor le recordó a su pueblo lo que habían dicho los profetas **desde el día que se echó el cimiento a la casa de Jehová de los ejércitos, para edificar el templo**. Por medio de ellos, Dios mandó a Israel reconstruir el templo. Sin embargo, completar la tarea no fue cosa fácil; por eso, el Señor alentó a su pueblo a esforzarse y a perseverar.

El momento en que **se echó el cimiento a la casa de Jehová de los ejércitos** (el punto en el que comenzó la reconstrucción del templo) fue un parteaguas en la historia de Israel. Sin embargo, también implicó retos importantes por el pequeño tamaño del templo (Esd. 3:12) y por la vigorosa oposición de los pueblos circundantes ante los esfuerzos de reconstrucción (cp. 4:1-24). A pesar de estas dificultades, las exhortaciones de Zacarías y de Hageo, su contemporáneo, fueron claras: **para edificar el templo**. El mensaje de los profetas no titubeó en ningún punto. El remanente de Israel había recibido una única tarea que debían completar sin importar los obstáculos ni la oposición. Habían recibido el mandato de reconstruir el templo.

Frente a las dificultades y los desafíos repetidos, estos creyentes fieles debían recordar tanto la esperanza futura que Dios les había prometido como la obra presente que Él los había llamado a realizar. La majestad del reino milenario del Mesías, incluida la transformación de Jerusalén y la gloria del templo futuro, fue para ellos de gran aliento y motivación. Confiados en que sus esfuerzos eran parte del plan infalible de Dios para Israel, un plan que culminaría algún día en un reino glorioso, el pueblo de la época de Zacarías podría perseverar en sus labores presentes. Ellos podían estar seguros de que Dios daría poder a sus esfuerzos y prevalecería sobre sus enemigos (cp. Ro. 8:31).

ESFUÉRCENSE EN LA GRACIA DE DIOS

Porque antes de estos días no ha habido paga de hombre ni paga de bestia, ni hubo paz para el que salía ni para el que entraba, a causa del enemigo; y yo dejé a todos los hombres cada cual contra su compañero. Mas ahora no lo haré con el remanente de este pueblo como en aquellos días pasados, dice Jehová de los ejércitos. Porque habrá simiente de paz; la vid dará su fruto, y dará su producto la tierra, y los cielos darán su rocío; y haré que el remanente de este pueblo posea todo esto. (8:10-12)

La palabra inicial **porque** (v. 10) presenta la razón por la que el pueblo debía seguir esforzando sus manos y perseverando en la obra (cp. v. 9). Aunque, en algún punto, Dios se levantó en juicio contra Israel, estos días estaban ya en el pasado. Ahora, Él se había levantado para bendecirlos y sustentar al remanente de su pueblo. Saber esto les dio la confianza de que Dios los protegería y los preservaría, tal como había prometido hacer. En el Nuevo Testamento, el apóstol Pablo alentó a los creyentes de Filipos con una verdad similar. Con referencia a la santificación progresiva, Pablo escribió: "El que comenzó en vosotros la buena obra, la perfeccionará hasta el día de Jesucristo" (Fil. 1:6). Fortalecidos por la promesa de la obra de Dios en ellos, los creyentes descubren la fuerza para perseverar al buscar al Señor y descansar en su poder (cp. Fil. 2:12-13).

Para explicar esto al pueblo de la época de Zacarías, el Señor les recordó primeramente que **antes de estos días no ha habido paga de hombre ni paga de bestia**. La designación **antes de estos días** se refiere a los eventos del versículo 9 que condujeron a los ministerios proféticos de Hageo y de Zacarías y que culminaron en estos. Con respecto a esta época, Hageo hizo notar que no había suficiente dinero para pagar a las personas y que la cosecha era insuficiente para alimentar a los animales. Tal escasez fue consecuencia de la desobediencia y autocomplacencia, que tuvo como resultado a su vez el juicio de Dios en forma de una sequía (Hag. 1:9-11).

Además de los problemas económicos, Israel también vivió una inestabilidad política, de manera que no **hubo paz para el que salía ni para el que entraba, a causa del enemigo**. La principal fuente de esta oposición provino de sus vecinos samaritanos que se opusieron con violencia a los esfuerzos de reconstrucción. Además de las amenazas externas de parte de sus adversarios, el pueblo también vivió conflictos y divisiones internas. Dios lo explicó así: **yo dejé a todos los hombres cada cual contra su compañero**. Tanto desde afuera como desde adentro, el remanente del pueblo de Dios se enfrentó a desafíos intensos.

Para el gran alivio de Israel, el Señor reveló que estaba por hacer un cambio en la situación. Él declaró: **Mas ahora no lo haré con el remanente de este pueblo como en aquellos días pasados, dice Jehová de los ejércitos**. El juicio divino que se desató sobre Israel durante los **días pasados**, la época desde el regreso inicial de los israelitas a Jerusalén bajo el liderazgo de Zorobabel (en algún punto después del 538 a. C.) hasta que Zacarías pronunció estas palabras (alrededor del 518 a. C.), no continuaría. En el pasado, habían experimentado el desagrado de Dios por haber descuidado el templo (Hag. 1:2-4), pero ahora, el Señor prometía bendecir al **remanente de este pueblo** mientras trabajaban para completar la tarea que les quedaba por delante. El **remanente** (cp. Zac. 8:6, 9) consistía en israelitas fieles y obedientes que habían escuchado y respondido de forma positiva a la Palabra de Dios (v. 9; Hag. 1:14; cp. Sof. 3:13).

El pueblo percibiría de inmediato la diferencia dramática entre el juicio anterior de Dios y su bendición presente. Jehová lo explicó así: **Porque habrá simiente de paz; la vid dará su fruto, y dará su producto la tierra, y los cielos darán su rocío; y haré que el remanente de este pueblo posea todo esto**. Las bendiciones descritas en este versículo contrastaban tremendamente con la experiencia anterior del pueblo. Hasta este punto de la historia, los israelitas habían sembrado mucho, pero segado poco (Hag. 1:6), pero pronto habría **simiente de paz** y Dios garantizaría el ciclo de la cosecha. Hasta este punto, "ni la vid, ni la higuera, ni el granado, ni el árbol de olivo" había dado fruto (Hag. 2:19), pero pronto, **la vid dará su fruto, y dará su producto la tierra**. Dios prometió bendecir la cantidad y la calidad de la cosecha; esta no solo sería abundante, sino que también todo tipo de árbol sería fructífero. Hasta este punto, la tierra había quedado azotada por sequías terribles (Hag. 1:11), pero pronto **los cielos darán su rocío**. Finalmente, la lluvia llegaría y el suelo absorbería el rocío. Hasta este punto, los israelitas se habían esforzado por ahorrar lo poco que recogían de cosecha (Hag. 1:9), pero pronto Jehová haría **que el remanente de este pueblo posea todo esto**. El Señor mismo intervendría en persona (**haré**) para garantizar que su pueblo gozara de la plenitud de sus bendiciones.

La promesa de que Israel poseería (en el original, "heredaría") **todas estas cosas** era un recordatorio claro de que la abundancia que recibían era una dádiva del Señor. Una herencia no se gana ni se merece, sino que se recibe como regalo. Al gozar de una mejoría tan dramática en sus circunstancias, el remanente no tendría duda de que todo se les había concedido por la gracia de Dios. La palabra **poseer** (heredar) casi nunca se usa en el Antiguo Testamento para describir las bendiciones de la cosecha. En cambio, transmite sobre todo la realidad de que Israel heredaría la tierra (Dt. 1:38; 3:28; Jos. 1:6) y la plenitud de las promesas del reino de Dios al final de los tiempos (Éx. 32:13; Is. 14:1-2; 49:8; 57:13; Ez. 47:13; Sof. 2:9). La repetición de la palabra **remanente** enfatizaba que los israelitas fieles de la época de Zacarías recibirían más que bendiciones temporales de parte de Dios en el presente. Junto con todos los redimidos, gozarían también de las promesas del reino de Dios en el futuro (cp. Jn. 5:28-29; Ap. 19:17–20:7). Al enfatizar que el **remanente** [...] **poseería** las bendiciones de Dios, Él estaba usando la provisión inmediata de una cosecha abundante para asegurar a su pueblo que ciertamente recibirían al final la plenitud de su gracia. Por esta razón, podían levantarse y esforzarse sin temor.

ESFUÉRCENSE EN LAS PROMESAS DE DIOS

Y sucederá que como fuisteis maldición entre las naciones, oh casa de Judá y casa de Israel, así os salvaré y seréis bendición. No temáis, mas esfuércense vuestras manos. Porque así ha dicho Jehová de los ejércitos: Como pensé haceros mal cuando vuestros padres me provocaron a ira, dice Jehová de los ejércitos, y no me arrepentí, así al contrario he pensado hacer bien a Jerusalén y a la casa de Judá en estos días; no temáis. (8:13-15)

Después de describir su fidelidad presente en los versículos 11-12, el Señor siguió hablando sobre el futuro de Israel con la frase **y sucederá**. Al asegurar a su pueblo que su futuro estaba garantizado, Dios les dio una razón para no preocuparse ni angustiarse. El mandato **no temáis** se repite dos veces en esta sección, una cerca del comienzo (v. 13) y otra al final (v. 15). Las promesas del Señor que garantizaban el futuro de Israel significaban que el remanente fiel no tenía nada que temer en el presente.

La primera de estas promesas fue la restauración de la reputación global de Israel: **como fuisteis maldición entre las naciones, oh casa de Judá y casa de Israel, así os salvaré y seréis bendición**. En el pasado, Israel se había vuelto **maldición**, un término que se refiere, no solo al juicio y a la ira de Dios, sino también al menosprecio y estigma que, como consecuencia, Israel tenía **entre las naciones** (cp. Dt. 28:15-45; Jer. 24:9). Esta maldición no solo fue en contra del reino del norte, sino contra la **casa de Judá** y la **casa de Israel**.

Este recordatorio de la vergüenza nacional en el pasado exaltaba por contraste la promesa de la gloria futura de Israel. En su gracia abundante, Dios no abandonaría a su pueblo; en cambio, Él declaró: **os salvaré**, es decir, que intervendría y revocaría el juicio anterior que llevó a cabo contra ellos al expiar sus pecados, restaurarlos a sí mismo, librarlos de sus enemigos y garantizar su futuro en el reino. Gracias a la misericordiosa intervención de Dios, la nación que alguna vez fue maldita se convertirá en cambio en **bendición**. El pueblo no solo experimentaría bendición en las áreas en las que antes solo hubo juicio (en sus lugares de residencia [cp. Dt. 28:16], en su productividad [cp. 28:17], en su vida personal [cp. 28:18] y en sus ambiciones [cp. 28:19]), sino que también **serían bendición** para el mundo. La nación de Israel, que alguna vez fue avergonzada y menospreciada, finalmente ofrecerá gozo al mundo entero cuando los habitantes de todas las naciones lleguen a Jerusalén para exaltar al Señor (cp. Is. 2:2-4; 19:23-25; Zac. 2:11), deleitarse en su presencia (Is. 19:24), experimentar su paz (60:10-19) y disfrutar de su bondad en un mundo restaurado (cp. 11:8-10; Gn. 1:22, 28; 2:3). En Génesis 12, Dios prometió a Abraham que, en Israel, serían benditas todas las naciones de la tierra (cp. Gn. 12:1-3). Más de mil años más tarde, por medio de la profecía de Zacarías, el Señor reiteró esta promesa. Incluso las naciones que habían odiado a Israel terminarían por amarla (cp. Zac. 8:22-23).

Con base en las promesas futuras de Dios para Israel (cp. vv. 1-8), Él mandó a su pueblo: **No temáis, mas esfuércense vuestras manos**. Los israelitas no debían temer el fracaso porque el Señor garantizaba su éxito. No debían temer a los enemigos ni los obstáculos porque Jehová les aseguraba que estaría con ellos. No debían temer la incapacidad personal ni la falta de recursos porque Dios había prometido salvarlos, librarlos y hacer que todas las cosas obraran para bien de su pueblo.

Alentados por su esperanza en el Señor, Israel no debía retraerse en cobardía, sino más bien avanzar en confianza. Dios mandó al pueblo: **Esfuércense vuestras manos**. Antes ya en el pasaje (cp. Zac. 8:13), Dios hizo esta misma exhortación y mandó al pueblo completar la construcción del templo. En lugar de darse por vencido, el remanente fiel debía hacerse de valor y perseverar en obediencia. Esto lo lograrían armados de la esperanza, tanto de la presencia permanente de Dios en el presente, como de sus abundantes promesas para el futuro.

Con la séptima aparición en este capítulo de la frase **así ha dicho Jehová de los ejércitos** (v. 14), el Señor le recordó a su pueblo que no debía temer, no solo porque sus promesas futuras eran gloriosas, sino, sobre todo, porque eran certeras. Las palabras de los versículos 14-15 resaltan la naturaleza absoluta de las promesas de Dios a Israel: **Como pensé haceros mal cuando vuestros padres me provocaron a ira, dice Jehová de los ejércitos, y no me arrepentí, así al contrario he pensado hacer bien a Jerusalén y a la casa de Judá en estos días**. Para destacar su prerrogativa soberana, Jehová explicó que Él **pensó**, es decir, formó o elaboró un plan en su soberana voluntad (cp. Zac. 1:6), para **haceros mal cuando vuestros padres me provocaron a ira**. Lo que el Señor ordenó desde antes de la fundación del mundo y reveló con cientos de años de anticipación (cp. Lv. 26; Dt. 27–28) tuvo lugar exactamente como Él lo advirtió. Él afirmó: **no me arrepentí**. Dios no dejó de lograr todo lo que se propuso ni redujo la intensidad de lo que había ordenado de antemano. Él llevó a cabo todo, tal y como lo planeó. Los israelitas sabían esto a la perfección. Ellos habían experimentado el juicio de Dios a lo largo de su historia. Sus antepasados **provocaron** continuamente **a ira** a Dios (cp. 2 R. 17:7-23), lo que finalmente resultó en la calamidad del destierro. Todo lo que Dios había prometido en el pasado, en términos del juicio por la rebelión de Israel contra Él, se cumplió. Por lo tanto, todo lo que Dios ordenó y prometió para el futuro de Israel, en términos de salvación y de bendición, también se cumpliría. El Señor afirmó: **así al contrario he pensado hacer bien a Jerusalén y a la casa de Judá en estos días**. El término **he pensado** es el mismo que se usó en el enunciado anterior. La misma voluntad soberana que ordenó el juicio histórico de Israel también ordenó su bendición futura, y todo lo que Dios ordena en su soberanía ciertamente se cumplirá.

El Señor reiteró **así** este propósito **en estos días** a la audiencia de Zacarías para garantizarle a su pueblo que, aunque Israel había pecado en el pasado, el plan soberano de Dios para ellos no había cambiado. Como resultado, el pueblo podía estar seguro de que Jehová haría **bien a Jerusalén y a la casa de Judá**. El uso de la palabra **bien** contrasta directamente con la palabra "mal" que se usó antes (cp. v. 14). En una reversión de la calamidad total que experimentó su pueblo, el Señor prometió salvarlos y derramar sobre ellos bendición, una promesa que se extendía **a Jerusalén y a la casa de Judá**. Cuando la capital de la nación y su casa real obtengan la victoria (cp. Sof. 2:7; Zac. 10:3, 6; 12:4), Israel y, por extensión, el mundo entero, gozarán de una paz y prosperidad prolongadas (cp. 12:1-9; 14:1-11).

Como sus promesas son seguras, el Señor declaró una vez más a Israel: **no temáis**. El temor había paralizado a los israelitas de la época de Zacarías y les había impedido perseverar en la tarea que Dios les había dado de terminar el templo. Sin embargo, no había razón para temer. Jehová le recordó a su pueblo que Él los salvaría, que les haría bien y que haría de ellos una bendición para el mundo. Por esta razón, tenían el mandato de hacerse de valor y de no perder la esperanza. Al saber que el resultado estaba garantizado, debían perseverar en obediencia y fidelidad al Señor.

ESFUÉRCENSE EN LA VERDAD DE DIOS

Estas son las cosas que habéis de hacer: Hablad verdad cada cual con su prójimo; juzgad según la verdad y lo conducente a la paz en vuestras puertas. Y ninguno de vosotros piense mal en su corazón contra su prójimo, ni améis el juramento falso; porque todas estas son cosas que aborrezco, dice Jehová. (8:16-17)

En los versículos 16-17, Dios ofreció una serie final de implicaciones prácticas que emanan de las promesas que hizo a Israel. Él presentó estas expectativas para su pueblo con el enunciado: **Estas son las cosas que habéis de hacer**. Las promesas de Dios a Israel no solo informaban al remanente fiel respecto al futuro, sino que también motivaban una acción inmediata en el presente.

A la luz de la verdad de Dios sobre el reino venidero, el pueblo debía andar en verdad en el presente. Esta expectativa comenzaba con sus palabras. La instrucción del Señor era clara: **Hablad verdad cada cual con su prójimo**. Los israelitas debían apartarse de todo engaño y deshonestidad y hablar con integridad conforme a las verdades y a las promesas de la Palabra de Dios (cp. Sal. 15:1-2). De esta forma, el pueblo de Israel se afirmaría adecuadamente en la verdad a medida que trabajaban juntos para edificar el templo, el lugar en el que adorarían al Dios verdadero. El apóstol Pablo citó precisamente este mandamiento siglos más tarde en Efesios 4:25 cuando escribió: "Por lo cual, desechando la mentira, hablad verdad cada uno con su prójimo; porque somos miembros los unos de los otros". Desde Zacarías, pasando por Pablo y hasta nuestros días, los creyentes de todas las épocas tienen el llamado de hablar de formas caracterizadas por la integridad, la honestidad y la verdad.

Israel no solo debía hablar la verdad, sino también juzgar **según la verdad y lo conducente a la paz en vuestras puertas**. Las **puertas** representaban el lugar en el que se tomaban las decisiones comerciales y gubernamentales importantes. Además de las palabras que pronunciaban en sus conversaciones, los Israelitas debían manifestar veracidad e integridad en sus políticas y en su jurisprudencia. En específico, se les mandó: **juzgad según la verdad**, es decir, tomar decisiones y emitir veredictos legales consistentes con los estándares perfectos de la ley de Dios (cp. Rut 4:1-12). Así pues, Israel debía hablar la verdad y juzgar según la verdad en anticipo de la promesa de Dios de que Jerusalén llegaría a ser Ciudad de la Verdad (cp. Zac. 8:3). Esta realidad futura era una poderosa motivación para que el pueblo anduviera en verdad en el presente. Su santidad estaba motivada por la esperanza (cp. 2 P. 3:14; 1 Jn. 3:2-3). Al gobernar con honestidad e integridad, los israelitas emitirían juicios justos que resultarían en **paz** al considerar asuntos civiles y legales en sus reuniones en las **puertas** de la ciudad. Dios llamó a Israel a ejercer juicios justos y, así, a promover la paz y la estabilidad de la sociedad. La paz consecuente anticipaba la llegada del Príncipe de Paz que vendrá, quien emitirá juicios perfectos y traerá verdadera unidad en el reino milenario (cp. Is. 9:6).

Después de dar a Israel dos mandatos positivos, hablar con verdad y juzgar según la verdad, el Señor continuó con dos mandatos negativos. Él declaró: **ninguno de vosotros piense mal en su corazón contra su prójimo, ni améis el juramento falso**. En Zacarías 7:10, Jehová ya había hecho la primera de estas prohibiciones: "Ninguno piense mal en su corazón contra su hermano". Para una nación ocupada en una religión superficial y ritualista, el énfasis en el corazón ofrecía un recordatorio vital (cp. 1 S. 16:7). Las promesas de Dios no tenían la intención de promover meros actos externos. Las implicaciones prácticas estaban dirigidas al corazón, de donde debían fluir una adoración y una obediencia genuinas (p. ej.: Sal. 19:14). El Señor le recordó a su pueblo que los pensamientos y las motivaciones internas el uno con el otro debían ser puras (cp. Mt. 5:21-22).

El segundo mandato era: **ni améis el juramento falso**. Un **juramento falso** ocurre cuando un testigo da testimonio equivocado de forma intencional ante un tribunal (cp. Éx. 20:15) o cuando se hace una promesa o una garantía falsa a sabiendas. En contraste, las Escrituras mandan a los creyentes hablar con verdad (cp. Stg. 5:12) y cuidar sus palabras (3:1, 6). De nuevo, el mandato del Señor al pueblo de la época de Zacarías iba más allá del ámbito externo. Los israelitas no solo debían evitar pronunciar falsedades, sino que ni siquiera debían **amar** la mentira. Dios les mandó cuidar su corazón (de donde se originan las palabras de maldad; cp. Mr. 7:20-23) para no tender a hacer ni a pronunciar falsedad.

El Señor remarcó estos mandatos en contra de la falsedad con una declaración decisiva de desaprobación divina: **porque todas estas son cosas que aborrezco, dice Jehová**. Para Dios, la mentira no es un asunto arbitrario. Él aborrece todo lo que no es verdad porque esto va en contra de su naturaleza. Él es el Dios de verdad (Sal. 31:5; Is. 65:16) y no puede mentir (cp. Tit. 1:2; He. 6:18). Las palabras del Señor le recordaban al pueblo que el llamado a la integridad moral estaba fundamentado en el carácter de Él. Ellos habían sido llamados a amar lo que Él ama y a aborrecer lo que Él aborrece (cp. Pr. 6:16-19).

Además de motivar la obediencia de Israel, el enunciado del Señor reforzaba la certeza de sus promesas a Israel. Los juramentos de Dios no pueden ser falsos. Sus promesas son para siempre verdad (cp. 2 Co. 1:20). Por lo tanto, siempre se cumplirán. El remanente fiel podía descansar confiado en las promesas del Señor para el futuro de Israel. Al andar a la luz de esta esperanza futura, se esperaba que vivieran de tal manera que reflejara el carácter del Dios de verdad, Aquel que les había dado tales promesas.

En esta sección (Zac. 8:9-17), el Señor exhortó a su pueblo a esforzarse en su obra, en su gracia, en sus promesas y en su verdad. Al hacerlo, Israel estaría preparado para andar en obediencia, descansar en la fidelidad de Dios, permanecer firmes en la esperanza y hablar la verdad en amor. Al fundamentar estos principios en sus promesas para el futuro de Israel, Jehová dio a su pueblo la motivación que necesitaban para perseverar en el presente. Esta motivación se centraba en la esperanza del reino futuro del Mesías; el templo que fueron llamados a terminar anticipaba el templo glorioso que algún día se levantaría en el corazón de Jerusalén durante el milenio. Armados con las promesas de Dios y alentados por su presencia, el remanente fiel tenía todo lo necesario para evitar el temor y la falsedad. Tal como lo demostraban estos versículos, tener la mirada puesta en el reino no hace que la persona pierda la capacidad para hacer el bien en esta tierra. En cambio, tener la mirada en el reino es esencial para todo el que desee honrar y agradar al Señor.

Del ayuno al banquete

22

Vino a mí palabra de Jehová de los ejércitos, diciendo: Así ha dicho Jehová de los ejércitos: El ayuno del cuarto mes, el ayuno del quinto, el ayuno del séptimo, y el ayuno del décimo, se convertirán para la casa de Judá en gozo y alegría, y en festivas solemnidades. Amad, pues, la verdad y la paz. Así ha dicho Jehová de los ejércitos: Aún vendrán pueblos, y habitantes de muchas ciudades; y vendrán los habitantes de una ciudad a otra, y dirán: Vamos a implorar el favor de Jehová, y a buscar a Jehová de los ejércitos. Yo también iré. Y vendrán muchos pueblos y fuertes naciones a buscar a Jehová de los ejércitos en Jerusalén, y a implorar el favor de Jehová. Así ha dicho Jehová de los ejércitos: En aquellos días acontecerá que diez hombres de las naciones de toda lengua tomarán del manto a un judío, diciendo: Iremos con vosotros, porque hemos oído que Dios está con vosotros. (8:18-23)

El peor enemigo de la verdadera religión es la justicia propia. Todos los sistemas religiosos falsos apelan al orgullo, al egoísmo, a la promesa de salvación mediante los esfuerzos propios, a los logros personales y a la confianza en uno mismo. No obstante, el legalismo egocéntrico de la religión de obras se derrumba si se lo compara con la gracia inmerecida del evangelio, en la que se abandona la justicia propia y se acepta la rectitud justificadora que solo Dios ofrece (Fil. 3:7-9).

Consideremos el contraste entre el legalismo y la gracia. Los dos son diametralmente opuestos y se excluyen mutuamente (Ro. 11:6). El legalismo es una obra humana. La gracia es una dádiva de Dios. El legalismo busca obtener el favor de Dios mediante los méritos personales. La gracia es el favor inmerecido que Dios otorga a quienes reconocen que no pueden obtenerlo. El legalismo es externo y superficial y se manifiesta en una adherencia externa a reglas y a rituales. La gracia transforma a los pecadores desde adentro a medida que Dios los regenera por el poder de su Espíritu para andar en obediencia. El legalismo está cimentado en las arenas movedizas del esfuerzo personal. La gracia está anclada en la obra perfecta de redención de Dios. El legalismo comienza y termina con el yo. La gracia hacer morir el yo y se concentra en Dios.

Tal como lo revela el contexto de este pasaje, los israelitas estaban intentando obtener el favor de Dios mediante las obras. Ellos pensaban que los rituales religiosos eran la clave para agradar a Jehová (cp. Zac. 7:2-3). En respuesta, Zacarías condenó tales nociones superficiales. Aunque el pueblo guardaba ciertos días de ayuno, no estaban adorando en verdad a Dios. En cambio, se habían concentrado en sí mismos y en su justicia propia (cp. 7:5-6).

Zacarías 8 contrasta el legalismo de Israel (descrito en el capítulo 7) con la maravilla gloriosa de la gracia divina e invita al pueblo a aceptar la bondad de las promesas de Dios. En el capítulo 7, los israelitas pensaban que ayunar obligaría a Dios a ayudarlos (cp. 7:2-6). En este pasaje (8:18-19), Jehová los instruyó a vivir en gozo y piedad, en lugar de en tristeza y egocentrismo. En el capítulo 7, el pueblo asumió que podía ganarse el favor de Dios mediante sus obras (cp. 7:2). En este pasaje (8:20-22), el Señor expresó un deseo por escuchar las peticiones de los que buscan con sinceridad al Dador y no solo sus dádivas. En el capítulo 7, el pueblo creía haber hecho grandes obras para Dios (cp. 7:2-5). En este pasaje (8:23), el Señor les recordó que era Él quien haría grandes cosas por ellos.

Este capítulo concluye con promesas culminantes respecto al reino de Dios diseñadas para sacar a Israel de sus sendas legalistas y descansar en cambio en la gracia de Dios. Estos últimos versículos (8:18-23) ofrecen tres ilustraciones poderosas de la gloria de Israel en el reino milenario. En aquel día, el lamento de Israel se convertirá en alegría (vv. 18-19), sus enemigos en suplicantes (vv. 20-22) y su humillación en honra (v. 23).

DEL LAMENTO A LA ALEGRÍA

Vino a mí palabra de Jehová de los ejércitos, diciendo: Así ha dicho Jehová de los ejércitos: El ayuno del cuarto mes, el ayuno del quinto, el ayuno del séptimo, y el ayuno del décimo, se convertirán para la casa de Judá en gozo y alegría, y en festivas solemnidades. Amad, pues, la verdad y la paz. (8:18-19)

En el contexto anterior (vv. 9-17), Dios explicó que su pueblo debía poner por obra sus promesas. Cuando **vino** de nuevo a Zacarías **palabra de Jehová de los ejércitos**, el Señor reveló más detalles sobre el reino futuro del Mesías. Al igual que en otras promesas divinas, Zacarías introdujo esta profecía con la afirmación **así ha dicho Jehová de los ejércitos** para evitar que el lector pasara por alto la fuente divina de su contenido (cp. vv. 2, 3, 4, 6, 7, 9, 14, 19, 20, 23). Esta octava de diez apariciones de la frase en este capítulo (ver planteamiento en Zac. 8:2) introduce otro aspecto más del plan de Dios para Israel en el reino.

En el versículo 19, Dios enumeró **el ayuno del cuarto mes, el ayuno del quinto, el ayuno del séptimo, y el ayuno del décimo**. Estas palabras evocan lo que el pueblo de Israel dijo en Zacarías 7:3-5. En estos versículos, los israelitas preguntaron si debían buscar el favor de Dios mediante ayunos en el **mes** [...] **quinto** y en el **séptimo**. Estas fechas conmemoraban la caída de Jerusalén (2 R. 25:8-9) y el asesinato de Gedalías (25:25); ambos eventos representaban momentos muy oscuros de la historia de Israel. A estos, Dios agregó el **cuarto** mes, cuando los ejércitos de Nabucodonosor abrieron brecha en los muros de Jerusalén (25:3-4) y el **décimo** mes, cuando comenzó el sitio de Jerusalén (25:1). Estos ayunos recordaban los eventos que condujeron a la caída de Jerusalén, a la destrucción del templo y al destierro de Judá a Babilonia. Al marcar estos eventos con ayunos y lamentos, el pueblo de la época de Zacarías asumía que podía ganarse el favor de Dios (cp. Zac. 7:2).

Después de dos capítulos, el Señor regresó a la pregunta original del pueblo y la respondió (7:3). En resumen, Dios les informó que estaban considerando la situación al revés. Ellos estaban concentrados en las tragedias del pasado, pero el Señor los llamaba a enarbolar sus promesas para el futuro. Él dirigió su atención a una época en la que los ayunos de lamento **se convertirán para la casa de Judá en gozo y alegría, y en festivas solemnidades**. Los días de luto se transformarían en días de júbilo y de gozo. Su dolor se convertiría en **alegría**, una referencia a una felicidad genuina e interna, en contraste con las lúgubres ceremonias de Israel. Jehová reemplazaría los ayunos tortuosos de estos meses con **festivas solemnidades**. El término **festivas solemnidades** se refiere a las fiestas nacionales y se usa en otros lugares para denotar las celebraciones principales de Israel en las que el pueblo se reunía en Jerusalén tres veces al año (cp. Éx. 23:15; Nm. 10:10; 2 Cr. 2:4). Las épocas de lamento nacional que marcaban el juicio de Dios en el pasado se convertirán en festividades nacionales en el futuro para celebrar la gracia y el favor de Dios. En aquellos días, ya no habrá lamento, porque el pueblo tendrá espíritu **festivo**. Así pues, Dios prometió que, en el reino milenario, toda tristeza, lamento y angustia por causa del pasado se transformaría en júbilo. Para el pueblo de la época de Zacarías, estas promesas ofrecían la esperanza que necesitaban. En lugar de lamentarse por el pasado y buscar ganarse el favor de Dios en el presente mediante ayunos y rituales, era momento de que el pueblo de Dios volteara a ver las promesas de Jehová y confiara en su bondad.

El Señor expresó las implicaciones prácticas de esta perspectiva esperanzadora para su pueblo: **Amad, pues, la verdad y la paz**. Esta exhortación tenía el objetivo claro de corregir cualquier indicio de legalismo. La conjunción **pues** demostraba que la obediencia a los mandatos de Dios obedece a la aceptación de sus promesas y que es su resultado lógico. Los actos de amar la verdad y buscar la paz no producen el favor de Dios ni meritan su bondad. En cambio, estos actos de obediencia fluyen de corazones anclados en la esperanza de las promesas de Dios para su pueblo. No son meros patrones externos de comportamiento, sino que reflejan más bien el poder transformador de Dios; esto es lo que el Señor enfatizó con la palabra **amad**. Antes en este pasaje, Dios exhortó a Israel a no amar el juramento falso (cp. Zac. 8:17). El pueblo no solo debía evitar la mentira en sus palabras, sino que debía también aborrecerla en su corazón; de esta manera, reflejaría el carácter perfecto de Dios (cp. Zac. 8:17; 1 S. 13:14). Una respuesta correcta a la gracia de Dios no es meramente externa, sino que comienza con un cambio en los afectos. En este contexto, Dios llamó a Israel a amar específicamente **la verdad y la paz**. Antes en el capítulo (Zac. 8:3, 8, 16), estos términos describieron las actitudes de ser honesto, no hablar con mentira ni falsedad, promover la verdad de la Palabra de Dios y fomentar la armonía y la integridad en el pueblo de Dios. La búsqueda de la verdad y de la paz trasciende cualquier ayuno o ceremonia y busca imitar el carácter de Dios en la totalidad de la vida (ver planteamiento en 8:17). Los que se caracterizan por tales virtudes en esta vida demuestran que son ciudadanos de aquel reino futuro en el que prevalecerán tanto la verdad como la paz (cp. 8:3, 12). En contraste con los rituales religiosos superficiales y los días de ayuno y de lamento, Zacarías llamó a Israel a responder a las promesas de la gracia de Dios con esperanza inmutable, anticipación gozosa y un amor sincero por la verdad y la paz.

DE ENEMIGOS A SUPLICANTES

Así ha dicho Jehová de los ejércitos: Aún vendrán pueblos, y habitantes de muchas ciudades; y vendrán los habitantes de una ciudad a otra, y dirán: Vamos a implorar el favor de Jehová, y a buscar a Jehová de los ejércitos. Yo también iré.

Y vendrán muchos pueblos y fuertes naciones a buscar a Jehová de los ejércitos en Jerusalén, y a implorar el favor de Jehová. (8:20-22)

En el versículo 20, con la siguiente aparición de la frase **así ha dicho Jehová de los ejércitos**, Dios introdujo otra promesa respecto al reino que tiene que ver con la conversión de los gentiles. El Señor explicó a los israelitas que **aún vendrán pueblos, y habitantes de muchas ciudades**. Esta imagen describe a un caudal de personas de todas las naciones que se dirigirían a Jerusalén. En Zacarías, la palabra "pueblo" se usa principalmente para referirse al propio pueblo de Dios, Israel (cp. Zac. 2:11; 7:5; 8:6, 7, 8, 11, 12). Aquí, el término se refiere a los gentiles que vivirán durante el reinado milenario. Al llamarlos **pueblos**, el Señor indicó que los habitantes de estas naciones también serían pueblo de Dios y que gozarían de una relación salvadora con Él. Esto pueblos no serían pocos en número, sino que serían **habitantes de muchas ciudades**, es decir, una multitud de todas partes del mundo. Estos residentes de **muchas ciudades** llegarán a una sola ciudad, Jerusalén, la ciudad capital del reino del Mesías. Llegarán, no para invadirla ni para librar una guerra, sino más bien para invocar al Señor en adoración. A lo largo de la historia, las naciones llegaban a Jerusalén para sitiarla (cp. 1 R. 14:25; 2 R. 18–19); sin embargo, en el futuro, llegarán por una razón totalmente diferente: viajarán hasta Jerusalén para alabar y exaltar a Jehová con corazones transformados por Él.

La sinceridad de su corazón es evidente en el entusiasmo de sus actos: **y vendrán los habitantes de una ciudad a otra, y dirán: Vamos a implorar el favor de Jehová, y a buscar a Jehová de los ejércitos**. Los gentiles se unirán en el deseo de adorar al Señor a medida que **los habitantes de una ciudad** irán **a otra** y se instarán proactivamente el uno al otro a exaltar al Dios verdadero. Consumidos por esta adoración, se dirán entre sí: **Vamos a implorar el favor de Jehová**. El verbo que se traduce **implorar el favor** se usó ya en Zacarías 7:2 y hace referencia a invocar, no solo la buena voluntad de Dios, sino también su ayuda y liberación. Al implorar al Señor, las naciones confesarán su dependencia total de Él. Ellos llegarían **a buscar a Jehová de los ejércitos**, no solo por las dádivas que Él ofrece, sino también por el Dador mismo. Ellos buscarán una relación con Él porque estarán ansiosos de conocerlo más profundamente y de honrarlo en todo (Éx. 33:7; Dt. 4:29; Is. 45:19; 51:1; Sof. 2:3).

A medida que los gentiles se inviten unos a otros a adorar a Jehová, cada uno de ellos responderá: **Yo también iré**. Este enfoque en el individuo es importante. En las Escrituras, no es posible obtener la fe salvadora por representación, es decir, por pertenecer a un grupo, nación o familia específica. En cambio, Dios elige individuos y trabaja en el corazón de cada persona, de manera que todos los creyentes acepten al Señor Jesús de forma personal con fe salvadora (cp. Ez. 36:25-28; Jer. 31:31-34; Hch. 2:37-41; Ro. 10:9-10; Ef. 1:3-6). Las naciones descritas en los versículos 20-22 recibirán la salvación porque cada uno de sus habitantes será transformado por la gracia divina. La afirmación **yo también iré** transmite el deseo del corazón de todos los habitantes: una determinación entusiasta y gozosa de ir y adorar al Salvador.

Por primera vez en la historia universal, los residentes de todas las naciones de la tierra buscarán adorar a Jehová. Cuán diferente será esta realidad futura de las épocas pasadas de apostasía. Las palabras de Deuteronomio 13:13 describen este momento: "Han salido de en medio de ti hombres impíos que han instigado a los moradores de su ciudad, diciendo: Vamos y sirvamos a dioses ajenos". Jeremías 11:12 describe una escena similar: "E irán las ciudades de Judá y los moradores de Jerusalén, y clamarán a los dioses a quienes queman ellos incienso". Tal como lo ilustran estos pasajes, las Escrituras identifican momentos en que los habitantes de diferentes ciudades se rebelaron contra la verdad y adoraron a dioses falsos. En contraste, durante la época del reino terrenal del Mesías, los habitantes de todas las ciudades, no solo de Israel, sino también de todo el mundo, viajarán a Jerusalén para implorar el favor de Jehová y adorarlo.

Así pues, el reino terrenal de Cristo incluirá la adoración colectiva más extensa de la historia de la humanidad. Después de instarse unos a otros a la adoración, **vendrán muchos pueblos y fuertes naciones a buscar a Jehová de los ejércitos en Jerusalén, y a implorar el favor de Jehová**. Esta adoración será global porque **muchos pueblos** de todos los rincones del mundo viajarán a Jerusalén. Hasta **vendrán** [...] **fuertes naciones**, lo que demuestra que toda autoridad política, poderío económico y fuerza militar estará sujeta a Jehová (cp. Dn. 7:13-14). Estos acudirán **a buscar a Jehová de los ejércitos en Jerusalén, y a implorar el favor de Jehová**. En el versículo anterior, los gentiles se invitaban unos a otros al deleite y a la dependencia (ver planteamiento anterior). Este versículo describe la repuesta a esta invitación: ellos honran al Señor, no solo en palabra, sino también en obra (cp. 1 Jn. 3:18).

En el versículo 21, los habitantes de las naciones se invitan unos a otros a implorar y a buscar a Dios. En el versículo 22, el orden se revierte. Primero, los gentiles buscan a Dios y, luego, lo imploran. Esto refleja las prioridades correctas de la adoración: un anhelo profundo por conocer a Dios (por buscarlo) y no solo por recibir sus bendiciones (por implorar su favor). La repetición del nombre de pacto de Dios, **Jehová**, demuestra que las naciones adorarán al único Dios verdadero y tendrán comunión con Él. Él pondrá su amor en ellos y ellos responderán dispuestos con amor y afecto hacia Él.

Esta adoración colectiva global sucederá **en Jerusalén**. Tal como lo explicó Jesús, la verdadera adoración no está atada a un lugar, sino que debe ofrecerse a Dios en espíritu y en verdad (Jn. 4:23-24). Sin embargo, el énfasis único en Jerusalén en este pasaje es relevante. En Deuteronomio, el Señor exigió que su pueblo lo adorara en una *única* ciudad para reflejar que Él es el *único* Dios verdadero. Con el objetivo de demostrar que las naciones se volverán a una a adorar en verdad a Jehová, el Señor profetizó que todas las naciones se dirigirán a Jerusalén, la ciudad que Él diseñó con este propósito (Is. 2:2-4; 56:7; 60:1-14; Mi. 4:1-3).

El plan futuro de Dios para las naciones gentiles constituye una manifestación espléndida de su gracia. Sin embargo, el propósito principal del Señor al revelar esta verdad fue ilustrar una lección vital para Israel. En Zacarías 7:2, los israelitas acudieron a implorar el favor de Jehová. En estos versículos (8:21-22), el Señor habló de una época futura en la que incluso los gentiles implorarán el favor del Señor. Para el pueblo de la época de Zacarías que pensaba que podía ganarse el favor de Dios mediante ayunos prescritos y rituales religiosos, la idea de que los gentiles pudieran **implorar el favor** de Jehová debió de haber sido sorprendente.

Los gentiles no guardaban los ayunos ni los rituales de Israel. No obstante, ese era el punto. De la misma manera en que los gentiles recibirían el favor divino en el reino cuando buscaran al Señor con un corazón redimido, también el pueblo judío de la época de Zacarías debía buscar a Jehová en amor y en verdad. La salvación futura de las naciones era un recordatorio poderoso para Israel de que el favor del Señor no puede ganarse por méritos mediante prácticas religiosas, ceremonias ni rituales. Esta solo la reciben quienes aman al Dador, no solo sus dádivas.

DE LA HUMILLACIÓN A LA HONRA

Así ha dicho Jehová de los ejércitos: En aquellos días acontecerá que diez hombres de las naciones de toda lengua tomarán del manto a un judío, diciendo: Iremos con vosotros, porque hemos oído que Dios está con vosotros. (8:23)

Las palabras iniciales, **así ha dicho Jehová de los ejércitos**, marcan la décima y última vez que aparece este enunciado introductorio en Zacarías 8. Con su enfoque en el reino futuro del Mesías, este capítulo revelaba la restauración de Israel (8:2-19) y la conversión de las naciones (8:20-22). Ahora bien, ¿cuál será la relación entre judíos y gentiles en aquella época? Cuando el mundo acuda a Jerusalén, ¿qué clase de paz y armonía reinará? El último versículo de este capítulo responde esta pregunta y, así, lleva esta sección respecto a las promesas del reino a una conclusión culminante.

Jehová comenzó afirmando que, **en aquellos días**, en la cúspide de la historia en el reino milenario, **diez hombres** buscarán acompañar a cada israelita. El número **diez** es importante, un punto que se refleja incluso en este capítulo con las diez repeticiones de la expresión “Así ha dicho Jehová de los ejércitos” (o “Así dice Jehová” en 8:3). El número diez transmite la idea de plenitud sin dejar de comunicar el número en sí (cp. Gn. 31:7; Lv. 26:26). En el futuro, habrá **diez hombres** por cada judío, lo que ilustra el tremendo número de gentiles **de las naciones de toda lengua** que se dirigirán a Jerusalén. Israel pasará de sufrir el desprecio de sus vecinos a convertirse en la nación más deseada del mundo. El uso de la palabra **lengua** nos apunta de vuelta a Babel, donde Dios dividió las lenguas de la humanidad (Gn. 10:5, 20, 31; 11:1-9). En Babel, el Señor confundió los idiomas de las personas por causa de su rebelión contra Él. Esto resultó en la división de la humanidad en muchas naciones (cp. Hch. 17:26). En el reino milenario, se revertirá esta desunión cuando toda lengua se una en pedir a los judíos ir con ellos a adorar al único Dios verdadero.

Los habitantes de las naciones **tomarán del manto a un judío**, lo que demuestra su entusiasmo por el Dios de Israel. El texto hebreo enfatiza esta acción y dice literalmente: “tomarán [...] tomarán”. La idea en hebreo es que los gentiles tomarán de forma repetida a los israelitas por sus ropas. Sin embargo, este no es un acto de hostilidad. En cambio, es un acto de entusiasmo por unirse al pueblo de Israel en adoración al Señor. **Tomar del manto** o, más exactamente, el borde del manto, es buscar un favor especial por asociación con una persona. En los Evangelios, una mujer desesperada que tenía una hemorragia interna hizo un esfuerzo similar por tocar el manto del Señor Jesús (Mr. 5:29). Las naciones buscarán en repetidas ocasiones asociarse con Israel de cualquier manera posible, incluso si esto significa solo poder asirse del borde de su manto. La falta de respeto por la nación de Israel desaparecerá con estas muestras de afecto.

El texto indica que los gentiles tomarán del manto a un **judío**. Los enemigos de Israel a menudo usaban el término **judío**, que se deriva del nombre Judá, de forma despectiva (cp. Est. 3:4, 6, 10; Neh. 4:1). No obstante, en el reino milenario, el término será un título de respeto y de estima. Aunque Israel fue humillada y rechazada por las naciones en el pasado, durante el reinado terrenal de Cristo, los judíos serán honrados y atesorados.

En aquella época, los habitantes de la nación explicarán su entusiasmo por asociarse con Israel con estas palabras: **Iremos con vosotros, porque hemos oído que Dios está con vosotros**. Las naciones reconocerán la relación única del Señor con Israel en la medida en que Él habite con su pueblo y lo bendiga. Al saber esto, los gentiles anhelarán unirse a Israel para gozar de estas bendiciones (cp. Gn. 12:1-3). Teodoro de Mopsuestia, el teólogo del siglo v, explicó:

> Dios hará tan notorio el regreso del remanente que muchas personas de diferentes naciones que han compartido esta calamidad percibirán el cuidado de Dios por el pueblo. Se aferrarán a cualquiera de ellos y lo usarán como guía para regresar a Jerusalén, ya que todos se verán movidos en esa dirección por la clara evidencia de que Dios está con ellos, con base en las obras increíbles que Él ha hecho por ellos.[1]

A lo largo de su historia, las naciones a menudo rechazaron a Israel; sin embargo, en el reino milenario, Israel recibirá honra. La razón de esto es que, aunque Dios aborreció a Israel por sus pecados pasados, Él los amará cuando se arrepientan. Aunque el Señor bendecirá a todas las naciones durante este período (Zac. 8:20-22), Él hará mucho más por Israel, de tal manera que las demás naciones del mundo reconocerán que las bendiciones de Israel superan con creces a las suyas propias. Ciertamente, Dios hará más de lo que Israel pudo jamás pedir o pensar.

Esta ilustración vívida de la bendición futura de Israel concluye de manera apropiada las promesas gloriosas del reino detalladas en Zacarías 8. Los israelitas de la época de Zacarías se preguntaban qué debían hacer por Dios (cp. 7:2-3), pero Él les reveló en cambio lo que haría por Israel. Jehová mismo le recordó a su pueblo que no podían obtener su favor mediante ayunos y rituales. En cambio, Él los llamó a adorarlo de corazón en respuesta a las maravillosas promesas de su gracia. Consumidos por el amor y la gracia de Dios hacia ellos, podrían entonces responder en amor hacia lo que Él ama: la verdad y la paz (cp. 8:19). Esta clase de amor surge desde adentro y no es legalista ni ritualista. No busca únicamente las buenas dádivas de Dios, sino también al Dador mismo. Su fuente es la gracia de Dios (1 Jn. 4:19) y constituye la esencia de la religión verdadera (Mr. 12:30-31). Tal como lo ilustra Zacarías 8, esta clase de amor es la marca distintiva de todo creyente verdadero, judío o gentil, en esta era o en la siguiente.

1. Teodoro de Mopsuestia, *Commentary on Zechariah*, 8.23 (PG 66:552); ver también George L. Klein, *Zechariah, New American Commentary* (Nashville: B&H Publishing Group, 2008), 250.

Un relato de conquistas 23

La profecía de la palabra de Jehová está contra la tierra de Hadrac y sobre Damasco; porque a Jehová deben mirar los ojos de los hombres, y de todas las tribus de Israel. También Hamat será comprendida en el territorio de este; Tiro y Sidón, aunque sean muy sabias. Bien que Tiro se edificó fortaleza, y amontonó plata como polvo, y oro como lodo de las calles, he aquí, el Señor la empobrecerá, y herirá en el mar su poderío, y ella será consumida de fuego. Verá Ascalón, y temerá; Gaza también, y se dolerá en gran manera; asimismo Ecrón, porque su esperanza será confundida; y perecerá el rey de Gaza, y Ascalón no será habitada. Habitará en Asdod un extranjero, y pondré fin a la soberbia de los filisteos. Quitaré la sangre de su boca, y sus abominaciones de entre sus dientes, y quedará también un remanente para nuestro Dios, y serán como capitanes en Judá, y Ecrón será como el jebuseo. Entonces acamparé alrededor de mi casa como un guarda, para que ninguno vaya ni venga, y no pasará más sobre ellos el opresor; porque ahora miraré con mis ojos. (9:1-8)

Zacarías ministró durante un período crítico de la historia de Israel. El pueblo, después de regresar del cautiverio en Babilonia, encontró su tierra ancestral en ruinas. Viajaron a Jerusalén con la intención de reconstruirla, pero el trabajo se detuvo, en parte porque la tarea les pareció abrumadora. Para agravar su desaliento, los israelitas también enfrentaban amenazas constantes de parte de las naciones circundantes. Los retos crecientes tentaron al pueblo a retraerse en temor, en lugar de continuar la labor de reconstrucción con valor. Por medio de sus profetas, Hageo y Zacarías, el Señor alentó a su pueblo a esperar confiados en Él y a perseverar en la obra.

Los temas de la presencia, de la protección y de la provisión de Dios resuenan en la profecía de Zacarías. Estos temas culminan en la última porción del libro (los capítulos 9–14) y se centran en específico en el reino terrenal futuro del Mesías. A lo largo de estos capítulos, el Señor reiteró su amor eterno y su plan para salvar a Israel. Como el amor de Dios nunca fallará, Él ciertamente cumplirá las promesas que hizo a su pueblo, tanto en el futuro inmediato como en el final de los tiempos. Él prometió que los enemigos de Israel serían derrotados y destruidos, pero que Él mismo defendería y libraría a su pueblo.

Estos últimos capítulos (Zac. 9–14) consisten en dos oráculos divinos. El primero (en los capítulos 9–11) revela el juicio venidero de Dios en contra de sus enemigos. El segundo (en los capítulos 12–14) predice la liberación definitiva de Dios hacia su pueblo, cuando Él regrese a vencer a todos sus enemigos y a reinar como soberano sobre Jerusalén.

La sección inicial del capítulo 9 (vv. 1-8) predice la derrota militar de Siria, el Líbano y Filistea, vecinos de Israel. Aproximadamente doscientos años después que Zacarías pronunció esta profecía, Alejandro Magno (356-323 d. C). conquistó estas regiones precisamente conforme a la descripción de Zacarías. Sin embargo, las profecías de este pasaje van más allá de Alejandro y, en última instancia, apuntan al vencedor mesiánico al final de los tiempos. La campaña militar de Alejandro es una ilustración histórica que anticipa la conquista futura en la venida de Cristo (cp. Ap. 19). Además, al predecir los movimientos de Alejandro con tanta precisión, el Señor demostró tanto su soberanía sobre el futuro como su fidelidad en cumplir su Palabra a la perfección.

Para la audiencia original de la profecía de Zacarías, todo lo revelado en este pasaje, incluyendo las hazañas militares de Alejandro Magno, seguía en el futuro. Al mirar hacia el porvenir, el pueblo de Dios se vio alentado por estas palabras a confiar en el Señor y a descansar en su plan soberano. Este plan incluía la destrucción de sus adversarios, así como la liberación de su pueblo. En consecuencia, este pasaje (9:1-8) resalta tres temas importantes: el juicio imparable de Dios contra los enemigos de Israel (vv. 1-6), su gracia inmerecida hacia los gentiles (v. 7) y su protección infalible de su nación elegida, Israel (v. 8).

UN JUICIO IMPARABLE

La profecía de la palabra de Jehová está contra la tierra de Hadrac y sobre Damasco; porque a Jehová deben mirar los ojos de los hombres, y de todas las tribus de Israel. También Hamat será comprendida en el territorio de este; Tiro y Sidón, aunque sean muy sabias. Bien que Tiro se edificó fortaleza, y amontonó plata como polvo, y oro como lodo de las calles, he aquí, el Señor la empobrecerá, y herirá en el mar su poderío, y ella será consumida de fuego. Verá Ascalón, y temerá; Gaza también, y se dolerá en gran manera; asimismo Ecrón, porque su esperanza será confundida; y perecerá el rey de Gaza, y Ascalón no será habitada. Habitará en Asdod un extranjero, y pondré fin a la soberbia de los filisteos. (9:1-6)

La profecía de la palabra de Jehová comienza una nueva sección en el libro y sirve como encabezado para el contenido de Zacarías 9–11. La palabra **profecía** probablemente esté relacionada con la idea de una carga. Transmite la forma en que la revelación, en especial la que concierne al juicio divino, carga el corazón del profeta y lo mueve a proclamar lo que Dios ha revelado. La palabra **profecía** a menudo se usa para introducir profecías de juicio contra naciones e individuos. En los últimos capítulos de Zacarías, la palabra aparece dos veces y, en cada una de estas, introduce profecías de juicio de parte de **la palabra de Jehová**. La primera profecía (que comienza en 9:1) introduce un juicio histórico y una profecía respecto a los gentiles, y la segunda (que comienza en 12:1) introduce un juicio escatológico y un cumplimiento para Israel. El Señor Jesús reiteró este paradigma cuando habló de los tiempos de los gentiles (Lc. 21:24), después de los cuales se cumplirán las promesas de Dios para Israel. Las profecías al final de Zacarías demuestran que Dios ha ordenado de antemano un plan completo para todas las naciones y para toda la historia hasta el final.

Esta profecía de juicio comienza nombrando **la tierra de Hadrac**. Aunque no se menciona a Hadrac en ningún otro lugar de las Escrituras, las fuentes extrabíblicas la mencionan como la parte norte de la Siria bíblica, es decir, Aram.

Este es uno de los distritos de Hamat, un lugar considerado la frontera norte del territorio ideal de Israel (cp. 2 Cr. 8:4).[1] En la época de Zacarías, se encontraba claramente fuera de la tierra de Israel, lo que indica que estas palabras estaban dirigidas a los pueblos gentiles.

El juicio de Dios comenzará en Hadrac y terminará **sobre Damasco**, es decir, que residirá en Damasco. La terminología ilustra la profecía de Dios como si se asentara o se estableciera en Damasco, lo que indica que la ciudad experimentará la ira de Dios de forma constante. Esto se cumplió vívidamente durante las conquistas de Alejandro Magno, quien invadió Siria después de conquistar Media y Persia en el 333 a. C. La victoria de Alejandro sobre Damasco prefigura el final de los tiempos cuando el Mesías conquiste la ciudad y avergüence a sus enemigos (cp. Jer. 49:23-27).

En el original, la palabra que se traduce **sobre** incluye la idea de un reposo. Esta noción de reposo se utiliza a lo largo de las Escrituras (cp. Gn. 2:3; Éx. 33:14; 2 S. 7:11; 1 R. 5:4; Sal. 95:11; He. 3–4) y también antes en este libro (Zac. 6:8) para anticipar el reposo edénico que Dios traerá algún día sobre la tierra. Aunque Damasco será blanco del juicio divino, más tarde se convertirá en un lugar caracterizado por la bendición divina. Ezequiel reveló que, en el reino milenario, Damasco estará presente en la frontera de Israel (Ez. 47:18; 48:1). Aunque la ciudad será juzgada, será también reconstituida para jugar un papel durante el reinado terrenal de Cristo en el cual sus habitantes encontrarán su reposo en Jehová.

La fuente de este reposo se identifica en el resto del versículo 1, que afirma que **a Jehová deben mirar los ojos de los hombres, y de todas las tribus de Israel**. Antes ya en Zacarías, la palabra **ojos** describía tanto la presencia del Espíritu en el plan de Dios (Zac. 4:10) como el poder que daría a su Mesías (3:9). En este versículo (9:1) no son los ojos del Señor, sino los del pueblo, los que miran **a Jehová**. A lo largo de la historia, la gente ha mirado a los conquistadores terrenales, como Alejandro, a quienes Dios usa para ejecutar sus propósitos soberanos. No obstante, al final de los tiempos, todo ojo se posará sobre el conquistador definitivo, el Mesías (Ap. 1:7). Esto no solo incluirá a los gentiles, sino también a **todas las tribus de Israel**. Para el pueblo de la época de Zacarías, esta profecía escatológica servía como recordatorio oportuno de que debemos poner nuestros ojos en el Señor, no solo para el futuro, sino también en el presente.

En los versículos 2-7, el Señor continuó detallando la derrota futura de los vecinos de Israel, de aquellas naciones que rodeaban y atemorizaban al pueblo. En la segunda visión de Zacarías (cp. Zac. 1:18-21), una serie de carpinteros aparecieron junto a una serie de cuernos. La visión simbolizaba cómo una nación vencería a otra a lo largo de la historia hasta la conquista y reinado finales del Mesías. En esta visión, todos los carpinteros estaban conectados: un carpintero seguía y emulaba a los demás hasta que, finalmente, culminaban todos en Cristo, el carpintero final. El mismo patrón puede verse en este pasaje (9:1-8). Como Alejandro Magno es uno de estos carpinteros en el plan providencial de Dios, este ilustra la victoria que Cristo logrará al final.

---

1. Mark J. Boda, *The Book of Zechariah*, New International Commentary on the Old Testament (Grand Rapids: Eerdmans, 2016), 536.

El versículo 2 describía el juicio de Dios contra Siria al mencionar que su ira caería sobre **Hamat**. Aunque la ciudad se encontraba a más de ciento sesenta kilómetros (100 mi) al norte de Damasco, Zacarías enfatizó que estará **comprendida en el territorio de** Israel (cp. Nm. 34:8), lo que indica que la conquista se extenderá hasta la zona de la tierra prometida. Históricamente, después de conquistar Media y Persia, los ejércitos griegos de Alejandro llegaron hasta Siria y conquistaron toda la región. Jeremías vio más allá de Alejandro hacia el final de los tiempos y profetizó que el Mesías reconquistaría Hamat algún día (Jer. 49:23). Según Ezequiel, esta ciudad, que alguna vez estuvo en la frontera de Israel, se volverá parte de la frontera de Israel durante el reino milenario (Ez. 48:1).

En la segunda parte del versículo 2, Jehová dirigió su atención hacia **Tiro y Sidón**, ciudades ubicadas en la actualidad en el Líbano. Al predecir su derrota, el Señor hizo notar que estas ciudades eran **muy sabias** en términos de ingenio humano y de destreza económica. No obstante, ni su sabiduría terrenal ni sus riquezas mundanas podrían superar el poder de Dios. Ambas ciudades fueron la sede de logros marítimos impresionantes y de una gran prosperidad comercial. Ezequiel describió las riquezas de Tiro como una obra maestra del ingenio humano (cp. Ez. 27:1-36). No obstante, Dios derrocaría a Tiro y a Sidón. Él demostraría la locura de su ingenio (cp. 1 Co. 1:19-20) al contrastarlo con la sabiduría del Mesías venidero (cp. Is. 9:6; Lc. 2:40, 52; 1 Co. 1:24; Ap. 5:12).

El Señor garantizó la caída de estas ciudades, aunque **Tiro se edificó fortaleza**. La palabra hebrea que Zacarías utilizó para fortaleza *(matsór)* es similar a la palabra hebrea para Tiro *(Tsor)*, lo que refuerza la naturaleza impenetrable de la ciudad. Estaba tan fuertemente fortificada que esta característica le servía prácticamente de nombre. La evidencia arqueológica confirma la majestuosidad de la fortaleza de Tiro. La ciudad estaba rodeada de agua, pues estaba edificada a unos ochocientos metros (0,5 mi) de la costa, además de que contaba con unos muros gigantescos. La palabra hebrea que se traduce fortaleza describe una estructura cerrada y, por lo tanto, fácilmente defendible. Como Tiro era una fortaleza, como la describe el versículo 3, la ciudad parecía impenetrable.

También era una ciudad exaltada en riquezas y en abundancia: **amontonó plata como polvo, y oro como lodo de las calles**. Esta descripción sobrepasa incluso a la de las riquezas de Salomón cuando hizo que la plata llegara a ser como piedras (1 R. 10:27). Tiro era tan rica que la plata parecía tan abundante como el polvo, y el oro era tratado como el lodo que termina al costado de la calle. Sin embargo, esta descripción también incluye una ironía. El término **amontonó** no se usa a menudo de forma positiva en el Antiguo Testamento. En otras partes, se usa para describir los montones de ranas muertas (Éx. 8:14) y también los terraplenes de escombros que usaban para capturar una ciudad (Hab. 1:10). El pueblo de Tiro creía estar amontonando seguridad y éxito, pero, en realidad, estaba amontonando un sentido falso de seguridad que terminaría en su caída (cp. Sal. 39:6).

A pesar de la sabiduría y de las riquezas de Tiro, Zacarías exclamó: **he aquí, el Señor la empobrecerá**. Aunque era una ciudad bien fortificada, Dios prometió **empobrecerla**, es decir, sacar a sus habitantes de la tierra por la fuerza y quitarles sus posesiones. De la misma manera, Dios declaró que Él **herirá en el mar su poderío**. La ubicación de la ciudad, lejos de la costa, era su mejor defensa. Sin embargo, se convertiría en su tumba. Al final, la ciudad sería destruida por completo, tal como el Señor lo explicó: **ella será consumida de fuego**. Irónicamente, la ciudad sobre el agua sería consumida por el fuego.

Esto fue precisamente lo que sucedió durante la época de Alejandro Magno. Después de eliminar a sus enemigos en Siria, sus ejércitos avanzaron hacia el occidente y entraron en el Líbano. Cuando Tiro se negó a rendirse y se retrajo en la supuesta seguridad de su fortaleza marítima, el ejército de Alejandro amontonó piedras para construir una calzada que cruzaba sobre el agua. Su construcción tardó once meses, pero, al final, las fuerzas griegas llegaron hasta Tiro, le encendieron fuego y la arrasaron por completo.

La destrucción de Tiro ilustra la realidad de que ninguna ciudad ni nación puede resistir el juicio de Dios. El versículo 4 explicó que **el Señor** fue quien la empobreció. La palabra **Señor** *(Adonai)* es distinta del nombre de pacto de Dios, "Jehová", y del título "Dios" *(Elojím)*. El título "Adonai" resalta la autoridad de Jehová y su señorío sobre este mundo. Esta es la primera de dos apariciones del título en el libro de Zacarías (cp. 9:14). Este describe el dominio y la autoridad soberanas de Dios sobre toda nación y pueblo. El Señor manifestó de forma vívida su soberanía al utilizar al conquistador pagano Alejandro para cumplir estas profecías de juicio contra Tiro.

En el versículo 5, el enfoque geográfico de la profecía de Zacarías se dirige hacia Filistea y sigue el avance del juicio de Dios a medida que este consume a ciudad tras ciudad. La primera ciudad filistea que se menciona es **Ascalón**, una ciudadela enemiga que tuvo prominencia durante toda la historia de Israel. No obstante, este versículo predice que sus habitantes **verán** la destrucción de Tiro y **temerán**. Al escuchar que la impenetrable fortaleza de Tiro había sido reducida a cenizas, los habitantes de Ascalón temblarían de temor pues sabrían que ellos serían los siguientes. De manera similar, **Gaza también, y se dolerá en gran manera**; esta ciudad experimentaría una agonía similar a la del trabajo de parto al anticipar su destrucción inminente. Otra gran ciudad filistea, **Ecrón**, también será destruida, **porque su esperanza será confundida**. Históricamente, Ecrón se valió de su alianza militar con Tiro para garantizarse seguridad y asistencia. Sin embargo, toda esperanza de ayuda se habría esfumado.

De nuevo respecto a Gaza, el Señor declaró: **perecerá el rey de Gaza**. De nuevo, esta predicción describió de forma precisa las conquistas de Alejandro y de sus huestes. Cuando Gaza se resistió a su avance, le tomó cinco meses a Alejandro conquistar esta ciudad. Después de derrotarla, Alejandro tomó a su rey, le agujeró los pies, amarró cuerdas por los agujeros y lo arrastró por las calles hasta que murió. De la misma manera, el Señor afirmó: **Ascalón no será habitada**. El versículo 5 comenzó describiendo el terror de Ascalón y termina con la ciudad desierta. El punto del Señor es que todos los temores de Ascalón se cumplirían. Históricamente, estos temores de hecho se hicieron realidad cuando la ciudad cayó a manos de Alejandro.

Según el versículo 6, Dios prometió, no solo derrotar a Filistea, sino también avergonzarla. Él declaró que **habitará en** la ciudad filistea de **Asdod un extranjero**. Aunque, en el original, la palabra que se traduce aquí **extranjero** puede referirse a un hijo ilegítimo nacido por incesto o por inmoralidad sexual, la referencia probablemente indique que el linaje filisteo se verá grandemente disminuido, lo que resultará en que sus ciudades terminen pobladas y dominadas por extranjeros. La herencia de Filistea desaparecerá y la nación se dispersará. De esta manera, el Señor declaró, **pondré fin a la soberbia de los filisteos**. Con sus ciudades destruidas, sus números reducidos y su dignidad desaparecida, el orgullo nacional del pueblo filisteo se esfumará. Con la palabra **pondré** en primera persona, Dios enfatizó claramente que esto sería obra suya y en conformidad con su plan. Tal como lo ilustra el colapso de Filistea, Jehová es quien levanta y hace caer a las naciones (cp. Dn. 2:21; 4:17). Solo Él es soberano y no hay esperanza ni seguridad fuera de Él.

Cuando Alejandro marchó de Tiro y Sidón hacia Filistea, conquistó las ciudades de Ascalón, Gaza y Ecrón. Los detalles históricos de su conquista se corresponden con las predicciones documentadas en Zacarías 9:1-6. Sin embargo, es necesario repetir que estos eventos sirven como precursores a los que ocurrirán al final de los tiempos. Según Amós 1:7-8, Dios juzgará algún día las cuatro ciudades de Ascalón, Gaza, Ecrón y Asdod. Habacuc 3:10 vincula el temor de Gaza con el temor escatológico de los montes (cp. Zac. 9:5). También Sofonías afirma que, al eliminar a los habitantes de Ascalón y de otras ciudades filisteas, Dios abrirá el camino para que Israel habite esta zona como se le prometió originalmente (Zac. 2:4-7). El cumplimiento histórico de Alejandro de las profecías en Zacarías 9:1-6 demostró que Dios escribe de antemano la historia con promesas plenamente confiables. Esto sirve como garantía o anticipo de que el Señor cumplirá de forma perfecta lo que Él ha prometido hacer. Tal como Él ordenó la historia de forma soberana para garantizar la conquista de Alejandro conforme a lo que Él mismo predijo, también dirigirá los eventos futuros para asegurar la conquista y el reinado terrenal del Mesías.

UNA GRACIA INMERECIDA

Quitaré la sangre de su boca, y sus abominaciones de entre sus dientes, y quedará también un remanente para nuestro Dios, y serán como capitanes en Judá, y Ecrón será como el jebuseo. (9:7)

Aunque Dios hará de los filisteos una lección práctica de juicio, también los hará un trofeo de su gracia. En el versículo 7, el Señor declaró: **Quitaré la sangre de su boca**. Al describir a los filisteos como un pueblo con **sangre** en la boca, Dios dejó en claro que estaban separados de Él. Israel tenía estrictamente prohibido consumir sangre; esto tenía el objetivo de evitar prácticas paganas, mostrar respeto hacia la vida y recordar el precio de la expiación (cp. Lv. 17:1-16). Los filisteos, en su rebelión contra Dios (que incluía violencia, idolatría e inmoralidad sexual) eran como aquellos que consumen sangre. No manifestaban ningún respeto por la ley de Dios y ofendían su santidad en un grado extremo. A pesar de esto, el Señor explicó que, un día, Él **quitaría** la sangre de la boca de los filisteos, es decir, que eliminaría su ofensa. De la misma manera, Él quitaría **sus abominaciones de entre sus dientes**. La idea de **abominaciones** suele asociarse con la idolatría pagana (cp. Dt. 29:17; 1 R. 11:5, 7; 2 R. 23:13) y enfatiza la naturaleza grotesca de las imágenes, de los dioses y de las prácticas del paganismo. El pueblo de Filistea había puesto estas cosas, en sentido figurado, **entre sus dientes**. Ellos no solo se habían empapado de la maldad, sino que también la habían puesto a la vista de todos. Aunque los filisteos no podían purificarse de estas prácticas detestables, Dios prometió **quitarlas**. En un acto de increíble misericordia, el Señor prometió que, un día, Él libraría a los filisteos de su maldad para redimirlos y transformarlos para su adoración y servicio. Tal es el poder de la gracia salvadora de Dios (Ef. 2:1-10; 4:20-24).

Como resultado, **quedará también un remanente para nuestro Dios**. A lo largo de las Escrituras, Dios prometió preservar un remanente, es decir, un pequeño grupo, de israelitas para sí a quienes Él sustentaría en medio del juicio y que serían creyentes fieles. En Zacarías 8, Dios explicó que estaba manteniendo este remanente durante la época de Zacarías y que Él los bendeciría al final (Zac. 8:6, 11-12). Sin embargo, Israel no sería la única nación que formaría parte del remanente bendito de Dios. Filistea, la antigua enemiga, también estaría incluida. El texto dice que quedará de ellos un remanente **para nuestro Dios**, lo que enfatiza, no solo su preservación física, sino también su conversión espiritual. Dios tenía todo el derecho para juzgar Filistea y, conforme a la forma sangrienta con que se los describe, uno esperaría que Dios los erradicara por completo. Aun así, el Señor afirmó que salvará a un remante de los filisteos y que los llevará a sí mismo. Aunque este versículo nos habla específicamente de los habitantes de Filistea, también anticipa la salvación de todos los gentiles, personas de toda tribu, lengua, pueblo y nación (Ap. 7:9).

Aunque Filistea quedaría destruida en el juicio, sus habitantes ocuparán algún día un lugar de dignidad por causa de la gracia salvadora de Dios. Ellos **serán como capitanes en Judá**. Por un lado, el juicio de Dios aniquilaría a la nación. Filistea se empequeñecerá, ya no será una nación autónoma y quedará bajo el dominio de Israel (cp. Gn. 15:18-21; Sof. 2:4-7). Por eso, serán como capitanes **en Juda**, porque se integrarán a Israel. Por otro lado, serán también **como capitanes**. La palabra que se traduce **capitanes** puede referirse a un jefe tribal (cp. Gn. 36:15-43) o a un grupo dentro de una tribu o de una nación que contribuye al ejército. En este sentido, el término se usa para referirse a un grupo que goza de reconocimiento, importancia y dignidad dentro de una nación. Así pues, Filistea, aunque será reducida y avergonzada, no quedará deshonrada irreparablemente. El remanente de los filisteos, aunque pequeño en número, será redimido.

Según el versículo 7, **Ecrón será como el jebuseo**. Los jebuseos eran aquellos que vivían en Jerusalén y alrededor de ella antes de que los israelitas llegaran a conquistar la tierra prometida. Los jebuseos permanecieron dentro de Israel y, uno de ellos, Arauna jebuseo, se convirtió en un amigo respetado y amado de David (2 S. 24:18-24). Esta amistad refleja el día en que Israel tratará a los filisteos (personas como los habitantes de **Ecrón**) que vivan dentro de sus fronteras. Aunque los filisteos, al igual que los jebuseos, no eran israelitas y no contaban con todos los privilegios de estos delante de Dios, aun así, llegarían a ser parte del pueblo de Dios. Tendrán el derecho de adorar junto a Israel, el pueblo escogido de Dios, y no serán rechazados ni marginados, sino que serán aceptados. Desde la época de Abraham, Dios reveló que Él tendría una relación, no solo con Israel, sino también con las naciones (cp. Gn. 12:3; Is. 49:1-6). Él ciertamente cumplirá esta promesa (cp. Zac. 2:11; 8:22-23), de manera que, al final, a Él mirarán los ojos de los hombres (cp. 9:1). Ecrón ya no carecerá de esperanza (Zac. 9:5), sino que encontrará su esperanza verdadera en el Señor.

UNA PROTECCIÓN INFALIBLE

Entonces acamparé alrededor de mi casa como un guarda, para que ninguno vaya ni venga, y no pasará más sobre ellos el opresor; porque ahora miraré con mis ojos. (9:8)

Es maravilloso considerar la gracia del Señor hacia los filisteos. Igual de maravilloso es su compromiso infalible de preservar a Israel. En esta época tumultuosa de conquistas, incluso en el final de los tiempos, Dios protegerá a su pueblo elegido. Él declaró: **Entonces acamparé alrededor de mi casa como un guarda**. **Acampar** significa construir una tienda o un asentamiento. Puede referirse a las moradas temporales de los nómadas (cp. Gn. 26:17), pero también puede referirse a un campamento militar (cp. Jos. 10:31; 2 S. 24:5). Esto es lo que aquí se tiene en mente. Dios establecerá su puesto de avanzada alrededor del templo (**mi casa**). Antes, Dios describió que su defensa de Israel tomaría la forma de un muro de fuego (cp. Zac. 2:5); aquí, Él será una presencia militar más proactiva que protegería el templo y, por extensión, también la ciudad y al pueblo (cp. 2 R. 6:16-17).

La razón por la que Dios asumirá esta actitud es **para que ninguno vaya ni venga**. Los eventos descritos en los versículos 1-6 abarcaban conquistas militares importantes y representaban otros conflictos durante los tiempos de los gentiles (Lc. 21:24). En momentos durante su historia subsecuente, Israel experimentaría la presencia de un ejército o guarnición extranjera a medida que las fuerzas militares **vayan** y **vengan** por la tierra prometida (cp. Dn. 11:1-34). No obstante, los israelitas no debían temer (Zac. 8:13, 15). A pesar de estas continuas campañas militares y guerras, prometió preservar a su pueblo.

El Señor protegió a Israel de una forma notable durante la época de Alejandro Magno. Josefo documenta que, cuando Alejandro se dirigía a Jerusalén para conquistarla, el sumo sacerdote llamó a Israel a reunirse para ofrecer sacrificios a Dios y orar por liberación. El día siguiente, el sumo sacerdote se encontró con Alejandro, le mostró el libro de Daniel y le explicó las profecías que hablaban de él. Como resultado, Alejandro se alejó de Jerusalén y no la dañó. Esto ilustra lo que Zacarías describió en este texto. No obstante, la promesa de Dios de defender a Israel no se limitaba a la época de Alejandro. Durante el resto de la historia, Él ha seguido preservando un remanente de su pueblo (cp. Ro. 11). En los últimos días, Él morará con ellos y defenderá Jerusalén de manera formidable (cp. Ez. 38–39; Zac. 12:1-9; 14:1-3; Ap. 19:11-19). Tal como lo reitera este versículo, Dios no se ha olvidado de su pueblo, sino que cumplirá las promesas que hizo de cuidarlos y de defenderlos.

El resultado de esta protección será la salvación definitiva de Israel, de manera que **no pasará más sobre ellos el opresor**. Las palabras **no** y **más** transmiten declaraciones universales de negación y de tiempo que describen un estado permanente. Dios prometió que Israel ya no estaría bajo un **opresor**, que también puede traducirse "capataces", un término que nos señala hacia el libro de Éxodo, cuando Egipto oprimía a Israel (cp. Éx. 3:7; 5:6, 10). El término también se usa para describir a Babilonia (cp. Is. 14:4). Que Israel ya **no** estuviera bajo un **opresor** significa que nunca más sería subyugada ni sufriría abuso de parte de otra nación. Claramente, Alejandro no cumplió esta promesa; esta anticipa la conquista de uno mucho mayor. Después de la batalla de Armagedón y el establecimiento del reino milenario (Ap. 19:1–20:6), toda opresión contra Israel quedará destruida.

A lo largo de la historia, muchos líderes militares, opresores y tiranos pasaron por Israel, pero Dios afirmó que, al final, ninguno de estos **pasará más sobre ellos**. Como las naciones quedarán vencidas y juzgadas y como Israel misma estará bajo la protección del Señor, la nación elegida de Dios ya no servirá de sendero para los ejércitos invasores. El pueblo de Israel estará seguro y a salvo. Al final, habrá una nueva era en la que podrán experimentar una liberación y paz verdaderas.

En la última frase de este pasaje, Dios proclamó: **porque ahora miraré con mis ojos**. El inicio de este texto mencionó cómo los ojos del mundo y de Israel mirarán a Jehová (cp. Zac. 9:1). La conclusión del versículo 8 se refiere a los **ojos** del propio Dios. Los **ojos** de Dios, una referencia antropomórfica a su presencia omnisciente, dirige de forma soberana todo lo que sucede en la historia a medida que su Espíritu garantiza que se cumpla su plan divino (cp. Zac. 4:10). Ya que los ojos de Dios están sobre su pueblo, un día, todos sus elegidos pondrán sus ojos en Él (9:1).

En este texto, la traducción más precisa del verbo **miraré** es "he mirado". Con este tiempo pasado, Jehová afirmó que ya había visto el final. Él ha decretado y ordenado de antemano el fin desde el principio (Is. 46:10). Los ojos de Israel ciertamente mirarán a Dios porque los ojos de Él ya han visto lo que sucederá. Él mismo ha garantizado este resultado, de manera que ningún otro es posible. Preservado por la infalible protección de Dios, su pueblo puede poner su esperanza en Él y saber que, si Él está por ellos, nadie puede hacerles daño (cp. Ro. 8:31).

El conquistador supremo 24

Alégrate mucho, hija de Sion; da voces de júbilo, hija de Jerusalén; he aquí tu rey vendrá a ti, justo y salvador, humilde, y cabalgando sobre un asno, sobre un pollino hijo de asna. Y de Efraín destruiré los carros, y los caballos de Jerusalén, y los arcos de guerra serán quebrados; y hablará paz a las naciones, y su señorío será de mar a mar, y desde el río hasta los fines de la tierra. (9:9-10)

Todos los años, una semana antes del Domingo de Resurrección, los cristianos se reúnen para celebrar la entrada triunfal del Señor Jesús a Jerusalén. Esta celebración, que se conoce como el Domingo de Ramos, conmemora la llegada pública de Cristo a Jerusalén antes de su crucifixión y resurrección. En la actualidad, la mayoría de los creyentes conoce bien los detalles fundamentales de esta ocasión histórica: Jesús entró a Jerusalén montado sobre un asno, y las multitudes le dieron la bienvenida con mantos y ramas de palmera que tendieron sobre el camino (Mt. 21:1-11; Mr. 11:1-11; Lc. 19:28-40; Jn. 12:12-16). Sin embargo, a pesar de su conocimiento general de la historia, muchos cristianos no consideran toda la importancia de este momento en el ministerio de Jesús. Tal vez les sorprenda descubrir que, siglos antes de que Cristo entrara a Jerusalén, Zacarías profetizó este evento crucial y explicó el profundo propósito que Dios tenía con este.

En los primeros versículos de Zacarías 9, el Señor reveló su plan para juzgar a las naciones que rodeaban a Israel. Desde Siria hasta el Líbano y Filistea, los vecinos de Israel experimentarían derrotas graves y destrucción. Históricamente, las hazañas militares descritas en los versículos 1-6 predicen las conquistas de Alejandro Magno, cuyos ejércitos avanzaron por todo el Medio Oriente unos doscientos años después de la profecía de Zacarías. No obstante, de forma más general, estos versículos reflejan el tumulto político que caracterizaría a los tiempos de los gentiles (Lc. 21:24), una era marcada por conquistadores y conquistas (cp. Zac. 1:18-21). En términos escatológicos, estos versículos apuntan hacia el conquistador mesiánico que algún día obtendrá la victoria definitiva a favor de su pueblo y que dará salvación a Israel e incluso a los gentiles (cp. 9:7-8). Al igual que Alejandro, los líderes militares de la historia sencillamente prefiguran al conquistador supremo, el Mesías mismo.

En Zacarías 9:9-10, Dios predijo el momento exacto en que el Mesías se revelaría públicamente a Israel. Este momento épico llegó cuando Jesús entró a Jerusalén en la entrada triunfal, unos quinientos cincuenta años después que se dio esta profecía. Esta ocasión tuvo una importancia monumental, no solo porque el pueblo tendió ramas de palma en el camino y se regocijó con gritos de júbilo, sino también porque marcó un hito crucial en el plan de redención de Dios: la revelación al pueblo del único Rey verdadero.

En anticipación de la entrada triunfal, este pasaje revela tanto la humildad como la honra que caracterizarían este evento. Por un lado, sería un acontecimiento humilde porque el Mesías entraría a Jerusalén, no como un héroe militar, sino como el Siervo Sufriente (Zac. 9:9). Por otra parte, la entrada triunfal también anticipaba la honra que Él merece. Por medio de su sufrimiento, el Mesías obtendría la salvación tanto para Israel como para las naciones. Su entrada humilde sobre un asno serviría como precursora de su segunda venida, cuando regrese sobre un caballo blanco (Ap. 19:11). En aquel momento, Él vencerá a todos sus enemigos, pondrá fin a todas las guerras y reinará con perfecta paz (Zac. 9:10). La entrada triunfal abarcaría ambos aspectos del ministerio del Mesías: la humildad de sus sufrimientos y la honra de su reino futuro.

Esta profecía alertaba al pueblo de la época de Zacarías respecto al carácter su Rey venidero. Los conquistadores terrenales van y vienen, típicamente con demostraciones extravagantes, pero ellos debían mirar a Aquel que algún día entraría a Jerusalén sobre un asno. Solo Él sería su Mesías. Para los creyentes en la actualidad que recordamos los eventos de la Semana Santa de Jesús, este pasaje ofrece una confirmación profética clara de su ministerio. El Mesías que murió como el Siervo Sufriente, humilde y modesto, regresará un día como el Soberano supremo para vencer a todos sus enemigos y reinar en gloria.

LA HUMILDAD DEL SIERVO SUFRIENTE

Alégrate mucho, hija de Sion; da voces de júbilo, hija de Jerusalén; he aquí tu rey vendrá a ti, justo y salvador, humilde, y cabalgando sobre un asno, sobre un pollino hijo de asna. (9:9)

La profecía que concluye el versículo 8, que "no pasará más sobre ellos el opresor", predecía que, un día, Israel estaría totalmente libre de la opresión foránea. Sin embargo, esta promesa no se ha cumplido todavía. Aunque Alejandro y sus ejércitos vencieron a muchos de los enemigos alrededor de Israel (cp. 9:1-6) y dejaron a Israel intacta, los griegos no liberaron a la nación del gobierno ni de la agresión foránea. El cumplimiento de esta promesa, que Israel jamás estará de nuevo bajo la opresión del extranjero, llegará en la segunda venida del Mesías, el conquistador supremo. Así pues, la atención de la profecía de Zacarías se aleja en los versículos 9-10 de los diversos conflictos y conquistadores y se dirige hacia el conquistador mesiánico, que es superior a todos ellos.

En el versículo 9, la descripción profética del Rey supremo de Israel comenzó con un llamado a la celebración: **Alégrate mucho, hija de Sion**. La frase **alégrate mucho** denotaba, no solo una actitud de felicidad, sino también un estallido de euforia. Como se hizo notar antes (ver planteamiento en Zac. 2:14), la frase **hija de Sion** personificaba a Jerusalén como una doncella que, en este caso, llega con alegría al encuentro de su novio, el Mesías (cp. Is. 26:1-19; Ap. 19:7-9). Rebosantes de gozo, los habitantes de Jerusalén se comparan con una novia en el día de su boda. Su incontenible euforia se expresa con **voces de júbilo**, es decir, no solo un sonido de felicidad, sino también una exclamación de total triunfo (Is. 44:23) y de fidelidad (1 S. 10:24). Esta invitación a dar voces se dirige a la **hija de Sion**, un título que no solo personificaba a la ciudad (ver planteamiento anterior), sino que también resaltaba a Jerusalén como la capital política de todo el reino (Lm. 2:13). En la época en la que Zacarías pronunció su profecía, la capital de

Israel había vivido tiempos mejores. En su derrota, Jerusalén había perdido su belleza y su talla (Lm. 2:15), pero Dios profetizó que, algún día, sería restaurada y tendría una prominencia perpetua (Mi. 4:8; Sof. 3:14). Por lo tanto, el pueblo podía dar voces de júbilo en anticipación de Aquel que garantizaría la gloria futura de Jerusalén.

¿Quién sería Él? Dios respondió esta pregunta con la promesa: **he aquí tu rey vendrá a ti**. El título **tu rey** era una referencia inconfundible al Mesías de Israel. Tal como lo ilustraron los versículos 1-6, los reyes paganos y los conquistadores foráneos pasaron constantemente por la tierra prometida. No obstante, ninguno de ellos podía ser el verdadero rey de Israel. Solo un rey que proviniera de Israel podía reinar de forma legítima sobre el pueblo escogido de Dios. Moisés ordenó: "Ciertamente pondrás por rey sobre ti al que Jehová tu Dios escogiere; de entre tus hermanos pondrás rey sobre ti; no podrás poner sobre ti a hombre extranjero, que no sea tu hermano" (Dt. 17:15). El rey mesiánico no sería un rey gentil, sino más bien **tu rey**, un gobernante que proviniera de Israel, para Israel. Por medio de los labios de su profeta, Dios declaró además que el Mesías **vendrá a ti**. La implicación del texto es que su revelación no sería secreta, sino pública: Él sería recibido por el pueblo con gritos de aclamación y de victoria.

Evidentemente, esto se cumplió de forma clara y completa durante el ministerio terrenal del Señor Jesús. Para reiterar este punto, tanto Mateo (21:5) como Juan (12:15) citaron Zacarías 9:9 al describir la entrada triunfal de Cristo. Cuando Jesús entró a Jerusalén, las multitudes tendieron sobre el camino sus mantos y ramas de palmera, un símbolo de bienvenida al rey (Mt. 21:7; Jn. 12:13; cp. 2 R. 9:13). El pueblo confirmó esto de forma audible con la expresión: "¡Hosanna al Hijo de David!" (Mt. 21:9) que expresaba su devoción hacia Jesús y reconocía su linaje real y su derecho al trono. Los actos y las aclamaciones del pueblo demostraban que ellos entendían que Jesús era el único Rey verdadero.

¿Cómo sería este Rey venidero? El conquistador mesiánico descrito en el versículo 9 sería totalmente diferente que otros conquistadores. El Señor lo explicó así: **justo y salvador**. A diferencia de los líderes paganos que eran malvados y crueles, el Mesías sería **justo**, caracterizado por la pureza moral y la justicia perfecta. A diferencia de los conquistadores que aterrorizaban y oprimían a otros, el Mesías sería **salvador**, es decir que vendría a librar a su pueblo, "a buscar y a salvar lo que se había perdido" (Lc. 19:10). El profeta Isaías ofreció una perspectiva profunda a la justicia y a la salvación del Mesías, el Siervo de Jehová. Isaías afirmó que el Siervo demostraría su justicia mediante su obediencia perfecta a Dios (50:1-4; cp. Fil. 2:8). Conforme a su título de justo, el Siervo justificaría a su pueblo (Is. 53:11) y algún día establecerá justicia sobre la tierra (Is. 61:11; cp. Sal. 98:9). Los salones de la historia están llenos de conquistadores terrenales que llegaron para tomar cosas para sí; en cambio, el conquistador celestial, el Mesías, llegará para traer justicia, salvación y bendición a su pueblo y al mundo.

Después de predecir el gozo del pueblo por la llegada de su Mesías, el Señor reveló un detalle inesperado al final del versículo 9. En el momento de su revelación, el Mesías llegaría **humilde, y cabalgando sobre un asno**. El término **humilde**, que se refiere a una persona modesta y abatida (cp. Is. 53:4), no era lo que la audiencia original de Zacarías habría esperado escuchar. ¿Por qué sería humilde y abatido el justo y noble Mesías? ¿Cómo podría una entrada triunfal incluir humillación y sufrimiento? Sin embargo, Isaías ya le había explicado a Israel que el Siervo salvaría a su pueblo mediante el sufrimiento (Is. 53:1-12). Así pues, el Salvador debería entrar a Jerusalén en humildad y abatimiento. Mediante su aflicción, traición y muerte, Él libraría a los suyos (cp. Zac. 11:12; 12:10). Para resaltar este punto, el Mesías ni siquiera entraría cabalgando sobre un caballo, como otros conquistadores, sino más bien sobre un **asno**. Aunque es cierto que en momentos anteriores de la historia los miembros de la realeza solían montar sobre asnos (cp. Jue. 5:10; 10:4; 12:14; 2 S. 16:2), para la época de Salomón, el comercio de caballos había hecho que este animal fuera el preferido por la realeza (Est. 6:8). Cabalgar sobre un asno era un acto poco impresionante que reforzaba las circunstancias humildes en las que el Rey entraría a Jerusalén. La sorprendente descripción del versículo 9 indicaba que el Mesías salvaría, pero no por la espada, sino más bien por medio del sufrimiento y del sacrificio de sí mismo.

La última frase del versículo 9 vincula la humillación del Mesías con su exaltación. Dios reveló que el Mesías cabalgaría **sobre un pollino hijo de asna**. Las palabras **pollino** e **hijo de asna** apuntan a Génesis 49:11, donde Jacob bendijo a Judá y a la tribu de sus descendientes. Allí, Jacob profetizó que, en los últimos tiempos, Siloh, el Mesías, ataría "a la vid su pollino, y a la cepa el hijo de su asna". En general, las vides eran demasiado frágiles para soportar que se les atara un animal de carga. Sin embargo, Jacob profetizó que, cuando llegara el Mesías al final de los tiempos, las vides serían tan fuertes que se podría atar a ellas un asno sin temor. La profecía de Jacob anticipaba la realidad de que, durante el reino milenario, la maldición del pecado será restringida severamente, lo que permitirá que la creación florezca (cp. Is. 11:1-10). Al entrar a Jerusalén **sobre un asno, sobre un pollino hijo de asna**, el Mesías demostraría que Él no es solo el Siervo Sufriente, sino también Siloh, el descendiente de Judá que cumpliría la profecía de Génesis 49:11. Su entrada triunfal prefiguraba su victoria final: desde su victoria sacrificial sobre el pecado y la muerte hasta su victoria suprema y universal al final de los tiempos, cuando Él establezca su reino terrenal.

De nuevo, el Señor Jesús cumplió los detalles del versículo 9 cuando entró cabalgando a Jerusalén hace dos milenios. Tal como lo documentan los Evangelios, Jesús entró en Jerusalén humilde y cabalgando sobre un asno (cp. Mt. 21:1-7). Su humillación continuó con su traición, arresto, juicio ficticio, condenación y ejecución en una cruz (cp. 27:33-56). Su entrada triunfal anticipaba la tragedia tal y como el libro de Zacarías la había predicho. Sin embargo, la muerte de Jesús no es el final de la historia. Su resurrección tres días más tarde (cp. 28:1-15) fue las primicias de la nueva creación (cp. 1 Co. 15:20) y el anticipo de la gloria de su reino venidero. Todo esto se correspondió perfectamente con lo que Dios reveló en Zacarías 9:9 respecto al Mesías venidero.

LA HONRA DEL SOBERANO SUPREMO

Y de Efraín destruiré los carros, y los caballos de Jerusalén, y los arcos de guerra serán quebrados; y hablará paz a las naciones, y su señorío será de mar a mar, y desde el río hasta los fines de la tierra. (9:10)

La profecía del versículo 9 revelaba que el Mesías entraría humilde en Jerusalén para salvar. En contraste, en el versículo 10, el Señor se adelantó hasta el final de los tiempos para revelar los magníficos resultados de la victoria del Mesías. En este versículo, el cronograma cambió de la primera venida de Cristo a la segunda. Los lectores originales del libro y hasta el mismo Zacarías no podían entender el momento del cumplimiento de estos eventos. El apóstol Pedro explicó que los profetas no sabían "qué persona y qué tiempo" marcarían la llegada de estas cosas (1 P. 1:11). A pesar de esto, sí podían discernir que Cristo sería humillado y afligido (Zac. 9:9) para luego ser honrado y exaltado (v. 10; cp. 1 P 1:11). Así pues, estos versículos revelan que, al ofrecer un anticipo de la honra y majestad que merece Jesús como el Mesías de Israel, su entrada triunfal fue en verdad triunfante.

La segunda venida de Cristo será gloriosa porque Dios mismo saldrá a la guerra. Jehová declaró: **de Efraín destruiré los carros, y los caballos de Jerusalén**. El pronombre implícito en primera persona del singular (yo) distingue al orador en este versículo del pronombre implícito en tercera persona del singular (él, en el v. 9 y más adelante en el v. 10), que se refería al Mesías. Esta distinción indica que la promesa fue hecha por Dios Padre respecto a lo que hará durante la venida de su Hijo, el Mesías. El Padre ama al Hijo y peleará para poner todas las cosas en su mano (cp. Jn. 3:35; 1 Co. 15:24-28). El verbo **destruiré** no solo transmite la idea de eliminar, sino también de una erradicación violenta que termina en destrucción completa. En el original, este mismo verbo se usó cuando Moisés dijo que Dios destruiría a las naciones en juicio (Dt. 19:1) y cuando Saúl cortó de la tierra a los adivinos (1 S. 28:9). Cuando Cristo vuelva, Dios el Padre destruirá de forma decisiva y sistemática **los carros** y **los caballos** (símbolos de guerra), vencerá a todo adversario y eliminará toda resistencia. Aunque se suponía que Israel no debía confiar en caballos (cp. Dt. 17:16; Sal. 20:7), a menudo cayeron en esto (1 R. 4:26). No obstante, al final, Dios destruirá toda dependencia en las armas y la tecnología militar cuando elimine la guerra para siempre, establezca una paz perfecta (cp. Is. 2:4; Os. 2:18; Mi. 4:2-4) y mueva a su pueblo a mirar solo a Él (cp. Zac. 12:10). Durante el reinado terrenal del Mesías, la situación alcanzará tal seguridad y estabilidad que Israel no tendrá necesidad de defensas militares, desde su extremo norte (**Efraín**) hasta su capital en el sur (**Jerusalén**).

Durante esta conquista culminante, Dios Padre eliminará, no solo la guerra, sino también cualquier oposición en contra de su Hijo. Además de destruir los carros y los caballos, **los arcos de guerra serán quebrados**. El arco se usaba a menudo en la batalla como arma de largo alcance (Gn. 49:24; Jos. 24:12; 1 S. 2:4; 2 S. 1:22). En su furor, Dios destruirá todos **los arcos de guerra** para que solo quede uno: su Hijo (cp. Zac. 10:4). El Padre garantizará que únicamente el Señor Jesús posea todo dominio, honra y autoridad (cp. Dn. 7:14; Ap. 20:1-6).

Aunque Él podría diezmarlos con su poder divino, el Mesías **hablará paz a las naciones**. Él calmará y consolará a los pueblos, los juntará a sí mismo (cp. Is. 60:1-10; Zac. 2:11), los hará uno con Israel (cp. Zac. 8:23) y los invitará a adorar en unidad (Is. 19:23-25). Según Zacarías 14:16-19, los habitantes de todas las naciones subirán a Jerusalén para celebrar la fiesta de los tabernáculos y regocijarse en la fidelidad y en la bondad de Dios. Así, habrá paz entre las naciones, paz entre los antiguos enemigos y paz que fomenta y facilita la adoración. Esta paz global, eterna e inmaculada diferenciará la victoria final de Cristo de todas las demás campañas militares de la historia universal. El Señor Jesús es en verdad el Príncipe de Paz (cp. Is. 9:6).

Al final del versículo 10, el Señor reveló la extensión del reino futuro del Mesías: **su señorío será de mar a mar, y desde el río hasta los fines de la tierra**. Estas palabras, tomadas de Salmos 72:8, describen el reino ideal de Israel. Por medio de la boca de Zacarías, Dios le recordó a su pueblo que no se había olvidado de su promesa con respecto a la tierra que poseería algún día Israel. El **señorío** futuro del Mesías, es decir, su dominio soberano total, se extenderá por todo el mundo, **de mar a mar**. Su gobierno cumplirá las promesas que Dios hizo a Israel cuando el Mesías reine desde **el río** Éufrates (la frontera territorial prometida de Israel [cp. Gn. 15:18]) y su poder se extienda **hasta los fines de la tierra**. Esta última frase abarca hasta el último sector del mundo y se reserva en el Antiguo Testamento para describir el señorío del Mesías (cp. 1 S. 2.10; Sal. 2:8; 22:27; 72:8; Is. 52:10; Mi. 5:4).

A lo largo de la historia universal, hubo muchos conquistadores que tuvieron la ambición de dominar el mundo. Al final, solo Cristo alcanzará una victoria global permanente. Su reino será prolijo y su señorío, definitivo. En su primera venida, el Mesías entró en Jerusalén de forma humilde, sobre un asno. Sin embargo, cuando Él regrese, se lo describe cabalgando sobre un caballo blanco en juicio y en victoria (Ap. 19:11). Tal como lo revelan estos versículos de Zacarías 9, la entrada triunfal representaba tanto la humillación como la glorificación del Mesías. Aunque su primera venida estuvo marcada por el sufrimiento y la aflicción, su segunda venida estará caracterizada por la victoria y el dominio. Él, como conquistador definitivo, vencerá a todo enemigo, destruirá toda potestad y autoridad, reinará con justicia sobre todo el mundo y cumplirá todas las promesas del pacto hechas a Israel. Así pues, su pueblo puede responder con entusiasmo a la invitación del versículo 9: "Alégrate mucho". La razón de este júbilo se encuentra en el Mesías, tanto por lo que Él logró en su humillación como por lo que logrará en su gloria.

El compromiso de Dios con su pueblo

25

Y tú también por la sangre de tu pacto serás salva; yo he sacado tus presos de la cisterna en que no hay agua. Volveos a la fortaleza, oh prisioneros de esperanza; hoy también os anuncio que os restauraré el doble. Porque he entesado para mí a Judá como arco, e hice a Efraín su flecha, y despertaré a tus hijos, oh Sion, contra tus hijos, oh Grecia, y te pondré como espada de valiente. Y Jehová será visto sobre ellos, y su dardo saldrá como relámpago; y Jehová el Señor tocará trompeta, e irá entre torbellinos del austro. Jehová de los ejércitos los amparará, y ellos devorarán, y hollarán las piedras de la honda, y beberán, y harán estrépito como tomados de vino; y se llenarán como tazón, o como cuernos del altar. Y los salvará en aquel día Jehová su Dios como rebaño de su pueblo; porque como piedras de diadema serán enaltecidos en su tierra. Porque ¡cuánta es su bondad, y cuánta su hermosura! El trigo alegrará a los jóvenes, y el vino a las doncellas. (9:11-17)

Desde el principio de Génesis hasta el final de Apocalipsis, las Escrituras revelan con claridad la obra de Dios en el pasado y en el futuro. Ahora bien, ¿qué hay del presente? Muchos creyentes se preguntan cómo está obrando Dios cuando el mundo a su alrededor se sume en confusión y en caos. En ocasiones, el pueblo de Dios repite las preguntas que hizo David: "¿Hasta cuándo, Jehová? ¿Me olvidarás para siempre? ¿Hasta cuándo esconderás tu rostro de mí?" (Sal. 13:1). Al igual que David, los creyentes anhelan saber que Dios está comprometido con su pueblo, no solo en el presente y en el pasado, sino también en todos los momentos intermedios.

En Zacarías 9:11-17, por medio de la boca de su profeta, el Señor le aseguró a su pueblo que Él no los había olvidado. Su amor fiel por ellos se fundamentaba en el juramento del pacto que hizo con Abraham y con sus descendientes (v. 11). Este incluía la promesa garantizada de que Él bendeciría a su pueblo (vv. 12-13). Asimismo, culminaba con un recordatorio de que su poder fulminante eliminaría algún día a todos los enemigos y opresores (vv. 14-17). Por esta razón, Dios llamó a su pueblo a poner su esperanza en Él (cp. 9:12). Mientras esperaban el cumplimiento de las profecías mesiánicas y milenarias (cp. vv. 9-10), no debían perder la esperanza. El compromiso del Señor con Israel no se limitaba al pasado lejano ni se reservaba para el futuro distante. Él permanecía fiel a ellos también en el presente.

EL JURAMENTO DEL PACTO DE DIOS

Y tú también por la sangre de tu pacto serás salva; yo he sacado tus presos de la cisterna en que no hay agua. (9:11)

En estas palabras iniciales, **y tú también**, Jehová pasó de hablar sobre conquistadores militares (vv. 1-8) y, en específico, sobre el conquistador mesiánico (vv. 9-10), a dirigirse al pueblo de Israel de manera directa. Él les reiteró su compromiso y les aseguró su protección y provisión. Este aliento divino le dio a Israel la esperanza que necesitaban ante el desastre político predicho en la primera mitad de Zacarías 9.

Para explicar esto, Dios hizo referencia al fundamento de su compromiso con Israel: **por la sangre de tu pacto**. La mención de la **sangre** nos recuerda las ceremonias del pacto en las que había un derramamiento de sangre que simbolizaba el sello inquebrantable de la promesa. Al establecer sus promesas con Abram en Génesis 15, Dios le instruyó partir diferentes animales por la mitad (Gn. 15:9-10) y, en el proceso, derramar su sangre. Normalmente, en un pacto así, ambas partes pasaban por entre los pedazos para demostrar que, si no cumplían su parte del trato, merecían ser partidos también (cp. Jer. 34:18-21). Sin embargo, en la ceremonia con Abram, solo Dios pasó por entre los pedazos (Gn. 15:17). Esto lo hizo para demostrar su compromiso incondicional con el cumplimiento del pacto y, así, manifestar que este no dependía de la fidelidad de Abram ni de su simiente. Esta garantía divina se reiteró en Éxodo 24, donde Moisés roció sangre sobre el pueblo (Éx. 24:8) para simbolizar que habían sido sellados por la fidelidad especial de Dios.

Para los israelitas de la época de Zacarías, **la sangre de tu pacto** no solo apuntaba a la promesa del pacto de Dios a Abraham, sino que también anticipaba el sacrificio de sangre del Cordero definitivo de Dios (cp. 1 P. 1:18-19). En última instancia, el fundamento del compromiso de Dios para salvar a su pueblo fiel es la propia sangre de Cristo, el sello del nuevo pacto (He. 9:13-22). Dios ha sellado sus promesas a su pueblo en sangre y, por lo tanto, estas son inviolables.

Por el amor de pacto que Él tiene para con su pueblo, el Señor anunció su plan de efectuar un nuevo éxodo en beneficio de ellos. Él afirmó: **yo he sacado tus presos de la cisterna en que no hay agua**. Esta idea de **sacar** a alguien se usa para referirse a la liberación de un esclavo (Dt. 15:12). La aparición más común de esta terminología aparece en la escena cuando Moisés le exige a Faraón que deje ir al pueblo de Dios (Éx. 3:20; 4:21, 23; 5:1). Aunque ya no estaban en Egipto, los israelitas de la época de Zacarías todavía se sentían **presos**, sujetos a potencias y opresores extranjeros (cp. Zac. 9:8). No obstante, la subyugación que vivía Israel no era el final de la historia. Dios liberaría a su pueblo, tal como lo prometió en este versículo (cp. Is. 24:23; 27:12-13). Él los conduciría a la libertad, de la misma forma que en el pasado.

Al describir esta liberación futura, Jehová explicó que Él los sacaría **de la cisterna en que no hay agua**. Para la audiencia de Zacarías, estos términos les habrían hecho recordar la historia de José que fue vendido como esclavo después de ser lanzado a una cisterna sin agua. Según Génesis 37:24, los hermanos de José "le tomaron y le echaron en la cisterna; pero la cisterna estaba vacía, no había en ella agua". Primero, José fue hecho prisionero por sus hermanos y, más tarde, lo sería en Egipto, hasta que Dios le dio libertad. Siglos más tarde, el profeta Jeremías también fue abandonado en una cisterna vacía (Jer. 38:6; Lm. 3:53). El Señor también lo rescató de las maquinaciones de sus enemigos. Tal como Dios libró a José y a Jeremías, así también prometió librar a su pueblo. Es importante notar que el verbo principal está en tiempo pretérito (**he sacado**), un tiempo perfecto profético en hebreo; esto resalta la absoluta certeza de todo lo que Dios ha jurado hacer. El Ser inmutable que hizo un pacto unilateral con Abraham y con sus descendientes en el pasado sería fiel y lo cumpliría en el presente y también en el futuro.

LAS PROMESAS CERTERAS DE DIOS

Volveos a la fortaleza, oh prisioneros de esperanza; hoy también os anuncio que os restauraré el doble. Porque he entesado para mí a Judá como arco, e hice a Efraín su flecha, y despertaré a tus hijos, oh Sion, contra tus hijos, oh Grecia, y te pondré como espada de valiente. (9:12-13)

A continuación, el Señor instruyó a su pueblo: **Volveos a la fortaleza**. El término hebreo que se traduce **fortaleza** solo se encuentra aquí en el Antiguo Testamento. Es posible que esté relacionado con la palabra que significa redil (cp. Mi. 2:12); esto tendría sentido, porque Zacarías 9:16 describe a Israel como el rebaño de Dios. La palabra hebrea **fortaleza** *(bitstsarón)* tiene un sonido similar a la frase "hija de Sion" *(bat Tsión)*. Después de dispersar a su pueblo por todo el mundo durante el destierro, el Señor lo llamó (en la época de Zacarías y también en el futuro) a regresar a Jerusalén a la tierra prometida. Este regreso sería tanto físico como espiritual (cp. Zac. 1:3; 2:6-7) porque regresarían a Jerusalén para adorar a Jehová. Tal como Dios mismo lo prometió, Sion sería el lugar donde Él protegería y cuidaría a su pueblo.

Dios identificó a su pueblo como **prisioneros de esperanza**. Este enunciado describe la experiencia de Israel durante los tiempos de los gentiles (cp. Lc. 21:24) cuando vivieron bajo el gobierno de diferentes potencias imperiales, desde Media y Persia hasta Grecia y, finalmente Roma. La palabra **prisioneros**, que se repite del versículo 11 ("presos"), describe la condición en la que se encontraba Israel en medio de la servidumbre y de la opresión bajo estos invasores extranjeros. Incluso en la era moderna, el Estado de Israel sigue enfrentando retos militares de parte de los enemigos circundantes. Sin embargo, Zacarías profetizó que llegaría el día en que "no pasará más sobre ellos el opresor" (v. 8). Al creer esta promesa para el futuro, así como la promesa concerniente al Mesías venidero (en los vv. 9-10), los israelitas se caracterizarían por una **esperanza** inamovible. A pesar de la confusión de los eventos mundiales, Dios llamó a su pueblo a confiar y esperar en Él. Aunque pudieran sentirse como prisioneros bajo la autoridad de un gobierno foráneo, debían poner su mente en las promesas de Dios y saber que, algún día, Él les daría libertad definitiva de todo destierro.

El Señor le aseguró a su pueblo: **hoy también os anuncio que os restauraré el doble**. La frase **os anuncio** expresa una proclamación formal (cp. Is. 48:20; Jer. 5:20). Este anuncio oficial subrayaba la necesidad y la seriedad del compromiso de Dios con su pueblo. Para enfatizar este punto, Jehová agregó que Él lo anunciaba **hoy**. Esta no era tan solo una promesa del "tiempo antiguo" (cp. Esd. 4:15), ni tampoco una que se cumpliría finalmente "en aquel día", en algún punto en el futuro (cp. Zac. 12:3, 4, 6). En cambio, el Señor la anunciaba de forma definitiva **hoy**, el mismo día en que Zacarías proclamó estas palabras, al remanente de los israelitas que se sentía profundamente desanimado por los retos que había enfrentado. Al hacerlo, Dios demostró que su compromiso no solo era para con Abraham o Moisés en los días de la antigüedad, ni tampoco únicamente para la generación futura de israelitas que habitarían durante el reino milenario. Más bien, su compromiso era para con su pueblo **hoy**, para el remanente justo de Israel a partir de la época de Zacarías. Esta promesa de parte del Señor fue directamente para ellos.

En la siguiente frase, el Señor articuló el contenido de esta promesa: **os restauraré el doble**. La idea de **el doble** transmite la gracia infinita de Dios y de seguro fue de enorme aliento para la audiencia de Zacarías. Casi dos siglos antes, el profeta Isaías explicó el significado de esta promesa cuando dijo: "En lugar de vuestra doble confusión y de vuestra deshonra, os alabarán en sus heredades; por lo cual en sus tierras poseerán doble honra, y tendrán perpetuo gozo" (Is. 61:7). Según la predicción de Isaías, la doble porción eclipsaría todo lo que Israel había perdido y soportado. Ellos recibirían una doble porción de las bendiciones que Dios les había prometido, no solo en términos de territorio, sino también del gozo de experimentar la bondad eterna de Dios.

Incluida en esta promesa estaba la garantía de Dios de que Él **restauraría** una doble porción de bendiciones a Israel. Tal como se ha hecho notar antes, la palabra **restaurar** (en el original, "volver") es un término clave en todo el libro de Zacarías. Antes en este versículo, Dios instó a su pueblo a volverse a la tierra prometida (Zac. 9:12). A lo largo del libro, Dios prometió volverse a Israel si el pueblo se volvía en arrepentimiento a Él (1:3, 16; 8:3). El uso de la palabra **restaurar** o volver aquí (en el v. 12) reitera este principio: Dios derramará su bendición (y hasta una doble porción de esta) solo a quienes se vuelvan a Él. Tristemente, Israel aún no se ha vuelto a su Mesías, aunque los profetas (Is. 55:3; Zac. 1:1-4) y los apóstoles (Hch. 2:38; 3:19) la exhortaron a hacerlo. Sin embargo, algún día, sí se volverán a Dios (cp. Os. 3:5) y, cuando lo hagan, Él les dará una doble porción de su bendición. Él demostrará su compromiso inquebrantable al otorgarles bendición tal y como lo anunció aquel día por medio de Zacarías.

El Señor reveló una señal a su pueblo para probar la veracidad de su compromiso con ellos. En el versículo 13, Dios declaró: **Porque he entesado para mí a Judá como arco, e hice a Efraín su flecha, y despertaré a tus hijos, oh Sion, contra tus hijos, oh Grecia, y te pondré como espada de valiente**. El Señor prometió **entesar** [...] **a Judá** para sí como su **arco**. Él usaría a Judá como arma, uno de los implementos de guerra más efectivos. De la misma manera, Él prometió hacer **a Efraín su flecha**. Dios llenaría su arco de muchas flechas, es decir, el pueblo de Efraín. La nación llegaría a ser una fuerza letal en contra de sus enemigos. La combinación de Judá y Efraín, que representan de forma respectiva al reino del sur y al del norte, indica que se tiene en mente a toda la nación de Israel. El pueblo recibiría el poder de Dios para arrasar a sus enemigos. Como parte de esto, Dios prometió: **despertaré a tus hijos, oh Sion**, es decir, que fortalecería y alentaría a los habitantes de Israel para obtener victorias militares efectivas.

El Señor reveló que esta demostración de la fuerza de Israel sería **contra tus hijos, oh Grecia**. Estas palabras se cumplieron durante el período intertestamentario (la época entre el ministerio de Malaquías y el nacimiento de Jesucristo). Durante gran parte de este tiempo, Israel sufrió bajo el dominio del Imperio seléucida, un Estado griego formado después de la muerte de Alejandro Magno por uno de sus generales. En el 167 a. C., Judas Macabeo y sus hermanos se rebelaron en contra de los opresores griegos. En aquella época, Antíoco Epífanes (que gobernó del 175-164 a. C.) oprimió duramente a Israel y hasta sacrificó a un cerdo sobre el altar del templo para profanarlo. En respuesta, el pueblo se volcó en revuelta. Dios levantó a los guerreros de Israel para pelear contra los adversarios griegos. Sucedió tal como el Señor declaró a su pueblo por medio de Zacarías: **te pondré como espada de valiente**. La idea de un **valiente** era un término familiar utilizado por todo el Antiguo Testamento para designar a las fuerzas especiales de Israel. El ejemplo más famoso que tenemos es el de los valientes de David (2 S. 10:7; 23:8). Estos soldados de élite eran expertos en el combate y extremadamente letales. La **espada** del valiente era el arma que traspasaba su blanco con precisión mortal. Con el poder de Dios para la batalla, todo Israel se volvería como un arma letal en las manos de un guerrero de élite. Esta profecía se cumplió unos trescientos cincuenta años después que Zacarías la anunció, cuando el pueblo de Israel despedazó la opresión de los griegos durante la revuelta de los macabeos.[1]

La victoria de Israel contra Antíoco Epífanes y sus ejércitos se celebra todos los años en la festividad judía de Janucá. El cumplimiento de esta profecía por parte del Señor, al igual que de las predicciones respecto a Alejandro en los versículos 1-6, prueba que Él siempre cumple su Palabra. Además, ilustra su compromiso perpetuo para con su pueblo. La fidelidad de Jehová hacia ellos nunca ha fallado. Como resultado, la esperanza que tienen en Él no será en vano.

EL PODER CONSUMIDOR DE DIOS

Y Jehová será visto sobre ellos, y su dardo saldrá como relámpago; y Jehová el Señor tocará trompeta, e irá entre torbellinos del austro. Jehová de los ejércitos los amparará, y ellos devorarán, y hollarán las piedras de la honda, y beberán, y harán estrépito como tomados de vino; y se llenarán como tazón, o como cuernos del altar. Y los salvará en aquel día Jehová su Dios como rebaño de su pueblo; porque como piedras de diadema serán enaltecidos en su tierra. Porque ¡cuánta es su bondad, y cuánta su hermosura! El trigo alegrará a los jóvenes, y el vino a las doncellas. (9:14-17)

Con el término **y**, el cronograma de la profecía de Zacarías avanza hasta el final de los tiempos. El término en hebreo transmite la idea de un momento repentino en el que Dios aparecerá para defender y librar a su pueblo. Lo que Dios prometió hacer por Israel contra los ejércitos griegos del Imperio seléucida anticipa lo que hará por Israel en el futuro (cp. Dn. 8:1-27; 11:1-45; Hab. 3:11-15).

---

1. Kenneth L. Barker, "Zechariah", en *The Expositor's Bible Commentary: Daniel–Malachi*, ed. rev., ed. Tremper Longman III y David E. Garland (Grand Rapids: Zondervan, 2008), 8:799; George L. Klein, *Zechariah*, New American Commentary (Nashville: B & H Publishing Group, 2008), 280.

La obra escatológica de Dios a favor de su pueblo opacará con creces su obra en la historia. Aunque Dios obró por medio de una providencia oculta durante el conflicto de Israel con Antíoco Epífanes, al final de los tiempos, **Jehová** mismo **será visto sobre ellos**. Él se manifestará de forma visible para asistir a su pueblo. Durante la revuelta de los macabeos, Dios usó a su pueblo como flechas letales (Zac. 9:13), pero en el futuro, **su dardo saldrá como relámpago**. Él lanzará su juicio catastrófico con la velocidad, el terror y la letalidad del relámpago (Sal. 77:18). Aunque, históricamente, su pueblo se levantó para derrotar a los griegos, en esta última batalla, **Jehová el Señor tocará trompeta**. Dios mismo dirigirá a sus ejércitos en la batalla. El sonido de su trompeta reunirá a sus ejércitos (Jer. 4:5), señalará el ataque (Jos. 6:4) y hará que sus enemigos tiemblen (Am. 3:6). Todos verán su presencia porque Él **irá entre torbellinos del austro**. Estos torbellinos eran una amenaza habitual y formidable y el polvo que levantaban podía verse desde una gran distancia. En esta última batalla, Dios avanzará delante de su pueblo y ni uno de sus enemigos podrá resistirlo. Él demostrará que no solo es Jehová, sino también **Jehová el Señor**, el Señor de su pueblo y su general supremo.

De esta manera, **Jehová de los ejércitos los amparará**. Una vez más, Zacarías menciona el nombre **Jehová de los ejércitos**, el apelativo favorito para Dios en este libro. Él desatará los ejércitos angelicales del cielo para **amparar** a los suyos, es decir, rodearlos y protegerlos. Esta misma raíz se usa para describir un escudo. Dios será escudo a favor de su pueblo en su momento de mayor necesidad. Él absorberá y repelerá todo ataque en contra de Israel (cp. Zac. 12:8; 14:1-3).

En aquel día futuro, Jehová no solo defenderá a su pueblo, sino que también se moverá en ofensiva. El versículo 15 lo expresa así: **ellos devorarán, y hollarán las piedras de la honda, y beberán, y harán estrépito como tomados de vino**. Como Dios estará a favor de ellos, Israel vencerá por completo a sus enemigos. Nada podrá detener su avance ni nadie podrá resistir su ataque. Con el poder del Señor, los israelitas **hollarán las piedras de la honda**. En la antigüedad, muchas naciones utilizaron las hondas durante el combate. Los asirios, los egipcios, los griegos, los romanos y los israelitas las emplearon. En las manos de un hondero experimentado, eran letales. Se dice que un experto como David (1 S. 17) podía usar la honda con la misma letalidad que una .44 Magnum. Aunque el enemigo lanzara piedras contra ellos, tales ataques resultarían en vano. El pueblo de Dios hollaría los proyectiles de sus adversarios.

Como resultado, **beberán, y harán estrépito como tomados de vino**. El pueblo de Dios no solo consumirá a sus enemigos (como se consume un festín), sino que también **beberán**, lo que ilustra la totalidad de la victoria y de su celebración subsecuente (cp. Sal. 110:7). Incluso, **harán estrépito como tomados de vino**. En otras partes, el concepto de hacer estrépito se usa para describir los fuertes sonidos del océano (Is. 17:12) o de una ciudad ruidosa (22:2). Cuando Israel obtenga la victoria en la batalla de Armagedón, el pueblo no podrá contener su euforia e irrumpirá en gritos de triunfo. Entonces, harán un estrépito ensordecedor e irrefrenable por la obra de Dios a su favor (cp. Ez. 38–39; Zac. 12:1-9; 14:1-3, 12-15; Ap. 19:11-21).

La última línea del versículo 15 afirma que esta será la victoria más grande, sublime y definitiva: **se llenarán como tazón, o como cuernos del altar**. Al principio, esta descripción ilustra un derramamiento de sangre inmenso. Cuando los sacerdotes ofrecían sacrificios, llenaban de sangre ciertos tazones y rociaban la sangre sobre el altar. Hacían esto en cada una de las cuatro esquinas (o "cuernos") para que todo el altar quedara salpicado de sangre. En este versículo, el Señor explicó que Israel quedaría lleno y bañado en sangre después de la batalla. Apocalipsis 14:20 confirma esto: "Y fue pisado el lagar fuera de la ciudad, y del lagar salió sangre hasta los frenos de los caballos, por mil seiscientos estadios". En la batalla de Armagedón, la sangre correrá prácticamente por todo el territorio de la tierra prometida y se acumulará en tal cantidad que salpicará hasta los frenos de los caballos. Este conflicto futuro resultará en una destrucción masiva, única en la historia de la humanidad.

En este texto, Dios describió a Israel de forma específica como un **tazón** sacrificial y como **cuernos del altar**. Esto tiene una razón. Ellos no solo infligirán graves bajas al enemigo, sino que también serán un arma mediante la cual Dios ejercerá su justicia. En ocasiones, el Antiguo Testamento describía alguna batalla como un sacrificio a Dios que satisfacía su juicio contra el pecado (Is. 34:6; Ez. 39:17-20; Sof. 1:7). En Armagedón, Dios no solo derrotará a sus enemigos, sino que también los destruirá con una intensidad que se corresponderá con la justicia divina.

Como resultado, el pueblo de Dios será librado. Zacarías declaró que **los salvará en aquel día Jehová su Dios**. Estas palabras resaltan el propósito detrás de un juicio escatológico tan devastador. El Señor no derrama su juicio de forma caprichosa, sino que ejecuta su venganza para juzgar al malvado y también para salvar al justo.

Es importante notar que Dios no solo librará a Israel *de* sus enemigos, sino que también los salvará *para* sí mismo. Ellos recibirán la salvación **como rebaño de su pueblo**. A lo largo de la historia, Israel tuvo pastores falsos que el Señor condenó. Ezequiel profetizó: "Así ha dicho Jehová el Señor: ¡Ay de los pastores de Israel, que se apacientan a sí mismos! ¿No apacientan los pastores a los rebaños?" (Ez. 34:2). No obstante, Dios también reveló: "Yo salvaré a mis ovejas, y nunca más serán para rapiña; y juzgaré entre oveja y oveja. Y levantaré sobre ellas a un pastor, y él las apacentará; a mi siervo David, él las apacentará, y él les será por pastor" (Ez. 34:22-23). La referencia a David es de hecho al descendiente real de David, el Mesías, aquel que será algún día el Pastor de Israel. Él cumplirá el Salmo 23 de tal manera que nada les faltará (Sal. 23:1). Al final, el conquistador definitivo de Israel también será su Rey, su liberador y su Buen Pastor (cp. Jn. 10).

El Buen Pastor ama y cuida a Israel. El versículo 16 describe a la nación de aquella época como **piedras de diadema**. Después que tantos de sus enemigos maltrataron y manipularon a Israel, el Mesías tratará a su pueblo como un tesoro, como piedras preciosas y preciadas de una corona real. Esto cumplirá lo que Dios anunció a su pueblo en Éxodo 19:15: "Y serán para mí especial tesoro" (cp. Mal. 3:17). Israel también brillará con la belleza de su santidad. Como pueblo de Dios, serán **enaltecidos en su tierra**. Salmos 60:4 utiliza el verbo **enaltecer** para referirse al izar de una bandera. Con la misma elegancia, Zacarías describe cómo el pueblo de Israel habitará en la tierra, resplandecientes y enaltecidos como piedras preciosas.

El profeta lo explicó con estas palabras: **Porque ¡cuánta es su bondad, y cuánta su hermosura!** La **bondad** se refiere a los beneficios que Israel recibirá del Señor.

Ellos gozarán de una prosperidad y riqueza tremendas porque la bendición de Dios estará sobre ellos. De la misma manera, rebosarán de **hermosura**. La palabra se usa para describir la belleza de una mujer (Sal. 45:11) o la nobleza de un rey (Is. 33:17). Además de bendiciones materiales, la nación gozará de la dignidad, la nobleza y el honor que Dios les conferirá.

A lo largo de Zacarías, el Señor siguió definiendo las nociones de bondad y de belleza al explicar que **el trigo alegrará a los jóvenes, y el vino a las doncellas**. El **trigo** y el jugo recién prensado del **vino** manifestarán la riqueza de la tierra en términos tanto de alimento como de bebida. De esta manera, Israel gozará de la bendición plena y generosa de Dios. De la misma manera, los **jóvenes** y las **doncellas** representan, de forma respectiva, la fuerza varonil y la pureza femenina. Estos grupos demográficos consisten en personas en la flor de la vida y reflejan la salud, el vigor, la euforia y la devoción de toda la nación. Tal escena de dicha juvenil plasma la extensión de la bendición futura de Israel. Isaías 62 predijo que Jerusalén sería una corona de gloria en la mano de Jehová (Is. 62:1-5). La ciudad quedará a la vista de toda la tierra como la posesión preciada de Dios, de manera que todo el mundo admirará su belleza y glorificará a Dios (62:6-12).

Zacarías 9 comenzó con profecías respecto al juicio de Dios sobre las naciones circundantes (vv. 1-6), predicciones que los ejércitos de Alejandro Magno cumplieron en la historia. No obstante, estas profecías también predecían las victorias futuras del conquistador supremo de Israel, el Mesías (vv. 9-10). En los versículos 11-17, el capítulo termina con un recordatorio para Israel de su esperanza futura, garantizada por Dios mismo. Tal como el Señor lo reiteró en estos versículos, Él no se había olvidado de las promesas a su pueblo, sino que les dio una señal para garantizarles su salvación definitiva (v. 13). Por esta razón, ellos podían poner su esperanza en Él, confiados en que el compromiso de Jehová con ellos era tanto para el presente como para el futuro.

Los sustitutos falsos y el pastor verdadero

26

Pedid a Jehová lluvia en la estación tardía. Jehová hará relámpagos, y os dará lluvia abundante, y hierba verde en el campo a cada uno. Porque los terafines han dado vanos oráculos, y los adivinos han visto mentira, han hablado sueños vanos, y vano es su consuelo; por lo cual el pueblo vaga como ovejas, y sufre porque no tiene pastor. Contra los pastores se ha encendido mi enojo, y castigaré a los jefes; pero Jehová de los ejércitos visitará su rebaño, la casa de Judá, y los pondrá como su caballo de honor en la guerra. De él saldrá la piedra angular, de él la clavija, de él el arco de guerra, de él también todo apremiador. Y serán como valientes que en la batalla huellan al enemigo en el lodo de las calles; y pelearán, porque Jehová estará con ellos; y los que cabalgan en caballos serán avergonzados. (10:1-5)

A nadie le gusta que lo engañen con un artículo falsificado. Ya sea que se trate de una pintura falsificada, de un correo electrónico fraudulento o de un billete falso, el mundo está lleno de engañadores cuyas estafas están diseñadas para hacer caer a los ingenuos y a los crédulos. Para los que caen presa de tales artimañas, las consecuencias pueden ser devastadoras, desde un momento de vergüenza pública hasta una pérdida tremenda o la ruina financiera.

Por más dañinas que puedan ser las falsificaciones en el mundo de los negocios y de las finanzas, en materia espiritual, lo que está en juego es mucho más grande. La religión falsa no solo les roba a sus víctimas su tiempo, energía y dinero, sino que también los pone en el camino de la destrucción eterna. Esta atrae a sus seguidores con promesas vacías y ofrece una esperanza y seguridad que no puede dar. Los que caen víctimas de su engaño no solo desperdician su vida, sino que también pierden su alma. Trágicamente, muchos no se darán cuenta de la magnitud del engaño hasta que sea demasiado tarde (cp. Mt. 7:21-23).

Como la religión falsa representa un peligro tan grave, las Escrituras condenan a un juicio devastador a los profetas engañosos y a los maestros mentirosos (cp. Dt. 13:1-5; 18:20-22; Jer. 14:14-16; 23:1-40; Ez. 13:9; 22:28-31; Mi. 3:5-21). A los agentes de la religión falsa se los describe como víboras (Mt. 3:7), lobos (7:15), perros (Fil. 3:2), cerdos (2 P. 2:22) y animales irracionales (Jud. 10). Aunque prometen verdades divinas y vida espiritual, la realidad es que solo pueden ofrecer mentira y muerte eterna. Judas describió a estos impostores como "nubes sin agua" (Jud. 12), una ilustración que describe lo vacío de estas promesas falsas. Estas dicen llevar la lluvia de la bendición divina, pero no pueden cumplir su promesa y dejan muertas de sed a las almas que en ellos confían.

A lo largo de la historia de Israel, los falsos profetas y su religión representaron una amenaza constante. La adoración de deidades paganas por parte de las naciones circundantes tentó al pueblo a desviarse de su devoción única a Jehová.

La amenaza seguía en pie incluso después del cautiverio en Babilonia. Mediante su profeta Zacarías, el Señor advirtió a su pueblo que no se dejara seducir por los falsos pastores, aquellos líderes de la religión falsificada que podían apartarlos de la verdad. En cambio, Zacarías los llamó a mirar solo a Jehová y, en última instancia, al Mesías, el Buen Pastor que cuidaría de su pueblo y que los conduciría en la verdad.

En Zacarías 10, el profeta instó a Israel a volverse de los sustitutos falsos y a confiar plenamente en el Señor. Él llamó al pueblo a depender por completo en Jehová, su único sustentador (v. 1). Ellos debían rechazar a los falsos pastores que buscaban engañarlos (vv. 2-3) y, en cambio, encontrar su descanso en el único Pastor, el Mesías venido, en el cual Dios había prometido la victoria definitiva (vv. 4-5).

EL ÚNICO SUSTENTADOR

Pedid a Jehová lluvia en la estación tardía. Jehová hará relámpagos, y os dará lluvia abundante, y hierba verde en el campo a cada uno. (10:1)

El capítulo 9 terminó con la gloriosa promesa de que Jehová protegería a su pueblo y proveería para ellos (cp. 9:11-17). A la luz de esta garantía divina, Zacarías alentó a su audiencia a volverse al Señor para que Él los sustentara y satisficiera sus necesidades (10:1). En el mundo antiguo, la necesidad más básica y vital era la lluvia que producía alimento y vida. Las religiones paganas adoraban a deidades como Baal y Hadad en la espera de que estos dioses de las tormentas les dieran la precipitación que tanto necesitaban. No obstante, el pueblo de Israel debía **pedir** [...] **lluvia** solo **a Jehová**, el único Dios y Soberano sobre toda la creación. La lluvia descrita en este versículo no es espiritual, sino física, como se hace evidente en las referencias a los cultivos (cp. 9:17) y a los relámpagos (ver a continuación). El término hebreo que se traduce **lluvia** no denota una tromba violenta y destructora, sino más bien una clase de precipitación productiva y abundante. Esta lluvia no inundaría la tierra, sino que la rejuvenecería. El momento de la caída de esta lluvia también era importante. Esta debía llegar **en la estación tardía**, es decir, en marzo o en abril, para así permitir que los cultivos llegaran a su potencial ideal antes de la cosecha.

A lo largo de las Escrituras, Dios prometió bendecir a Israel con este tipo de lluvia. En Deuteronomio, Él le aseguró a su pueblo que, si obedecía, Él enviaría la lluvia temprana y la tardía (Dt. 11:14). Por medio del profeta Joel, el Señor prometió enviar la lluvia tardía como una de las primeras señales de su bendición escatológica (Jl. 2:23). En Isaías, Él reveló que, algún día, llegaría una lluvia de tal magnitud que los desiertos se convertirían en suelo fértil (Is. 35:1-2). En este pasaje, Zacarías exhortó a Israel a confiar en que Dios los sustentaría, tanto en el presente como en el futuro. Ellos debían pedir **a Jehová** y solo a Él la provisión que ya había prometido.

Zacarías continuó con dos razones por las que el pueblo debía depender únicamente de Dios. Primero, porque el Señor era el único que podía ayudarlos. El profeta les recordó que solo **Jehová hará relámpagos**. Tal como se mencionó antes, muchos de los vecinos de Israel creían que los dioses paganos como Baal eran los responsables de las tormentas y de la lluvia. Sin embargo, el Señor demostró que esta idea era falsa. En la época de Elías, tres siglos antes de Zacarías, Dios envió una sequía para demostrar que Baal no podía controlar el clima (cp. 1 R. 17:1; 18:20-46). Por medio de Elías, el Señor desafió a Baal a hacer descender fuego del cielo, en la forma de un relámpago, para encender un sacrificio (cp. 18:23-25, 38). De seguro, esta habría sido tarea sencilla para el dios de las tormentas y del trueno. En cambio, cuando nada sucedió (y Baal quedó expuesto como un dios impotente y falso), el Señor demostró de forma dramática su poder exclusivo y envió fuego como relámpago del cielo para incinerar todo alrededor del altar (cp. 18:38). Esta manifestación dramática comprobó que solo Jehová es Dios. Únicamente Él podía poner fin a la sequía y enviar una lluvia torrencial (cp. 18:41-46).

En testimonio del control pleno de Dios sobre las nubes y la lluvia, el libro de Job documenta estas palabras de boca de Eliú:

> *He aquí, Dios es grande, y nosotros no le conocemos,*
> *Ni se puede seguir la huella de sus años.*
> *Él atrae las gotas de las aguas,*
> *Al transformarse el vapor en lluvia,*
> *La cual destilan las nubes,*
> *Goteando en abundancia sobre los hombres.*
> *¿Quién podrá comprender la extensión de las nubes,*
> *Y el sonido estrepitoso de su morada?*
> *He aquí que sobre él extiende su luz,*
> *Y cobija con ella las profundidades del mar (Job 36:26-30).*

El Señor es el Creador y el Sustentador de todo el orden natural, incluyendo la lluvia, las nubes y el relámpago. En Zacarías 10:1, la frase hebrea que se traduce **hará** es un participio que indica que Dios está en control constante de todos los fenómenos climáticos. Esta verdad le recordaba a la audiencia de Zacarías por qué debían pedir lluvia solo a Jehová. Solo Él podía responderles.

Segundo, Zacarías les recordó a sus lectores que únicamente el Señor les era fiel. El profeta proclamó: **y os dará lluvia abundante, y hierba verde en el campo a cada uno**. El tiempo futuro de la frase **os dará** apuntaba más allá del presente y anticipaba la lluvia escatológica de la bendición de Dios en el reino milenario. Este enunciado también subrayaba la certeza de las promesas de Dios: Él la había garantizado, así que ciertamente la daría. Si Israel dependía en verdad de Dios para su sustento, Él les daría **lluvia abundante**. La palabra **lluvia** es la misma que se usó en este pasaje para denotar una precipitación suficiente que sustentara e hiciera crecer los cultivos de Israel. El término **abundantes** describe la cantidad de esta lluvia. Combinados, estos términos expresaban la provisión de Dios de una cantidad perfecta de lluvia para su pueblo.

A continuación, el Señor describió los resultados de estas lluvias abundantes, que producirían **hierba verde en el campo** para **cada uno**. **Hierba verde** es una frase genérica que abarca todos los cultivos (cp. Gn. 1:11-12, 29-30; 2:5; 3:18). Al prometer enviar lluvia, tanto en el presente como en el futuro, Dios aseguró a su pueblo que Él los sustentaría en el corto plazo y que los preservaría hasta el final (cp. Zac. 9:17). Como Él proveería fielmente para ellos, ellos no solo sobrevivirían, sino que prosperarían (cp. Jl. 2:24-26). Tan solo debían volverse al Señor, el único Dios y Sustentador, para satisfacer toda necesidad y buscar su provisión diaria. Buscar en otra parte sería tanto necio como inútil.

LOS SUSTITUTOS FALSOS

Porque los terafines han dado vanos oráculos, y los adivinos han visto mentira, han hablado sueños vanos, y vano es su consuelo; por lo cual el pueblo vaga como ovejas, y sufre porque no tiene pastor. Contra los pastores se ha encendido mi enojo, y castigaré a los jefes; pero Jehová de los ejércitos visitará su rebaño, la casa de Judá, y los pondrá como su caballo de honor en la guerra. (10:2-3)

Zacarías no solo ilustró la confiabilidad del Señor (v. 1), sino que también la contrastó con la inutilidad de todas las demás alternativas (vv. 2-3). Aunque Jehová había demostrado vez tras vez su fidelidad hacia Israel, el pueblo se veía tentado constantemente a la maldad por los ídolos y por los sistemas falsos de religión de sus vecinos paganos. El Señor quería advertir a su pueblo, mediante la boca de su profeta, que repudiaran estas falsificaciones y a los falsos pastores que las promovían.

Unas de estas falsificaciones eran los **terafines**. El término puede referirse a ídolos familiares (cp. Gn. 31:19) y también a la práctica de usar estos ídolos en rituales paganos para comunicarse con fuerzas demoníacas (cp. 2 R. 23:24). Para los que participaban en tal idolatría, el efecto que esta tenía en su vida era plenamente malvado. Las fuerzas demoníacas que subyacían a los ídolos solo daban **vanos oráculos** y consejos dañinos y lanzaban a sus adoradores hacia la depravación. El término **vanos** incluye la idea de infortunio y abarca todas las consecuencias desastrosas del pecado propio. El contraste que Zacarías estaba marcando es evidente. Mientras que Jehová promete vida y gozo, la idolatría conduce a las personas a la destrucción.

El profeta condenó, junto con los terafines, a los **adivinos**. A diferencia de los terafines que pretendían conectarse con el mundo espiritual en busca de dirección y de guía, el adivino afirmaba derivar augurios y descifrar señales de los fenómenos naturales, incluyendo los sueños. No obstante, tal como lo aseveró Zacarías, todos los mensajes que supuestamente recibían del mundo sobrenatural eran **mentira**. Aunque el objetivo de su arte era **ver** lo sobrenatural, las supuestas revelaciones que recibían estos adivinos eran **mentira**, tanto en el sentido de falsas como de poco confiables. En lugar de proveer entendimiento, las visiones del adivino solo cegaban a las personas a la verdad.

Además, Zacarías hizo notar que estos adivinos transmitían **sueños vanos**. Mientras que Dios usaba **sueños** para revelar el futuro (cp. Gn. 37:5-11; Nm. 12:6), los sueños de los adivinos eran **vanos**, vacíos e inútiles. Estos sueños falsos no ayudaban a nadie, sino que más bien creaban expectativas huecas que nunca se cumplían. Los que ponen su esperanza en los adivinos descubren que sus promesas son vacías y vanas. Vaya contraste con la fidelidad de Jehová.

Zacarías siguió explicando que **vano es** el **consuelo** de las religiones mentirosas y de las fuerzas demoníacas. La palabra **consuelo** significa aliento y fortaleza en situaciones difíciles (cp. Gn. 50:21; Rut 2:13). Como sus supuestas revelaciones eran vanas, cualquier consuelo que el idólatra o el adivino pudiera ofrecer también **vano es**. Zacarías usó el mismo término, **vano**, que Salomón empleó en Eclesiastés (cp. Ec. 1:2, 14; 2:1, 11, 15, 17, 21, 23, 26); este ilustra algo tan temporal como el aliento y tan aleatorio como el polvo que sopla el viento. El punto del profeta era que la falsa religión nunca puede dar una consolación duradera ni una guía segura. Si el pueblo buscaba ayuda en los ídolos o ponía su esperanza en adivinaciones engañosas, sus clamores y oraciones serían inútiles (cp. Is. 44:9-20).

Zacarías hizo notar que, bajo el engaño mortífero de la falsa religión, **el pueblo vaga** o deambula **como ovejas**. Esta terminología describe a un rebaño de ovejas perdidas que no pueden encontrar su camino. La advertencia de Zacarías fue clarísima para todo el que, en Israel, se dejara atraer por la idolatría: esta persona vagaría de lugar en lugar sin encontrar nunca pastos nutritivos ni refugio seguro para descansar (cp. Jer. 31:24; Sal. 107:4). Aunque esta persona buscaría la estabilidad de las promesas de Dios, estas no le servirían de nada (cp. 44:15-19). El que se aferra a los ídolos **sufre**, vive bajo abuso y queda exhausto de buscar en vano seguridad y estabilidad (cp. Jue. 10:14; Sal. 115:4-8).

Tal como lo explicó el profeta, algunos en Israel sufrían **porque no tienen pastor**. Un pastor fiel atiende todas las necesidades de sus ovejas (cp. Sal. 23:1). Este conduce a las ovejas a verdes pastos (cp. 23:2-3) y las protege del peligro (cp. Ez. 34:4-8). No obstante, Zacarías indicó que Israel sufría por falta de un pastoreo fiel. Como muchos de entre el pueblo se habían desviado, Zacarías los llamó a volverse al Señor.

La palabra **pastor** se utiliza, no solo para referirse al liderazgo religioso fallido de Israel en el contexto inmediato, sino también para hacer avanzar un tema más importante que se desarrolla en la segunda mitad del libro. En el capítulo anterior, el profeta describió al Mesías como un Pastor (cp. Zac. 9:16) y continuará con esta designación en el siguiente capítulo (cp. 11:1-14). Al enfatizar aquí (10:2) que Israel no contaba con pastores fieles, Zacarías estaba resaltando la necesidad que tenían del Pastor supremo, verdadero y fiel, el Mesías. Él consolaría en verdad al pueblo de Dios y llegaría a Jerusalén para sufrir aflicción (9:9), tal como Israel **sufrió**. Como el Buen Pastor (Jn. 10:1-21), Él llevaría sobre sus hombros el sufrimiento de su pueblo y se sacrificaría para salvarlos y otorgarles el consuelo eterno.

Los falsos pastores eran lo puesto al Buen Pastor, de manera que el Señor expresó su desagrado hacia ellos con las palabras: **Contra los pastores se ha encendido mi enojo**. Con las palabras **se ha encendido mi enojo**, Dios declaró que su paciencia se había terminado; solo quedaba un celo ardiente por castigar la maldad. El Dios de Israel se negaba a tolerar a los charlatanes que desviaban a su pueblo. Así pues, declaró: **castigaré a los jefes**. El tiempo verbal de este enunciado, **castigaré**, indica que el juicio descrito queda en el futuro y que, en este contexto, es escatológico. Aunque es verdad que Dios castiga a los falsos pastores en el presente (cp. Zac. 11:8), este texto se concentra en el final de los tiempos. En aquel día, cuando aparezca en juicio el Pastor verdadero, Él no solo vencerá a sus enemigos y librará a su pueblo (cp. 9:14-17), sino que también **castigará** de forma personal a sus enemigos (cp. Éx. 32:34; Lv. 18:25; Is. 26:14; Sof. 1:8). Tal castigo no solo caerá sobre los pastores (una referencia a los falsos líderes religiosos), sino también contra **los jefes** (una referencia a todos los líderes corruptos de Israel; cp. Ez. 34:17). Tanto en el presente como en el futuro, el enojo de Jehová siempre se dirige contra los falsos líderes.

El Señor hará esto por causa del gran amor que tiene para con su pueblo. Aunque Él **castigará** a los malvados, Él visitará la nación de una manera muy diferente: **Jehová de los ejércitos visitará su rebaño, la casa de Judá**. El Señor se aparecerá para proteger y respaldar a su pueblo porque Él es **Jehová de los ejércitos**, Aquel que dirige a millares y millares de ángeles. A lo largo de las Escrituras, el título **Jehová de los ejércitos** se asocia con el control soberano de Dios sobre las naciones durante la historia (cp. 1:7-17). Aquí, Zacarías describió a Israel como el rebaño de Jehová (**su rebaño**) para enfatizar la realidad de que Jehová los tratará como su posesión.

El Señor también visitará a su pueblo en victoria. La designación **la casa de Judá** se refería de forma específica a la tribu de la realeza de Israel. Jehová, el verdadero Rey de Israel, **pondrá** a la casa de Judá **como su caballo de honor en la guerra**. En la antigüedad, el caballo era un arma militar veloz, fuerte y estratégica. El caballo era tan valioso en la batalla que a los reyes de Israel se les instruyó no aumentar caballos (Dt. 17:16) para que no confiaran en su caballería, sino más bien en el Señor (cp. Sal. 20:7). El punto aquí es que Dios desatará a la casa real de Judá como arma escogida en el campo de batalla: su caballo **de honor**. La frase **de honor** describía la dignidad, la determinación y la resiliencia de Judá, caracterizada como un valiente corcel que se lanza a la batalla (cp. Job 39:20). Aunque, en la historia, los israelitas a menudo se distinguieron por su debilidad, algún día el Señor los transformaría en una nación con líderes fuertes, valientes y aguerridos, en marcado contraste con los falsos profetas y con los gobernantes corruptos a quienes el Señor condenó.

Zacarías le recordó al pueblo que solo Jehová era su verdadero líder. Únicamente Él podía sustentar y dar seguridad a su pueblo. Seguir a los falsos pastores implicaba escoger una senda de destrucción y vanidad. Sin embargo, seguir al Señor significaba escoger la senda de la bendición, tanto presente como futura. En última instancia, Dios no toleraría a quienes promovían el engaño espiritual. Dios mismo afirmó que Él eliminaría a los impostores y que los castigaría por su maldad.

EL PASTOR VERDADERO

De él saldrá la piedra angular, de él la clavija, de él el arco de guerra, de él también todo apremiador. Y serán como valientes que en la batalla huellan al enemigo en el lodo de las calles; y pelearán, porque Jehová estará con ellos; y los que cabalgan en caballos serán avergonzados. (10:4-5)

Después de declarar su ira contra los falsos pastores (v. 3), el Señor presentó al verdadero Pastor de Israel, el Mesías (v. 4). Zacarías contiene muchas ilustraciones de Cristo (cp. Zac. 1:8, 20; 2:8; 3:2-3, 8; 4:7, 14; 6:11-12), cada una con su respectivo propósito. La ilustración en este pasaje revela que el Mesías será el líder perfecto de su pueblo.

La frase **de él** se repite cuatro veces en este versículo y enfatiza que Mesías vendrá **de** Judá. Jehová visitó la casa de Judá para enaltecer a sus miembros como líderes de Israel. No obstante, en última instancia se levantaría un líder de entre esta casa de líderes, un Rey de entre esta casa de reyes: el Señor Jesucristo. La frase que se repite, **de él**, resalta la perfección del Mesías porque Él es la culminación de todo gobierno y liderazgo. Cada una de las oraciones describe una característica distinta de Cristo y demuestra que Él es el líder supremo de Israel.

Primero, el apelativo **la piedra angular** *(pinná)* demuestra que el Mesías sustentaría a la nación. Esta no es la primera vez que se lo llama por este nombre. En Isaías 28:16, Dios predijo: "He aquí que yo he puesto en Sion por fundamento una piedra, piedra probada, angular, preciosa, de cimiento estable; el que creyere, no se apresure". De la misma manera, el Salmo 118 predijo que "la piedra que desecharon los edificadores ha venido a ser cabeza del ángulo" (Sal. 118:22). Aunque al inicio lo rechazarían, el Mesías sería la parte más importante de la estructura de Israel como la piedra que serviría de fundamento para la nación. Los escritores del Nuevo Testamento también afirmaron que Jesús es esta piedra. En Romanos 9:32-33, Pablo se refirió a Jesús como la "piedra de tropiezo" (cp. Is. 8:14; 26:4; 28:16; Sal. 118:22; 1 Co. 1:23; 1 P. 2:4-8). En Efesios 2:20, Pablo afirmó que los santos están "edificados sobre el fundamento de los apóstoles y profetas, siendo la principal piedra del ángulo Jesucristo mismo". Al igual que sus predecesores, Pablo explicó que Cristo es Aquel que mantiene unido al pueblo de Dios. Él es la piedra sobre la cual su pueblo se cimenta firmemente (cp. 1 P. 2:4-10).

Segundo, el Señor reveló que el Mesías sería la gloria de Israel y, como tal, se lo llama **la clavija**. En el Antiguo Testamento, encontramos dos tipos de clavijas. Uno de estos tipos se introducía en la tierra para asegurar una tienda. Este es el tipo de clavija que resulta familiar para el lector moderno. Sin embargo, había también otro tipo de clavija. Esta se clavaba en el poste central de la tienda y se utilizaba para colgar ornamentos de valor. Este es el tipo de clavija que el autor tiene en mente aquí y también Isaías habló antes sobre este objeto. En el capítulo 22, el profeta escribió que Eliaquim sería un clavo en la casa de David. En los versículos 23-24, Dios dijo: "Lo hincaré como clavo en lugar firme; y será por asiento de honra a la casa de su padre. Colgarán de él toda la honra de la casa de su padre, los hijos y los nietos, todos los vasos menores, desde las tazas hasta toda clase de jarros". Eliaquim sería un clavo en la familia real sobre quien descansaría el peso de la majestad y de la nobleza de la casa. De esta manera, durante algún tiempo, él personificaría la grandeza y la majestad del linaje real. Sin embargo, el cargo de Eliaquim era temporal. Isaías concluyó diciendo que este clavo terminaría por caer de manera que toda la casa real se colapsaría (Is. 22:25). Aunque Eliaquim fracasaría, Zacarías declaró que el Mesías, la **clavija** definitiva, nunca fallaría. Todo principado será sobre su hombro (Is. 9:6). Tal como lo dijo Zacarías antes: "Él edificará el templo de Jehová, y él llevará gloria, y se sentará y dominará en su trono" (Zac. 6:13). Al describir a Cristo como la **clavija**, Zacarías estaba afirmando que toda la gloria de Israel y de su casa real se manifestarían en Él.

Tercero, el Mesías sería el guerrero de Israel; por eso, se lo llama **el arco de guerra**. En el hebreo, una frase idéntica se utiliza antes en Zacarías 9:10. En este contexto, el profeta afirmó que los arcos de guerra serían quebrados para que nadie pudiera participar de nuevo en la guerra. Al repetir la misma terminología aquí, Zacarías indicó que, en contraste con los arcos de 9:10 que quedarían abolidos, el Mesías y nadie más tendría el poder y la prerrogativa de participar en la guerra. Nadie podrá enfrentársele de ninguna manera porque solo Él reinará sobre la tierra. Estas verdades se ilustran en Apocalipsis 10 cuando Cristo regrese y destruya los ejércitos del mundo con una sola palabra. A continuación, Él establecerá una época en la que las espadas se convertirán en rejas de arado (Is. 2:4). Él tendrá toda la autoridad y el poder; por lo tanto, Él será el protector perfecto de Israel y quien implemente la paz mundial.

Cuarto, el Mesías levantará a líderes verdaderos de entre su pueblo; Zacarías explicó que **de él también** saldrá **todo apremiador**. El término en hebreo que se traduce **apremiador** se utiliza antes en Zacarías 9:8 ("opresor"). La misma palabra se empleó en Éxodo cuando Israel estaba en esclavitud, sujeto a capataces malvados (cp. Éx. 1:11; 3:7; 5:6, 10, 13, 14). En Zacarías 9:8, el profeta predijo un día en el que Israel no sería más subyugado por capataces y opresores. En contraste, los apremiadores de este pasaje (10:4) no serían como los del pasado de Israel. Estos no serán malvados, sino más bien justos. Mientras que los del pasado oprimieron a Israel, los del futuro utilizarán su posición de liderazgo para beneficio del pueblo y para hacerles únicamente bien. Esto será verdad de todos los líderes, pues el texto dice **todo apremiador**.

En el versículo 5, Zacarías siguió describiendo la naturaleza de los líderes futuros que el Mesías levantaría. Ellos no solo cuidarían de su pueblo, sino que también pelearían a su favor. El Señor reveló que estos **serán como valientes**. En momentos durante la historia de Israel, los líderes de la nación fueron de carácter débil y vulnerable (cp. Is. 3:12). Un liderazgo corrupto y transigente lanzaba a la nación hacia la decadencia moral y la derrota militar (Mi. 2–3). No obstante, durante el reinado del Mesías, se levantará una nueva generación de líderes caracterizados por la verdad, la justicia y la fuerza. Estos hombres serán **valientes**, un término que se usa en otras partes para describir la vitalidad de las fuerzas de élite de Israel (cp. 2 S. 23:8). El término en hebreo que se traduce **valientes** también es clave en este capítulo: aparece en cuatro ocasiones (cp. Zac. 10:5, 6, 7, 12) y describe la obra poderosa que el Mesías hará durante su reinado terrenal.

Los líderes futuros de Israel también serán implacables. Zacarías predijo que estos líderes serán como aquellos **que en la batalla huellan al enemigo en el lodo de las calles. Hollar** o pisotear de forma repetida representa una victoria incuestionable. Describe un dominio absoluto, tan abrumador que el enemigo queda derrotado y deshonrado (cp. Is. 14:19, 25; 63:6, 18; Sal. 44:45). En este caso, el enemigo sería derrotado **en el lodo de las calles**. En otros textos, también se describe a los enemigos de Israel hollados como el lodo de las calles (2 S. 22:43; Mi. 7:10). No obstante, Zacarías afirmó que los enemigos de Israel quedarían derrotados y yacerían *en* el lodo de las calles. La implicación de esto es que el enemigo no recibirá una sepultura adecuada, lo que implica deshonra y maldición divina (cp. Dt. 21:22-23; 1 R. 13:29-30; 2 R. 9:10, 36-37). Mientras que los enemigos caerían **en**

la batalla, el Señor declaró que los nuevos líderes de Israel **pelearán** y vencerán. Esta repetición de los términos **batalla** y **pelear**, que se usan respectivamente para los enemigos de Israel y para sus líderes, contrasta la derrota del enemigo con la victoria del liderazgo de la nación. En la misma batalla, un grupo quedaría deshonrado en derrota y el otro, exaltado en victoria.

Los líderes de Israel obtendrán una victoria total porque **Jehová estará con ellos**. El pueblo no se atribuirá el crédito por el éxito en la batalla. La victoria del Mesías será únicamente resultado del poder de Jehová, quien otorgará a Israel su fuerza y hasta peleará a su lado (cp. 2 Ts. 1:6-10; Ap. 19). Esta realidad futura reforzará la supremacía del Mesías. Él levantará a estos líderes (cp. Zac. 10:4) y, bajo su liderazgo, triunfarán.

Abrumados por Jehová y por sus ejércitos, los opositores, incluyendo **los que cabalgan en caballos serán avergonzados**. Los caballos representaban un arma poderosa en la guerra (ver planteamiento anterior). En la batalla de Armagedón, los caballos y los jinetes del enemigo **serán avergonzados**. La fuerza del enemigo quedará contrarrestada y aplastada. Este resultado decisivo, aparentemente inesperado para los enemigos de Israel, hará que los jinetes salgan huyendo en terror. Su angustia refleja la fuerza de los líderes futuros de Israel y, de forma más específica, el poder de Jehová, quien los nombró, y del Mesías, quien los dirigió. Él probará ser el líder de líderes y concederá a su pueblo estabilidad, esplendor y fortaleza eternas.

En una época en la que los falsos pastores engañaban y seducían a Israel para hacerla buscar ayuda de parte de otros dioses, Zacarías les recordó la provisión presente de Jehová (v. 1) y su protección futura (vv. 4-5). Solo Él podía sostenerlos y solo Él los salvaría al final. Si Israel se volvía a los ídolos o a cualquier otra supuesta potestad, estaría sucumbiendo ante impostores impotentes y sustitutos siniestros (vv. 3-4). En vez de vagar como ovejas confundidas, el Señor los llamó a volverse a Él y a descansar en la promesa del Mesías venidero, quien pastorearía a su pueblo en gracia y en verdad y quien los dirigiría en victoria.

El poder del Mesías para salvar

27

Porque yo fortaleceré la casa de Judá, y guardaré la casa de José, y los haré volver; porque de ellos tendré piedad, y serán como si no los hubiera desechado; porque yo soy Jehová su Dios, y los oiré. Y será Efraín como valiente, y se alegrará su corazón como a causa del vino; sus hijos también verán, y se alegrarán; su corazón se gozará en Jehová. Yo los llamaré con un silbido, y los reuniré, porque los he redimido; y serán multiplicados tanto como fueron antes. Bien que los esparciré entre los pueblos, aun en lejanos países se acordarán de mí; y vivirán con sus hijos, y volverán. Porque yo los traeré de la tierra de Egipto, y los recogeré de Asiria; y los traeré a la tierra de Galaad y del Líbano, y no les bastará. Y la tribulación pasará por el mar, y herirá en el mar las ondas, y se secarán todas las profundidades del río; y la soberbia de Asiria será derribada, y se perderá el cetro de Egipto. Y yo los fortaleceré en Jehová, y caminarán en su nombre, dice Jehová. (10:6-12)

Después de llamar a Israel a volverse a Jehová (Zac. 10:1, 4-5) y a rechazar todos los sustitutos falsos (10:2-3), el Señor continuó en la segunda mitad del capítulo 10 con una descripción de la obra futura del Mesías. El poder del Mesías para salvar a su pueblo, tal como lo resalta esta sección, se contrasta fuertemente con la bancarrota espiritual de todas las formas de la religión falsa. Dos palabras en hebreo, con la misma raíz, subrayan la verdad de que Cristo es lo único que necesita Israel. El adjetivo traducido "valiente" y el verbo traducido "fortalecer", que se repiten dos veces cada uno en este pasaje (cp. 10:5, 7 y 10:6, 12, respectivamente), describen la eficiencia y el poder de Dios. En este contexto, su repetición enfatiza que solo el Mesías posee la fuerza que su pueblo necesita.

Este pasaje (10:6-12) subraya esta verdad al considerar tres aspectos de la obra del Mesías en beneficio de Israel. Primero, Cristo rescatará a su pueblo en términos físicos cuando los haga volver de entre las naciones (10:6-7). Segundo, Él los salvará en términos espirituales al llevarlos al arrepentimiento y a la fe (10:8-9). Tercero, Él librará a Israel de forma definitiva cuando los establezca permanentemente en la tierra prometida (10:10-12). Al alcanzar bendiciones tan gloriosas a favor de su pueblo, Cristo demostrará que el poder divino y la salvación eterna se encuentran solo en Él.

LA SALVACIÓN FÍSICA

Porque yo fortaleceré la casa de Judá, y guardaré la casa de José, y los haré volver; porque de ellos tendré piedad, y serán como si no los hubiera desechado; porque yo soy Jehová su Dios, y los oiré. Y será Efraín como valiente, y se ale-

grará su corazón como a causa del vino; sus hijos también verán, y se alegrarán; su corazón se gozará en Jehová. (10:6-7)

En este pasaje, el Señor empleó varios verbos en tiempo futuro (por ejemplo: **fortaleceré**) para describir su actividad mesiánica. Esta fórmula enfatiza que el Mesías logrará de forma personal una variedad de tareas. Él fortalecerá (Zac. 10:6, 12), reunirá (10:8), esparcirá (10:9) y recogerá a su pueblo (10:10). Estas declaraciones divinas en primera persona le recordaban al pueblo de Dios que el Mesías se hacía totalmente responsable por el triunfo de Israel. Por lo tanto, Israel debía confiar únicamente en Él (cp. 10:1).

El texto (vv. 6-7) bosqueja cinco características principales de la libertad futura que Dios le dará a Israel de sus enemigos. En primer lugar, esta será exhaustiva. El Señor declaró: **yo fortaleceré la casa de Judá, y guardaré la casa de José**. Aquí, el Señor prometió fortalecer la **casa de Juda**, es decir, la dinastía y el liderazgo de la realeza del reino del sur. El Mesías levantará un liderazgo verdadero de entre la tribu de Judá para marcar el inicio de la victoria para la nación (cp. 10:3-5). Además de Judá, Él también dijo: **guardaré la casa de José**; esta es una referencia al reino del norte. El Mesías protegerá tanto la parte sur como la norte de Israel. A lo largo de la historia de Israel, el liderazgo tuvo problemas para defender toda la nación. Los jueces solo pudieron librar a ciertas tribus específicas en momentos dados (cp. Jue. 3:15-31; 7:19–8:21; 10:1-5). Únicamente Saúl, David y Salomón pudieron unificar todo el reino e, incluso durante estas épocas, la unidad fue débil (cp. 2 S. 16:1-23; 19:8-43; 20:1-12; 1 R. 12:1-15). En contraste, el Mesías fortalecerá y guardará a todo Israel.

Segundo, su liberación no solo será exhaustiva, sino también completa. El Señor dijo a continuación: **y los haré volver**. En Zacarías y en los profetas, esta idea de **volver** denotaba la restauración total de Israel. Incluía el regreso del pueblo de entre las naciones extranjeras (Zac. 9:12), su regreso a la tierra prometida (1:6), su regreso a Dios en arrepentimiento (1:3) y el regreso de todas las promesas de Dios hacia ellos (1:3, 16). Este versículo enfatizaba la realidad de que el Mesías **haría** que Israel experimente este regreso. En su soberanía, Él dirigirá todos los aspectos de esta salvación. Solo en Cristo se cumplirán todas las bendiciones y las promesas (cp. 2 Co. 1:19-20).

Tercero, la liberación del Mesías sería compasiva. El Señor declaró que Él hará esto **porque de ellos** [yo, el Señor] **tendré piedad**. Ciertamente, como Dios no puede cambiar, sus promesas son inviolables (cp. Ro. 11:28-29). Él cumplirá necesariamente todo lo que ha dicho que hará. No obstante, el Señor no cumple sus promesas con condescendencia. Tal como lo afirmó aquí, su compromiso de restaurar a su pueblo fluye de su amor y empatía hacia ellos. La noción de **piedad** (o compasión) se vincula con el vientre de la madre (cp. Zac. 1:12, 16; 7:9; Is. 13:18; 49:15; Job. 31:35) y describe el sustento, la misericordia y la protección instintivas que una madre tiene para con su hijo. Los líderes corruptos de Israel no tenían un afecto genuino por la nación. Ellos buscaban devorar al pueblo para su propio beneficio (cp. Ez. 34:3). En contraste, el Mesías amará a su pueblo. Él no los rechazará en su angustia, sino que cuidará de ellos en su amor fiel.

Cuarto, la liberación efectuada por Cristo será culminante. Cuando Él restaure a su pueblo, ellos **serán como si no los hubiera desechado**. Esta reversión es sorprendente. Al final, la transformación de Israel será tan grande que el daño, la angustia y la deshonra de los fracasos anteriores de Israel quedarán en esencia olvidadas. La prosperidad del pueblo será tan abundante que ninguno recordará que, en el pasado, soportaron el juicio de Dios. La increíble bondad de la bendición futura de Dios sobre Israel hará que estas dificultades pasadas se desvanezcan. La gloria del futuro ensombrecerá la agonía del pasado.

Quinto, la liberación futura que instaurará el Mesías será divina. El Señor afirmó: **porque yo soy Jehová su Dios, y los oiré**. En esencia, esta afirmación hace evidente que el Mesías es de hecho **Jehová**, el único Dios verdadero. Él no solo puede librar a su pueblo, sino que también anhela hacerlo porque Él es **su Dios**, quien los ama y les muestra fidelidad. Así pues, Él declaró: **los oiré**. Por causa de su fidelidad hacia su pueblo, Él no cancelará su relación con ellos ni los ignorará cuando clamen a Él en arrepentimiento (cp. Dt. 4:29-31). En cambio, Él les responderá tal como lo prometió y obrará para cumplir todas sus promesas mucho más abundantemente de lo que pudieran pedir o entender.

El Mesías no solo salvará a Judá, sino también (como se mencionó antes), al reino del norte (Zac. 10:6). En consecuencia, **será Efraín** (una referencia al reino del norte) **como valiente**. Las tribus del reino del norte fueron las primeras en ser llevadas al destierro (cp. 2 R. 17:1-23). No obstante, en el futuro, ya no se caracterizarán por la debilidad y la derrota, sino que serán **como valientes**. El término **valiente** ser refiere a las fuerzas de élite de Israel (cp. 2 S. 23:8-17). Todos los habitantes de Efraín y del reino del norte tendrán la destreza y la fuerza del soldado más poderoso. Podrán defender su tierra como nunca; todo mediante el poder y la fuerza que el Mesías les otorgará.

Con esta victoria, **se alegrará su corazón como a causa del vino**; esto significa que el gozo subsecuente del reino del norte no será superficial, sino que surgirá de **su corazón**. Además, la expresión de esta alegría será efusiva, **como a causa del vino**, una referencia a la naturaleza de su júbilo y de su celebración (cp. 2 S. 13:28; Est. 1:10). Zacarías especifica que este gozo solo será **como** el que produce el vino. Los habitantes del reino del norte no tendrán necesidad de ningún estimulante para experimentar esta alegría. Su euforia emanará de la victoria que alcanzarán mediante la fuerza y el poder del Mesías.

El resultado más notorio de la poderosa liberación que les dará Cristo será que **sus hijos también verán, y se alegrarán**. En el pasado, las consecuencias de la maldición de Dios contra Israel se extendieron también a sus hijos (cp. Dt. 28:41, 53-57). Los hijos solían llevarse la peor parte de los horrores de la guerra y del destierro, y su sufrimiento sirve como testigo de la tragedia provocada por los conflictos militares (cp. Lm. 2:11). No obstante, Cristo convertirá la tristeza de los hijos de Israel en gozo. Ellos **verán** lo que el Mesías ha logrado y **se alegrarán**. Su reacción será instintiva y demostrará cuán magnífica será la victoria.

La repetición de la frase **se gozará** indica que todos los niños se unirán a sus padres en regocijo por la obra del Mesías. Toda la nación, desde el guerrero más anciano hasta el niño más pequeño, se llenará de júbilo triunfante. Zacarías explicó que **su corazón se gozará en Jehová** y no en cosas superficiales ni en placeres pasajeros. En el reino del Mesías, los jóvenes de Israel **se gozarán**, es decir, que expresarán su entusiasmo de forma audible, **en Jehová**. Su gozo no estará en las dádivas, sino más bien en el Dador. Los hijos de Israel llegarán a conocer y a deleitarse en Aquel que los libró.

LA SALVACIÓN ESPIRITUAL

Yo los llamaré con un silbido, y los reuniré, porque los he redimido; y serán multiplicados tanto como fueron antes. Bien que los esparciré entre los pueblos, aun en lejanos países se acordarán de mí; y vivirán con sus hijos, y volverán. (10:8-9)

Después de hablar sobre la liberación física de su pueblo, el Señor describió su liberación espiritual con estas palabras: **Yo los llamaré con un silbido, y los reuniré**. Antes, Dios utilizó un **silbido** para reunir a las naciones que llevarían el juicio sobre su pueblo y lo desterrarían (cp. Is. 5:26; 7:18). En el futuro, el Mesías llamará **con un silbido** a su pueblo **y los reunirá** como un pastor que reúne a sus ovejas (cp. Jue. 5:16), como un agricultor que reúne sus cosechas (cp. Gn. 41:35) o como un rey victorioso que reúne el botín de la guerra (Dt. 13:16). Precisamente así será como Dios prometió restaurar a Israel. En Deuteronomio 30, Moisés dijo que, aunque Dios había esparcido a la nación hasta los confines de la tierra, Él "volverá a recogerte de entre todos los pueblos adonde te hubiere esparcido Jehová tu Dios" (30:3). Cristo llevará a su pueblo a casa y revertirá el juicio del destierro.

El Señor explicó las razones de esta restauración con un enunciado directo: **porque los he redimido**. En términos fundamentales, la palabra redención significa pagar un precio para comprar algo o para recobrarlo (cp. Éx. 13:13; Lv. 27:27). Puede referirse a la salvación física de Israel cuando Dios los sacó de Egipto (cp. Dt. 7:8). Sin embargo, muchas veces tiene también la connotación espiritual de que Dios ha pagado el precio para salvar a su pueblo de sus pecados (cp. Sal. 25:22; 26:11; 31:5; 34:22; 49:8; 130:8). En este pasaje, la razón por la que Dios reunirá a Israel es porque Él los redimió de la esclavitud al pecado y del castigo de su ira.

Como resultado, **serán multiplicados tanto como fueron antes**. El pueblo se multiplicará, lo que revertirá cualquier pérdida de población producto de la guerra y del destierro (cp. Dt. 28:62). Israel será **como fueron antes**, es decir, como si la nación nunca hubiera quedado mermada. La restauración física de la nación solo es posible porque Cristo garantizó la redención espiritual de su pueblo. Su obra redentora es la clave para la recuperación nacional de Israel. De hecho, la estructura poética de este versículo testifica de esta verdad. La primera frase del versículo expresa la reversión del juicio por parte de Dios (Zac. 10:8a) y la última describe la plena restauración de Israel (10:8c). La parte media resalta la verdad central de que el Mesías es quien obtiene la redención (10:8b).

El versículo 9 describe la forma en que Dios llevará a cabo su plan de salvación para Israel. El Señor afirmó: **Bien que los esparciré entre los pueblos**. Estas palabras anticipan la dispersión del pueblo judío después de la destrucción de Jerusalén en el 70 d. C. Los israelitas quedarían dispersados por todo el mundo. Sin embargo, en el original, la palabra **esparciré** no significa solo dispersar, sino también sembrar. Por lo tanto, el énfasis en la dispersión del pueblo no está en el juicio de Dios, sino más bien en que Él los sembrará como a semillas. Después de ser expulsado de su propia tierra, el pueblo judío no moriría ni se extinguiría. En cambio, sería plantado con un propósito, como se planta una semilla en el campo. En efecto, llegará el día cuando, al volverse al Señor y ser salvos, brotarán con nueva vida (Ro. 11:15, 26). El pueblo judío aceptará al Mesías en fe salvadora porque el evangelio les impartirá vida (Ez. 37:14; Zac. 12:10; Mt. 23:39). En su perfecto plan, Dios no solo dispersó de la tierra a su pueblo en juicio (cp. Dt. 28:49-68; Is. 5:26-30), sino que los esparció con un propósito redentor en mente. Al igual que la semilla plantada en la tierra, algún día serán transformados cuando acepten a Cristo en fe salvadora como su Mesías y Señor.

Por causa de esto, Jehová declaró: **aun en lejanos países se acordarán de mí**. La palabra **acordarse** no solo transmite la idea de recordar un hecho, sino también de concentrarse profunda e intensamente en aquello que se está recordando. Deuteronomio enseñó que los que se acuerdan del Señor (cp. Dt. 8:18) tienen una relación correcta con Él y viven para Él. Recordar es un acto poderoso en la vida del pueblo de Dios. En contraparte, olvidar es peligroso y puede conducir a pecados graves (cp. 6:12-13; 8:11-13). Que Israel se acordara del Señor significaba que tendrían una relación de salvación con Él. Se concentrarían en Él incluso **en lejanos países**, lo que revela que, aunque Israel se encontrara lejos de la tierra prometida y del recuerdo de Jerusalén, nunca estarían fuera del alcance de la gracia de Dios. El Señor los sembró en estos lugares remotos porque sabía que Él los reuniría así como se reúne una cosecha. El nombre Zacarías significa "Jehová se acuerda". Este libro lo reitera: el Señor se acuerda de su pueblo y de sus promesas para que este se acuerde de Él y se vuelva a Él.

A continuación, el Señor identificó tres ramificaciones importantes de esta salvación futura a favor de Israel. Primero, esta actuaría en toda la nación. Las generaciones más ancianas no experimentarían solos esta salvación, sino también **con sus hijos**. Tanto los padres como **sus hijos** aceptarán a Cristo en fe salvadora. Toda la nación será transformada, como lo describe Deuteronomio 30:6: "Y circuncidará Jehová tu Dios tu corazón, y el corazón de tu descendencia, para que ames a Jehová tu Dios con todo tu corazón y con toda tu alma, a fin de que vivas". Moisés también reveló que Dios no solo transformará el corazón de los padres, sino también "de tu descendencia". Todo el pueblo será redimido, desde los padres hasta los hijos, "y luego todo Israel será salvo" (Ro. 11:26).

Segundo, como resultado de esto, el pueblo conocerá la plenitud de la vida espiritual, por lo que **vivirán** de verdad. El contexto pone en evidencia que la idea de "vivir" aquí se refiere a más que la vida física. Esto se corresponde con la verdad de Habacuc 2:4, donde Habacuc afirmó que el justo por la fe vivirá. Allí, la palabra "vivirá" abarca la totalidad de la vida espiritual, incluyendo la justificación, la santificación y todas las bendiciones que provienen de tener una relación salvadora con Dios. El Nuevo Testamento se refiere a Habacuc 2:4 cuando habla de la vida en este mismo sentido (Ro. 1:17; Gá. 3:11; He. 10:38). Algún día, Israel experimentará, en palabras de Pablo, "la vida eterna" (1 Ti. 6:19). El pueblo gozará de un conocimiento verdadero de Dios Padre y de su Hijo, el Mesías (Jn. 17:3). Su vida será larga (cp. Zac. 8:4), plena (cp. 8:8) y en comunión con el Señor (cp. 8:8).

Tercero, en el futuro, los Israelitas vivirán porque **volverán**. El término "volverse" es importante en el libro de Zacarías y también en los profetas (cp. Is. 55:7;

Jer. 15:19; 27:16; Os. 6:1). Este denotaba el arrepentimiento de Israel (Zac. 1:3), su regreso a la tierra prometida (1:6) y la reversión de su situación (1:16). En el pasado, Israel se negó a volverse a Dios y hasta a regresar a la tierra prometida (cp. Esd. 2:64; Jer. 8:5; Os. 11:5). No obstante, en el futuro, la disposición del pueblo cambiará por completo. Las Escrituras dan testimonio continuo de que, aunque las obras no salvan, la fe verdadera siempre viene acompañada por las obras de una vida transformada (Ro. 6–8; Gá. 3:1-5; Ef. 2:8-10; Stg. 2:14-26). La obra de salvación del Mesías no es superficial, sino que dará arrepentimiento y nueva vida a Israel, lo que hará que el pueblo vuelva porque su corazón ha sido regenerado y su vida, transformada. En verdad, no hay salvación en otro nombre que no sea el de Cristo (Hch. 4:12). Solo Él ofrece la restauración plena que su pueblo necesita.

LA SALVACIÓN DEFINITIVA

Porque yo los traeré de la tierra de Egipto, y los recogeré de Asiria; y los traeré a la tierra de Galaad y del Líbano, y no les bastará. Y la tribulación pasará por el mar, y herirá en el mar las ondas, y se secarán todas las profundidades del río; y la soberbia de Asiria será derribada, y se perderá el cetro de Egipto. Y yo los fortaleceré en Jehová, y caminarán en su nombre, dice Jehová. (10:10-12)

Para demostrar la suficiencia de Cristo, Zacarías repitió que el Mesías sería quien alcance la liberación definitiva de Israel. El Señor anunció: **Porque yo los traeré de la tierra de Egipto**. Con esta frase, **yo los traeré**, que nos recuerda al versículo 6 ("los haré volver"), el Señor reiteró que Él es la única fuente de la liberación de Israel. Al final de los tiempos, el Mesías conducirá de forma personal y exclusiva a su pueblo y **los traeré de la tierra de Egipto**, en referencia a los eventos del éxodo original de Israel. El éxodo fue un momento transcendental en la historia de la nación y demostró de forma dramática la dedicación y el amor de Dios por su pueblo (cp. Os. 11:1). Este marcó el inicio del trayecto de los israelitas hacia la tierra prometida y, así, el inicio de la nación. Con esta terminología de un regreso futuro de Egipto (v. 10), el Señor reveló que lo que sucedió al principio sucederá también al final. Así como el primer éxodo fue el momento inaugural de la nación, este segundo éxodo marcará un nuevo comienzo. Sin embargo, este no solo será un segundo éxodo, sino que también será el último éxodo que pondrá fin a toda necesidad de liberación y que dará seguridad permanente a la nación.

El resto del pasaje ofrece tres razones por las que este será el éxodo final. Primero, el versículo 10 explica que este éxodo marcará el regreso definitivo de Israel a casa. El Señor declaró: **los recogeré de Asiria**. Más de dos siglos antes, el profeta Oseas predijo que Israel iría al destierro tanto en Asiria como en Egipto (cp. Os. 8:9, 13) y que Dios los haría volver en el último éxodo (cp. Os. 11:11). Esto es precisamente lo que describió Zacarías aquí. Los israelitas no solo regresarán de su destierro entre las naciones, sino que también obtendrán la restauración de su tierra de la manera más plena posible. El Señor prometió: **los traeré a la tierra de Galaad y del Líbano**. Galaad es una región al noreste de Israel y el Líbano es un país al noroeste. Técnicamente, ambas zonas están fuera del territorio de Israel. No obstante, son adyacentes a la tierra prometida y están dentro del territorio que originalmente se le prometió a la nación (cp. 15:17-21). Al mencionar estas áreas, el Señor demostró que, algún día, la tierra misma de Israel rebosará con habitantes de tal manera que el pueblo se extenderá hacia las regiones vecinas. Sin más espacio en la tierra prometida, los que regresen se dirigirán a estas zonas cercanas. Isaías prometió lo siguiente:

> *Aun los hijos de tu orfandad dirán a tus oídos: Estrecho es para mí este lugar; apártate, para que yo more. Y dirás en tu corazón: ¿Quién me engendró estos? Porque yo había sido privada de hijos y estaba sola, peregrina y desterrada; ¿quién, pues, crio estos? He aquí yo había sido dejada sola; ¿dónde estaban estos? (Is. 49:20-21).*

Incluso cuando los habitantes se desborden hacia estos países y zonas adyacentes, **no les bastará**. Israel abarrotará por completo las regiones de Galaad y del Líbano porque el pueblo anhelará vivir lo más cerca posible de la tierra prometida. No obstante, incluso estas regiones cercanas se llenarán tanto que no quedará espacio para más habitantes, por lo que estos tendrán que instalarse más lejos. La abundancia del regreso a casa de Israel en el futuro será verdaderamente abrumadora.

Segundo, este éxodo final manifestará la victoria definitiva sobre todos los enemigos y obstáculos. El Señor anunció: **Y la tribulación pasará por el mar**. Algunas traducciones interpretan que el texto en hebreo se refiere aquí, no a la tribulación, sino más bien a Dios mismo que pasará por el mar de tribulación. Probablemente, en este contexto, esta sea la interpretación correcta. La idea es que Él pasará por el mar para conducir a su pueblo a un lugar seguro. Esto alude a la forma milagrosa en la que Israel cruzó el Mar Rojo durante el éxodo. Nada impedirá el trayecto de Israel a casa, ni siquiera un mar de **tribulación**. El término **tribulación** describe una situación que restringe y atrapa a una persona, como las aguas envolventes del mar. En términos más generales, la palabra se refiere a las dificultades y a las fuerzas que se agolpan sobre el pueblo de Dios. Tal como el Señor condujo a su pueblo a través del Mar Rojo la primera vez, así también derribará toda barrera y peligro contra Israel. De hecho, Él **herirá en el mar las ondas**. En las Escrituras, las ondas u olas representan fuerzas devastadoras que abaten a los creyentes (Sal. 42:7) y hasta aplastan a las naciones (Jer. 51:42; Éx. 26:3). Aunque estas olas son poderosas y formidables, Dios mismo las herirá para que se apacigüen y no hagan daño a los suyos (cp. Mr. 4:39-41).

Dios neutralizará toda amenaza y herirá a todo el que busque obstaculizar a su pueblo, a tal punto que **se secarán todas las profundidades del río** (Nilo). El término **profundidades** se refiere a las zonas más hondas de un cuerpo de agua, donde uno se ahoga. El término nos recuerda a Jonás (cp. Jon. 2:3) y a los egipcios que persiguieron a Israel a través del Mar Rojo (Éx. 15:5). En el éxodo futuro, las profundidades más oscuras **se secarán** y ya no representarán un peligro para Israel. Al secar el Nilo, Dios establecerá un camino directo para que Israel regrese de Egipto a la tierra prometida. Esta referencia ilustra la realidad de que el pueblo de Dios regresará sin impedimentos a casa. Por medio del profeta Isaías, el Señor prometió: "Cuando pases por las aguas, yo estaré contigo; y si por los ríos, no te anegarán. Cuando pases por el fuego, no te quemarás, ni la llama arderá en ti"

(Is. 43:2; cp. Hab. 3:8). Dios erradicará todo aquello que estorbe el regreso de su pueblo a su tierra ancestral.

Zacarías continuó diciendo que el Mesías derrotará a todas las naciones que se opongan a Israel. El Señor declaró: **la soberbia de Asiria será derribada. Soberbia** es cualquier cosa que se enaltece o que se envanece. Este versículo indica que la altivez de los opresores de Israel, en específico de Asiria, **será derribada** por el Mesías. Egipto sufrirá la misma consecuencia porque **se perderá el cetro de Egipto**. El cetro representa el poder político y, a menudo, se asocia con la realeza. En el primer éxodo, Faraón oprimió a Israel y se resistió a Jehová. En el último éxodo, Egipto ya no contará con un Faraón porque se perderá **el cetro**. Todos los opresores de Israel, representados por el norte (Asiria) y por el sur (Egipto) quedarán completamente aniquilados. Su derrota decisiva demuestra que ninguna potencia terrenal podrá evitar que Israel cumpla los propósitos de Dios para su nación elegida.

La frase **se perderá el cetro** demuestra la victoria de Dios sobre Egipto y señala también a la autoridad real del Mesías. Jacob profetizó en Génesis 49:10: "No será quitado el cetro de Judá". Aunque el cetro real de Egipto se perderá, el de Judá no será quitado. En cambio, como lo explica el resto de Génesis 49:10, el linaje real de Judá culminará con la venida de Siloh, el Mesías, quien reinará para siempre y será el comandante de todos los pueblos. El Mesías humillará a Asiria, a Egipto y a todas las naciones, no solo para abrir el camino para su pueblo, sino también para consolidar en sí mismo todo poder y autoridad.

En el último versículo del pasaje, Zacarías ofreció una tercera razón por la que el éxodo descrito en este pasaje será el definitivo. Después de hacer volver a su pueblo del destierro, el Mesías hará de Israel todo lo que Dios planeó que fueran. El profeta documentó las palabras de Jehová: **Y yo los fortaleceré en Jehová, y caminarán en su nombre, dice Jehová**. Tal como se observó antes, la palabra **fortalecerá** nos remite a una palabra hebrea que se usó en este pasaje para describir la fortaleza y valentía de los líderes de Israel (Zac. 10:5) y el nuevo poderío militar de Judá (v. 6) y de Efraín (v. 7). Sin embargo, la fortaleza en este versículo es diferente porque se refiere específicamente a un fortalecimiento **en Jehová**. Más que una simple fuerza física o militar, esto describe la confianza inmutable de Israel en el Señor. A pesar de momentos de debilidad de fe en su historia, al final, Israel se caracterizará por la fuerza, no por la debilidad. El pueblo se llenará de la valentía que nace de su comunión con el Señor. Como resultado, **caminarán en su nombre**. La forma verbal específica de la palabra **caminarán** denota un patrón consistente de vida y de comunión con el Señor. Ese es el término que describe cómo Dios caminó con Adán en el huerto (Gn. 3:8), cómo Enoc caminó con el Señor (Gn. 5:24) y cómo Dios prometió caminar en medio de su pueblo si este andaba en santidad (Lv. 26:12). Caminar así **en su nombre** describe un estilo de vida perpetuo que se conforma al mismo carácter de Dios (Col. 3:17) y que refleja ante el mundo su justicia (cp. Hch. 9:15; 2 Ts. 1:12).

En aquel momento futuro, el pueblo de Israel tendrá la comunión con Dios que siempre debió de haber tenido. Él los usará para hacer lo que siempre debieron de haber hecho (cp. Éx. 19:5-6; 20:7). De entre los tipos de valentía y de fortalecimiento descritos en este pasaje (vv. 5, 6, 7), fortalecerse **en Jehová** es por mucho el más maravilloso. Esta victoria se encuentra exclusivamente en el Mesías. El Señor dijo: **yo los fortaleceré**. Estas palabras constituyen una afirmación directa de parte del Cristo preencarnado de que la fuerza en Dios, junto con muchas otras promesas divinas (cp. Zac. 10:6, 7, 8, 9, 10), solo se cumplirán por medio de Él. Las últimas palabras de este capítulo resaltan este punto: **dice Jehová**. La maravillosa verdad revelada en este pasaje fue pronunciada y certificada por Dios y, en específico, por la segunda Persona de la Trinidad. Dios Hijo, el Mesías divino, señalará al pueblo hacia su Padre y los fortalecerá en Él (cp. Jn. 17:6-21).

Aunque los israelitas se veían tentados por los ídolos, los adivinos y la religión falsa (Zac. 10:2-3), debían recordar que solo Jehová podía darles verdadero poder y salvación. Zacarías reveló en este pasaje que solo el Mesías tiene la fuerza para salvar a su pueblo en lo físico, en lo espiritual y en lo definitivo en un último éxodo. Aunque entraría a Jerusalén sobre un asno (cp. 9:9), Él es el Soberano y el único Salvador. No hay salvación fuera de Él (Hch. 4:12). Por lo tanto, para encontrar una liberación duradera, el pueblo de Israel debía mirar a Cristo (cp. Zac. 12:10). Él es la única esperanza, tanto para ellos como para todo el mundo (1 Jn. 2:2).

El pastor rechazado **28**

Oh Líbano, abre tus puertas, y consuma el fuego tus cedros. Aúlla, oh ciprés, porque el cedro cayó, porque los árboles magníficos son derribados. Aullad, encinas de Basán, porque el bosque espeso es derribado. Voz de aullido de pastores, porque su magnificencia es asolada; estruendo de rugidos de cachorros de leones, porque la gloria del Jordán es destruida. Así ha dicho Jehová mi Dios: Apacienta las ovejas de la matanza, a las cuales matan sus compradores, y no se tienen por culpables; y el que las vende, dice: Bendito sea Jehová, porque he enriquecido; ni sus pastores tienen piedad de ellas. Por tanto, no tendré ya más piedad de los moradores de la tierra, dice Jehová; porque he aquí, yo entregaré los hombres cada cual en mano de su compañero y en mano de su rey; y asolarán la tierra, y yo no los libraré de sus manos. Apacenté, pues, las ovejas de la matanza, esto es, a los pobres del rebaño. Y tomé para mí dos cayados: al uno puse por nombre Gracia, y al otro Ataduras; y apacenté las ovejas. Y destruí a tres pastores en un mes; pues mi alma se impacientó contra ellos, y también el alma de ellos me aborreció a mí. Y dije: No os apacentaré; la que muriere, que muera; y la que se perdiere, que se pierda; y las que quedaren, que cada una coma la carne de su compañera. Tomé luego mi cayado Gracia, y lo quebré, para romper mi pacto que concerté con todos los pueblos. Y fue deshecho en ese día, y así conocieron los pobres del rebaño que miraban a mí, que era palabra de Jehová. Y les dije: Si os parece bien, dadme mi salario; y si no, dejadlo. Y pesaron por mi salario treinta piezas de plata. Y me dijo Jehová: Échalo al tesoro; ¡hermoso precio con que me han apreciado! Y tomé las treinta piezas de plata, y las eché en la casa de Jehová al tesoro. Quebré luego el otro cayado, Ataduras, para romper la hermandad entre Judá e Israel. (11:1-14)

No hay evento en la historia de la humanidad más importante que la cruz, donde el Señor Jesucristo murió como el sacrificio definitivo por el pecado antes de levantarse en victoria al tercer día. Pablo explicó en Romanos que todos estábamos bajo la ira de Dios (Ro. 1:18) hasta que se reveló su justicia en la propiciación de su Hijo (3:21). La muerte y la resurrección de Cristo constituyen la base sobre la cual Dios justifica a los pecadores (Ro. 4:25; 2 Co. 5:21) y les ofrece vida eterna (cp. Ro. 8:17, 30). Si Jesús no hubiera muerto para pagar el precio del pecado, los pecadores no tendrían esperanza de perdón. Y si Él no se hubiera levantado de entre los muertos, los creyentes no tendrían esperanza de una gloria futura (cp. 1 Co. 15).

El Antiguo Testamento anticipa el sufrimiento y la muerte del Mesías. Desde el primer libro de Moisés (cp. Gn. 3:15; 22:1-14) hasta los Salmos de David (cp. Sal. 16:10; 22:1-31) y las profecías de Daniel (cp. Dn. 9:26), Dios no solo prometió que el Mesías llegaría, sino también que sufriría y que moriría. La profecía más extensa respecto al sufrimiento del Mesías se encuentra en Isaías 53. Allí, el profeta predijo que Cristo sería "herido de Dios y abatido" (v. 4) y "herido [...] por nuestras rebeliones" (v. 5), que tendría que cargar con el pecado de su pueblo (v. 6), que sería "cortado de la tierra de los vivientes" (v. 8), quebrantado y sujetado a padecimiento "en expiación por el pecado" (v. 10), derramado hasta la muerte y "contado con los pecadores" (v. 12). El Siervo de Jehová fue rechazado, ridiculizado y asesinado. No obstante, esto fue necesario para darnos salvación. Dios dijo con respecto a su Hijo:

> *Verá el fruto de la aflicción de su alma, y quedará satisfecho; por su conocimiento justificará mi siervo justo a muchos, y llevará las iniquidades de ellos (Is. 53:11).*

Dos siglos después de Isaías, Zacarías evocó estos temas tan familiares. Al igual que su predecesor, él anticipó el sufrimiento y la humillación que sufriría el Mesías. Zacarías 9:9 predijo la entrada humilde de Cristo a Jerusalén: "He aquí tu rey vendrá a ti, justo y salvador, humilde, y cabalgando sobre un asno, sobre un pollino hijo de asna". En Zacarías 12:10, el Señor reiteró que, en el momento de su salvación, el pueblo reconocería que había maltratado a su Mesías y se arrepentiría: "Mirarán a mí, a quien traspasaron, y llorarán como se llora por hijo unigénito, afligiéndose por él [el Mesías] como quien se aflige por el primogénito".

En Zacarías 11:1-4, el profeta trató de forma similar el rechazo del Mesías por parte de su pueblo. Después de establecer el contraste entre los falsos pastores de Israel (10:2-3) y el Buen Pastor (10:4-12), el profeta continuó en el capítulo 11 con una ilustración vívida de Israel como un rebaño. Al hacerlo, predijo las consecuencias que alcanzarían a Israel por rechazar a su Mesías. En este pasaje, Zacarías comenzó describiendo a los profetas engañosos, destinados para destrucción (11:1-3). A continuación, delineó al rebaño afligido de Israel que estaba destinado a morir (11:4-6). En tercer lugar, habló sobre la trayectoria del verdadero Pastor de Israel, el Mesías, y explicó que sería aborrecido y despreciado por los suyos (11:7-12). Finalmente, Zacarías resaltó las terribles consecuencias que enfrentaría Israel por rechazar al Mesías; Dios disciplinaría duramente a la nación por su desobediencia deliberada (11:13-14).

Los detalles de este pasaje (de esta profecía pronunciada en el siglo VI a. C.) se alinean de forma perfecta con la vida y el ministerio del Señor Jesús. Él vino y ministró a la nación de Israel, pero fue rechazado por su pueblo, traicionado por treinta piezas de plata y crucificado en la cruz. Como resultado, Dios entregó a Israel a la destrucción a manos de los romanos en el año 70 d. C. y más tarde en el 135 d. C. Jerusalén y el templo fueron destruidos y el pueblo judío, aniquilado, vendido en esclavitud y dispersado por el mundo durante casi dos mil años hasta el restablecimiento de Israel en 1948. La consecuencia de rechazar al Mesías fue el derramamiento de la ira de Dios sobre la nación. La precisión profética de este pasaje no solo pone en evidencia su origen divino, sino que también resalta el evento más trascendental de la historia humana: la tragedia del rechazo del Mesías.

LOS PASTORES ENGAÑOSOS: DESTINADOS PARA DESTRUCCIÓN

Oh Líbano, abre tus puertas, y consuma el fuego tus cedros. Aúlla, oh ciprés, porque cedro cayó, porque los árboles magníficos son derribados. Aullad, encinas de Basán, porque el bosque espeso es derribado. Voz de aullido de pastores, porque su magnificencia es asolada; estruendo de rugidos de cachorros de leones, porque la gloria del Jordán es destruida. (11:1-3)

Las palabras iniciales del profeta marcan un cambio dramático con el triunfo escatológico del Mesías descrito en el capítulo anterior. Zacarías 11 comienza con un llamado abierto a la invasión extranjera: **Oh Líbano, abre tus puertas**. El término **puertas** en este contexto se refiere a la entrada de la nación y a las puertas de sus ciudades. Aunque, a menudo, una puerta permanece cerrada para evitar la entrada de intrusos, Zacarías afirmó que el Líbano **abrirá** sus **puertas** de par en par, lo que significa que el país perderá su protección y se volverá vulnerable a los ataques desde el extranjero. Un enemigo proveniente de más allá del Líbano avanzaría sin esfuerzo por este enorme territorio, comenzando desde el Líbano y extendiéndose hacia el sur. Este pasaje ilustra lo contrario a la seguridad, la estabilidad y la victoria descritas en el capítulo anterior y hace que el lector se pregunte cómo puede suceder esto.

Zacarías profetizó que esta invasión devastaría de forma visible el Líbano: **el fuego** consumiría **tus cedros**. El Líbano era reconocido por sus enormes y hermosos cedros, que contribuían a una gran parte de su economía (cp. 1 R. 5:6-10). Que los cedros del Líbano quedaran consumidos por el fuego significaría el fin tanto de su ecología como de su economía. No obstante, el profeta también habló de los **cedros** por causa de su relación con el templo de Israel. El uso más prevalente del término **cedro** en las Escrituras aparece en conjunto con la construcción del templo de Salomón (cp. 2 S. 7:2; 1 R. 5:6). La madera de cedro se usó para fabricar los artesonados del templo (1 R. 6:9), su estructura (6:10, 36) y los revestimientos (6:15-16), así como el altar (6:20). Este ataque contra los cedros del Líbano anticipaba el ataque enemigo sobre Jerusalén en el sur del Líbano. Así como los cedros del Líbano serían destruidos, también lo sería la "casa de cedro" (cp. 2 S. 7:7), es decir, el templo.

El profeta no solo se concentró en los cedros, sino también en los cipreses del Líbano, porque exclamó: **Aúlla, oh ciprés**. Al igual que la madera de cedro, la de ciprés se utilizó como material de construcción en el templo y se usó para el pavimento (1 R. 6:15) y las puertas (6:34). En la época de Salomón, los dos materiales principales que el Líbano donó a Israel para edificar el templo fueron la madera de cedro y de ciprés (5:10). Al profetizar la ruina de los cedros y de los cipreses en este pasaje, Zacarías intensificó la anticipación de que el templo de Israel sería destruido de nuevo, tal como el templo de Salomón fue quemado hasta quedar en ruinas.

Se instó al ciprés a aullar porque **el cedro cayó**. Si el árbol más majestuoso del bosque, el cedro, fue vencido por el enemigo, ningún otro sería capaz de soportar el ataque. Doscientos años antes de la profecía de Zacarías, una destrucción similar ocurrió cuando Asiria invadió Israel y Judá en la época de Ezequías (2 R. 19:23). En aquel tiempo, Israel tuvo que ver la tala de sus bosques, lo que demostraba que región tras región había sucumbido ante la fuerza del enemigo. En un recordatorio de esta escena histórica, Zacarías profetizó que volvería a suceder. El enemigo diezmaría, no solo los bosques alrededor del Líbano, sino también los que quedaban más allá de este, porque Zacarías anticipó que **los árboles magníficos son derribados**. Una vez más, bosque tras bosque quedaría devastado, lo que representa que el invasor derrotaría sistemáticamente a ciudad tras ciudad y a nación tras nación. La palabra **derribados**, que en el original describe un objeto que es hecho añicos, transmite la intensidad de la agresión en este ataque. El enemigo no solo talará los árboles, sino que también los hará pedazos con violencia.

Esta campaña militar avanzaría de norte a sur hasta el territorio de Israel. Zacarías declaró: **Aullad, encinas de Basán**. La palabra **aullad** ya se usó antes en referencia al ciprés. La repetición implica que los aullidos se multiplicarán a medida que se incremente la destrucción. Las **encinas de Basán** se consideraban entre los árboles más bellos de la época bíblica (cp. Os. 4:13). También se utilizaban para fabricar objetos como los remos de una embarcación (Ez. 27:6) y los ídolos paganos (Is. 44:14-15). Como estos árboles se encontraban en el noreste de Israel, la implicación de este texto es que la invasión alcanzaría a Israel y destruiría su belleza y sus defensas. Zacarías lo explicó de esta manera: **porque el bosque espeso es derribado**. Este bosque denso servía como fortificación de la frontera noreste del país. En ciertos momentos, el bosque mismo consumió al enemigo. En 2 Samuel 18:8 se describe la siguiente escena: "Y la batalla se extendió por todo el país; y fueron más los que destruyó el bosque aquel día, que los que destruyó la espada". El bosque fungía como protección contra los enemigos de Israel. No obstante, Zacarías indicó que esta protección dejaría de ser. En efecto, las encinas de Basán debían **aullar**, no solo por su propia perdición, sino también porque la nación de Israel quedaría bajo el control del enemigo.

La invasión se extendería desde las encinas de Basán hasta los jefes de Israel. Zacarías profetizó: **Voz de aullido de pastores, porque su magnificencia es asolada**. La palabra **aullido** es la misma que se utilizó antes para describir los aullidos del ciprés y de las encinas. Todos los aullidos en este pasaje alcanzan un punto culminante con el sonido del **aullido de pastores**. La palabra **magnificencia** describe a los "árboles magníficos" del versículo anterior. El enemigo destruiría a los árboles magníficos de las naciones, tal como aplastaría la **magnificencia** de estos falsos pastores, es decir, los jefes corruptos de Israel. En el original, la palabra que aquí se traduce **asolada** repite la palabra **derribado** del versículo anterior. Zacarías afirmó que estos pastores aullarían por su propia destrucción. Ellos serían el blanco definitivo de toda la destrucción que Dios traería por medio del enemigo.

El profeta siguió describiendo la ira de Dios contra los líderes corruptos con las siguientes palabras: **estruendo de rugidos de cachorros de leones, porque la gloria del Jordán es destruida**. Los **cachorros de leones** de Israel eran una ilustración de la realeza (cp. Ez. 19:1-9), de manera que el **estruendo** de los **rugidos** de estos cachorros de leones puede describir ya sea la agresión (Is. 5:29; Ez. 19:7) o la desesperación de un depredador hambriento (Job 4:10). Estas opciones no son mutuamente exclusivas, porque un león hambriento, desesperado por hallar alimento, puede resultar tremendamente agresivo. Tal como lo explicó Zacarías, la frustración y el pánico de la familia real llegaría al darse cuenta ellos de que **la gloria del Jordán es destruida**. La **gloria del Jordán** se refería a las defensas naturales que franqueaban el río Jordán, incluyendo los matorrales espesos y las fieras salvajes. Después del cautiverio del reino del norte, los leones y otras fieras salvajes se multiplicaron en esta zona (cp. 2 R. 17:25; Jer. 49:19; 50:44). Cuando se destruyan los bosques del norte (Zac. 11:2), esta zona también quedaría asolada, lo que provocaría que los leones (tanto los animales en sí como la familia real que representaban) rugieran en angustia. Sin embargo, **la gloria del Jordán** no solo era una referencia a los matorrales y a los depredadores de gran tamaño, sino también a Jerusalén y a su templo, que estaba hecho de la madera de los bosques descritos anteriormente. La desolación de la capital y del templo, que marcaría el colapso de la nación y de su liderazgo, haría que la familia real se lamentara enérgicamente.

En el capítulo anterior de la profecía de Zacarías, el Señor predijo que, algún día, se restablecería la nación, se reconstruiría el templo y se restauraría la paz (cp. Zac. 6:12-13; 10:9-12). ¿Por qué pues predicen estos versículos (11:1-3) el fin de la nación? La respuesta radica en una sola palabra: **pastores**. Es notable que esta palabra sea plural y no singular. El término no se refiere al Mesías, sino más bien a los pastores falsos y engañosos sobre los que Zacarías ya había advertido (10:3). Dios instó a su pueblo a aceptar al Mesías, el verdadero pastor del rebaño (9:16) y a rechazar a los líderes corruptos que desviarían al pueblo o que lo abandonarían por completo (cp. 10:2). Trágicamente, Israel recibió a los falsos pastores y rechazó al Pastor verdadero. En consecuencia, la tragedia descrita aquí constituyó el juicio de Dios contra los falsos pastores de Israel y contra el pueblo que siguió sus pisadas.

El cumplimiento de esta profecía demuestra con cuánta claridad vinculó Dios su juicio sobre Israel con su rechazo del Mesías. Numerosos eruditos, incluyendo rabinos, han tenido razón en interpretar que este pasaje describe la destrucción de Jerusalén y del templo en el 70 d. C. durante la primera guerra judeo-romana. Josefo estimó que más de un millón de judíos murieron durante este conflicto catastrófico.[1] Los romanos esclavizaron a casi cien mil personas. Los ataques continuaron durante las siguientes décadas en conflictos adicionales. Durante la tercera guerra judeo-romana (también conocida como la rebelión de Bar Kojba) cerca del año 135 d. C., el emperador romano Adriano avanzó por la zona y destruyó novecientas ochenta y cinco ciudades y aldeas, con lo que aplastó al Estado de Israel y dispersó a sus habitantes por todo el mundo. Durante casi dos milenios después de esto, el pueblo judío no tuvo un Estado hasta el renacimiento de Israel en 1948. Es notable que la destrucción del templo ocurriera cuarenta años después de la crucifixión de Jesús y que el Señor mismo conectara el juicio con su propia muerte (cp. Lc. 23:27-31). La destrucción profetizada de Jerusalén en el 70 d. C. estuvo explícitamente ligada con el rechazo de Israel del Buen Pastor.

1. Flavio Josefo, *La guerra de los judíos: Libros IV-VII*, trad. Jesús Ma. Nieto Ibáñez, (Madrid: Gredos, 1997), VI:420.

Este rechazo y esta destrucción subsecuente fue lo que Zacarías anticipó en los primeros versículos de este pasaje.

LAS OVEJAS AFLIGIDAS: DESTINADAS A LA MATANZA

Así ha dicho Jehová mi Dios: Apacienta las ovejas de la matanza a las cuales matan sus compradores, y no se tienen por culpables; y el que las vende, dice: Bendito sea Jehová, porque he enriquecido; ni sus pastores tienen piedad de ellas. Por tanto, no tendré ya más piedad de los moradores de la tierra, dice Jehová; porque he aquí, yo entregaré los hombres cada cual en mano de su compañero y en mano de su rey; y asolarán la tierra, y yo no los libraré de sus manos. (11:4-6)

Zacarías comenzó aquí a exponer la razón de estos eventos catastróficos con las siguientes palabras: **Así ha dicho Jehová mi Dios: Apacienta las ovejas**. Con estas palabras, el Señor comisionó a su profeta a volverse un actor y a representar esta profecía. Esta no fue la primera vez que Dios hacía esto. El Señor instruyó a Isaías a hacer algo similar con los nombres de sus hijos (Is. 8:1) y también le mandó a Ezequiel hacer una representación dramática del sitio de Jerusalén (Ez. 4). Antes ya en el libro de Zacarías, Dios instruyó al profeta a participar en una escena en la que se coronaría al sumo sacerdote Josué para representar la coronación futura del Mesías (Zac. 6:9-15). Aquí, el Señor dio instrucciones similares a Zacarías y le mandó actuar un papel que proyectara el futuro. Este papel era el de un pastor que **apacienta** a sus ovejas. El versículo anterior mencionó a múltiples falsos pastores. En contrate, Zacarías debía prefigurar al único Pastor verdadero, el Mesías.

Muchos profetas habían predicho que el Mesías sería un Pastor, incluyendo a David (Sal. 23:1), a Ezequiel (Ez. 34) y a Miqueas (Mi. 7:14). Israel necesitaba un pastor porque había quedado sin dirección ni protección adecuadas (cp. Zac. 10:2; Is. 53:6). Con el mandato del Señor: **Apacienta las ovejas**, el Señor estaba demostrando por medio de las acciones de Zacarías que las **ovejas** necesitadas de Israel recibirían un líder verdadero que cuidaría de ellas en verdad.

No obstante, en la misma oración, Jehová afirmó la terrible realidad de que las ovejas de Israel estaban destinadas a la **matanza**. La palabra **matanza** describe un asesinato sin piedad. Esta descripción fatídica se refería a lo que este pasaje ya había establecido: que un día Israel sufriría una devastación tremenda y que Jerusalén sería destruida, el templo quemado y toda la región arrasada en aflicción y muerte.

El Señor reveló tres aspectos de esta matanza venidera. Primero, que estaría marcada por una gran crueldad. Dios lo describió así: **a las cuales matan sus compradores, y no se tienen por culpables**. La frase **sus compradores** describe a las naciones extranjeras que tomarían posesión de Israel y de su pueblo. Israel era un rebaño de ovejas destinadas a la matanza y estas naciones serían las responsables directas de infligir una destrucción tan violenta. Aunque estas naciones tratarían a Israel con gran brutalidad, no se sentirían **culpables** de sus atrocidades ni experimentarían de inmediato un juicio por sus crímenes de guerra. Israel ya había vivido un maltrato similar a manos de los asirios y de los babilonios, pero la historia se repetiría con los romanos.

Segundo, la matanza de Israel estaría marcada por una traición. Zacarías reveló: **el que las vende, dice: Bendito sea Jehová, porque he enriquecido**. Ya que los compradores de Israel son las naciones extranjeras, **el que las vende** debe representar a los líderes corruptos de Israel, incluyendo a los sacerdotes, ancianos y escribas apóstatas. Estos líderes hipócritas exclamarían: **Bendito sea Jehová**, con lo que pondrían en evidencia su razonamiento trastornado. Ellos atribuirían su traición y las ganancias obtenidas por medio de ella (**porque he enriquecido**) al favor de Dios. Al atribuir al Señor sus ganancias ilícitas, estaban demostrando la profundidad y la depravación del engaño en el que estaban.

En el versículo 5, el Señor explicó que **ni sus pastores tienen piedad de ellas**. Una vez más, el texto utiliza el término clave **pastores**. Aunque los pastores cuidan, alimentan, guían y defienden a su rebaño de forma natural, estos pastores harían lo contrario. Ellos no **tienen piedad** de sus ovejas ni las libran del mal. Durante la época del cumplimiento de esta profecía, en el siglo I, los líderes de Israel demostraron no tener compasión ni cuidado por el pueblo de Dios. En cambio, abusaron del pueblo que se les había confiado y los utilizaron para su propio beneficio político y económico. El rebaño ingenuo sería traicionado por sus pastores corruptos. El punto culminante de esta traición sería la destrucción de la ciudad y del templo en el año 70 d. C.

Tercero, la matanza de Israel estaría marcada por el juicio divino. El versículo 6 afirma lo siguiente: **Por tanto, no tendré ya más piedad de los moradores de la tierra, dice Jehová**. La palabra **piedad** ya se utilizó en el versículo anterior. Los pastores malvados de Israel no tendrían piedad del pueblo por causa de su propia avaricia y egocentrismo. El Señor tampoco tendría piedad de la nación, pero por una razón muy diferente: porque Israel rechazó a su Hijo, el Mesías. En conformidad con los propósitos soberanos de Dios, el juicio de la nación alcanzaría un punto culminante. Esto sería exactamente como Dios lo profetizó: **porque he aquí, yo entregaré los hombres cada cual en mano de su compañero**. El Señor afirmó que Él provocaría una destrucción inevitable. De entre todos los que quisieran escapar, el Señor **entregaría** a **cada cual** víctima de la matanza en la **mano** del enemigo.

Los israelitas caerían presa, no solo de sus enemigos, sino incluso **en mano de su rey**. ¿Quién era este rey de Israel? En el 70 d. C., la nación no tenía un rey. Sin embargo, los líderes de Israel habían escogido a un rey para sí cuando rechazaron al Mesías. Juan 19:15 documenta que los jefes apóstatas de Israel pidieron a gritos la ejecución de Cristo: "¡Fuera, fuera, crucifícale! Pilato les dijo: ¿A vuestro Rey he de crucificar? Respondieron los principales sacerdotes: No tenemos más rey que César". En un solo acto, la élite de la nación rechazó al Buen Pastor y aceptó a un rey pagano. Aquí, en Zacarías 11:6, el Señor profetizó que Él volcaría este acto sobre su cabeza. Irónicamente, en lugar de encontrar salvación en César, fueron arrasados por mano suya. Fue César quien ordenó su destrucción unas pocas décadas más tarde.

Dios designó este juicio para acusar a su pueblo por su rechazo hacia su Hijo y predijo que los enemigos de Israel **asolarán la tierra**. En el original, la palabra **asolar** describe el acto de desmenuzar algo en pedazos (cp. 2 R. 18:4; Is. 2:4); esto describe la forma en que Roma destruiría Jerusalén y derribaría el templo. Durante el ministerio terrenal de Jesús, los líderes de Israel rechazaron a su Mesías para proteger su estatus político con Roma (Jn. 11:49-50). Irónicamente, al traicionar a Cristo, no salvaron a la nación, sino que garantizaron su destrucción. Dios dijo al principio de este versículo que Él no tendría piedad de su pueblo y lo reiteró también al final: **y yo no los libraré de sus manos**. Aunque Jehová había librado a Israel en el pasado (cp. 2 S. 5:17-25; 2 R. 19:1-37; 2 Cr. 20:1-34), esta vez no habría escapatoria. La nación caería en manos de sus enemigos y Dios no los libraría del juicio. Con tanta finalidad, Israel se convirtió en un rebaño destinado para la matanza, condenado por haber rechazado a su Defensor y Libertador.

EL VERDADERO PASTOR: DETESTADO Y DESPRECIADO

Apacenté, pues, las ovejas de la matanza, esto es, a los pobres del rebaño. Y tomé para mí dos cayados: al uno puse por nombre Gracia, y al otro Ataduras; y apacenté las ovejas. Y destruí a tres pastores en un mes; pues mi alma se impacientó contra ellos, y también el alma de ellos me aborreció a mí. Y dije: No os apacentaré; la que muriere, que muera; y la que se perdiere, que se pierda; y las que quedaren, que cada una coma la carne de su compañera. Tomé luego mi cayado Gracia, y lo quebré, para romper mi pacto que concerté con todos los pueblos. Y deshecho en ese día, y así conocieron los pobres del rebaño que miraban a mí, que era palabra de Jehová. Y les dije: Si os parece bien, dadme mi salario; y si no, dejadlo. Y pesaron por mi salario treinta piezas de plata. (11:7-12)

El profeta escuchó el mandato de Dios y dijo: **Apacenté, pues, a las ovejas de la matanza**. En esta representación del papel del pastor, el profeta describió los efectos positivos del ministerio de Cristo. Él **apacentaría** a las ovejas y, aunque estaban destinadas a la matanza, las atendería, las cuidaría y las alimentaría. Dentro de estas ovejas condenadas estaban **los pobres del rebaño**; esto describe al pueblo común, a los que sufrían y se dolían dentro de Israel y estaban bajo opresión. A menudo, muchos de estos pobres y humildes eran parte del remanente de los creyentes (cp. Sal. 10:12; 14:6; 18:27). Zacarías profetizó que, tras su venida, el Mesías ministraría al remanente de los pobres y de los creyentes que recibirían su mensaje. Esto sucedió durante el ministerio terrenal de Jesús. En el Sermón del monte, el Señor Jesús dijo: "Bienaventurados los pobres en espíritu" (Mt. 5:3) y el Evangelio de Marcos documentó que "gran multitud del pueblo le oía de buena gana" (Mr. 12:37). Tal como Zacarías lo profetizó, aunque los líderes políticos y religiosos de Israel no aceptaron a su Mesías, algunos de los pobres sí lo hicieron.

Para describir el ministerio del Mesías hacia estas personas, Zacarías dijo: **Y tomé para mí dos cayados**. Un cayado es una vara o un bastón que se usa para conducir a las personas y a los animales (cp. Nm. 22:27) y era un símbolo que representaba la autoridad (cp. Jer. 48:17). Lo que describió aquí Zacarías es similar a lo que menciona Ezequiel 37:16 que se refiere a los reinos del norte y del sur de

Israel como palos separados que el Mesías unirá. Zacarías evocó aquí esta profecía anterior para demostrar que Cristo, incluso en su primera venida, comenzaría la labor de unificar a su pueblo (cp. Mt. 15:24; Jn. 10:14-16; 11:51-52).

Los dos cayados de la profecía de Zacarías llevaban los siguientes nombres: **al uno puse por nombre Gracia, y al otro Ataduras. Gracia** se refiere al cuidado bondadoso, misericordioso y tierno de Dios y describe la amabilidad y la compasión. Ciertamente, esto fue lo que definió el ministerio del Mesías, porque Cristo fue manso, amoroso, bondadoso, misericordioso, compasivo y perdonador. Estas fueron las características que el Señor Jesús demostró cuando ministró a los enfermos y a los destituidos, incluyendo a muchos necesitados como la mujer sirofenicia, la hija de Jairo, la mujer con el flujo de sangre y el ciego junto al estanque de Siloé. Sin embargo, Cristo no solo actuó con gracia hacia el pueblo, sino que también llevó a los demás hacia la gracia de Dios. Él explicó de qué forma pueden las personas reconciliarse con Dios (cp. Mr. 2:1-7; Lc. 13:1-5) y recibir justificación (Lc. 18:9-14). Él declaró que solo Él es el camino, la verdad y la vida (Jn. 14:6). Así pues, la palabra **gracia** se refiere a la realidad de que Cristo ministró la misericordia y la bondad de Dios al hombre y de que Él garantizó la relación del hombre con Dios.

En sintonía con esto, la palabra **ataduras** se refiere a la relación entre los hombres. Cristo ofreció un anticipo de esto en su primera venida cuando recorrió todo Israel ministrando al pueblo y congregando en un solo rebaño a las ovejas perdidas de Dios (cp. Jn. 10:14-16; 11:51-52). Así pues, Zacarías profetizó que, en su venida, el Mesías mostraría bondad a Israel y uniría a las ovejas que estaban sin pastor. Zacarías dijo pues: **y apacenté las ovejas.** En esta representación, Zacarías tomó el cayado de la gracia y el cayado de las ataduras y **apacentó las ovejas** para anticipar el ministerio benevolente del Mesías para con Israel.

Aunque vino para ser bendición a su pueblo, el Mesías se encontraría con una gran oposición y dificultades. El profeta dijo en nombre del Mesías: **Y destruí a tres pastores en un mes.** La idea de **destruir** significa aniquilar o eliminar por completo. Zacarías profetizó que Cristo erradicaría a **tres pastores** de Israel. No es fácil identificar a estos pastores. Sin embargo, a lo largo de su profecía, Zacarías ha enfatizado los tres oficios de profeta (cp. Zac. 1:4-7; 7:3, 7, 12; 8:9; 13:2, 4-5), sacerdote (cp. 3:1, 8; 6:11, 13; 7:3, 5) y rey (cp. 9:9; 14:5, 9, 10, 16-17). No obstante, para la época del Señor Jesús, estos tres roles estaban bajo la autoridad de los escribas, de los sacerdotes y de los ancianos de Israel. Esta es una de las explicaciones más antiguas de la identidad de los **tres pastores** y es la más probable. Zacarías se refirió a estas personas como **pastores** por dos razones: para conectar a estos líderes corruptos con los falsos pastores mencionados en toda esta sección (10:2-3; 11:3, 5, 15, 17) y para contrastarlos con el único Pastor verdadero, el Mesías (cp. 11:4, 7; 13:7). En su primer advenimiento, Cristo condenó con dureza a los líderes corruptos de Israel (cp. Mt. 23). Zacarías profetizó que su caída tendría lugar en **un mes**, exactamente el tiempo que pasó entre el momento en el que los babilonios abrieron un boquete en los muros de Jerusalén y el momento en que la ciudad cayó en el 586 a. C., un evento conmemorado en el calendario de Israel (2 R. 25:3-9; Jer. 39:2-4; cp. Zac. 7:3-5). Así pues, al referirse a **un mes**, el profeta indicó que lo que sucedió en el pasado volvería a suceder. A inicios de agosto del año 70 d. C., los romanos habían superado ya las últimas defensas de Israel y, para finales de agosto, habían destruido el templo y lo habían quemado. A principios de septiembre, ya habían suprimido los restos de la resistencia judía y obtenido el control total de la ciudad. Tanto en el caso de Babilonia como en el de Roma, aunque el sitio de ambos duró mucho más tiempo, el período entre el momento en que se superaron las defensas de Jerusalén hasta la destrucción de la ciudad fue de más o menos un mes. Tal como Zacarías lo profetizó, Dios pondría fin de forma abrupta al sistema corrupto del liderazgo de Israel.

A continuación, Zacarías expresó la razón por la que el Buen Pastor se opondría a los falsos pastores: **pues mi alma se impacientó contra ellos**. Estas palabras anticipaban la actitud de Cristo hacia los líderes religiosos de Israel en el siglo I. Él los reprendió abiertamente por su hipocresía y maldad, por la forma en la que explotaban a la gente y por su rechazo hacia Él (cp. Mt. 21:12-16; Mr. 11:15-18; Lc. 19:45-47; Jn. 2:13-16). Zacarías dijo lo siguiente en nombre del Mesías: **también el alma de ellos me aborreció a mí**. Aunque el profeta mandó a Israel recibir al Mesías con brazos abiertos (Zac. 9:9; 10:1, 7, 12), los líderes malvados de Israel pronto lo **aborrecerían**, al punto de asesinarlo (cp. Jn. 15:25).

Así pues, el profeta, que en este momento estaba representando a Cristo en su actuación, dijo: **No os apacentaré**. El ministerio pastoral benevolente del Mesías, marcado por la gracia y la unidad, llegaría a su fin. Esto ocurrió durante el ministerio del Señor Jesús y los Evangelios nos dan testimonio claro de ello. El ministerio del Mesías comenzó con muchos milagros, pero terminó en juicio (cp. Mt. 23:37-39; Lc. 23:26-31). Cuando la nación lo rechazó, Cristo abandonó al pueblo al destino que tenían decretado (Zac. 11:4, 7). Zacarías, en nombre del Mesías, afirmó: **la que muriere, que muera**. Cristo no intervendría para librar a Israel. El profeta también proclamó: **la que se perdiere, que se pierda**. Esta misma terminología describió el juicio de los tres pastores en el versículo 8, lo que indica que la perdición de los líderes corruptos de Israel sería autoinfligida y, además, inevitable. Finalmente, el profeta declaró: **las que quedaren, que cada una coma la carne de su compañera**. Este enunciado nos recuerda el versículo 5, que profetizó que los jefes corruptos de Israel traicionarían a su propio pueblo. Sin embargo, el versículo 9 describe una escena más violenta en la que no solo se vende a las ovejas, sino que también se las come. Esta profecía describe, no la compra y venta de cautivos, sino más bien una situación tan desesperada que la gente recurriría incluso al canibalismo. Josefo, el historiador judío, documentó el cumplimiento de esto en el siglo I en su descripción de los sucesos del año 70 d. C. Así pues, Zacarías profetizó que Israel rechazaría al Mesías y que, por lo tanto, este los entregaría al juicio.

A continuación, Zacarías describió al Mesías cumpliendo lo que acababa de proclamar. El profeta anunció: **Tomé luego mi cayado Gracia, y lo quebré**. Este acto dramático demostraba que la relación de Israel con Dios llegaría a su fin. Como Israel ya no hallaría gracia delante de Dios en esta época, el Señor decidió **romper** el **pacto que** había concertado **con todos los pueblos**. En la época de Moisés, Dios prometió a Israel que, si le eran fiel, Él no permitiría que fueran destruidos por sus enemigos (Dt. 28:1-14; cp. Gn. 12:1-3). En efecto, esta garantía divina estableció un fuerte **pacto** entre Dios y **todos los pueblos**. A lo largo de la historia, aunque Israel siguió siendo infiel, Dios impidió a las naciones enemigas aniquilar a su pueblo. Aunque muchos otros grupos étnicos como los cananeos, los heveos, los ceneos y los jebuseos perecieron, Israel sobrevivió por la protección divina. No obstante, con el rechazo del Mesías, Dios retiró su gracia y, con ella, la mano protectora que había resguardado a su nación elegida. Aunque el pueblo judío no quedó completamente aniquilado, el templo fue destruido en el 70 d. C. y, después, en el 135 d. C., el Estado de Israel dejó de existir durante casi dos milenios.

Al quebrar el cayado de la gracia de Dios, el Mesías retiraría el escudo de la protección divina de Israel. Cuando la nación rechazara al Pastor verdadero, el pacto de Dios con las naciones (que incluía una promesa de protección para Israel) quedaría roto de inmediato. Zacarías lo explicó así: **fue deshecho en ese día**. Esto indica que los resultados del juicio comenzaron inmediatamente. Esta realidad se reflejó en el ministerio del Señor Jesús, cuya predicación pasó de palabras claras a parábolas enigmáticas (Mt. 13:10-17) y de apariciones públicas a reuniones privadas (Mt. 23:38; Lc. 13:35). Tan solo cuarenta años después de su muerte, Jerusalén sería arrasada y el templo, destruido. Aunque nos muestra inmediatez, la frase **en ese día** también tiene connotaciones escatológicas en los profetas y, en especial, en Zacarías (cp. Zac. 2:11; 3:10; 9:16; 12:3, 4, 6). El rompimiento final y definitivo del pacto de protección de Dios con Israel tendrá lugar cuando todas las naciones se reúnan en Armagedón e invadan Jerusalén "en aquel día", un evento que Zacarías revelaría más adelante (cp. 12:1-3; 14:2). El profeta demostró que los efectos del rechazo del Mesías recorrerían la historia de Israel y llegarían hasta el final de los tiempos.

Para continuar con su representación dramática del Mesías, Zacarías dijo: **así conocieron los pobres del rebaño que miraban a mí, que era palabra de Jehová**. Los **pobres del rebaño**, es decir, los necesitados y los oprimidos de entre las ovejas de Israel, incluyeron a los seguidores del Señor Jesús durante su ministerio terrenal. Ellos reconocían su necesidad de salvación y, por lo tanto, **miraban** a Jesús con gran curiosidad. Al observar sus obras milagrosas y sus enseñanzas maravillosas, supieron que la **palabra de Jehová** se estaba cumpliendo. Sin embargo, no todos los que decían seguir a Jesús lo amaban en verdad (cp. Jn. 6:66). Incluso entre los doce discípulos, uno resultaría ser traidor; Zacarías deja claro esto en el siguiente versículo (v. 12). Al principio, Judas Iscariote aparentó ser parte del remanente (Jn. 6:70-71), pero más tarde quedó revelada su hipocresía. Él también **miraba** al Señor, pero con intenciones malvadas. Él "buscaba oportunidad para entregarle" (Mt. 26:16). La traición de Judas es peor en que sabía que Cristo estaba cumpliendo la **palabra de Jehová**, pero decidió volverse contra Él de todos modos.

En el versículo 12, la representación dramática de Zacarías llegó a un punto decisivo. Él exclamó: **Si os parece bien, dadme mi salario; y si no, dejadlo**. La petición del profeta hacía referencia a su **salario**, el dinero que se le debía por su trabajo como pastor. La ilustración era evidente: llegaría el momento en el que Israel manifestaría cuánto valoraba al Mesías. Con las palabras **si os parece bien**, Zacarías expresó su falta de confianza (cp. 1 R. 21:2; Est. 5:8) en que Israel tratara de buena manera a su Mesías. Luego, con las palabras **y si no**, indicó que su expectativa era que Israel fallara en valorar a Cristo (cp. Is. 53:3-4). Ante tales insultos y hostilidad, el profeta, que sigue representando aquí el papel del Mesías venidero, declaró sencillamente: **dejadlo**, una frase que implica detenerse o dejar de hacer algo. El Mesías no exigiría sus derechos, su salario ni su honor (cp. 53:7; 1 P. 2:21-25), sino que más bien enfrentaría al pueblo por su hipocresía. Esto fue evidente con Judas, cuando Jesús afirmó: "De cierto, de cierto os digo, que uno de vosotros me va a entregar [...]. A quien yo diere el pan mojado, aquel es. Y mojando el pan, lo dio a Judas Iscariote hijo de Simón. Y después del bocado, Satanás entró en él. Entonces Jesús le dijo: Lo que vas a hacer, hazlo más pronto" (Jn. 13:21-27).

Después de articular el punto decisivo, Zacarías predijo lo que Israel haría en respuesta: **pesaron por mi salario treinta piezas de plata**. Desde una perspectiva puramente financiera, **treinta piezas de plata** era suficiente dinero para comprar un terreno de excelente calidad (cp. Mt. 27:3-10; Hch. 1:18-19). Sin embargo, esta también era la cantidad que se pagaba como compensación por un siervo que había sido acorneado por un buey (Éx. 21:32). Al establecer este precio para el Mesías, la nación demostró que lo consideraban al mismo nivel que un siervo (cp. Fil. 2:7) y no como su Buen Pastor y Rey de gloria. De manera que, aunque la suma de dinero no es despreciable, sí es insignificante cuando se la compara con el valor infinito del Mesías. Además, esta señalaba la decisión oficial de Israel y su desdén por el Mesías. Cristo sería considerado un siervo: "Despreciado y desechado entre los hombres [...], fue menospreciado, y no lo estimamos" (Is. 53:3). Lo que Zacarías profetizó se cumplió cuando Judas traicionó a Jesús precisamente por esta cantidad de dinero (cp. Mt. 26:15). En todas las frases de este pasaje, la correspondencia entre las profecías de Zacarías y la vida de Cristo es sorprendente. Todo el texto describe el ministerio del verdadero Pastor de Israel que fue detestado por la nación.

LAS CONSECUENCIAS TERRIBLES: DISCIPLINADOS POR SU DESOBEDIENCIA

Y me dijo Jehová: Échalo al tesoro; ¡hermoso precio con que me han apreciado! Y tomé las treinta piezas de plata, y las eché en la casa de Jehová al tesoro. Quebré luego el otro cayado, Ataduras, para romper la hermandad entre Judá e Israel. (11:13-14)

Después de anticipar la traición y el rechazo de Israel hacia el Mesías, Dios interpuso su respuesta: **Y me dijo Jehová: Échalo al tesoro**. Estas palabras predijeron lo que sucedería después de que Judas traicionara a Jesús (cp. Mt. 27:3-10). En el original, la palabra **tesoro** es "el alfarero" y se corresponde con lo que Dios dijo en Jeremías, el único otro lugar en el Antiguo Testamento donde aparece esta frase exacta. Allí, el alfarero ilustra el derecho absoluto de Dios de hacer lo que le plazca con Israel (Jer. 18:1-6). Tal como el alfarero quiebra la obra de sus manos, así también Jehová quebraría a la nación y la enviaría al destierro en el 586 a. C. (19:1-11). Al volver a hacer referencia al alfarero en Zacarías, Dios indicaba que Israel experimentaría un juicio y un destierro similares a los que Jeremías describió respecto a la generación de su época.

Los israelitas siempre habían esperado ser plenamente libres del destierro. Ellos oraban por esto mientras seguían en Babilonia (Dn. 9:1-19) y también cuando el remanente regresó a la tierra (cp. Neh. 9:5-37). Incluso durante el siglo I, su anhelo era la eliminación de los romanos (Lc. 24:21; Hch. 1:6). Sin embargo, por causa de su rechazo hacia el Mesías, Dios decretó aquí que, en lugar de terminarse, su destierro sería peor.

El Señor dejó en claro que la ofensa de Israel era directamente contra Él. Él llamó a las treinta piezas de plata un **hermoso precio con que me han apreciado**. Al devaluar al Mesías, los israelitas demostraron cuán poco valoraban al mismísimo Jehová. El uso de la primera persona del singular (**me han apreciado**) indica que el Mesías es Jehová, algo que queda perfectamente claro en el capítulo siguiente (cp. Zac. 12:10). El enunciado del Señor también exponía las traidoras profundidades de la ofensa de Israel: ellos consideraban que Dios valía tan solo treinta piezas de plata. Por este crimen, Jehová tomaría su dinero y lo haría echar al tesoro.

Por lo tanto, Zacarías dijo: **tomé las treinta piezas de plata, y las eché en la casa de Jehová al tesoro**. Tal como se le mandó, el profeta no solo echó el dinero al tesoro, sino que lo hizo también **en la casa de Jehová**, lo que enfatizaba que la ira de Dios se derramaría, no solo contra Israel ni solo contra Jerusalén, sino también contra el templo mismo. En la época de Zacarías, el templo estaba en proceso de reconstrucción, un suceso que Israel pudo haber interpretado como el fin de la época del destierro. No obstante, Jehová reveló que el juicio que vendría sería mucho peor que el de la conquista de los babilonios. El enemigo destruiría de nuevo la ciudad capital y el templo y el pueblo terminaría en un estado de destierro aún peor.

Después de echar la plata al tesoro, Zacarías en seguida dijo: **Quebré luego el otro cayado, Ataduras**. El profeta ya había quebrado anteriormente el primer cayado llamado Gracia, lo que simbolizaba el rompimiento de la relación con Dios (cp. Zac. 11:10-11). Ahora, Zacarías quebró el segundo cayado y lo hizo para **romper la hermandad entre Judá e Israel**. Desde sus primeros días como la familia de Jacob, Israel estuvo dividida (Gn. 37:1-36). Al mando de Saúl, de David y de Salomón, la nación gozó de cierto grado de unidad, pero incluso esta fue endeble (cp. 2 S. 15:1-37). Así pues, durante la mayor parte de la historia de Israel, la nación no estuvo verdaderamente unida. No obstante, Ezequiel prometió que el Mesías volvería a unir a la nación (cp. Ez. 37:16, 21-22) y la profecía de Zacarías hizo alusión a esta verdad (ver planteamiento en Zac. 11:7). Sin embargo, como Israel rechazó al Mesías, el profeta reveló aquí que el tiempo del cumplimiento de la profecía de Ezequiel aún era lejano. Zacarías quebró los cayados (o palos) que algún día serán unidos (cp. Ez. 37:16-17). La unidad y la seguridad que se le habían prometido a la nación y todo lo que esta esperaba tendría que posponerse. El cumplimiento de estas bendiciones prometidas sigue aguardando una generación que acepte de todo corazón al Hijo de Dios por quien es en verdad, el verdadero Pastor de Israel (cp. Zac. 12:10; Mt. 24:42-51).

Las profecías de Zacarías en este pasaje se cumplieron con precisión durante el ministerio terrenal del Señor Jesús. Mateo documenta que Judas echó las treinta piezas de plata al suelo del santuario de la casa de Dios, que los líderes religiosos las tomaron, salieron y que se las dieron al alfarero para comprar su campo (Mt. 27:3-10). Cuarenta años más tarde, Jerusalén y el templo fueron arrasados, de forma similar a lo que sucedió durante la conquista babilónica en el 586 a. C. Cuando los romanos destruyeron el templo y dispersaron al pueblo, Israel se enfrentó a la indignación del Alfarero divino (Jer. 18). A partir de ese momento, el pueblo de judío estuvo disperso por todo el mundo. Incluso después del restablecimiento de la nación en 1948, el pueblo sigue sin poder habitar en paz en su propia tierra. Han experimentado opresión y hostilidad continuas, un destierro perpetuo y el juicio de Dios por el pecado de rechazar a su Hijo. Aun así, el día viene cuando Israel se arrepienta de su incredulidad y se vuelva al Señor Jesús en fe salvadora (Ro. 11:26). Hasta ese momento, la oferta del evangelio se extiende a todas las personas, tanto judíos como gentiles. Los que crean en Jesucristo serán salvos (Ro. 10:9). En Él, hallarán el perdón, la comunión y la plenitud que solo el Buen Pastor puede ofrecer.

El pastor falso 29

Y me dijo Jehová: Toma aún los aperos de un pastor insensato; porque he aquí, yo levanto en la tierra a un pastor que no visitará las perdidas, ni buscará la pequeña, ni curará la perniquebrada, ni llevará la cansada a cuestas, sino que comerá la carne de la gorda, y romperá sus pezuñas. ¡Ay del pastor inútil que abandona el ganado! Hiera la espada su brazo, y su ojo derecho; del todo se secará su brazo, y su ojo derecho será enteramente oscurecido. (11:15-17)

Después de revelar el rechazo del pueblo hacia el Mesías, el verdadero Pastor de Israel, Zacarías continuó con el tema del surgimiento del pastor falso supremo, el anti-Mesías o anticristo. Durante su historia, Israel tuvo muchos falsos pastores (cp. Ez. 34) y también varios anticristos se han levantado en la historia de la iglesia (1 Jn. 2:18; cp. 2 P. 2:1-2). No obstante, al final de los tiempos, entrará en escena un pastor falso supremo, mucho peor que todos los anteriores. Zacarías lo identificó como un pastor insensato (11:15) e inútil (11:17). Satanás levantará como su instrumento a este líder satánico con la intención de blasfemar de Dios, destruir a Israel y perseguir a todos los santos.

A partir de la Caída, Satanás ha buscado destruir el plan de Dios para el Mesías, la Simiente prometida que llegaría algún día para aplastar la cabeza de la serpiente (Gn. 3:15). Los esfuerzos fallidos del diablo en contra del Mesías incluyeron intentos por corromper el linaje mesiánico (cp. Gn. 6:4) y hasta eliminarlo por completo (cp. Éx. 1:15-22). En ciertos momentos, pareció que sus artimañas tendrían éxito. En más de una ocasión, la descendencia real de David, de la que debía venir el Mesías, quedó casi eliminada (cp. 2 Cr. 21:4-7; 16-17; 22:1, 10-11); sin embargo, Dios, en su fidelidad, la preservó.

Los intentos de Satanás continuaron después del nacimiento de Jesús, cuando Herodes asesinó a los niños varones de Belén en un esfuerzo por asesinar al Mesías (Mt. 2:16-17). Desde el comienzo del ministerio de Cristo, el diablo intentó seducirlo con todo el poder de la tentación para que abandonara el plan eterno (Mt. 4:1-11). Cuando este intento fracasó, Satanás incitó al pueblo a matar a Jesús antes que llegara su hora (Lc. 4:29; Jn. 5:18; 10:31). La cruz misma representó un esfuerzo satánico por deshacerse del Mesías (cp. Jn. 13:27). Sin embargo, fue mediante su muerte en la cruz que el Mesías destruyó el poder del diablo (cp. He. 2:14-15).

Aunque su derrota fue definitiva (cp. Lc. 10:18), el diablo sigue en guerra contra el Mesías y su pueblo (cp. 1 P. 5:8). Sus esfuerzos por truncar los propósitos de Dios culminarán al final de los tiempos con la aparición del anticristo. Este mesías falso será el intento desesperado de Satanás por destruir el plan de Dios para la historia de la redención al someter al mundo bajo el control de un cristo falso. El apóstol Pablo explicó a los tesalonicenses que el anticristo llegaría antes del día del Señor, cuando Jesús regrese: "Nadie os engañe en ninguna manera; porque no vendrá sin que antes venga la apostasía, y se manifieste el hombre de pecado, el hijo de perdición, el cual se opone y se levanta contra todo lo que se llama Dios o es objeto de culto; tanto que se sienta en el templo de Dios como Dios, haciéndose pasar por Dios" (2 Ts. 2:3-4). Pablo explicó que, antes de que el Señor regrese para establecer su reino milenario, el anticristo se levantará como el dirigente mundial, el único dios digno de adoración. El apóstol Juan, que se refiere al anticristo como "la bestia", reveló más detalles respecto a su reinado futuro de terror:

> *Vi subir del mar una bestia que tenía siete cabezas y diez cuernos; y en sus cuernos diez diademas; y sobre sus cabezas, un nombre blasfemo. Y la bestia que vi era semejante a un leopardo, y sus pies como de oso, y su boca como boca de león. Y el dragón le dio su poder y su trono, y grande autoridad. Vi una de sus cabezas como herida de muerte, pero su herida mortal fue sanada; y se maravilló toda la tierra en pos de la bestia, y adoraron al dragón que había dado autoridad a la bestia, y adoraron a la bestia, diciendo: ¿Quién como la bestia, y quién podrá luchar contra ella?*
>
> *También se le dio boca que hablaba grandes cosas y blasfemias; y se le dio autoridad para actuar cuarenta y dos meses. Y abrió su boca en blasfemias contra Dios, para blasfemar de su nombre, de su tabernáculo, y de los que moran en el cielo. Y se le permitió hacer guerra contra los santos, y vencerlos. También se le dio autoridad sobre toda tribu, pueblo, lengua y nación. Y la adoraron todos los moradores de la tierra cuyos nombres no estaban escritos en el libro de la vida del Cordero que fue inmolado desde el principio del mundo (Ap. 13:1-8).*

Un breve análisis de las Escrituras revela las características de este déspota diabólico que vendrá. Este será un orador persuasivo (Dn. 7:8), un manipulador político (Ap. 6:2; 13:7), un genio financiero (Dn. 8:25), un comandante militar (7:23), un líder religioso (2 Ts. 2:4; cp. Dn. 11:38) y un ególatra descarado (Ap. 13:12). Sorprendido ante sus habilidades, el mundo caído responderá al anticristo con adulación y alabanza. Los gobernantes de este mundo se postrarán ante él y lo seguirán para pelear contra el Mesías, lo que resultará en su destrucción inmediata y en un juicio eterno (19:19-21).

El Señor Jesús, durante su ministerio terrenal, hizo alusión a la llegada futura de este falso mesías. En Juan 5:43, afirmó: "Yo he venido en nombre de mi Padre, y no me recibís; si otro viniere en su propio nombre, a ese recibiréis". En este enunciado, Cristo evocó los temas de Zacarías 11, es decir, que Israel rechazaría al Pastor verdadero y que, en cambio, aceptaría al falso. En Mateo 24, en su discurso en el monte de los Olivos, Jesús se refirió al anticristo cuando habló de la abominación desoladora y dijo que de ella "habló el profeta Daniel" (Mt. 24:15).

En el capítulo 9, Daniel profetizó respecto a setenta semanas o setenta conjuntos de siete (cuatrocientos noventa años) que Dios había ordenado específicamente para el futuro de Israel. El profeta explicó que, durante la semana setenta, el anticristo "por otra semana confirmará el pacto con muchos" (Dn. 9:27). Durante este período, conocido como la gran tribulación (Mt. 24:21; Ap. 7:14), Israel creerá el engaño del anticristo y hará un pacto de paz con él. Sin embargo, a la mitad de este tratado, el anticristo violará el acuerdo, profanará el templo y proclamará que él mismo es Dios (2 Ts. 2:4). Satanás inspirará al anticristo a organizar un sistema de gobierno mundial con el objetivo de asesinar al pueblo judío y a los santos de la tribulación (Ap. 13:7-10). Este mesías falso será el último intento de Satanás, junto con todos sus demonios, de derrotar al Mesías verdadero; sin embargo, fracasará y será echado al abismo durante mil años (20:2-3), mientras que el Señor Jesucristo reinará sobre el mundo entero (20:4-6). Su última sentencia de juicio se describe en Apocalipsis 20:7-10:

> *Cuando los mil años se cumplan, Satanás será suelto de su prisión, y saldrá a engañar a las naciones que están en los cuatro ángulos de la tierra, a Gog y a Magog, a fin de reunirlos para la batalla; el número de los cuales es como la arena del mar. Y subieron sobre la anchura de la tierra, y rodearon el campamento de los santos y la ciudad amada; y de Dios descendió fuego del cielo, y los consumió. Y el diablo que los engañaba fue lanzado en el lago de fuego y azufre, donde estaban la bestia y el falso profeta; y serán atormentados día y noche por los siglos de los siglos.*

Zacarías 11 dejó en claro que el rechazo de Israel hacia el Mesías tendría consecuencias graves, incluyendo un destierro extendido, la destrucción de Jerusalén y la desolación del templo. Sin embargo, ninguna de estas consecuencias es más desconcertante que el surgimiento del anticristo. El rechazo hacia el Pastor verdadero abrirá el camino para la llegada del pastor falso supremo. Aunque su carácter y su conducta serán la esencia de una maldad sin precedentes (Zac. 11:15-16), su colapso subsecuente ya está determinado (11:17). En estos versículos, Zacarías no solo reveló la dura verdad sobre este pastor falso definitivo, sino que también reiteró que Dios es soberano sobre todas las cosas, incluyendo el surgimiento y la caída del mesías falso de Satanás. El anticristo, al igual que todas demás cosas y personas, tiene un papel en el plan predeterminado de Dios para el futuro de este mundo.

EL CARÁCTER DEL PASTOR FALSO

Y me dijo Jehová: Toma aún los aperos de un pastor insensato; porque he aquí, yo levanto en la tierra a un pastor que no visitará las perdidas, ni buscará la pequeña, ni curará la perniquebrada, ni llevará la cansada a cuestas, sino que comerá la carne de la gorda, y romperá sus pezuñas. (11:15-16)

La frase **y me dijo Jehová** ya apareció en 11:13, donde el Señor reveló la primera consecuencia de importancia que Israel experimentaría por rechazar al Mesías, es decir, un destierro extendido. Esta segunda aparición presenta una consecuencia incluso más terrible de la apostasía de la nación: la llegada del anticristo.

Jehová instruyó a Zacarías: **Toma aún**. Hasta este punto, Zacarías había representado el papel del Buen Pastor, el Mesías, pero ahora debía representar un nuevo papel: el del pastor insensato. Con este fin, el profeta tomó **los aperos de un pastor insensato**. El término traducido **insensato** denota a un "necio" ignorante (cp. Pr. 1:7; 7:22), que no solo se comporta de forma tremendamente absurda, sino que también actúa como si Dios no existiera (Sal. 10:4; 14:1). Salmos 53:1 lo expresa de esta manera: "Dice el necio en su corazón: No hay Dios. Se han corrompido, e hicieron abominable maldad; no hay quien haga bien". Ciertamente, esta clase de iniquidad caracterizará al pastor falso definitivo.

¿Cuáles eran los aperos de un pastor insensato? Puede que hayan sido cayados como los que Zacarías acababa de quebrar. Estas serían herramientas que solo un pastor insensato utilizaría, porque carecerían de valor. También pudieran haber sido un garrote pesado o una lanza filosa, en lugar de un cayado. Zacarías no reveló qué eran estos aperos; sin embargo, sin importar qué hayan sido, debió de ser evidente que el papel que estaba representando el profeta era amenazador y siniestro. Aunque parecían ridículos, estos implementos también indicaban que la persona a la que Zacarías representaba sería necia y peligrosa. Él no estaba equipado para proteger a las ovejas sino, más bien, para lastimarlas.

Después de presentar al pastor insensato, el Señor afirmó que el surgimiento del anticristo estaba incluido por completo en la voluntad soberana de Dios: **porque he aquí, yo levanto en la tierra a un pastor**. El poder y plan soberanos de Dios se manifestarán cuando Él ordene los eventos de la historia para **levantar** a este pastor falso y permitirle operar **en la tierra** de Israel y hasta establecer un pacto con la nación (cp. Dn. 9:27). Aunque será terrible y poderoso, el anticristo no operará fuera de los parámetros soberanos de Dios. Tal como, en la vida de Job, el Señor controló lo que Satanás podía y no podía hacer (cp. Job 1:12), así Él sigue siendo soberano sobre la actividad de los malvados en este mundo, incluyendo al mesías falso al final de los tiempos.

Después de declarar su soberanía sobre este pastor falso definitivo, Jehová lo describió con una serie de detalles escalofriantes. Este líder malvado no intervendrá a favor de aquellos que se encuentren en peligro; él **no visitará las perdidas**. El término **visitar** abarca la idea de cuidar de los que están en angustia. Podría describir a un pastor amoroso que busca a un animal que está en peligro para rescatarlo de las bajas temperaturas, de las fieras salvajes o de alguna herida grave. Sin embargo, el profeta afirma enfáticamente que el pastor falso no intervendrá para salvar a las **perdidas**. La palabra **perdidas** se utilizó antes (en los vv. 8-9) para transmitir la idea de una destrucción completa. Cuando el pueblo de Israel enfrente tal amenaza al final de los tiempos, en lugar de librarlos o defenderlos en su necesidad, el anticristo se volverá contra Israel para convertirse en su peor enemigo (cp. Mt. 24:15-17; Ap. 13:7-18).

El pastor falso ni siquiera ayudará a las más débiles del rebaño, pues no **buscará la pequeña**. La **pequeña** representa a los vulnerables, aquellos hacia quienes se siente una compasión instintiva. Un verdadero pastor deja a las noventa y nueve para encontrar a la pequeña oveja perdida (Lc. 15:4-6), pero el anticristo se mostrará agresivo y hostil contra Israel; él no **curará la perniquebrada**. Una de las responsabilidades del pastor era curar huesos rotos. De cuando en cuando, una oveja descarriada se fracturaba una pata; entonces, un buen pastor se la entablillaba para preservar la vida del animal lastimado. Sin embargo, el anticristo, al retener estas medidas de rescate de las ovejas más desesperadas, explotaría a las débiles y a las indefensas hasta la muerte.

El pastor falso no solo oprime a los débiles, sino que también ataca y consume a los fuertes. Zacarías profetizó que el anticristo no **llevará la cansada a cuestas**. En el original, este término se refiere a una oveja que está sana y fuerte. Esta requería una atención y asistencia mínimas. Sin embargo, ante la falta de cuidado de este pastor falso, hasta la oveja sana quedará malnutrida y morirá de hambre. Después de romper su tratado con Israel, el anticristo quitará toda provisión y protección al pueblo y utilizará la carencia y el hambre como armas en su campaña de exterminio contra la nación.

Zacarías siguió describiendo los actos violentos y crueles de este pastor falso contra las ovejas. El profeta reveló en términos gráficos que este líder malvado **comerá la carne de la** oveja **gorda**. En lugar de alimentar a las ovejas, este se alimentará del rebaño y lo **comerá**. En lugar de vendar sus heridas, él desgarrará la **carne** de la oveja **gorda** y la devorará. Peor aún, el pastor falso **romperá sus pezuñas**. Esta descripción vívida transmite una violencia total y descontrolada. El pastor falso no solo devorará a las ovejas, sino que las mutilará con una crueldad sin sentido. En lugar de proteger a los judíos del peligro, el anticristo representará un peligro mortal para la nación. Daniel profetizó que el anticristo "saldrá con gran ira para destruir y matar a muchos" (Dn. 11:44). Más adelante, Zacarías predijo: "Acontecerá en toda la tierra, dice Jehová, que las dos terceras partes serán cortadas en ella, y se perderán" (Zac. 13:8). Como resultado de la campaña del anticristo contra Israel, dos terceras partes del pueblo morirán. Por esta razón, el Señor Jesús advirtió a quienes estén vivos durante este tiempo futuro que "huyan a los montes" (Mt. 24:16). El profeta Jeremías llamó a esta era futura el "tiempo de angustia para Jacob" (Jer. 30:7). Durante esta época, el pastor falso no atenderá al rebaño de Israel; todo lo contrario, lo despedazará.

EL COLAPSO DEL PASTOR FALSO

¡Ay del pastor inútil que abandona el ganado! Hiera la espada su brazo, y su ojo derecho; del todo se secará su brazo, y su ojo derecho será enteramente oscurecido. (11:17)

En el versículo 16, Zacarías explicó que Dios, en su soberanía, ha ordenado los eventos que marcarán el surgimiento del pastor falso definitivo. Ahora bien, ¿qué hay de la caída del anticristo? Con la palabra **ay** en el versículo 17, el profeta explicó que Dios también hará que el anticristo caiga. El término **ay** es un clamor fuerte de emoción (cp. Zac. 2:6-7) que expresa una ruina inminente o una angustia alarmante. Aquí, transmite la inevitable destrucción del anticristo cuando la ira divina se derrame contra el **pastor inútil**. La palabra **inútil** describe a uno que no tiene ninguna cualidad redimible, sino que, por el contrario, es tan vacío y despreciable como la falsa religión (cp. Lv. 19:4; 26:1; Is. 2:8, 18). Dios aborrece al pastor falso porque **abandona el ganado** de Israel y, no solo abandona a las ovejas, sino que también las ataca. Aunque, en su historia, Israel tuvo una larga lista de gobernantes malvados y de pastores corruptos (cp. Zac. 10:2-3), el anticristo los superará a todos. El Señor llevará a juicio a este individuo vil por sus atrocidades.

La ira de Dios caerá sobre el anticristo, de tal manera que **hiera la espada su brazo** [del anticristo]**, y su ojo derecho**. La **espada** de la venganza divina alcanzará el **brazo** de este pastor falso, el símbolo de la fuerza y plenitud de una persona (cp. Dt. 4:34), y también **su ojo derecho**, que le permitía ver y participar en una batalla. El anticristo no podrá evitar ninguno de estos ataques, de manera que **del todo se secará su brazo, y su ojo derecho será enteramente oscurecido**. El **brazo** (o poder) de este gobernante malvado **del todo se secará**, con lo que se evaporará su autoridad y su fuerza. Además, **su ojo derecho** quedará **enteramente oscurecido**, es decir, que su percepción del espacio y de la profundidad se afectarán gravemente (cp. Gn. 27:1). En la antigüedad, los soldados solían cubrir su ojo izquierdo con el escudo, por lo que utilizaban el **ojo derecho** para ver en el combate. Sin el ojo derecho, era imposible determinar la distancia ni pelear con eficacia (cp. 1 S. 11:2). Al herir el brazo y el ojo del anticristo, Dios inhabilitará a este mesías falso, pues le quitará su fuerza y le estropeará la vista. Para realizar su trabajo, un pastor necesitaba su brazo para cargar a las ovejas (cp. Lc. 15:5) y su ojo para buscarlas (cp. Mt. 18:12).[1] Sin estos elementos esenciales, el pastor falso definitivo quedará totalmente lisiado. Será totalmente derrotado, deshonrado y sometido al juicio divino.

Otros pasajes de las Escrituras también describen la caída del anticristo. Daniel afirmó que el anticristo y su imperio serían sometidos a un juicio total y perpetuo cuando este sea "destrozado y entregado para ser quemado en el fuego" (Dn. 7:11). Pablo les recordó a los creyentes que el espíritu de la boca del Señor derrotará al anticristo y que el resplandor de su venida marcará el fin de este (2 Ts. 2:8). En Apocalipsis 19, el apóstol Juan ofreció la descripción más completa de este juicio: "Y la bestia fue apresada, y con ella el falso profeta que había hecho delante de ella las señales con las cuales había engañado a los que recibieron la marca de la bestia, y habían adorado su imagen. Estos dos fueron lanzados vivos dentro de un lago de fuego que arde con azufre" (Ap. 19:20). En Apocalipsis 20:10, Juan añadió: "El diablo que los engañaba fue lanzado en el lago de fuego y azufre, donde estaban la bestia y el falso profeta; y serán atormentados día y noche por los siglos de los siglos". La bestia, es decir, el anticristo, no solo quedará derrotado en la segunda venida de Cristo, sino que también recibirá un castigo eterno en el lago de fuego. Aunque Zacarías advirtió que el anticristo llegaría un día en todo su horror, el Dios que le permitió ascender al poder también lo aplastará en una derrota eterna, todo conforme a su plan soberano para el final de la historia.

1. Eugene Merrill, *Haggai, Zechariah, Malachi: An Exegetical Commentary* (Dallas, TX: Biblical Studies Press, 2003), 278.

La liberación final de Israel: La salvación física

30

Profecía de la palabra de Jehová acerca de Israel. Jehová, que extiende los cielos y funda la tierra, y forma el espíritu del hombre dentro de él, ha dicho: He aquí yo pongo a Jerusalén por copa que hará temblar a todos los pueblos de alrededor contra Judá, en el sitio contra Jerusalén. Y en aquel día yo pondré a Jerusalén por piedra pesada a todos los pueblos; todos los que se la cargaren serán despedazados, bien que todas las naciones de la tierra se juntarán contra ella. En aquel día, dice Jehová, heriré con pánico a todo caballo, y con locura al jinete; mas sobre la casa de Judá abriré mis ojos, y a todo caballo de los pueblos heriré con ceguera. Y los capitanes de Judá dirán en su corazón: Tienen fuerza los habitantes de Jerusalén en Jehová de los ejércitos, su Dios. En aquel día pondré a los capitanes de Judá como brasero de fuego entre leña, y como antorcha ardiendo entre gavillas; y consumirán a diestra y a siniestra a todos los pueblos alrededor; y Jerusalén será otra vez habitada en su lugar, en Jerusalén. Y librará Jehová las tiendas de Judá primero, para que la gloria de la casa de David y del habitante de Jerusalén no se engrandezca sobre Judá. En aquel día Jehová defenderá al morador de Jerusalén; el que entre ellos fuere débil, en aquel tiempo será como David; y la casa de David como Dios, como el ángel de Jehová delante de ellos. Y en aquel día yo procuraré destruir a todas las naciones que vinieren contra Jerusalén. (12:1-9)

El libro de Zacarías resuena con esperanza mesiánica. Los dos capítulos anteriores (Zac. 10–11) tienen un enfoque considerable en el primer advenimiento del Mesías, incluyendo su entrada humilde sobre un asno, el rechazo de la nación, su traición por treinta de piezas de plata y el subsecuente juicio de Dios contra el Israel incrédulo que lo rechazó. Los capítulos 12–14 resaltan el plan de Dios para el futuro de Israel en la segunda venida, cuando el Mesías llegue para establecer su reino terrenal y cumplir sus promesas a la nación, dadas por medio de los patriarcas, David y los profetas.

Los últimos tres capítulos (Zac. 12–14) tienen como paralelo pasajes como Ezequiel 38–39. Sin embargo, no tienen igual en el Antiguo Testamento en términos del alcance de su revelación respecto al regreso de Cristo. Por medio de Zacarías, el Señor reveló verdades notables sobre el final de los tiempos, incluyendo el surgimiento de una confederación mundial contra la nación elegida de Dios, la sorprendente victoria de Israel sobre sus enemigos, la aparición gloriosa del Mesías y la transformación espiritual del pueblo judío por medio del Espíritu Santo. Los últimos capítulos de Zacarías describen estos eventos notables desde diferentes puntos de vista, ofrecen detalles vívidos y exaltan la obra del Mesías. Conforme al plan predeterminado de Dios, Cristo regresará en el momento preciso en que Israel más lo necesite. Él rescatará a su pueblo, lo regenerará, castigará a los malvados, establecerá su reino y celebrará su triunfo con un gran banquete.

La frase "en aquel día" aparece diecisiete veces en Zacarías 12–14 y enfatiza el enfoque escatológico de este contenido profético. Todo gira en torno al día de Jehová, cuando Dios juzgue al mundo y establezca el reinado del Mesías sobre la tierra. Primero, Zacarías 12:1-9 aborda la liberación física de Israel en el día de Jehová. Se llevará a cabo un sitio masivo en el que los ejércitos del mundo se agolparán contra la nación escogida de Dios. A pesar de estas fuerzas, humanas y demoníacas, el conflicto no terminará como lo espera el enemigo. En estos versículos, el drama de aquella batalla futura se revela bajo los siguientes encabezados: una declaración soberana (v. 1), un desenlace sorprendente (vv. 2-3), un debilitamiento grave (vv. 4-5), una derrota aplastante (vv. 6-7) y una defensa sobrenatural (vv. 8-9).

UNA DECLARACIÓN SOBERANA

Profecía de la palabra de Jehová acerca de Israel. Jehová, que extiende los cielos y funda la tierra, y forma el espíritu del hombre dentro de él, ha dicho. (12:1)

De manera similar a Zacarías 9:1, el profeta comenzó esta sección con el encabezado: **Profecía de la palabra de Jehová acerca de Israel**. La palabra **profecía** significa, en términos fundamentales, "carga", y transmite tanto el peso y la sobriedad del juicio de Dios como el peso de la gloria de la salvación de Israel. Toda esta revelación vino por **la palabra de Jehová**, lo que le recuerda al lector que el anuncio de Zacarías no procedía de la especulación humana. En cambio, transmitía la fuerza de la autoridad y de la certeza de Dios.

Aunque la profecía anterior de Zacarías (9:1) trataba de "la tierra de Hadrac", este oráculo trata de **Israel**. El cambio de tema sigue el curso mismo del plan de Dios en la historia. Aunque, en el presente, el enfoque de Dios está en las naciones gentiles (Zac. 9–11; cp. Lc. 21:24; Ro. 11:25), en el futuro, su mirada se fijará en Israel (Zac. 12–14). Dadas las referencias a Jerusalén (12:2), a Judá (12:2), a la casa de David (12:12) y a la casa de Natán (12:12), claramente el Señor no se estaba refiriendo a los creyentes en general, sino más bien en específico al Israel étnico y nacional (cp. Ro. 11:26). De nuevo, aquí, Dios reveló más características de sus promesas a su nación elegida.

La frase **Jehová** [...] **ha dicho**, enfatizaba el origen divino y la certeza absoluta de las promesas de este pasaje (cp. Abd. 8). El Señor no solo decretó sus promesas, sino que también afirmó que Él las ha garantizado en persona. En el versículo 2, Dios dijo: "yo pongo [...]". En el versículo 3, dijo: "yo pondré [...]". En el versículo 4a, anunció: "heriré [...]". En el versículo 4b, declaró: "abriré [...]". En el versículo 6, profetizó: "pondré [...]". En el versículo 9, predijo: "procuraré [...]". En el versículo 10, prometió: "derramaré [...]". En repetidas ocasiones, Jehová agregó una garantía personal de que Él cumpliría sus promesas y planes para Israel. No puede haber una garantía más grande, porque Él es quien **extiende los**

cielos y funda la tierra, y forma el espíritu del hombre dentro de él. El Creador y Gobernador soberano del universo es quien **extiende los cielos.** Esta frase ilustra a una persona que extiende la tela de una tienda de extremo a extremo. Dios creó la expansión infinita del cielo (cp. Gn. 1:1; Is. 42:5) y ejerce un control completo sobre ella de un extremo de los cielos al otro (cp. Sal. 19:6) y sobre todo el ámbito de la creación (Dt. 4:32). Dios también **funda la tierra.** Esto no solo se refiere a la creación de la tierra firme (cp. Gn. 1:1, 9), sino también al establecimiento de la tierra hasta sus centros (cp. Job 38:4-6). Como Dios ha formado la creación con su poder y la sustenta con su soberanía, Él tiene el poder y la sabiduría para cumplir su palabra a favor de su pueblo (cp. Is. 48:13). Nada es demasiado difícil para Él (cp. Gn. 18:14; Zac. 8:6).

Además del logro en gran escala de crear el universo externo, el Señor también **forma el espíritu del hombre dentro de él.** Dios no solo diseñó el cuerpo material del hombre (cp. Gn. 2:7-8; Sal. 139:13-16), sino también su alma inmaterial. Como Creador y Sustentador de toda vida humana (cp. Hch. 17:25-27), Jehová reina sobre todo el universo y sobre toda persona que habita en él. Nada ni nadie está fuera de su control soberano y, por lo tanto, nada ni nadie puede estorbar sus propósitos ni alterar sus planes. Ante el fundamento de la naturaleza de Dios, el futuro de Israel está plenamente garantizado.

UN DESENLACE SORPRENDENTE

He aquí yo pongo a Jerusalén por copa que hará temblar a todos los pueblos de alrededor contra Judá, en el sitio contra Jerusalén. Y en aquel día yo pondré a Jerusalén por piedra pesada a todos los pueblos; todos los que se la cargaren serán despedazados, bien que todas las naciones de la tierra se juntarán contra ella. (12:2-3)

En el versículo 2, el profeta comenzó a describir la última batalla de los siglos, la batalla de Armagedón, en la que una fuerza militar global se enfrentará a la pequeña y atribulada nación de Israel (cp. Ez. 38:1-6, 14-16; Dn. 11:40-44; Ap. 9:13-16; 14:20; 16:12-16). Aunque este sitio será totalmente diferente de cualquier otro en la historia, Zacarías se enfocó, primeramente, no en los horrores de esta batalla, sino más bien en el resultado que Dios ha planeado y ordenado. Con las palabras **he aquí yo pongo**, el Señor declaró que su mano soberana estaría en control de este conflicto culminante. El verbo **pongo** denota fijar o establecer. Describe la forma definitiva en la que Dios dirigirá estas circunstancias para traer juicio sobre las naciones y salvación a Israel.

En el punto clave de la batalla, Dios pondrá **a Jerusalén**, el blanco principal del ataque del enemigo, **por copa que hará temblar**. La palabra **copa** *(saf)* no es la que usualmente se utiliza para referirse a una copa, sino que más bien hace alusión a una vasija de la que muchas personas podían beber (2 S. 17:27-29). Estas vasijas eran prominentes en el templo (1 R. 7:50; 2 R. 12:13; Jer. 52:19; ver planteamiento en Zac. 12:6). En este ataque global, las naciones arremeterán contra Israel como si fuera una copa grande y tentadora en la que podrán saciar su sed de violencia, de muerte y de poder. En cambio, al atacar Jerusalén, beberán hasta hartarse de la ira de Dios, lo que resultará, no en borracheras, sino más bien en **temblor**. Terminarán arrastrándose de aquí para allá, como en un estupor de borracho, incapaces de defenderse de la retribución divina (cp. Is. 51:17-23). Esto sucederá con **todos los pueblos de alrededor** que se levantarán para atacar a Israel (cp. Ez. 38–39; Jl. 3:1-11; Zac. 14:1-3). Dios herirá a todos los enemigos (**todos**) de todas las naciones (**pueblos**), sin importar su estrategia ofensiva (**de alrededor**).

Entonces, el Señor explicó que su intervención no solo sería a favor de Jerusalén, sino también de todo su pueblo. En la última batalla, el ataque del enemigo no se limitaría a Jerusalén. El Señor explicó que la agresión será también **contra Judá, en el sitio contra Jerusalén**. La guerra recorrerá toda la nación, aunque Jerusalén será su objetivo principal. En consecuencia, la victoria de Dios a favor de Jerusalén significará también libertad para toda la nación.

Cuando el Señor intervenga, el vuelco para Jerusalén (y, por extensión, para todo Israel) será sorprendente. Dios continuó con la siguiente explicación: **Y en aquel día yo pondré a Jerusalén por piedra pesada a todos los pueblos**. Esta es la primera mención de las muchas repeticiones de la frase **en aquel día** en este capítulo (cp. Zac. 12:3, 4, 6, 8 [2 veces], 9, 11; 13:1, 2, 4; 14:4, 6, 8, 9, 13, 20, 21). Al repetir esta terminología, Zacarías se unió a sus predecesores en la descripción de una ilustración compuesta del día de Jehová, la época del regreso de Cristo, cuando Jehová se revele a sí mismo para juzgar a sus enemigos y salvar a su pueblo. La frase **en aquel día** sirve como recordatorio de que, a pesar de los horrores de Armagedón, el Señor aparecerá en victoria y en gloria.

En este punto, Dios pondrá **a Jerusalén por piedra pesada a todos los pueblos**. El texto ya mencionó que Jerusalén será "copa que hará temblar" (v. 2) y, ahora, Zacarías agrega que Jerusalén sería una **piedra pesada**. Esta metáfora caracteriza a Jerusalén como un peso grande y aplastador para ilustrar el poder devastador de Dios que destruirá a los enemigos que ataquen Israel (cp. 1 R. 12:11; 2 Cr. 10:11). En la antigüedad, se utilizaban piedras pesadas para hacer deporte. Incluso, había eventos deportivos donde se alzaban piedras de gran tamaño. Los débiles podían quedar aplastados bajo su peso, lo que podía resultar en lesiones y hasta en la muerte. Estas piedras pesadas ilustran lo que Jerusalén representará para **todos los pueblos** que intenten destruirla. Aunque se considerarán lo suficientemente fuertes como para alcanzar la victoria, los enemigos de Israel descubrirán que el poder del Defensor soberano de Israel los aplastará.

En el siguiente enunciado, el Señor reiteró que **todos los que se la cargaren serán despedazados**. La palabra **cargaren** comparte la misma raíz en hebreo que la palabra **pesada** que se usó antes. Los enemigos de Israel **cargarán** con todas sus fuerzas, pero la capital de Israel será tan "pesada" que **serán despedazados** bajo su peso. El término hebreo que se traduce **despedazados** se utilizó en Levítico 21:5 para describir cortes o laceraciones en la piel (cp. Lv. 19:28) y su uso aquí transmite la misma idea. Ninguna nación podrá derrotar a Israel, sino que más bien todos sus enemigos quedarán eviscerados bajo el peso aplastante del juicio divino (cp. Zac. 14:12). Para el pueblo de Israel, la fuerza para derrotar a sus enemigos surgirá, no del poderío de la ciudad, sino más bien del Señor. Jehová lo explicó desde el principio del versículo: **yo pondré**. Solo Él será el responsable de este triunfo sorprendente.

Este pasaje afirma contundentemente que la victoria del Señor en aquel día sería total. **Todas las naciones de la tierra se juntarán contra** Israel. El enemigo representará una fuerza global y llegará de todas las direcciones. Del occidente, llegará un Imperio romano renacido (Dn. 2; 7; cp. Ap. 17:9-11) y también naciones tan lejanas como Tarsis, que forma parte de España (Ez. 38:10-23). También llegarán naciones de las partes más remotas del norte (Ez. 38:6, 15), del sur (Dn. 11:40) y del oriente (11:44). Tal como se describe en el libro de Apocalipsis, un ejército global, con un número de cientos de millones, se reunirá en las llanuras de Meguido, en la región norte de Israel. Allí, entablarán un combate que recorrerá toda la extensión de Israel y que abarcará un espacio de más de trescientos veinte kilómetros (200 mi) (cp. Ap. 14:20; 16:16). La sangre que se derrame salpicará hasta los frenos de los caballos. Este texto afirma que **se juntarán todas** estas **naciones contra** Jerusalén y las regiones circundantes. Aunque, en un sentido, Satanás juntará a este ejército (cp. Ap. 16:13-16), a final de cuentas, Dios es quien lo dirige todo. En Zacarías 14:2, el Señor declaró: "Porque yo reuniré a todas las naciones para combatir contra Jerusalén". Lo que parece ser una estratagema satánica en contra de Dios y del pueblo elegido, de hecho, preparará el terreno para que Dios garantice la victoria suprema de Israel.

UN DEBILITAMIENTO GRAVE

En aquel día, dice Jehová, heriré con pánico a todo caballo, y con locura al jinete; mas sobre la casa de Judá abriré mis ojos, y a todo caballo de los pueblos heriré con ceguera. Y los capitanes de Judá dirán en su corazón: Tienen fuerza los habitantes de Jerusalén en Jehová de los ejércitos, su Dios. (12:4-5)

Con la frase **en aquel día**, el Señor reveló detalles adicionales respecto a la manera en la que obtendría la victoria a favor de Israel, un triunfo que **Jehová** mismo **dice** que sucederá. Cuando los enemigos de Israel ataquen Jerusalén, el Señor actuará de manera decisiva para deshabilitarlos. Él dijo: **heriré con pánico a todo caballo, y con locura al jinete**. De nuevo, con la palabra, **heriré**, Jehová le recuerda a su pueblo que Él es quien dirige esta acción. Él mismo se enfrentará a los enemigos de Israel con poder devastador (cp. Éx. 2:11-13) y herirá **con pánico a todo caballo**. El **caballo** simboliza la fuerza de los recursos militares de un ejército. En la antigüedad, los caballos eran una fuerza veloz y letal en la batalla. En el futuro, el Señor llenará de **pánico** la tecnología y las armas de las fuerzas de Satanás para volverlas ineficientes, inmóviles e inútiles.

Dios no solo afectará toda arma, sino que también herirá **con locura** a los soldados, representados por **el jinete**. Además de debilitar la infraestructura militar del enemigo, el Señor desorientará a los soldados y los incapacitará. Es así como lidiará con la totalidad de las fuerzas del enemigo (cp. Zac. 10:5; Éx. 15:1, 21; 2 R. 9:18-19; cp. Est. 6:8-11). La palabra **locura** describe una gran furia o imprudencia y se usa para describir la manera temeraria en la que Jehú conducía su carro de guerra (cp. 2 R. 9:20). Evidentemente, dentro de una unidad militar, los soldados que actúan con insensatez e irracionalidad generan desorden y caos. En la batalla de Armagedón, las armas de guerra fallarán y los soldados que las operan entrarán en pánico. En Deuteronomio 28:28, el Señor advirtió que maldeciría a los israelitas con locura y turbación si no lo obedecían. En Armagedón, Dios tomará esta maldición y la aplicará a los adversarios de Israel (cp. Gn. 12:3). En otras ocasiones durante la historia de Israel, Dios confundió al enemigo (Jue. 7:22; 2 Cr. 20:22-24; 2 R. 7:6-7). Sin embargo, esta vez, lo hará en una escala jamás vista (cp. Zac. 14:13) y hará descender un caos autodestructivo sobre las fuerzas enemigas.

Aunque las fuerzas del enemigo estarán en un frenesí de locura, Jehová afirma: **mas sobre la casa de Judá abriré mis ojos**. Dios no se dejará llevar por el caos de la batalla; en cambio, en su omnipresencia, **abrirá** sus **ojos** y vigilará sobre **la casa de Judá** (cp. Sal. 34:15; 2 R. 19:16; Is. 37:17; Dn. 9:18). Tal como se hizo notar antes (cp. Zac. 10:3), la **casa de Judá** se refería a los jefes de la nación. Aunque el enemigo estará discapacitado y consumido por la confusión, los jefes de Israel recibirán la dirección de Dios y su poder para dirigir a la nación hacia la victoria.

Un detalle adicional sobre este juicio es que el Señor dice: **a todo caballo de los pueblos heriré con ceguera**. En la historia bíblica, Dios usó la ceguera para debilitar al pueblo (Gn. 19:11) y para vencer ejércitos (cp. 2 R. 6:8-23). En esta profecía del conflicto llamado la batalla de Armagedón, Dios declaró que Él mismo cegará **a todo caballo**. La primera parte del versículo 4 indicaba que los caballos entrarían en pánico; ahora, Zacarías revelaba la razón de su pánico: no podrán ver. Aunque los ojos del Señor estarán abiertos hacia Judá, Él cerrará los ojos del enemigo. La estructura del versículo amplifica este contraste. La primera y última partes del versículo 4 hablan sobre los enemigos de Israel, pero el cuidado de Dios por Judá se expresa en el medio. Esta disposición representa a Judá rodeada por sus enemigos (cp. Sal. 22:12; Jon. 2:5 para un paralelismo similar) y a Dios en medio de su pueblo, protegiéndolo.

Cuando el Señor confunda a los enemigos de Israel y proteja a su pueblo, este responderá en alabanza. Dios continuó: **los capitanes de Judá dirán en su corazón: Tienen fuerza los habitantes de Jerusalén en Jehová de los ejércitos, su Dios**. La designación **los capitanes** se refiere a los regimientos principales del ejército de Israel (cp. Mi. 5:2). Las contramedidas del Señor (al cegar y enloquecer al enemigo) levantará el ánimo de su pueblo en la batalla. Estos se alentarán **en su corazón** al saber que han recibido **fuerza**, es decir, valentía para mantenerse de pie y fortaleza para vencer. Los regimientos de Judá se verán grandemente fortalecidos por la victoria de **los habitantes de Jerusalén** y reconocerán que el triunfo en la capital cambiará el curso de toda la batalla (ver planteamiento en Zac. 12:2b). Lo más importante es que reconocerán que el éxito de Jerusalén fue únicamente **en Jehová de los ejércitos, su Dios**. El título **Jehová de los ejércitos**, la forma favorita de Zacarías para referirse a Dios, expresa que Jehová echa mano de todos sus recursos celestiales para defender a su pueblo. Al ver a Dios pelear por ellos, el pueblo de Israel confesará valerosamente que Jehová es **su Dios**.

Mediante esta expresión de verdades **en su corazón**, los capitanes de Judá reflejarán la obra transformadora de Dios en su interior. Aunque más adelante se hablará de esto con más detalles (cp. Zac. 12:10–13:9), esta expresión demuestra cuán transformadora será la obra de Jehová en beneficio de su pueblo. La liberación que Dios efectuará será tan magnífica que no solo vencerá a los enemigos de la nación, sino también la incredulidad y pecaminosidad del propio Israel. Aunque Dios cegará a sus enemigos, Él abrirá los ojos de su pueblo para que puedan clamar a Él en fe salvadora.

UNA DERROTA APLASTANTE

En aquel día pondré a los capitanes de Judá como brasero de fuego entre leña, y como antorcha ardiendo entre gavillas; y consumirán a diestra y a siniestra a todos los pueblos alrededor; y Jerusalén será otra vez habitada en su lugar, en Jerusalén. Y librará Jehová las tiendas de Judá primero, para que la gloria de la casa de David y del habitante de Jerusalén no se engrandezca sobre Judá. (12:6-7)

Con la siguiente aparición de la frase **en aquel día**, el Señor declaró lo que Él **pondrá** en marcha durante la siguiente fase de la batalla de Armagedón. El mismo verbo (**pondré**) se encuentra en los versículos 2-3 y describe cómo el Señor establecerá a Jerusalén por copa que hará temblar (cp. 12:2) y por piedra pesada (cp. 12:3). Allí, Dios indicó que su obra se extenderá más allá de Jerusalén hasta **los capitanes de Judá**, es decir, los regimientos militares de todo Israel (cp. 12:5). El Señor, que ha pasado de la defensiva a la ofensiva, prometió dar poder a Judá para ser **como brasero de fuego entre leña, y como antorcha ardiendo entre gavillas**. Un **brasero de fuego** era una vasija llena de carbones encendidos que se utilizaba para encender un fuego. La **antorcha ardiendo** también se utilizaba para encender una llama. En Jueces 7:15-25, los guerreros de Gedeón llevaron consigo este tipo de antorchas a la batalla (cp. Jue. 15). Cuando se colocaba un brasero de fuego o una antorcha entre **leña** o entre **gavillas** de trigo, esta encendía de inmediato el combustible a su alrededor y lo hacía estallar en llamas. Este acto de encender una llama describe lo que harán los guerreros de Judá con sus enemigos en aquel día escatológico. Estos **consumirán a diestra y a siniestra a todos los pueblos alrededor**. El término **consumir** significa literalmente "comer", pero puede describir también un incendio forestal que devora todo a su paso. Un ejemplo vívido de esto aparece en Números 16:35, cuando descendió fuego del cielo e incineró, o "consumió", a doscientos cincuenta varones que se oponían a Moisés. Solo quedaron los incensarios que llevaban en su mano (Nm. 16:39; cp. Lv. 10:1-2). De forma similar, la devastación que caerá sobre los enemigos de Israel en aquel día será rápida, feroz y devoradora. Nadie escapará al contraataque que lanzará Judá por el poder de Dios, ni **a diestra** ni **a siniestra**. **Todos los pueblos alrededor**, es decir, todos los enemigos que participaron en el ataque, morirán (cp. Ap. 19:21). El resultado será un total de muertos tan gigantesco que, según Ezequiel, se necesitarán siete meses para sepultar los cadáveres de todos los que mueran en esta batalla (Ez. 39:12).

Es interesante también que Zacarías equiparara a Judá con un **brasero de fuego**, pues en el original la palabra se usa de forma distintiva para identificar la fuente de bronce que se hallaba en el tabernáculo (cp. Éx. 30:18) y en el templo (1 R. 7:38). Ya en este capítulo, el profeta utilizó terminología relacionada con el templo para describir a Israel como una "copa" que hará temblar (cp. 1 R. 7:50). Al utilizar estos términos, el Señor estaba señalando un aspecto de su propósito al librar a Israel, es decir, cumplir su plan para el templo. Un día, el Hijo de Dios regresará del cielo, vencerá a todos sus enemigos, obtendrá el control de todo el mundo, salvará a Israel y reedificará la casa de Dios (cp. Zac. 6:11, 13-15). Seguramente, la esperanza de esta realidad futura alentó grandemente al pueblo de la época de Zacarías que tenía el llamado de reconstruir el templo.

En contraste con la desolación del enemigo, Zacarías reveló que **Jerusalén será otra vez habitada en su lugar, en Jerusalén**. Los adversarios de Israel quedarán muertos y sus cuerpos, dispersados (cp. Ez. 39:12), pero **Jerusalén será otra vez habitada**. En lugar de perecer en la batalla, el pueblo de Israel se reunirá en su ciudad capital, donde habitarán en seguridad y gozo. El enemigo desaparecerá, pero Jerusalén quedará **en su lugar**. El Señor resaltó que la capital de Israel permanecerá **en Jerusalén** como un monumento para reflejar el amor fiel de Dios hacia Israel, que se demostrará en todo su poder durante la batalla de Armagedón.

Más allá de la ciudad, Dios también manifestará su amor por el resto de los judíos, como lo indica el enunciado: **Y librará Jehová las tiendas de Judá primero**. Las **tiendas de Judá** designan un grupo diferente que los habitantes de Jerusalén o que los regimientos (capitanes) de Judá. Por el contrario, **las tiendas de Judá** se refieren a las familias que habitarán en la tierra (cp. Gn. 18:1; Jue. 7:8; 20:8; 1 S. 13:2; Is. 54:2). En aquel día, cuando **Jehová** intervenga para **librar** a Israel, comenzará **primero** con el ciudadano común.

Esto será con el objetivo de **que la gloria de la casa de David y del habitante de Jerusalén no se engrandezca sobre Judá. La casa de David** tendrá una forma de **gloria**, es decir, de belleza y de honra, por causa de su realeza; también el **habitante de Jerusalén** gozará de honra porque residirá en la ciudad elegida de Dios. Sin embargo, ninguno de los dos alcanzará la victoria en la batalla por sus propias fuerzas, ni tampoco los librará Dios primero. Por estas razones, **no se engrandecerá** ninguno de estos sobre el ciudadano común de **Judá**. La salvación del Señor hará que toda persona en Israel (desde el menor hasta el mayor) reconozca en humildad que lo único en lo que puede alabarse es en el Señor (cp. Jer. 9:24).

UNA DEFENSA SOBRENATURAL

En aquel día Jehová defenderá al morador de Jerusalén; el que entre ellos fuere débil, en aquel tiempo será como David; y la casa de David como Dios, como el ángel de Jehová delante de ellos. Y en aquel día yo procuraré destruir a todas las naciones que vinieren contra Jerusalén. (12:8-9)

Con esta nueva referencia a la frase **en aquel día**, el enfoque de Zacarías pasó de lo que Dios hará contra los enemigos de Israel a la forma en la que **Jehová defenderá al morador de Jerusalén**. Dios se concentrará en el **morador de Jerusalén**, no porque este sea mejor que el resto de Israel ni porque sea más merecedor de su amor (cp. Zac. 12:7). En cambio, Zacarías dejó en claro que Jerusalén será el epicentro de la batalla; lo que suceda en la ciudad representa lo que sucederá en toda la nación. Tal como **Jehová defenderá** esta ciudad, así también defenderá a todo su pueblo. La palabra **defenderá** transmite la idea de un escudo. Dios utilizó esta misma palabra en la época de Ezequías para describir la forma en que defendería a Jerusalén de Asiria (2 R. 19:32-34; Is. 31:5; 37:35; 38:6). Como parte de esta defensa divina, el ángel de Jehová mató al ejército asirio en una sola noche, de manera que ni una flecha se disparó contra Jerusalén (2 R. 19:35). Al final de los tiempos, el Señor efectuará una defensa y salvación aún más milagrosa a favor de Israel. No solo será protegida Jerusalén, sino que se convertirá también en una copa que hará temblar (Zac. 12:2) y en una piedra pesada que aplastará al enemigo (12:3). Mientras que sus adversarios terminarán confundidos y consumidos (12:4-6), Jerusalén seguirá firme y de pie, habitada como la capital de Israel (12:6b).

Dios también fortalecerá el ánimo de los ciudadanos de Jerusalén. El versículo 8 explica lo siguiente: **el que entre ellos fuere débil, en aquel tiempo será como David**. Un soldado **débil** tropezaba en la batalla y era inepto y hasta cobarde (cp. Jer. 46:6, 12; Lv. 26:34-39). Zacarías profetizó que Dios transformaría a los soldados débiles de Israel en hombres como **David**, el ejemplo supremo de valentía y fuerza en la batalla. David fue tan renombrado como héroe que, en 1 Samuel 18:7, las mujeres cantaban de él: "Saúl hirió a sus miles, y David a sus diez miles". En los últimos días, antes de que el Señor establezca su reino terrenal, toda la población de Israel constará de personas valientes y fuertes como David. Hasta el habitante más débil de Jerusalén será un héroe.

Si así se verán los débiles, ¿qué habrá de los fuertes? El profeta reveló que **la casa de David** será **como Dios**. En aquel día, el linaje real que representa a los jefes de Jerusalén manifestará la autoridad de Dios mismo. Una situación análoga sucedió en Éxodo, cuando Dios habló a Moisés con respecto a Aarón. El Señor explicó: "él [Aarón] hablará por ti [Moisés] al pueblo; él te será a ti en lugar de boca, y tú serás para él en lugar de Dios" (Éx. 4:16). Más adelante, Dios dijo a Moisés: "Mira, yo te he constituido dios para Faraón, y tu hermano Aarón será tu profeta" (7:1). En la época del éxodo, Dios dio tanto poder a Moisés que, cuando el líder de Israel hablaba, Dios hablaba por medio de él. En el futuro, Dios dará un poder semejante a la casa real de David.

Además de esto, la casa de David será **como el ángel de Jehová delante de ellos**. Como esta frase forma un paralelo con la que dice que la casa de David será como Dios, se entiende que el **ángel de Jehová** es divino, una verdad que ya se reveló antes (cp. Éx. 13:21; 14:21; 23:20-23). El ángel de Jehová solía manifestar el poder de Dios como el guerrero supremo. Por ejemplo, como se hizo notar antes, Él mató a 185.000 asirios es una sola noche para defender Jerusalén (2 R. 19:35). Así pues, cuando dice que **la casa de David** se volverá como el ángel de Jehová, el profeta está declarando que el linaje real será igual de feroz en defender la ciudad. Además, como el ángel de Jehová es el Mesías (ver planteamiento en Zac. 1:12; 3:1, 5, 6), la casa de David reflejará la gloria de Cristo. De hecho, Cristo será el general al mando de este ejército magnífico, porque el ángel de Jehová irá **delante de ellos**.

El versículo 9 repite la frase **en aquel día**, con lo que reitera la naturaleza escatológica de las promesas divinas de este pasaje. Después de prometer que bendecirá a su pueblo (v. 8), el Señor continuó con el juramento de que juzgará a sus enemigos (v. 9). Jehová declaró: **yo procuraré destruir**. Al decir **yo procuraré**, Dios expresó que Él perseguirá proactivamente a todos sus enemigos (cp. Éx. 2:15; 4:24; 1 S. 25:26; Est. 9:2; Nm. 35:23) y que eliminará todas las amenazas (cp. Zac. 12:2, 3, 4, 6). Al hacerlo, el Señor completará una obra que reveló mucho tiempo atrás.

Una y otra vez, Dios usó esta palabra **destruir** en las promesas de que vencería a las naciones en la época de Moisés y de Josué. En Deuteronomio 9:3, Moisés dijo a Israel con referencia a los cananeos: "Entiende, pues, hoy, que es Jehová tu Dios el que pasa delante de ti como fuego consumidor, que los destruirá y humillará delante de ti; y tú los echarás, y los destruirás en seguida, como Jehová te ha dicho". Más adelante, Moisés agregó: "Jehová tu Dios, él pasa delante de ti; él destruirá a estas naciones delante de ti, y las heredarás" (Dt. 31:3; cp. tb. 31:4; Jos. 9:24; 2 R. 21:9; Am. 2:9). Lo que Dios prometió que haría en los libros de Deuteronomio y de Josué, Él lo cumplirá al final de los tiempos.

El Señor prometió destruir **a todas las naciones que vinieren contra Jerusalén**. La frase **todas las naciones** (cp. v. 3) ya se usó antes para dar a entender que Dios juntará a las naciones contra Jerusalén para consumirlas. Aquí, Zacarías repitió la frase para demostrar que el plan de Dios se cumplirá. Ninguno de ellos escapará. Aunque, en la época de Josué, algunos de los pueblos y de las naciones sobrevivieron, en el futuro, Dios no permitirá que sus adversarios escapen. En aquel día, Él destruirá a todos sus enemigos. Los que se opongan a Israel no solo serán repelidos, sino que quedarán derrotados y totalmente destruidos. Así pues, se culminará la conquista de la tierra prometida y la salvación definitiva de Israel.

Tal como lo revela este pasaje, algún día, un ejército global inspirado por Satanás rodeará Israel y atacará Jerusalén. Desde una perspectiva humana, las posibilidades de victoria para Israel serán nulas. La nación estará al borde de la aniquilación. Sin embargo, el instante en el que todo parecerá perdido será el momento de "la esperanza bienaventurada y la manifestación gloriosa de nuestro gran Dios y Salvador Jesucristo" (Tit. 2:13). El Mesías aparecerá repentinamente, acompañada por los ejércitos celestiales, y se lanzará a la batalla para librar a su pueblo, derrotar a sus enemigos y establecer su reino terrenal, centrado en Jerusalén. Aunque las promesas de Zacarías fueron específicamente para Israel, los santos de todas las épocas estarán presentes con Cristo durante su reinado en el milenio para servirlo y reinar con Él en su gobierno de justicia y de paz (cp. 1 Co. 6:2; Ap. 20:4-6).

La liberación final de Israel: La salvación espiritual

31

Y derramaré sobre la casa de David, y sobre los moradores de Jerusalén, espíritu de gracia y de oración; y mirarán a mí, a quien traspasaron, y llorarán como se llora por hijo unigénito, afligiéndose por él como quien se aflige por el primogénito. En aquel día habrá gran llanto en Jerusalén, como el llanto de Hadadrimón en el valle de Meguido. Y la tierra lamentará, cada linaje aparte; los descendientes de la casa de David por sí, y sus mujeres por sí; los descendientes de la casa de Natán por sí, y sus mujeres por sí; los descendientes de la casa de Leví por sí, y sus mujeres por sí; los descendientes de Simei por sí, y sus mujeres por sí; todos los otros linajes, cada uno por sí, y sus mujeres por sí. (12:10-14)

Las consecuencias mortíferas del pecado de Adán, tanto para él como para sus descendientes, no solo fueron físicas, sino también espirituales (Gn. 2:17; Ro. 5:12-14). Como resultado, los pecadores necesitan más que salvación de un peligro corporal. Aunque el Señor Jesús sanó de forma milagrosa a muchos enfermos y discapacitados, Él enfatizó en repetidas ocasiones la prioridad de la vida espiritual por sobre la salud temporal. En Mateo 10:28, Él le recordó a su audiencia que el peligro más grande no es el sufrimiento físico de esta vida, sino más bien la ira eterna de Dios en la siguiente. Él dijo: "No temáis a los que matan el cuerpo, mas el alma no pueden matar; temed más bien a aquel que puede destruir el alma y el cuerpo en el infierno". En Marcos 8:36, Él acentuó esta idea con una pregunta retórica: "¿Qué aprovechará al hombre si ganare todo el mundo, y perdiere su alma?".

Zacarías 12:1-9 reveló que, al final de los tiempos, Dios dará libertad física a Israel. Sin embargo, Él no se detendrá allí. Su plan para su pueblo de aquella generación culminará con su salvación espiritual. El Mesías regresará, no solo para vencer a los enemigos de Israel, sino también para cautivar su corazón. En la batalla de Armagedón, Israel se enfrentará a un ataque gigantesco de parte de un ejército global, pero el Señor resguardará y protegerá a su pueblo. En respuesta, ellos recordarán las promesas de Dios y mirarán a Él en fe salvadora. En aquel momento, se darán cuenta de que solo Jehová es su defensor.

El Señor no solo se revelará a sí mismo como el Vencedor, sino también como su Salvador. Zacarías profetizó que Dios derramaría su Espíritu sobre su pueblo (Zac. 12:10a) y los movería a responder con arrepentimiento y contrición (12:10b), lo que resultaría en un avivamiento nacional (12:11-14). Él abriría sus ojos para mirar "a mí, a quien traspasaron" (12:10), de manera que Israel sabrá que Jesús es el Mesías, Aquel que fue crucificado por los pecados de su pueblo (cp. Jn. 19:37).

Estas verdades se arraigarán en su corazón y, entonces, se cumplirán las palabras de Romanos 11:26: "todo Israel será salvo".

LA FUENTE DE LA SALVACIÓN DE ISRAEL

Y derramaré sobre la casa de David, y sobre los moradores de Jerusalén, espíritu de gracia y de oración; (12:10a)

Las palabras iniciales del Señor en este pasaje, **y derramaré**, enfatizan que la conversión futura de Israel será obra de la gracia divina. Así como el Señor peleará para proteger y preservar a su pueblo en lo físico (cp. Zac. 12:1-9), también iniciará y culminará su liberación espiritual. La salvación de una generación futura de israelitas, al igual que la salvación de los pecadores en todas las épocas, es cien por ciento obra de Dios. Él busca a los perdidos, los atrae a sí y los regenera por el poder de su Espíritu (cp. Lc. 19:10; Jn. 3:3; 6:37). Pablo enfatizó la iniciativa de Dios en la salvación cuando escribió que "Dios muestra su amor para con nosotros, en que siendo aún pecadores, Cristo murió por nosotros" (Ro. 5:8). En Efesios 2, explicó además que los pecadores están muertos en sus pecados y sin esperanza, "pero Dios, que es rico en misericordia, por su gran amor con que nos amó" (v. 4), ha puesto a nuestra disposición la salvación mediante su Hijo. Pablo afirmó explícitamente que la salvación no es el resultado de las buenas obras del pecador, sino que más bien es una obra monérgica de la gracia divina (vv. 8-9). Las palabras iniciales de Zacarías 12:10 reiteran esta verdad: la salvación es cien por ciento obra de Dios.

Jehová salvará a Israel mediante la regeneración de la nación por su Espíritu. El verbo **derramaré** representa una imagen vívida de cómo Dios empapará a su pueblo con su Espíritu, como se empapa de agua un objeto. En otros contextos veterotestamentarios, este término describe el acto de inundar un lugar con sangre (Lv. 4:7, 18, 25, 30, 34), con agua (cp. Am. 5:8; 9:6) o incluso con juicio (Ez. 20:8, 13, 21). Por lo tanto, cuando Dios derrame su Espíritu sobre Israel, su pueblo quedará totalmente saturado de su presencia y de su ministerio. Jehová lo anunció así por medio del profeta Ezequiel: "Ni esconderé más de ellos mi rostro; porque habré derramado de mi Espíritu sobre la casa de Israel, dice Jehová el Señor" (Ez. 39:29; cp. Jl. 2:28). Siglos antes, en Números 11:29, Moisés exclamó: "Ojalá todo el pueblo de Jehová fuese profeta, y que Jehová pusiera su espíritu sobre ellos". La profecía de Zacarías reforzaba esta misma expectativa.

Los receptores futuros de este derramamiento divino se identifican de forma específica en el versículo 10 e incluirán a **la casa de David** y a **los moradores de Jerusalén**. Como Jerusalén es la ciudad central (Gn. 14:18; Jos. 10:3; 2 S. 5:5; 2 R. 19:31; Is. 2:2), esta representa la actividad escatológica de Dios en toda la nación. Al resaltar tanto a **la casa de David** como a **los moradores de Jerusalén**, el Señor enfatizó que su obra de salvación impactaría tanto al linaje real como al pueblo común de Jerusalén (ver 12:7). Cuando Dios salve a Israel, no habrá distinción entre la clase alta y la baja (Ro. 2:11). Toda la población experimentará la obra de regeneración de su Espíritu.

El **espíritu de gracia y de oración** denota dos aspectos primarios del ministerio del Espíritu a favor de Israel en aquella época. Primero, el Espíritu otorgará al pueblo la bondad y el favor inmerecido de la **gracia** divina. Él regenerará su corazón (cp. Jn. 3:1-15) de manera que acepten al Señor en fe y en arrepentimiento (cp. Dt. 30:6). Como resultado, los habitantes de Jerusalén responderán con **oración** para dar a conocer sus peticiones a Dios. Las palabras hebreas que se traducen "gracia" y "oración" comparten la misma raíz, lo que indica que el pueblo de Israel recibirá gracia en el momento en que la pida. Por medio del Espíritu Santo, entenderán que la salvación es puramente un don de la gracia divina (cp. Lc. 18:9-14). Por primera vez en la historia, la nación dependerá por completo de la gracia de Dios, en lugar de apoyarse en su propia sabiduría o en su legalismo (cp. Ro. 10:1-4).

LA TRISTEZA POR EL PECADO DE ISRAEL

y mirarán a mí, a quien traspasaron, y llorarán como se llora por hijo unigénito, afligiéndose por él como quien se aflige por el primogénito. (12:10b)

Gracias a la obra del Espíritu, los habitantes de Israel **mirarán** a Jehová en fe (cp. Nm. 21:9) y esperanza (cp. Is. 51:1). También lo mirarán bajo una tremenda convicción, porque se darán cuenta de que Él es **a quien traspasaron**. El término **traspasaron** trasmite de forma gráfica una ejecución o muerte vergonzosa y violenta (cp. Dt. 21:22-23; ver tb. Nm. 25:8; Jue. 9:54; 1 S. 31:4; 1 Cr. 10:4; Is. 13:15; Jer. 37:10; 51:4; Lm. 4:9; Zac. 13:3). El Señor dejó en claro que Israel traspasaría **a mí**, una referencia a Jehová mismo. Aunque resultaba impensable, en algún momento de la historia de la nación, después de Zacarías, pero antes del final de los tiempos, Israel sometería al Señor mismo a una muerte vergonzosa y violenta. Los que vivieron durante la época de Zacarías de seguro se desconcertaron ante esta revelación. Sin duda, se preguntaron: "¿Cómo puede ser esto?".

El apóstol Juan respondió esta pregunta de forma directa. En su relato de la crucifixión del Señor Jesús, Juan citó Zacarías 12:10 y resaltó su cumplimiento en la cruz (Jn. 19:37). En el Calvario, el Mesías fue traspasado por los pecados de su pueblo (cp. Is. 53:5). Como Él es verdadero Dios y verdadero hombre, solo Cristo puede cumplir la profecía de Zacarías; esto lo convierte en uno de los testimonios más claros en el Antiguo Testamento de la deidad del Mesías. Algún día, Israel se dará cuenta de la verdad respecto a Jesucristo, Aquel a quien sometieron a muerte en violencia y vergüenza.

Cuando llegue ese día, **llorarán** por Él; esto significa literalmente que se golpearán el pecho por el dolor desgarrador que sentirán (cp. Is. 32:12). Estos intensos lamentos ocurrían durante funerales y expresaban el gran amor que se le tenía al fallecido (cp. Gn. 23:2; 50:10; 1 S. 25:1; 2 S. 1:12). Israel expresará una tristeza abrumadora por Cristo, **como se llora por hijo unigénito** (cp. Lc. 7:12; 9:38; Ro. 8:32). Cuando Cristo regrese, el pueblo de Israel manifestará este nivel de tristeza. Se darán cuenta de su culpabilidad al haber traicionado al hijo más destacado de Israel, el Unigénito de Dios (cp. Jn. 3:16-18). Su gran remordimiento transmitirá su amor renovado por Él al mirarlo con los ojos de la fe.

En su angustia, el pueblo llorará **afligiéndose por él** en expresión de su dolor y vergüenza (cp. Éx. 1:14; 1 S. 30:6; Rt. 1:20). Su aflicción será **como quien se**

aflige por el primogénito. En la época del Antiguo Testamento, como el **primogénito** era el líder de la familia y continuaba su legado (Gn. 49:3; Éx. 4:22; 13:1-16; 22:29-30; Nm. 18:15; Dt. 21:17), su muerte representaba una pérdida catastrófica para la familia. Por lo tanto, matar al primogénito de la propia familia sería algo impensable (cp. 2 R. 3:27). No obstante, esto es lo que la nación hizo con su Mesías (Jn. 1:11). Israel mató al primogénito de toda creación (cp. Col. 1:15). Cuando Cristo regrese en victoria, el pueblo se dará cuenta de la atrocidad de su apostasía y blasfemia y expresará su angustia con llantos y aflicción. Sin embargo, como corresponde a personas regeneradas por el Espíritu Santo, sus lágrimas surgirán de una tristeza piadosa que indica arrepentimiento para vida (cp. 2 Co. 7:9-10).

LA ESCALA DEL ARREPENTIMIENTO DE ISRAEL

En aquel día habrá gran llanto en Jerusalén, como el llanto de Hadadrimón en el valle de Meguido. Y la tierra lamentará, cada linaje aparte; los descendientes de la casa de David por sí, y sus mujeres por sí; los descendientes de la casa de Natán por sí, y sus mujeres por sí; los descendientes de la casa de Leví por sí, y sus mujeres por sí; los descendientes de Simei por sí, y sus mujeres por sí; todos los otros linajes, cada uno por sí, y sus mujeres por sí. (12:11-14)

Con la última aparición de la frase **en aquel día** en este capítulo, Zacarías describió la transformación espiritual escatológica que se producirá en toda la nación. El avivamiento comenzará en la capital de Israel, pues **habrá gran llanto en Jerusalén**. El **llanto** descrito en el versículo anterior crecerá y se volverá un **gran llanto**, que será **como el llanto de Hadadrimón en el valle de Meguido**. Esta es una referencia a la muerte del bienamado rey Josías, documentada en 2 Crónicas 35 (cp. 2 R. 23). Josías fue un rey piadoso que redescubrió el rollo de la ley, llevó a cabo reformas necesarias para la adoración en el templo, reinstauró la celebración de la Pascua, purificó la tierra de prácticas idólatras y ejecutó a los sacerdotes falsos (2 R. 23). Cuando murió en la batalla, el pueblo lloró por él con intensa tristeza. 2 Crónicas 35 lo describe de esta manera: "Todo Judá y Jerusalén hicieron duelo por Josías. Y Jeremías endechó en memoria de Josías. Todos los cantores y cantoras recitan esas lamentaciones sobre Josías hasta hoy; y las tomaron por norma para endechar en Israel, las cuales están escritas en el libro de Lamentos" (vv. 24-25). La muerte de Josías provocó lamentos por todo el país. Cuando el Mesías regrese, el dolor de Israel por su muerte será mucho mayor.

El lamento, que comenzará en Jerusalén, se extenderá por toda la nación, de manera que **la tierra** de Israel **lamentará**. Toda la población expresará dolor y arrepentimiento, desde la nación como conjunto hasta **cada linaje** en lo individual; esto demuestra que Dios transformará toda la sociedad israelita y que comenzará desde las familias individuales. La palabra **aparte** y la frase **por sí**, que se repite diez veces en este pasaje, describen la naturaleza personal, privada y sincera de este arrepentimiento. Todas las familias de Israel se arrepentirán delante del Señor de corazón, bajo el poder de convicción del Espíritu.

Para ilustrar que todas las familias se lamentarán en aquel día, el Señor identificó familias específicas que se arrepentirán. Comenzó, pues, con **los descen-**

dientes de la casa de David por sí, y sus mujeres por sí. Todas las personas de Israel, incluyendo los que pertenezcan a la casa real de David, recibirán convicción y transformación por el Espíritu de Dios. Tanto los varones de la **casa** como **sus mujeres** expresarán una tristeza piadosa. De hecho, la palabra **mujeres** significa "de género femenino", lo que indica que la obra de salvación de Dios se extenderá a todos los miembros de la familia, de género masculino o femenino. Todos ellos **por sí** (es decir, de forma individual) responderán a Dios en arrepentimiento genuino y en fe salvadora.

El linaje real no será la única familia que se arrepienta. El Señor también mencionó a **los descendientes de la casa de Natán por sí, y sus mujeres por sí**. Aunque la corona pasó a los descendientes de Salomón, Natán fue el tercer hijo de David (2 S. 5:14; 1 Cr. 3:5) y su casa también era parte de la familia de David. Ciertos personajes famosos como Zorobabel (cp. Lc. 3:27, 31) y María, la madre de Jesús, descendieron de este linaje (Lc. 3:23, 31).

La obra de salvación de Dios también alcanzará a **los descendientes de la casa de Leví por sí, y sus mujeres por sí**. Esto se refiere a la descendencia sacerdotal que viene por medio de Aarón y de sus hijos Nadab, Abiú, Eleazar e Itamar (Éx. 28:1; Nm. 3; Dt. 10:8-9). Al igual que los que se encuentren en posiciones de poder político, los miembros del liderazgo espiritual también se arrepentirán. Toda la **casa** de Leví, incluyendo a los maridos y a sus **mujeres**, aceptarán al Mesías en fe y arrepentimiento.

Además de esto, **los descendientes de Simei por sí, y sus mujeres por sí** también se unirán a este arrepentimiento nacional. Los **descendientes de Simei** pertenecían a la tribu de Leví y eran reconocidos durante la época de Zacarías.[1] Por haber descendido de Gersón (Nm. 3:17-18) y no de Coat, como el linaje sacerdotal (Éx. 6:8-26; 1 Cr. 6:1-3), los descendientes de Simei no eran sacerdotes, sino que más bien asistían en las labores sacerdotales. Cuando el Mesías regrese, Él no solo salvará a los que gocen de los privilegios del sacerdocio, sino también a los que sirvan a su lado.

El Señor concluyó enfáticamente su promesa de salvación futura con la inclusión de **todos los otros linajes, cada uno por sí, y sus mujeres por sí**. Este enunciado integral abarca a todo Israel (**todos los otros linajes**) que sobrevivan a la batalla de Armagedón. Los varones de **cada** linaje **por sí** y **sus mujeres** e hijos se unirán al arrepentimiento nacional. Después de recibir la regeneración del Espíritu Santo, cada uno responderá con tristeza piadosa y mirará al Mesías en fe salvadora.

Al describir la conversión futura de Israel, el Señor identificó sistemáticamente todos los estratos de la sociedad israelita, incluyendo el linaje real de David (a través de Salomón), el linaje no real de David (a través de Natán), el linaje sacerdotal (a través de Leví), el linaje no sacerdotal (a través de Simei) y todas las demás familias judías que vivan cuando Cristo regrese (todos los otros linajes). La implicación clara de este texto es que todos los individuos, sin importar su estatus social ni su rango, responderán con una tristeza de corazón, con arrepentimiento genuino y

1. Eugene Merrill, *Haggai, Zechariah, Malachi: An Exegetical Commentary* (Dallas, TX: Biblical Studies Press, 2003), 297.

con fe salvadora. Cada individuo del pueblo aceptará al Mesías por cuenta propia (**por sí**), porque el Espíritu transformará su corazón (cp. Zac. 12:10). En lo colectivo y en lo individual, todos mirarán con los ojos de la fe al Señor Jesucristo y confesarán las palabras que Isaías profetizó tanto tiempo atrás: "Él herido fue por nuestras rebeliones, molido por nuestros pecados" (Is. 53:5). Como se hizo notar antes, en aquel momento, se cumplirá la promesa de Romanos 11:26. Por la gracia de Dios, "todo Israel será salvo".

La purificación de Israel 32

En aquel tiempo habrá un manantial abierto para la casa de David y para los habitantes de Jerusalén, para la purificación del pecado y de la inmundicia. Y en aquel día, dice Jehová de los ejércitos, quitaré de la tierra los nombres de las imágenes, y nunca más serán recordados; y también haré cortar de la tierra a los profetas y al espíritu de inmundicia. Y acontecerá que cuando alguno profetizare aún, le dirán su padre y su madre que lo engendraron: No vivirás, porque has hablado mentira en el nombre de Jehová; y su padre y su madre que lo engendraron le traspasarán cuando profetizare. Y sucederá en aquel tiempo, que todos los profetas se avergonzarán de su visión cuando profetizaren; ni nunca más vestirán el manto velloso para mentir. Y dirá: No soy profeta; labrador soy de la tierra, pues he estado en el campo desde mi juventud. Y le preguntarán: ¿Qué heridas son estas en tus manos? Y él responderá: Con ellas fui herido en casa de mis amigos. Levántate, oh espada, contra el pastor, y contra el hombre compañero mío, dice Jehová de los ejércitos. Hiere al pastor, y serán dispersadas las ovejas; y haré volver mi mano contra los pequeñitos. Y acontecerá en toda la tierra, dice Jehová, que las dos terceras partes serán cortadas en ella, y se perderán; mas la tercera quedará en ella. Y meteré en el fuego a la tercera parte, y los fundiré como se funde la plata, y los probaré como se prueba el oro. Él invocará mi nombre, y yo le oiré, y diré: Pueblo mío; y él dirá: Jehová es mi Dios. (13:1-9)

Zacarías 12 predijo que, durante la batalla de Armagedón, el Mesías aparecerá repentinamente para rescatar a su pueblo (cp. Ap. 19:11-21). Sin embargo, esta liberación será más que física; también sería espiritual. En aquel momento, su pueblo mirará a Él en fe salvadora y responderá con tristeza piadosa y con arrepentimiento genuino (Zac. 12:10). Subsecuentemente, entrarán en su reino en victoria y gozarán de las bendiciones y de la gloria de la comunión con su Salvador. En aquel tiempo, tal como Dios lo afirmó antes en Zacarías, "serán como si no los hubiera desechado" (10:6). El recuerdo de la desobediencia de la nación a lo largo de su historia y de la disciplina divina que la acompañó quedará olvidado en el júbilo y la euforia del gozo milenario.

La promesa de un arrepentimiento nacional en el capítulo 12 está seguida por la promesa de una purificación espiritual en el capítulo 13. El Señor purificará a su pueblo (cp. Ez. 37:23) y los consagrará en su amor y devoción hacia Él. Siglos antes de Zacarías, al inicio de la historia de la nación, "Habló Jehová a Moisés, diciendo: Habla a toda la congregación de los hijos de Israel, y diles: Santos seréis, porque santo soy yo Jehová vuestro Dios [...]. No os volveréis a los ídolos, ni haréis para vosotros dioses de fundición. Yo Jehová vuestro Dios" (Lv. 19:1-4). A pesar de este mandato divino, los israelitas se contaminaron una y otra vez con los ídolos y provocaron la ira de Dios y, por tanto, tuvieron que sufrir el castigo (cp. Éx. 32:1-10; 1 R. 11:4-5; 2 R. 17:7-18; Jer. 3:7-10; Ez. 20:13-16; Am. 5:25-26).

A pesar de esto, Zacarías 13 revela que llegará el día cuando Dios purifique a su pueblo y redima por completo a una generación entera de israelitas (cp. Ro. 11:26). Después de derramar su Espíritu sobre ellos y moverlos así al arrepentimiento y a la fe (Zac. 12:10), Él los purificará de sus iniquidades. La estructura de este pasaje puede organizarse bajo cuatro encabezados relacionados con la purificación futura de Israel: la promesa de que sucederá (13:1-2), la ilustración de sus resultados (13:3-6), el prerrequisito que la hace posible (13:7) y el proceso mediante el cual Dios la llevará a cabo (13:8-9). Aunque su pecado era grave y su juicio prolongado a lo largo de la historia, el Señor prometió purificar a Israel, limpiarlos de su iniquidad y consagrarlos para sí.

LA PROMESA DE LA PURIFICACIÓN

En aquel tiempo habrá un manantial abierto para la casa de David y para los habitantes de Jerusalén, para la purificación del pecado y de la inmundicia. Y en aquel día, dice Jehová de los ejércitos, quitaré de la tierra los nombres de las imágenes, y nunca más serán recordados; y también haré cortar de la tierra a los profetas y al espíritu de inmundicia. (13:1-2)

El texto comienza con la expresión **en aquel tiempo**, que se refiere al día escatológico de Jehová. Como esta expresión se repite en Zacarías 12, su usó aquí vincula el contenido del capítulo 13 con el anterior. El día en que Dios derrame su Espíritu y todo Israel se arrepienta (cp. 12:10), el Señor también purificará a su pueblo de su pecado. El profeta equiparó la obra de purificación de Dios con un **manantial**. Al contrario que una cisterna (cp. Jer. 2:13), los manantiales ofrecían una fuente constante de agua potable. Un manantial **abierto** produce continuamente agua en gran abundancia. Desde el primer momento del reino milenario, Dios inundará a su pueblo con la obra purificadora de su Hijo. Desde la **casa** real **de David** hasta los ciudadanos comunes de entre **los habitantes de Jerusalén**, todo Israel experimentará la obra purificadora del Señor.

La palabra **pecado** resalta la criminalidad de cualquier infracción o transgresión contra la santidad de Dios (p. ej.: Gn. 42:22; Éx. 32:30-34; Lv. 1:1-6; Dt. 9:16-18; 1 S. 15:24; Sal. 51:4). El término paralelo, **inmundicia**, se usaba para referirse a la menstruación de la mujer (p. ej.: Lv. 12:1-5) o a la contaminación producida por el contacto con un cadáver (p. ej.: Nm. 19:11-13) y enfatiza la mancha de contaminación del pecado que vuelve inapropiado para el pecador entrar a la presencia de Dios. Al eliminar el pecado y la inmundicia, Dios no solo reconciliará a su pueblo consigo mismo, sino que también les hará posible acercarse a Él. Ezequiel profetizó que Jehová "[esparcirá] sobre vosotros agua limpia, y seréis limpiados", de manera que "vosotros me seréis por pueblo, y yo seré a vosotros por Dios" (Ez. 36:25, 28). Algún día, el Señor purificará a su pueblo y limpiará la tierra tan plenamente que será como si se hubiera abierto un manantial de aguas puras para lavar a la nación (cp. Os. 2:14-20).

Con la siguiente aparición de la frase **en aquel día** (en el v. 2), Zacarías reveló dos resultados de la purificación de Israel; primero, el Señor dijo: **quitaré de la tierra los nombres de las imágenes, y nunca más serán recordados**; segundo, **haré cortar de la tierra a los profetas y al espíritu de inmundicia**. A lo largo de la historia de Israel, con frecuencia los falsos profetas llevaron al pueblo a la idolatría y a errores letales. Por ejemplo, durante el reinado de Acab, unos cuatrocientos cincuenta profetas se opusieron a Elías, el único profeta verdadero (1 R 8:20-46).

No obstante, **Jehová de los ejércitos** dijo que, algún día, Él eliminaría el pecado de la idolatría y a los falsos profetas que la promovían. El Señor juró **quitar de la tierra**, es decir, erradicar por completo, **los nombres de las imágenes**. Dios eliminará la idolatría de la nación a tal punto que hasta **los nombres de las imágenes** quedarán olvidados. En las Escrituras, un nombre no es únicamente un título, sino que también representa el carácter, la esencia y el poder de una persona (cp. Mt. 28:19; Hch. 4:12). Las personas se esforzaban desmedidamente para preservar su nombre (cp. Gn. 11:4; 2 S. 18:18; Is. 56:5). Al quitar **los nombres de las imágenes** de Israel, Dios estará eliminando todo rastro de la falsa religión. No quedará evidencia ni influencia alguna de la adoración pagana en toda la **tierra**. Además, los ídolos pasados de Israel **nunca más serán recordados**. El Señor purificará a su pueblo con tanta meticulosidad que hasta el recuerdo de estos dioses falsos quedará erradicado (cp. Os. 2:17).

Jehová lidiará de una forma similar con los falsos profetas. Él hará **cortar de la tierra a los profetas y al espíritu de inmundicia**. El Señor mismo hará callar, no solo a los **profetas** falsos, los mensajeros del error y la condenación (cp. Is. 30:1; Ez. 13:1-2), sino también al **espíritu de inmundicia** que está detrás de tales mentiras blasfemas (1 R. 22:19-23; cp. Sal. 106:34-39; Dt. 32:17; Ez. 14:1-11; Jer. 28). El apóstol Pablo explicó que la religión pagana se fundamenta en doctrinas de demonios (1 Co. 10:20; 1 Ti. 4:1). El Señor no tolerará ningún engaño satánico en su reino (Ap. 20:3). La profecía falsa en todas sus facetas será **cortada** de la **tierra** de Israel, de manera que no permanezca ni el más mínimo indicio de ella (cp. 1 R. 15:12; 2 Cr. 15:8).

LA ILUSTRACIÓN DE LA PURIFICACIÓN

Y acontecerá que cuando alguno profetizare aún, le dirán su padre y su madre que lo engendraron: No vivirás, porque has hablado mentira en el nombre de Jehová; y su padre y su madre que lo engendraron le traspasarán cuando profetizare. Y sucederá en aquel tiempo, que todos los profetas se avergonzarán de su visión cuando profetizaren; ni nunca más vestirán el manto velloso para mentir. Y dirá: No soy profeta; labrador soy de la tierra, pues he estado en el campo desde mi juventud. Y le preguntarán: ¿Qué heridas son estas en tus manos? Y él responderá: Con ellas fui herido en casa de mis amigos. (13:3-6)

Con la frase **y acontecerá**, el Señor siguió describiendo la purificación futura de Israel mediante una ilustración hipotética del celo que su pueblo tendrá por la justicia y la verdad. Jehová lo explicó de esta manera: **cuando alguno** de estos falsos profetas **profetizare**, los que lo escuchen lo harán callar. Esto no pretende sugerir que seguirá habiendo falsos profetas en el reino milenario. El Señor ya reveló que Él los quitará por completo de la tierra. Sin embargo, si esta situación hipotética llegara a surgir, el falso profeta no tendrá ningún apoyo. Hasta los padres de este falso profeta intervendrán. Aunque **lo engendraron** y le dieron vida, declararán:

No vivirás. Ambos padres (**su padre y su madre**), se unirán en llevar a juicio a su hijo. Esto lo harán porque ha **hablado mentira en el nombre de Jehová**. En su celo por **Jehová** (cp. Zac. 8:3, 19), no tolerarán la **mentira** ni soportarán ver mancillado el **nombre** del Señor (cp. Sal. 69:9). Este nivel de celo piadoso cumplirá lo que Dios mandó en Deuteronomio 18:20: "El profeta que tuviere la presunción de hablar palabra en mi nombre, a quien yo no le haya mandado hablar, o que hablare en nombre de dioses ajenos, el tal profeta morirá". Esta pasión por la verdad también cumplirá Deuteronomio 13:6-9, donde Moisés declaró:

> *Si te incitare tu hermano, hijo de tu madre, o tu hijo, tu hija, tu mujer o tu amigo íntimo, diciendo en secreto: Vamos y sirvamos a dioses ajenos, que ni tú ni tus padres conocisteis, de los dioses de los pueblos que están en vuestros alrededores, cerca de ti o lejos de ti, desde un extremo de la tierra hasta el otro extremo de ella; no consentirás con él, ni le prestarás oído; ni tu ojo le compadecerá, ni le tendrás misericordia, ni lo encubrirás, sino que lo matarás; tu mano se alzará primero sobre él para matarle, y después la mano de todo el pueblo.*

El Señor exigía que la lealtad de su pueblo hacia Él superara su amor por la familia y los amigos (cp. Mt. 10:37). En el reino milenario, el pueblo de Dios estará caracterizado por esta clase de devoción de todo corazón a Jehová.

A continuación, el Señor señaló que, si se presentara esta situación, los padres no solo condenarían el comportamiento de su hijo, sino que también ejecutarían la sentencia de muerte contra él. El texto lo explica así: **su padre y su madre que lo engendraron le traspasarán cuando profetizare**. La palabra **traspasarán** describe una ejecución violenta, movida por la ira y la maldición de Dios (cp. Dt. 21:22-23; Zac. 12:10). En Números, Finees traspasó a Zimri y a Cozbi con una lanza por su inmoralidad descarada (Nm. 25:8; cp. Jue. 9:54; 1 S. 31:4; 1 Cr. 10:4; Sal. 106:30). Traspasar a una persona con una espada o una lanza constituía la pena de muerte por las peores ofensas; esto resalta la naturaleza atroz de la profecía falsa. Aunque el escenario es puramente hipotético, el **padre** y la **madre** sirven como una ilustración vívida del celo por Dios que algún día caracterizará a toda la nación. Con esta clase de pasión por la santidad y la verdad, Israel nunca volverá a tolerar el pecado de la profecía falsa.

La frase **y sucederá en aquel tiempo** introduce un segundo escenario hipotético que ilustra el alcance de la purificación de Israel y la eliminación total de la falsa religión de la tierra. En aquel tiempo futuro, no solo mostrará el pueblo de Dios un gran celo en contra del engaño y del error espiritual, sino que, además, si hubiera falsos **profetas**, estos **se avergonzarán de su visión cuando profetizaren**. El verbo **se avergonzarán** no solo denota timidez, sino también desprecio hacia uno mismo y temor a ser descubierto (cp. Is. 42:17; Jer. 22:18-23; Mi. 3:7). En lugar de jactarse de su **visión**, como lo hicieron antes los falsos profetas cuando supuestamente **profetizaban**, ahora sentirán una profunda vergüenza por su pasada conexión con la idolatría. Para evitar que los descubran, se disfrazarán. **Nunca más vestirán el manto velloso**, una prenda fabricada con pieles de animales que mantenía el pelaje intacto y que era un elemento distintivo de las ropas de un profeta. Los verdaderos profetas como Elías (1 R. 19:13; 2 R. 2:8), Eliseo (2 R. 2:13-14) y Juan el Bautista

(Mt. 3:4) usaron estas prendas. Como se asociaba el manto velloso con el oficio profético, los falsos profetas solían usarlo para dar credibilidad a sí mismos y a sus mentiras (1 R. 13:13-19; Jn. 8:44; 2 Co. 11:14). Incluso en la era moderna, los falsos profetas suelen vestir prendas del clero en un esfuerzo por obtener influencia y prestigio. Sin embargo, durante el Milenio, ningún falso profeta osaría vestirse como profeta, mucho menos participar en sus engaños de antaño. Si se lo preguntaran, lo negaría y diría: **No soy profeta**. En cambio, para hacerse pasar por un agricultor israelita respetable, insistiría: **labrador soy de la tierra**. Esta descripción (**labrador** [...] **de la tierra**) aparece frecuentemente en las Escrituras y se refiere a una variedad de personas, comenzando con Adán (Gn. 3:23; cp. 2 S. 9:10) y hasta a Amós, uno de los profetas verdaderos (Am. 7:14). En otro esfuerzo por evadir su culpa, el exprofeta falso podría afirmar: **he estado en el campo desde mi juventud**. La implicación es que no habría podido participar en una falsa religión, pues su libertad había sido coartada desde su **juventud** por haber trabajado como siervo en el campo. Con estas afirmaciones, el profeta buscaría evadir la responsabilidad por sus actos y sus repercusiones correspondientes.

A pesar de los esfuerzos del falso profeta, nadie creerá sus excusas y sus afirmaciones sospechosas. En cambio, los demás señalarán hacia las marcas en su cuerpo y **le preguntarán: ¿Qué heridas son estas en tus manos?** La palabra **heridas** denota lesiones graves y visibles en el cuerpo, que se corresponden con la autoflagelación en la que solían participar los falsos profetas (cp. 1 R. 22:35; 2 R. 8:29). En 1 Reyes 18:28, los profetas de Baal "clamaban a grandes voces, y se sajaban con cuchillos y con lancetas conforme a su costumbre, hasta chorrear la sangre sobre ellos". Por causa de estas prácticas, Dios advirtió en Deuteronomio 14:1: "Hijos sois de Jehová vuestro Dios; no os sajaréis, ni os raparéis a causa de muerto" (cp. Lv. 19:28; Jer. 16:6). Dada la conexión tan clara entre el paganismo y el ascetismo violento, las heridas del falso profeta levantarían sospechas. Lo peor del caso es que las heridas estarían **en tus manos** (literalmente, entre tus manos). Esta expresión sugiere que las heridas estarán en el pecho del profeta (cp. 2 R. 9:24), una parte del cuerpo asociada con los rituales paganos en el antiguo Cercano Oriente. El falso profeta hará todo a su alcance por ocultar su verdadera identidad, pero la evidencia de sus actividades religiosas pasadas lo dejarán expuesto.

Cuando se le pregunte respecto a sus cicatrices, el falso profeta afirmará: **Con ellas fui herido en casa de mis amigos**. La palabra **amigos** significa literalmente "aquellos que me aman". Algunos han propuesto que esta es una referencia a los padres del profeta, mencionados en el versículo 3. Sin embargo, esto no puede ser así, porque los padres no solo hirieron a su hijo, sino que lo ejecutaron. Otros han sugerido que la palabra **amigos** se refiere a otros falsos profetas en el contexto de los rituales inmorales y de la adoración idólatra (p. ej.: Os. 2:7; Ez. 16:33; Jer. 22:20, 22). Sin embargo, esta interpretación también es poco probable porque la meta del profeta es distanciarse de esta falsa adoración y no confesar su asociación con ella. La mejor interpretación es que, sencillamente, el profeta está dando una excusa endeble y poco creíble para la cicatriz en su pecho. En este caso, los **amigos** serían tan solo sus socios cercanos y sus compañeros de confianza. La mentira detrás de esta máscara tan frágil sería evidente de inmediato para sus interrogadores, porque ningún amigo verdadero provocaría tales lesiones a un ser querido.

Las ridículas excusas de este profeta falso imaginario nos ofrecen una poderosa ilustración. En el reino del Mesías, la falsa religión estará tan prohibida que ninguno se atreverá a asociarse con ella. Incluso si llegara a haber algún falso profeta, este haría todo lo posible, hasta llegar al absurdo, para evitar que lo descubrieran. Aunque es hipotético, este escenario resalta el punto del Señor: algún día, Él limpiará por completo el pecado de su pueblo. A partir de aquel momento, este se caracterizará por un celo santo por la verdad y por un odio profundo contra la mentira.

EL PRERREQUISITO PARA LA PURIFICACIÓN

Levántate, oh espada, contra el pastor, y contra el hombre compañero mío, dice Jehová de los ejércitos. Hiere al pastor, y serán dispersadas las ovejas; y haré volver mi mano contra los pequeñitos. (13:7)

Después de ilustrar la locura y la vanidad de los falsos profetas, el Señor dirigió su atención hacia el Pastor verdadero, el Mesías. Al hacerlo, resaltó el prerrequisito divino para la purificación espiritual de Israel: el sacrificio expiatorio y sustitutivo del Buen Pastor que daría su vida por las ovejas (cp. Jn. 10:11; 1 P. 2:24-25). Si no fuera por la obra de Cristo en la cruz, la purificación espiritual no sería posible para ningún pecador, judío o gentil (cp. Jn. 10:14-16). No obstante, Él se dio a sí mismo por las ovejas "para redimirnos de toda iniquidad y purificar para sí un pueblo propio, celoso de buenas obras" (Tit. 2:14).

Jehová describió el sacrificio del Mesías con estas palabras: **Levántate, oh espada**. Con esta frase, Dios llamó a la acción al instrumento de la guerra divina (cp. Is. 51:9; Jer. 50:35-38) y del juicio devastador (Jer. 47:6; Ez. 21:25-27). En un giro sorprendente, Dios mandó que la espada de su ira se volviera **contra** el Mesías para que Él llevara las iniquidades de su pueblo (Is. 53:10-12). El Señor se refirió al Mesías como **el pastor**. En contraste con los pastores falsos (Zac. 10:3; 11:3; 15-16), el **pastor** verdadero, el Mesías, cuida de su rebaño (cp. 11:7). Sin embargo, Él sería traicionado por la nación (11:12-13). Dios reveló que su espada se volvería contra el Mesías para que, mediante su sufrimiento, Él pudiera cumplir el rol del Pastor rechazado y también del Salvador redentor.

Además, el Señor describió al Mesías como **el hombre compañero mío**. El término **hombre** enfatizaba la humanidad de Cristo (cp. Pr. 24:5; Dn. 8:15), mientras que la descripción **compañero mío** transmitía una comunión e igualdad mutuas (cp. Lv. 19:17; 25:17), en este caso, con Jehová mismo (cp. Jn. 10:30; 14:9). Esta terminología presentaba al Mesías tanto en su humanidad como en su divinidad. Como Él es Dios y hombre, solo Cristo pudo cumplir la profecía de que Dios sería traspasado por su pueblo (cp. Zac. 12:10) como su sacrificio expiatorio verdadero (He. 9:25-26). Esta verdad sombría, pero necesaria, vino por la palabra del mismísimo **Jehová de los ejércitos**.

Después de llamar a la acción a la espada de su juicio, Dios ordenó: **Hiere al pastor, y serán dispersadas las ovejas**. La palabra **hiere** denotaba un golpe letal que nos señala en específico a la crucifixión. En contraste con los falsos profetas en el versículo anterior que tan solo afirmaban haber sido heridos (cp. Zac. 13:6), el Mesías en verdad sería **herido** para salvar a su pueblo.

El Señor también predijo que, cuando muriera el Mesías, **las ovejas** serían **dispersadas**. En ocasiones, durante la historia de la nación, la muerte del rey o pastor de Israel hizo que el pueblo huyera (1 R. 22:17; 2 Cr. 18:16; Ez. 34:5-6). El Señor profetizó que el rebaño de Israel quedaría dispersado como resultado de la muerte de Cristo. Además, Dios declaró que el haría **volver** su **mano** en específico **contra los pequeñitos**. Cuando Dios **volvía** su **mano** contra una persona o una nación, esto significaba que Él estaba dirigiendo su poder contra ella (cp. Ez. 38:12; Am. 1:8; Sal. 81:14) o, como lo afirma Isaías 1:25, contra los suyos: "Volveré mi mano contra ti, y limpiaré hasta lo más puro tus escorias, y quitaré toda tu impureza". Dios concentraría su disciplina **contra los pequeñitos**, es decir, contra su propio remanente. Su mano se volvería contra ellos con el objetivo de refinarlos y de purificarlos. Poco antes de su arresto y crucifixión, el Señor Jesús citó estas palabras de Zacarías para presagiar la respuesta temerosa de los discípulos la noche de su arresto (cp. Mr. 14:27-30). Después de la muerte y resurrección de Cristo, Dios dispersó a toda la nación de Israel en juicio por su incredulidad; esto hizo que el remanente se dispersara aún más. Estos se esparcieron por todo el mundo como peregrinos y desterrados para ser purificados mediante las pruebas y el sufrimiento (cp. Hch. 8:1; Stg. 1:1; 1 P. 1:1).

No obstante, algún día, Dios reunirá a Israel, no solo en lo físico, sino también en lo espiritual (Ro. 11:26). Juntos, reconocerán la verdad respecto a su Mesías y a su muerte sacrificial y responderán en tristeza, arrepentimiento y fe (Zac. 12:10). La muerte de Cristo fue la razón de su dispersión en juicio y en disciplina, pero también la razón por la que serán reunidos en fe. Por causa de la obra propiciatoria de Cristo, una generación futura de israelitas recibirá perdón y bienvenida con gozo a su reino (Ro. 11:26). Cuando llegue ese día, la mano del Señor ya no estará contra Israel; Él será su Dios y ellos serán su pueblo.

EL PROCESO DE LA PURIFICACIÓN

Y acontecerá en toda la tierra, dice Jehová, que las dos terceras partes serán cortadas en ella, y se perderán; mas la tercera quedará en ella. Y meteré en el fuego a la tercera parte, y los fundiré como se funde la plata, y los probaré como se prueba el oro. Él invocará mi nombre, y yo le oiré, y diré: Pueblo mío; y él dirá: Jehová es mi Dios. (13:8-9)

Con las palabras **y acontecerá**, el Señor introdujo una nueva y última idea a este capítulo para explicar el proceso mediante el cual purificará a Israel. Aunque el capítulo 13 comenzó con la vista puesta en Jerusalén (v. 1), en su conclusión, habla sobre **toda la tierra** (v. 8). La obra de refinamiento de Dios no se limitará a la capital, sino que abarcará también a toda la nación.

Lo que sigue en el versículo 8 es una profecía de un juicio antes del Milenio, declarado por **Jehová** mismo, en conformidad con la disciplina divina y la dispersión predichas al final del versículo 7. El Señor reveló que **dos terceras partes** de la tierra **serán cortadas en ella, y se perderán; mas la tercera quedará en ella**. Estas solemnes palabras predecían una matanza generalizada que sucederá antes de la llegada del reino, en específico, durante la gran tribulación (cp. Mt. 24:21) y la batalla de Armagedón. Allí, el Señor reveló que **dos terceras partes** de la población de Israel perecerán durante estos eventos cataclísmicos. La expresión **cortadas** describe una muerte violenta que manifiesta las consecuencias catastróficas del juicio divino (Gn. 9:11; Lv. 23:29; Abd. 9). En el original, la frase **se perderán** refuerza la conexión con la ira de Dios. Esta misma frase se usa en hebreo en Génesis 6 para describir el juicio de Dios sobre la tierra en el diluvio global: "Y he aquí que yo traigo un diluvio de aguas sobre la tierra, para destruir toda carne en que haya espíritu de vida debajo del cielo; todo lo que hay en la tierra morirá" (Gn. 6:17). En Zacarías 13, Jehová reveló que, en el futuro, dos terceras partes de la población de Israel morirán en conformidad con sus propósitos soberanos. Aunque duro, este juicio ardiente es parte del proceso mediante el cual Dios purificará a la nación y eliminará a los reprobados y a los rebeldes de en medio de ella.

Aunque dos terceras partes morirán, una **tercera** parte permanecerá con vida. Esta es la tercera parte indestructible, la simiente santa (cp. Dt. 30:1-6; Is. 6:13; ver planteamiento en Zac. 6:10). El anticristo y sus fuerzas intentarán exterminar a toda la nación. Aunque, en su providencia, el Señor utilizará esto para refinar a su pueblo (cp. Gn. 50:20), Él no permitirá que todo Israel perezca. Una **tercera** parte **quedará en ella** como un remanente fiel. Dios siempre ha preservado un remanente a lo largo de la historia de Israel y seguirá haciéndolo hasta el final (cp. Esd. 9:13-15; Is. 6:10-13; 10:21-22; Jer. 31:7; Ez. 6:8; Mi. 2:12; Sof. 3:13; Ro. 9:27; 11:5).

La obra purificadora de Dios no solo refinará a la nación en juicio al eliminar a los rebeldes, sino que también limpiará a aquellos que permanezcan. En el versículo 1, Dios explicó que Él abriría un manantial para lavar a su pueblo. Aquí, en el versículo 9, declaró: **Y meteré en el fuego a la tercera parte**. Cuando Dios haga pasar a Israel por el fuego del juicio, también garantizará la supervivencia de sus elegidos. Además, en todo este proceso, el Señor dice: **los fundiré como se funde la plata**. Esta terminología describe un calor intenso que funde todos los contaminantes y los elementos extraños para dejar tras de sí plata pura (cp. Is. 1:21-26; Jer. 6:28-30; Mal. 3:2-3; Sal. 66:10-12; cp. Lv. 10:1-3; ver también Nm. 31:21-24). El profeta Ezequiel ofreció una descripción vívida de la forma en la que Dios refinaría a Israel:

> *Vino a mí palabra de Jehová, diciendo: Hijo de hombre, la casa de Israel se me ha convertido en escoria; todos ellos son bronce y estaño y hierro y plomo en medio del horno; y en escorias de plata se convirtieron. Por tanto, así ha dicho Jehová el Señor: Por cuanto todos vosotros os habéis convertido en escorias, por tanto, he aquí que yo os reuniré en medio de Jerusalén. Como quien junta plata y bronce y hierro y plomo y estaño en medio del horno, para encender fuego en él para fundirlos, así os juntaré en mi furor y en mi ira, y os pondré allí, y os fundiré. Yo os juntaré y soplaré sobre vosotros en el fuego de mi furor, y en medio de él seréis fundidos. Como se funde la plata en medio del horno, así seréis fundidos en medio de él; y sabréis que yo Jehová habré derramado mi enojo sobre vosotros (Ez. 22:17-22).*

Por medio del calor y de la intensidad de las pruebas y de la tribulación, el Señor fundirá la escoria de su pueblo (cp. Pr. 17:3). El remanente futuro de Israel enfrentará la prueba más dura y ardiente de la historia de la nación. Esta situación será tan intensa que, si Dios no acortara estos días, todos morirían (Mt. 24:22). Dios utilizará estas circunstancias como un fuego purificador para llevar a sus elegidos a la fe salvadora (cp. Zac. 12:10) y para santificarlos (cp. 1 P. 1:6-9).

Después de esta prueba de fuego, el remanente quedará purificado y probado. El Señor dijo: **los probaré como se prueba el oro**. Probar el oro significa verificar su autenticidad y pureza (cp. Stg. 1:12). Las pruebas no solo tienen el objetivo de refinar, sino también de confirmar que algo es aprobado. Aunque el remanente enfrentará grandes dificultades, emergerán del fuego como una nación consagrada a Dios y aprobada por Él.

Entonces, el Señor declaró que, una vez que Israel haya sido santificado, **Él invocará mi nombre, y yo le oiré**. En toda la historia de Israel, el pueblo se distinguió por no **invocar** el **nombre** de Jehová ni depender por completo de Él (cp. Sal. 14:4; 53:4; Is. 65:1). No obstante, algún día, Dios transformará el corazón de toda la nación y todos se volverán a Él e invocarán su nombre en fe salvadora (cp. Ro. 10:13).

No solo Israel invocará a Dios, sino que el Señor también dice: **yo le oiré**. Dios no está obligado a responder a los pecadores. El Antiguo Testamento relata muchas veces en las que Israel invocó de forma insincera el nombre de Dios y Él no los oyó. En Isaías 1:15, el profeta escribió: "Cuando extendáis vuestras manos, yo esconderé de vosotros mis ojos; asimismo cuando multipliquéis la oración, yo no oiré; llenas están de sangre vuestras manos" (cp. Pr. 1:28; Mi. 3:4). De manera similar, en la época de Jeremías, el Señor se negó a oír el clamor del pueblo rebelde (cp. Jer. 44:26). Zacarías ya había revelado la razón de que el Señor rechazara la invocación de las generaciones pasadas. Él no los oía porque ellos no lo oían a Él (cp. Zac. 7:13). No obstante, esto cambiará en el futuro cuando Israel se arrepienta. Regenerados por medio del poder del Espíritu (12:10), los que alguna vez aborrecieron a Dios lo invocarán en amor. En respuesta, Aquel que antes se negó a responderles los **oirá**. La obra purificadora de Dios tendrá un efecto perfecto y la relación rota de Israel con Jehová quedará restaurada.

Cuando se dé la restauración definitiva y todo Israel sea salvo (Ro. 11:26), el Señor dirá: **Pueblo mío; y él dirá: Jehová es mi Dios**. Al declarar de Israel: **pueblo mío**, Dios estaba reiterando su relación única de pacto con su nación elegida (cp. Éx. 3:10; 2 S. 7:8-11; Jer. 31:33; Ez. 36:25-28). Israel responderá con una expresión de su profundo amor por el Señor y exclamará: **Jehová es mi Dios**. El pueblo adorará a **Jehová** de forma sincera y única. Además, todos los israelitas gozarán de una comunión personal con el Señor y proclamarán su fidelidad personal a Él con las palabras: Él es **mi Dios**.

Estas declaraciones de amor, de Dios hacia su pueblo y de su pueblo a Él, siempre fueron la meta de su relación de pacto con Israel (cp. Éx. 6:7; Jer. 7:23; 11:4; 30:22; Ez. 36:28). En su historia, la nación nunca experimentó una relación pura y perfecta con el Señor (Os. 1:9). No obstante, Zacarías profetizó que llegará el día en el que Israel experimentará una relación así con Jehová. Durante el reino milenario y hacia las eras eternas, la conversión nacional y la purificación espiritual de Israel serán testigos del poder y de la fidelidad de la promesa y de la gracia de Dios.

El día del regreso de Jehová 33

He aquí, el día de Jehová viene, y en medio de ti serán repartidos tus despojos. Porque yo reuniré a todas las naciones para combatir contra Jerusalén; y la ciudad será tomada, y serán saqueadas las casas, y violadas las mujeres; y la mitad de la ciudad irá en cautiverio, mas el resto del pueblo no será cortado de la ciudad. Después saldrá Jehová y peleará con aquellas naciones, como peleó en el día de la batalla. Y se afirmarán sus pies en aquel día sobre el monte de los Olivos, que está en frente de Jerusalén al oriente; y el monte de los Olivos se partirá por en medio, hacia el oriente y hacia el occidente, haciendo un valle muy grande; y la mitad del monte se apartará hacia el norte, y la otra mitad hacia el sur. Y huiréis al valle de los montes, porque el valle de los montes llegará hasta Azal; huiréis de la manera que huisteis por causa del terremoto en los días de Uzías rey de Judá; y vendrá Jehová mi Dios, y con él todos los santos. Y acontecerá que en ese día no habrá luz clara, ni oscura. Será un día, el cual es conocido de Jehová, que no será ni día ni noche; pero sucederá que al caer la tarde habrá luz. Acontecerá también en aquel día, que saldrán de Jerusalén aguas vivas, la mitad de ellas hacia el mar oriental, y la otra mitad hacia el mar occidental, en verano y en invierno. (14:1-8)

A lo largo de la historia de Israel, una y otra vez el Señor intervino para librar a su pueblo. Muchos ejemplos del Antiguo Testamento ilustran esta realidad. Cuando Abraham se halló en problemas, Dios los rescató a él y a su familia (cp. Gn. 12:10-20; 20:1-18). El Señor también libró a Jacob de las artimañas de su tío (31:9-10) y, en su providencia, colocó a José en Egipto para salvar a su familia de la hambruna (37–50). Cuando Faraón comenzó a oprimir a los israelitas, Jehová los libró con señales y prodigios poderosos (Éx. 1–15; Dt. 4:34). Más adelante, protegió a Israel en el desierto, a pesar de las dudas y de la desobediencia del pueblo (Dt. 1:45–2:3). Cuando los israelitas entraron en la tierra prometida, el Señor venció a los cananeos (Jos. 1–11) y, luego, envió jueces para rescatar a su pueblo de sus enemigos (Jue. 1–16). Él levantó a líderes como Samuel (1 S. 7:3-17), Saúl (11:1-15) y David (2 S. 5:17-25) para repeler a los enemigos de Israel y fortalecer sus defensas. Después de la división de la monarquía, el Señor siguió librando a su pueblo, ya fuera por medio de sus profetas (1 R. 20:35-43), de la providencia general (1 R. 22) o de intervenciones personales (2 R. 18–19). Incluso durante el destierro de Israel a Babilonia, Dios fue fiel y los libró. Daniel fue librado de las estratagemas del rey (Dn. 1) y del foso de los leones (Dn. 6). Los amigos de Daniel también fueron protegidos de las llamas del horno de fuego (Dn. 3). Durante la época del Imperio persa, cuando Amán buscó el genocidio del pueblo judío, el Señor utilizó a Ester y a Mardoqueo para pagar con la misma moneda a sus enemigos (Est. 9:1-10). Podríamos agregar a estos muchos más relatos de liberación divina. La historia de Israel es un registro continuo de la obra de Dios para proteger y preservar a su pueblo, una historia que culminará con su liberación final por mano del Señor descrita en Zacarías 14. Apoyado en las verdades reveladas en los capítulos 12 y 13, Zacarías reveló la plenitud de la gloria de esta salvación futura. Jehová regresará para vencer a todos sus enemigos, renovar la tierra, establecer su reino terrenal y llenar al mundo de su gloria.

Antes del regreso triunfal de Cristo, Israel enfrentará una amenaza existencial sin precedentes. En un esfuerzo por garantizar su paz y protección, los líderes de la nación harán un pacto de siete años con el pastor falso, el anticristo (Dn. 9:27; cp. Zac. 11:16-17). Inicialmente, experimentarán una paz superficial, pero, en medio de este período de siete años, el anticristo violará su pacto con Israel, profanará el templo y exigirá adoración. Cuando el pueblo se niegue a obedecerlo, él reunirá una fuerza militar global en contra de Israel. Esto conducirá al sitio devastador de Jerusalén y de las regiones circundantes que culminará en la batalla de Armagedón. Según Apocalipsis 14, la batalla será tan violenta que la sangre de los muertos salpicará los frenos de los caballos y cubrirá una zona de unos trescientos sesenta kilómetros (200 mi) (la tierra de Israel mide cerca de cuatrocientos cincuenta kilómetros [290 mi] de norte a sur y unos ciento treinta y cinco kilómetros [85 mi] de este a oeste en su punto más ancho). El anticristo y sus huestes parecerán al borde de la victoria, con Jerusalén vencida y la nación al filo de la extinción.

En Zacarías 14, el profeta habló sobre aquel período escatológico que comenzará con el sitio final de Jerusalén. Para los que vivían durante la época de Zacarías y que luchaban contra el temor y el desánimo en sus esfuerzos por reedificar el templo, el mensaje del profeta hablaba de una esperanza definitiva. Sin dudas, se habrían alarmado al saber que, algún día, Israel enfrentaría una amenaza nacional tan grave. Sin embargo, Zacarías reveló también que este no sería el final de la historia. Así como el Señor fue fiel en librar a su pueblo a lo largo de su historia, así también promete rescatarlos de nuevo al final de los tiempos. Ese día futuro de salvación comenzará como un día de ruina y de devastación (14:1-2). No obstante, cuando el Mesías vuelva para salvar a su pueblo, se convertirá en un día de rescate dramático (14:3-5) y de restauración divina (14:6-8).

UN DÍA DE RUINA DEVASTADORA

He aquí, el día de Jehová viene, y en medio de ti serán repartidos tus despojos. Porque yo reuniré a todas las naciones para combatir contra Jerusalén; y la ciudad será tomada, y serán saqueadas las casas, y violadas las mujeres; y la mitad de la ciudad irá en cautiverio, mas el resto del pueblo no será cortado de la ciudad. (14:1-2)

Con este llamado, **he aquí**, el profeta captó la atención de su audiencia y la dirigió a **el día de Jehová** que **viene**. En los capítulos anteriores, se usaron las frases "en aquel día" y "en aquel tiempo" (cp. Zac. 2:11; 3:10; 9:16; 11:11; 12:3, 4, 6, 8 [2 veces], 9, 11; 13:1, 2, 4; 14:4, 6, 8, 9, 13, 20, 21). Sin embargo, aunque se refiere al mismo evento futuro, en el original, la frase aquí es distinta. No se trata de "en aquel día", sino más bien de **el día de Jehová**, es decir, el día designado para Él. Aunque el futuro incluirá muchos eventos épicos y momentos dramáticos, el propósito de toda la historia, de principio a fin, es glorificar a Dios. Sus obras portentosas se manifestarán abiertamente en el día escatológico que Él ha dispuesto para sí. En aquel momento, el Señor no solo librará a Israel, sino que también magnificará su nombre mediante una demostración de su poder infinito, de su ira justa y de su majestad transcendente. En el original, el verbo **viene** indica una acción continua. Como Dios ha ordenado y dirigido de forma perfecta y providencial la historia, esta avanza constantemente hacia aquel día culminante en el que el Mesías regresará para vencer y reinar (cp. Jl. 2:1; Mal. 4:1).

Sin embargo, antes de que el resplandor de la gloria de Jehová irrumpa en escena, la situación se verá terriblemente oscura y desalentadora para Israel. En el versículo 1, el profeta explicó que **en medio de ti** (Jerusalén) **serán repartidos tus despojos**. El término **despojos** se refiere a los bienes saqueados por un enemigo que ha resultado vencedor (cp. Jos. 7:21; 2 S. 3:22). Zacarías profetizó que los tesoros de Jerusalén no solo **serán divididos** por los adversarios de Israel, sino también **en medio de ti**, es decir, dentro de la ciudad misma. Confiados por su aplastante victoria, los soldados enemigos no tendrán temor de los residentes, sino que permanecerán dentro de la ciudad para dividir los tesoros de su conquista (cp. Gn. 49:27; Jos. 22:8).

El Señor confirmó esto con las siguientes palabras: **Porque yo reuniré a todas las naciones para combatir contra Jerusalén**. En Apocalipsis 16, el apóstol Juan explicó que las fuerzas demoníacas incitarán a estos enormes ejércitos a entrar en la "batalla de aquel gran día del Dios Todopoderoso" (Ap. 16:14). Allí, el apóstol Juan se refirió al punto de reunión de estos ejércitos como Armagedón, es decir, el monte de Meguido (16:16). El escenario del anticristo y de sus fuerzas será el valle de Jezreel, al norte de Jerusalén, donde se ubicaba Meguido. Por lo tanto, la batalla se llama Armagedón, aunque la pelea ocurrirá en Jerusalén. En esta batalla, **todas las naciones** subirán contra la capital de Israel para sitiarla y **combatir** contra ella.

Jehová declaró que, en su poder soberano, él **reunirá** a estas naciones contra Israel. El Señor ha predeterminado los eventos de este día escatológico, incluyendo la asamblea de este ejército enemigo (**yo reuniré**), su número (**todas las naciones**), su objetivo (**contra Jerusalén**) y su agresión (**para combatir**). Dios reunirá a los ejércitos de las naciones con tres propósitos. Primero, los empleará como agentes suyos para purgar a los rebeldes y reprobados de entre su pueblo (cp. Zac. 13:9). Segundo, los reunirá para castigar a las naciones por su maldad (cp. 12:2-4, 6, 9). Tercero, los usará para colocar a Israel en una situación imposible y poder así manifestar la plenitud de su poder salvador (cp. 12:10–13:1). De estas maneras, el Señor hará que la destrucción futura de Jerusalén redunde para su propia gloria y para el bien de su pueblo (cp. Ro. 8:28). Incluso en medio de los horrores que Zacarías reveló enfrentaría la nación en aquel día futuro, él les recordó a sus lectores del poder soberano de Dios y de su plan para su liberación.

La amenaza contra el pueblo de Dios será grave: **la ciudad será tomada, y serán saqueadas las casas, y violadas las mujeres; y la mitad de la ciudad irá en cautiverio**. La situación en Jerusalén será totalmente desesperada, porque toda la **ciudad será tomada**. Como resultado, **las casas** serán **saqueadas** por fuerzas enemigas ansiosas por saquear y vandalizar. Más allá de los daños materiales, el pueblo también sufrirá en manos de sus adversarios globales. Zacarías explicó que **las mujeres** serán **violadas** y **la mitad de la ciudad irá en cautiverio**. Los residentes de Israel serán abrumados, asaltados y humillados y la mitad de ellos serán llevados por la fuerza al destierro. Israel ya había experimentado antes un destierro, un momento de su propia historia que la audiencia recordaba claramente. Sin embargo, el día futuro descrito en estos versículos será peor que cualquier cosa que haya enfrentado antes la nación. Ciertamente, será "tiempo de angustia para Jacob" (Jer. 30:7).

A pesar de la violencia y de la devastación, solo **la mitad de la ciudad** de Jerusalén irá al destierro. Según Zacarías 13:8, dos terceras partes de toda la población morirán durante la batalla. Esto incluye a la mitad de la ciudad que irá al destierro. Sin embargo, en 14:2, explica que **el resto del pueblo no será cortado de la ciudad**. El **resto** será el remanente justo (cp. 13:8) que el Señor protegerá. Zacarías profetizó que este **no será cortado**, es decir que no será ejecutado (Gn. 9:11) ni excomulgado de Israel ni de la bendición de Dios (Gn. 17:14; Lv. 13:45-46). Ninguna de estas cosas le sucederá al remanente justo. En la hora más oscura de la historia de Israel, el Señor protegerá y preservará a su remanente para llevarlos seguros a su reino con todas sus bendiciones. Este remanente fiel consistirá en las ovejas que salgan del juicio de las ovejas y de los cabritos cuando Cristo regrese en su gloria y se siente en su trono (Mt. 25:31-46).

UN DÍA DE RESCATE DRAMÁTICO

Después saldrá Jehová y peleará con aquellas naciones, como peleó en el día de la batalla. Y se afirmarán sus pies en aquel día sobre el monte de los Olivos, que está en frente de Jerusalén al oriente; y el monte de los Olivos se partirá por en medio, hacia el oriente y hacia el occidente, haciendo un valle muy grande; y la mitad del monte se apartará hacia el norte, y la otra mitad hacia el sur. Y huiréis al valle de los montes, porque el valle de los montes llegará hasta Azal; huiréis de la manera que huisteis por causa del terremoto en los días de Uzías rey de Judá; y vendrá Jehová mi Dios, y con él todos los santos. (14:3-5)

En contraste con la oscuridad y la derrota descritas en los versículos 1-2, el Señor aparecerá repentinamente en victoria y gloria. La razón de la supervivencia del remanente será que **saldrá Jehová** a la batalla y **peleará con aquellas naciones** que estarán atacando a Israel. El Señor lo hará tal **como peleó en el día de la batalla**. Esta frase hace memoria de las ocasiones durante la historia de Israel en las que Dios peleó por su pueblo. Jehová abrumará al enemigo en estaba batalla futura, tal como lo hizo en Egipto (cp. Éx. 14:14), en Jericó (Jos. 6:16; cp. 5:13–6:27), en Madián (Jue. 6:16; cp. 6:13–7:25), en Asiria (2 R. 24:16; 2 Cr. 32:21) y en muchos otros lugares.

En aquel día, el día de Jehová (cp. Zac. 12:3, 4, 6) y el día su gloria (cp. 14:1), el Señor regresará y **se afirmarán sus pies** [...] **sobre el monte de los Olivos**. El pasaje se refiere aquí al Señor Jesucristo, Dios encarnado. Él regresará en victoria y se levantará sobre el monte de los Olivos, tal como lo prometieron los ángeles a sus discípulos después de la ascensión (cp. Hch. 1:11). Aquel que saldrá a la batalla, peleará por su pueblo y se levantará en victoria es el Señor Jesucristo, el Mesías (Jn. 1:18; Is. 6:5 y Jn. 12:41; Col. 1:15; 2:9).

En aquel momento, Él pondrá sus pies sobre el **monte de los Olivos**, el lugar donde otros líderes anteriores huyeron en derrota. David huyó por el camino del monte de los Olivos cuando Absalón lo desafió (cp. 2 S. 15:30). El rey Sedequías huyó por esta misma ruta en un esfuerzo por escapar de los babilonios (cp. 2 R. 25:4-6). La noche antes de su muerte, el Señor Jesús también fue al monte de los Olivos, al huerto de Getsemaní. No obstante, en lugar de huir del peligro, Él se entregó a sus enemigos para ir a la cruz, derrotar el pecado y la muerte y garantizar la salvación de su pueblo. El monte de los Olivos fue un lugar de tristeza y de agonía en la primera venida de Cristo (Mt. 26:36-56; Mr. 14:32-50; Lc. 22:39-53; Jn. 18:1-12). Sin embargo, cuando Él regrese a este lugar, será en juicio y en victoria (cp. Ap. 19:11-16). Aunque la gloria de Jehová alguna vez partió hacia el "oriente de la ciudad" (Ez. 11:23), el Señor llegará para pararse **al oriente** de Jerusalén y demostrar así que la gloria de Jehová ha regresado. Aunque los reyes anteriores le dieron la espalda a la ciudad y huyeron, el Mesías estará **en frente de Jerusalén** para defenderla y librar al remanente de la nación.

El regreso de Cristo será cataclísmico en la máxima expresión de la palabra. Zacarías profetizó que **el monte de los Olivos se partirá por en medio, hacia el oriente y hacia el occidente, haciendo un valle muy grande; y la mitad del monte se apartará hacia el norte, y la otra mitad hacia el sur**. El regreso del Mesías provocará un sismo controlado por Dios de proporciones épicas. De hecho, el Señor profetizó que su venida se vería acompañada de terremotos. Miqueas 1:3-4 predijo lo siguiente:

> *Porque he aquí, Jehová sale de su lugar, y descenderá y hollará las alturas de la tierra. Y se derretirán los montes debajo de él, y los valles se hendirán como la cera delante del fuego, como las aguas que corren por un precipicio.*

De manera similar, en Nahúm 1:5, el profeta declaró:

> *Los montes tiemblan delante de él, y los collados se derriten; la tierra se conmueve a su presencia, y el mundo, y todos los que en él habitan.*

En Apocalipsis 16:17-19, el apóstol Juan reveló el impacto global de este sismo:

> *El séptimo ángel derramó su copa por el aire; y salió una gran voz del templo del cielo, del trono, diciendo: Hecho está. Entonces hubo relámpagos y voces y truenos, y un gran temblor de tierra, un terremoto tan grande, cual no lo hubo jamás desde que los hombres han estado sobre la tierra. Y la gran ciudad fue dividida en tres partes, y las ciudades de las naciones cayeron; y la gran Babilonia vino en memoria delante de Dios, para darle el cáliz del vino del ardor de su ira.*

El regreso de Cristo provocará un terremoto tan poderoso que **el monte de los Olivos se partirá por en medio** y se moverá en direcciones opuestas: **la mitad del**

monte se apartará hacia el norte, y la otra mitad hacia el sur. Como resultado, se formará **un valle muy grande** entre las dos porciones del monte que se extenderá en dos direcciones, hacia el **oriente** y hacia el **occidente**. Esta gigantesca fractura geológica manifestará el poder divino del Mesías al transformar el terreno en un camino para librar a su pueblo. Él convertirá el **monte de los Olivos**, un lugar de derrota, en un lugar de victoria.

Zacarías dijo al remanente justo: **huiréis al valle de los montes**. Dios partirá por la mitad el monte de los Olivos para formar dos montes para sí y un valle en medio de ellos (cp. Is. 14:25; 49:11; Ez. 38:21). El nuevo valle permitirá que el pueblo de Jerusalén huya a través de este paso. Zacarías reveló además que **el valle de los montes llegará hasta Azal**. Esta puede ser la misma ubicación que Betesel, un puesto fortificado en Jerusalén. Aunque, históricamente, **Azal** fue considerado un lugar de refugio y de defensa (cp. Mi. 1:11), el remanente pasará junto a él en su huida y se dirigirá a su verdadero refugio, el Mesías. De hecho, Israel huirá **de la manera que huisteis por causa del terremoto en los días de Uzías rey de Judá**. Este **terremoto** fue infame en la historia de Israel, pues se menciona en Amos 1:1 y Zacarías lo recuerda casi trescientos años más tarde. El terremoto futuro será de una magnitud mucho mayor y, por lo tanto, será mucho más memorable. Su propósito será salvar al pueblo. Con gran velocidad, el pueblo **huirá** por medio del valle que se formó y escapará de sus enemigos para dirigirse a su Salvador, el Mesías.

En este momento, cuando Israel corra a Cristo, Él también se acercará a ellos. Zacarías pronunció la conmovedora declaración: **vendrá Jehová mi Dios, y con él todos los santos**. La certeza del enunciado de Zacarías (que el Señor **vendrá**) estaba fundamentada en la verdad de que **Jehová** siempre cumple las promesas de su pacto. Él es fiel en hacerlo por causa de su compromiso personal con su pueblo; además, puede hacerlo porque Él es el Soberano omnipotente del universo (**Dios**). Cuando Él vuelva, **con él** llegarán también **todos los santos**. La palabra **santos** puede referirse a los creyentes y es cierto que los creyentes del Nuevo Testamento acompañarán a Cristo en su regreso (cp. 1 Ts. 3:13). Sin embargo, Zacarías está refiriéndose aquí, principalmente, a los santos ángeles de Dios (cp. Sal. 89:5, 8), como se confirma en otros pasajes paralelos (cp. Mt. 24:31; 25:31; Mr. 8:38; 2 Ts. 1:7). La presencia de los ángeles amplificará la abrumadora magnificencia y santidad de Cristo mismo, porque Él es el General de los ejércitos celestiales. La escena es tan cautivadora que Zacarías no pudo evitar mencionar que **Jehová** es **mi Dios**. El profeta se ve movido a expresar su adoración a Dios porque, en el día de su regreso, acompañado por un ejército angelical, la noche más oscura de la historia de Israel se convertirá en su día más brillante.

UN DÍA DE RESTAURACIÓN DIVINA

Y acontecerá que en ese día no habrá luz clara, ni oscura. Será un día, el cual es conocido de Jehová, que no será ni día ni noche; pero sucederá que al caer la tarde habrá luz. Acontecerá también en aquel día, que saldrán de Jerusalén aguas vivas, la mitad de ellas hacia el mar oriental, y la otra mitad hacia el mar occidental, en verano y en invierno. (14:6-8)

En el futuro, Dios librará, no solo a su pueblo, sino también a su creación. Pablo escribió en Romanos 8:20-22: "Porque la creación fue sujetada a vanidad, no por su propia voluntad, sino por causa del que la sujetó en esperanza; porque también la creación misma será libertada de la esclavitud de corrupción, a la libertad gloriosa de los hijos de Dios. Porque sabemos que toda la creación gime a una, y a una está con dolores de parto hasta ahora". Primeramente, el Señor juzgará y devastará al mundo, pero luego renovará la tierra como parte de su reinado milenario.

Al final de la tribulación, el sol se oscurecerá, la luna se tornará roja como la sangre y los cuerpos celestes como los asteroides caerán del cielo. Los cielos se oscurecerán por completo (cp. Is. 13:10; Jl. 2:1-2, 10, 31; 3:15; Ez. 13:5-16; Sof. 1:15; Mt. 24:29; Lc. 21:11, 25-26; Ap. 6:12-14), mientras que, en la tierra, todos los montes y todas las islas se moverán de su lugar (Ap. 6:14). Aunque esta no será la destrucción definitiva del planeta tierra, sí ofrecerá un vistazo de la aniquilación total de este mundo antes de ser reemplazado por un nuevo cielo y una nueva tierra en las eras eternas (cp. 2 P. 3 10-13; Ap. 21–22).

De esta total oscuridad, aparecerá la gloria deslumbrante de Cristo, acompañado por sus santos, para establecer su reino en la tierra. En este reino, Dios comenzará a hacer nuevas todas las cosas. No solo los santos que lleguen con Cristo recibirán nuevos cuerpos sin pecado (Mt. 22:30-31; Lc. 14:14; 1 Co. 15:52; 1 Ts. 4:16; Fil. 3:20-21; Ro. 8:20-23; Dn. 12:2; Job. 19:25-27), sino que Dios también renovará el mundo físico. Esta restauración divina de la tierra abarcará al menos tres categorías: una nueva luz (v. 6), un nuevo día (v. 7) y unas nuevas aguas (v. 8).

En primer lugar, el reino milenario rebosará de nueva luz. La frase **y acontecerá que en ese día** introduce otro evento dramático en el día de Jehová (cp. Zac. 13:1, 2; 14:1). Al final de la gran tribulación, **no habrá luz**. Esta oscuridad representará un acto de juicio. Isaías 13:9-10 afirma que, en el día de Jehová, "las estrellas de los cielos y sus luceros no darán su luz; y el sol se oscurecerá al nacer, y la luna no dará su resplandor" (cp. Is. 24; Jl. 3; Mt. 24). En Apocalipsis 6:12-14, el apóstol Juan nos revela más detalles:

> *Miré cuando abrió el sexto sello, y he aquí hubo un gran terremoto; y el sol se puso negro como tela de cilicio, y la luna se volvió toda como sangre; y las estrellas del cielo cayeron sobre la tierra, como la higuera deja caer sus higos cuando es sacudida por un fuerte viento. Y el cielo se desvaneció como un pergamino que se enrolla; y todo monte y toda isla se removió de su lugar.*

Al igual que la plaga de oscuridad contra Egipto (cp. Éx. 10:21-29), la oscuridad abrumará a este mundo como parte de la aterradora ira de Dios.

El juicio de futuro que el Señor ejecutará no solo será contra la luz misma, sino también contra todos los canales de luz. Zacarías describió que no habrá **luz clara, ni oscura**. En el original, esto se refiere a las luminarias, es decir, los cuerpos celestes que Dios creó para mediar su luz y para designar el tiempo y las estaciones (cp. Gn. 1:14). Zacarías predijo que estos cuerpos celestes se endurecerán, se coagularán y se oscurecerán.

A lo largo de la historia, la humanidad ha adorado al sol, a la luna y a las estrellas. Incluso en Israel, Dios le advirtió a su pueblo: "No sea que alces tus ojos al cielo, y viendo el sol y la luna y las estrellas, y todo el ejército del cielo, seas impulsado, y te inclines a ellos y les sirvas" (Dt. 4:19; cp. Ez. 8:16). Estos cuerpos celestes quedarán disminuidos para que Aquel que es mayor que todos ellos reciba toda la gloria. Isaías predijo lo siguiente: "La luna se avergonzará, y el sol se confundirá, cuando Jehová de los ejércitos reine en el monte de Sion y en Jerusalén, y delante de sus ancianos sea glorioso" (Is. 24:23). Isaías también añadió: "El sol nunca más te servirá de luz para el día, ni el resplandor de la luna te alumbrará, sino que Jehová te será por luz perpetua, y el Dios tuyo por tu gloria" (Is. 60:19). El apóstol Juan explicó que esto será así también en las eras eternas: "No habrá allí más noche; y no tienen necesidad de luz de lámpara, ni de luz del sol, porque Dios el Señor los iluminará; y reinarán por los siglos de los siglos" (Ap. 22:5). Dios hará que las luminarias se desvanezcan porque su gloria llenará la tierra. Él será la nueva y única luz del mundo.

En segundo lugar, al caracterizarse por una nueva luz, el día del Señor **será un día** único. Los eventos descritos por Zacarías no tendrán precedentes en la historia de la humanidad, lo que marcará el inicio de una nueva era. La frase **un día** nos recuerda lo que se dijo en Génesis 1:5: "Y fue la tarde y la mañana un día". Génesis 1:5 no solo se refiere aquí al primer día al inicio de la creación. Al hablar de "un día", el objetivo era definir lo que constituía un día y establecer la forma en la que se mediría el tiempo. Zacarías también llamó "un día" a este momento escatológico porque no solo marcará el inicio de la creación restaurada en el milenio, sino que también definirá lo que constituirá un día en esta nueva era.

Zacarías afirmó que este día **es conocido de Jehová**. En su omnisciencia, Dios conoce en detalle todos los días. Sin embargo, este día futuro en el que establecerá su reino prometido es especialmente conocido de Él; esto afirma su control sobre el final de la historia. En términos cronológicos, solo Dios sabe cuándo llegará este día (cp. Mt. 24:36). En términos escatológicos, Él lo ha diseñado para manifestar su gloria en la culminación de sus propósitos para la historia universal.

A diferencia de los días de la creación en Génesis 1, que se definen como tarde y mañana, en el reino milenario **no será ni día ni noche; pero sucederá que al caer la tarde habrá luz**. En este nuevo "un día", no habrá **ni día ni noche**. Aunque seguirá habiendo una consciencia del **caer** de **la tarde**, la oscuridad de la noche estará ausente. En cambio, **habrá luz** todo el tiempo. La gloria de Dios, que reemplazará el sol, la luna y las estrellas (ver Zac. 14:6; cp. Is. 60:19), nunca dejará de brillar. Este cambio en la forma de medir el día refleja un profundo cambio en el estilo de vida dentro del reino de Cristo. En este mundo pecaminoso, los días son malos (Ef. 5:16) y la vida "bajo el sol" se caracteriza por la vanidad (cp. Ec. 1:9; 2:11; 4:7; 9:9). Sin embargo, todo esto se terminará en el futuro, porque el día ya no dependerá de la luz ni de la oscuridad, ni siquiera del sol (cp. Ec. 12:2), sino más bien de la brillante luz del Hijo de Dios.

Tercero, además de una nueva luz (v. 6) y un nuevo día (v. 7), el Señor creará nuevas aguas (v. 8). Zacarías afirmó que **acontecerá también en aquel día, que saldrán de Jerusalén aguas vivas**. El término **aguas vivas** describe aguas que fluyen constantemente. En las regiones áridas como Israel, las corrientes de aguas eran escazas. Sin embargo, en el reino milenario, serán abundantes.

Estas aguas fluirán de **Jerusalén** y marcarán, no solo un cambio en la ecología, sino también en la topografía. La capital de Israel se convertirá en el nuevo manantial, el punto del nacimiento de todas las aguas. El gigantesco terremoto (cp. Zac. 14:4, 10) elevará a esta ciudad por encima de toda la región. Las aguas saldrán de Jerusalén y hasta del templo (cp. Ez. 47:1-2) y la ciudad se asemejará al huerto de Edén. En Génesis 2:10, Moisés escribió: "Y salía de Edén un río para regar el huerto, y de allí se repartía en cuatro brazos". Al inicio de la historia de la tierra, Edén era la capital de la creación, el lugar desde el cual fluían las aguas y en el que Dios puso al hombre para ejercer dominio sobre la tierra (cp. Gn. 1:26-28; 2:8). Al inicio del reino, Jerusalén será el centro del mundo. De la ciudad fluirán ríos de agua viva y el último Adán ejercerá dominio sobre toda la creación (cp. Sal. 72:8-11; Is. 2:2-4; Mi. 7:9-20).

En aquel día, cuando fluyan de Jerusalén estas aguas, **la mitad de ellas** fluirá **hacia el mar oriental, y la otra mitad hacia el mar occidental**. A medida que las aguas avanzan hacia el **mar occidental**, es decir, el Mediterráneo, la vida brotará en el desierto. Esto cumplirá la profecía de Isaías: "Se alegrarán el desierto y la soledad; el yermo se gozará y florecerá como la rosa" (Is. 35:1). Al mismo tiempo, las aguas saldrán hacia **el mar oriental**, lo que cumple la profecía de Ezequiel de que el Mar Muerto, uno de los cuerpos de agua más salados de la tierra, se volverá un depósito de agua dulce. El mar que alguna vez estuvo estancado rebosará de tanta vida que se pescará allí (Ez. 47:10). Aunque, históricamente, el Mar Muerto sirvió como recordatorio del juicio de Dios contra Sodoma y Gomorra (Gn. 19:1-29), algún día, se eliminará este estigma. Así pues, esta "tierra seca y árida donde no hay aguas" (Sal. 63:1) quedará totalmente transformada.

El flujo de esta agua vivificante será constante porque tendrá lugar **en verano y en invierno**. Durante toda su historia, la tierra de Israel dependió de las lluvias. Moisés mismo declaró que la tierra prometida "no es como la tierra de Egipto de donde habéis salido, donde sembrabas tu semilla, y regabas con tu pie, como huerto de hortaliza. La tierra a la cual pasáis para tomarla es tierra de montes y de vegas, que bebe las aguas de la lluvia del cielo" (Dt. 11:10-11). En el **invierno**, durante la temporada de lluvias, el agua abundaba; sin embargo, durante el **verano**, la región se secaba. No obstante, en el futuro, el suministro de agua de Israel no dependerá de la lluvia, sino que será como al principio, cuando "salía de Edén un río para regar el huerto" (Gn. 2:10), porque "Jehová Dios aún no había hecho llover sobre la tierra" (Gn. 2:5). El paraíso perdido será restaurado cuando Cristo regrese a Jerusalén. Él hará nuevas todas las cosas, incluyendo la luz, el día y las aguas (cp. Mt. 19:28; Ro. 8:21; 11:15).

Para la audiencia original de la profecía de Zacarías y para todos los lectores desde entonces, el mensaje del capítulo 14 pasa de un horror lamentable a una esperanza incomprensible. Algún día, el Mesías regresará. Él arrasará a sus enemigos, rescatará al remanente justo de su pueblo y establecerá su reino en Jerusalén, de manera que el mundo se transformará del oscuro apocalipsis de Armagedón al maravilloso paraíso del nuevo Edén. Allí, en la gloria del Milenio, los santos adorarán al Mesías y reinarán con Él en justicia (Ap. 20:4-6).

La gloria de Cristo en su reino

34

Y Jehová será rey sobre toda la tierra. En aquel día Jehová será uno, y uno su nombre. Toda la tierra se volverá como llanura desde Geba hasta Rimón al sur de Jerusalén; y esta será enaltecida, y habitada en su lugar desde la puerta de Benjamín hasta el lugar de la puerta primera, hasta la puerta del Ángulo, y desde la torre de Hananeel hasta los lagares del rey. Y morarán en ella, y no habrá nunca más maldición, sino que Jerusalén será habitada confiadamente. Y esta será la plaga con que herirá Jehová a todos los pueblos que pelearon contra Jerusalén: la carne de ellos se corromperá estando ellos sobre sus pies, y se consumirán en las cuencas sus ojos, y la lengua se les deshará en su boca. Y acontecerá en aquel día que habrá entre ellos gran pánico enviado por Jehová; y trabará cada uno de la mano de su compañero, y levantará su mano contra la mano de su compañero. Y Judá también peleará en Jerusalén. Y serán reunidas las riquezas de todas las naciones de alrededor: oro y plata, y ropas de vestir, en gran abundancia. Así también será la plaga de los caballos, de los mulos, de los camellos, de los asnos, y de todas las bestias que estuvieren en aquellos campamentos. Y todos los que sobrevivieren de las naciones que vinieron contra Jerusalén, subirán de año en año para adorar al Rey, a Jehová de los ejércitos, y a celebrar la fiesta de los tabernáculos. Y acontecerá que los de las familias de la tierra que no subieren a Jerusalén para adorar al Rey, Jehová de los ejércitos, no vendrá sobre ellos lluvia. Y si la familia de Egipto no subiere y no viniere, sobre ellos no habrá lluvia; vendrá la plaga con que Jehová herirá las naciones que no subieren a celebrar la fiesta de los tabernáculos. Esta será la pena del pecado de Egipto, y del pecado de todas las naciones que no subieren para celebrar la fiesta de los tabernáculos. En aquel día estará grabado sobre las campanillas de los caballos: SANTIDAD A JEHOVÁ; y las ollas de la casa de Jehová serán como los tazones del altar. Y toda olla en Jerusalén y Judá será consagrada a Jehová de los ejércitos; y todos los que sacrificaren vendrán y tomarán de ellas, y cocerán en ellas; y no habrá en aquel día más mercader en la casa de Jehová de los ejércitos. (14:9-21)

La esperanza y la majestad del reino venidero del Mesías es uno de los temas más gloriosos de las Escrituras. La Palabra de Dios nos pinta un cuadro magnífico de aquella era dorada futura, que comenzará cuando el Señor Jesús regrese para librar a su pueblo, derrotar a sus enemigos, restaurar su creación y reinar en Jerusalén durante mil años. Los profetas del Antiguo Testamento revelaron detalles sobre estos eventos futuros. Sofonías explicó que el Señor establecerá su reino al derramar su ira sobre las naciones que se reunirán contra Israel (Sof. 3:8; cp. Hab. 3:13; Jl. 3:2, 9-17). Amós le recordó al pueblo que los impíos de entre Israel serán juzgados en aquel tiempo (Am. 9:10). Como Dios derrotará a todos sus enemigos y eliminará a todos los impíos, el reino milenario se caracterizará por la paz que reinará entre los hombres. Cristo, el Príncipe de Paz (Is. 9:6), reinará en perfecta justicia (Is. 11:4; Jer. 33:15; Hag. 2:23). Las naciones no levantarán la espada entre sí (Is. 2:4; Jl. 3:10). En cambio, los habitantes de toda nación se dirigirán a Jerusalén para estudiar la ley de Dios (Is. 2:2-4). Se maravillarán ante la gloria de Dios (Is. 6:3) y se regocijarán en el conocimiento de Jehová (Is. 11:9; cp. Jl. 3:17). La maldición sobre la creación se restringirá, porque "morará el lobo con el cordero" (Is. 11:6) y "el niño de pecho jugará sobre la cueva del áspid" (11:8). En esta era, las personas gozarán de una vida extensa y alcanzarán fácilmente los cien años (65:20; cp. Zac. 8:4).

En el reino, no solo habrá paz en la tierra, sino también paz con Dios. El Señor cumplirá su pacto con Israel, de manera que toda la nación lo conocerá (Jer. 31:31-34). Desaparecerá toda idolatría (Mi. 5:13-14). El Espíritu de Dios se derramará sobre su pueblo (Zac. 12:10). Los pecados de Israel serán perdonados (Mi. 7:18; Zac. 13). Como resultado, Jehová en verdad "[será] a ellos por Dios, y ellos me serán por pueblo" (Jer. 31:33; cp. 32:37-42; Os. 14).

La transformación espiritual de Israel abrirá el camino para el cumplimiento de todas las promesas de Dios hacia su pueblo elegido. Cristo cumplirá la dinastía de David como el Rey mesiánico (Am. 9:11; cp. 14-15; Sof. 3:14-20; Abd. 21). Jerusalén será la morada de Dios (Jer. 33:16). Su gloria regresará a la ciudad y llenará el templo reedificado (Hag. 2:7; Ez. 40–48). Desde allí, la trascendente majestad de Dios cubrirá toda la tierra (Is. 6:3; Ez. 43:1-3).

Los presagios del reino del Mesías en las Escrituras continúan en el Nuevo Testamento. En anticipación del reinado terrenal de Cristo, los discípulos preguntaron: "Señor, ¿restaurarás el reino a Israel en este tiempo?" (Hch. 1:6; cp. Mt. 6:10). Antes de esto, el Señor había hablado del momento en el que el Hijo del Hombre se siente en su trono de gloria y el mundo sea regenerado (Mt. 19:28). Pedro habló de apresurarse para la venida del día de Dios (2 P. 3:12). Pablo resaltó que los creyentes juzgarán un día al mundo (1 Co. 6:2). También a Juan se le reveló que, en el reino de Cristo, Satanás será atado, los muertos en Cristo resucitarán y el Señor reinará con los santos durante mil años (Ap. 20:1-6). Desde Mateo hasta Apocalipsis, los escritores del Nuevo Testamento no se negaron a hablar sobre el reino venidero. En cambio, afirmaron lo que los profetas del Antiguo Testamento habían revelado ya.

Entre las ilustraciones proféticas de este reino futuro del Mesías que encontramos en las Escrituras, Zacarías 14 es una de las más sorprendentes. El profeta describió, a gran detalle, el mandato del Rey (v. 9), la capital del reino (vv. 10-11), la derrota del enemigo (vv. 12-15), la celebración del pueblo (vv. 16-19) y la consagración de Israel (vv. 20-21). En conformidad con el resto de la profecía de Zacarías, esta sección ofrece un testimonio definitivo de la verdad de que Jehová se acuerda de sus promesas y de que las cumplirá por completo.

EL MANDATO DEL REY

Y Jehová será rey sobre toda la tierra. En aquel día Jehová será uno, y uno su nombre. (14:9)

La frase **Jehová será rey** marca el cumplimiento del plan de Dios para la historia universal. Esta es la culminación de la obra de Dios por medio de Israel (cp. Gn. 12:1-3; 17:6), de la dinastía de David (1 R. 8:16), de la cruz y de la resurrección (cp. Ap. 5:9-16) y de todo lo que sucederá en el día de Jehová. Todo lo que la creación ha aguardado (cp. Ro. 8:19-21), lo que Israel ha anticipado y lo que el mundo necesita con urgencia se cumplirá cuando el Mesías comience su reinado milenario (cp. Ap. 20:4-5).

Zacarías no solo dijo que **Jehová será rey**, sino también que lo será **sobre toda la tierra**. La autoridad soberana y absoluta de Cristo no tendrá límite alguno; Él ejercerá todo dominio y gobernará sobre toda nación (Ap. 5:13; Hag. 2:22) y sobre toda criatura tanto en el ámbito natural como en el sobrenatural. Aunque, en la actualidad, Satanás ha recibido autoridad como príncipe de la potestad del aire (Ef. 2:2; cp. Jn. 12:31; 14:30; 16:11; 2 Co. 4:4; 1 Jn. 5:19), el Mesías lo aplastará (cp. Gn. 3:15), lo echará al abismo (Ap. 20:3) y, finalmente, al lago de fuego (20:10). Como Rey, Cristo tendrá un gobierno absoluto sobre la **tierra** y sobre toda la creación. El último Adán recobrará el dominio que perdió el primer Adán.

En consecuencia, **en aquel día Jehová será uno**. Esta terminología afirma el centro mismo de la revelación de Dios a Israel, tal como se expresa en el *Shemá*: "Oye, Israel: Jehová nuestro Dios, Jehová uno es" (Dt. 6:4). En el reino milenario, el mundo manifestará que el Señor es el único Dios verdadero (cp. Dt. 12:1-19; 13:1-18; cp. Is. 42:8; 48:11). Toda forma de idolatría y de falsa religión, incluyendo toda la falsa profecía, será erradicada (cp. Zac. 13:1-6). Toda la adoración se concentrará en Jerusalén (Is. 2:2-4; Zac. 14:17) y únicamente en Jehová.

El *Shemá* revelaba la unicidad de Dios de forma consistente con su Trinidad. Esto también será evidente en el reino milenario. El Padre entregará el reino (1 Co. 15:27) al Hijo, quien gobernará como Rey mesiánico sobre la tierra (Zac. 14:9) mediante el poder del ministerio séptuple del Espíritu (Is. 11:2; Zac. 3:9; 4:10; Ap. 1:4). Todas las naciones confesarán la unidad y la exclusividad de Dios y reconocerán que **su nombre** es **uno**. El Señor "[quitará] de la tierra los nombres de las imágenes" (Zac. 13:2); solo se confesará y se adorará el nombre de Jehová (cp. Fil. 2:9-11). Esta devoción y gobierno únicos constituirán la gloria del Rey cuando Él gobierne sobre toda la tierra.

LA CAPITAL DEL REINO

Toda la tierra se volverá como llanura desde Geba hasta Rimón al sur de Jerusalén; y esta será enaltecida, y habitada en su lugar desde la puerta de Benjamín hasta el lugar de la puerta primera, hasta la puerta del Ángulo, y desde la torre de Hananeel hasta los lagares del rey. Y morarán en ella, y no habrá nunca más maldición, sino que Jerusalén será habitada confiadamente. (14:10-11)

Cuando Cristo regrese, habrá una transformación en la topografía de Israel. Zacarías afirmó que **toda la tierra se volverá como llanura desde Geba hasta Rimón al sur de Jerusalén**. La zona descrita es gigantesca. **Geba**, la misma ubicación donde Jonatán escaló un desfiladero escarpado para atacar una guarnición filistea (1 S. 14:5-14), se encuentra a unos nueve kilómetros (5,5 mi) al noreste de

Jerusalén. **Rimón** se encuentra a unos cincuenta y cinco kilómetros (35 mi) al **sur de Jerusalén** (Jos. 15:32; 19:13) y está ubicada cerca de la frontera sur de Israel, a unos veinticinco kilómetros (16 mi) de Beerseba (Jue. 20:1; 1 S. 3:20; 2 S. 3:10; 1 R. 4:25). Toda la zona, que mide unos sesenta y cuatro kilómetros (41 mi), **se volverá como llanura**. Originalmente, la tierra estaba repleta de valles y de peñascos; sin embargo, algún día, será plana.

Dios allanará la región que se encuentra alrededor de Jerusalén por varias razones. Primero, porque la tierra cambiará para anunciar la llegada de Cristo. Isaías profetizó: "Voz que clama en el desierto: Preparad camino a Jehová; enderezad calzada en la soledad a nuestro Dios. Todo valle sea alzado, y bájese todo monte y collado; y lo torcido se enderece, y lo áspero se allane" (Is. 40:3-4). Segundo, porque los cambios geográficos facilitarán que el pueblo judío regrese a Jerusalén de todas partes del mundo (cp. Zac. 10:10-11). Tercero, porque esta llanura expandida será ideal para el crecimiento y la prosperidad de Jerusalén en el Milenio (cp. Is. 54:1; Ez. 48:10, 13, 15; Zac. 2:4).

La última razón que menciona Zacarías por la que Dios allanará esta zona tan inmensa alrededor de la capital de Israel es que, de esta manera, Dios resaltará que Jerusalén **será enaltecida**. En contraste con la llanura a su alrededor, la ciudad como tal quedará elevada y exaltada. Allí estará el punto más alto de toda la región, la envidia de todos los montes (cp. Sal. 68:15-16) y el manantial de toda la zona (cp. Zac. 14:8). Tal como lo profetizó Isaías, Jerusalén será un monte "exaltado" (Is. 2:2) por causa de su conexión con el Señor, que es el único "alto y sublime" (cp. Is. 6:1; 52:13).

Zacarías explicó que la ciudad será **habitada en su lugar desde la puerta de Benjamín hasta el lugar de la puerta primera, hasta la puerta del Ángulo, y desde la torre de Hananeel hasta los lagares del rey**. En Zacarías 12:6, el profeta resaltó que Jerusalén será **habitada en su lugar**, inmóvil y resiliente durante la tribulación y hasta el reino milenario. Cuando Cristo reine, la ciudad retomará todo el territorio que supuestamente debió ocupar. Las dimensiones de **la puerta de Benjamín hasta el lugar de la puerta primera, hasta la puerta del Ángulo, y desde la torre de Hananeel hasta los lagares del rey** describen a Jerusalén en su punto más grande durante el siglo VIII a. C. La **puerta de Benjamín** se menciona como parte de la ciudad en la época de Jeremías, antes de su caída en el 586 a. C. (Jer. 20:2). La **puerta primera** y la **puerta del Ángulo** se restauraron en los días de Joás (2 Cr. 25:23) y de Uzías (26:9), pero más tarde Nabucodonosor las destruyó. Jeremías profetizó que, algún día, se reconstruirían **la torre de Hananeel hasta los lagares del rey** e incluso **la puerta del Ángulo** (cp. Jer. 31:38). Su presencia en la Jerusalén milenaria será una restauración de lo perdido y un cumplimiento de la profecía bíblica.

Durante el reinado del Mesías, incontables multitudes **morarán en** Jerusalén y se asentarán allí de forma permanente y segura (cp. Zac. 12:6). Aunque, durante la época de Zacarías, la ciudad apenas estaba habitada (uno de cada diez judíos vivía en ella [Neh. 11:1]), la ciudad rebosará de habitantes en el reino milenario (cp. Is. 54:1-3; Zac. 2:4).

La capital de Israel también será un sitio sagrado, pues **no habrá nunca más maldición**. En el original, esta terminología se refiere a la práctica de Israel, en especial durante la conquista de la tierra prometida, cuando Israel destruyó ciudades (Nm. 21:3; Dt. 2:34; Jos. 2:10) u objetos (Jos. 6:18, 21) para consagrarlos a Dios. Sin embargo, en el futuro, ya **no habrá** nada que merezca **maldición**, porque todo será puro y aceptable delante de Jehová. A lo largo de su historia, Israel se contaminó constantemente de paganismo, impureza e idolatría (Jos. 15:63; 18:28; Jue. 1:21; 3:5; 1 R. 12:32; 14:23; 2 R. 14:4). Sin embargo, en el Milenio, no tendrá mancha ni mancilla por ser el monte santo de Dios (cp. Zac. 8:3).

Finalmente, Zacarías hizo notar que **Jerusalén será habitada confiadamente**. La ciudad habitará en paz, sin amenaza alguna. La repetición del término **habitada** y "morarán" (tres veces en dos versículos) enfatizaba la estabilidad de todo lo que se describe en este contexto. Jerusalén será habitada en su lugar (14:10), el pueblo morará en la ciudad (14:11a) y sus habitantes habitarán en ella confiadamente (14:11b). Esta capital tan resplandeciente y resiliente reflejará la gloria del reino milenario y de la majestad de su Rey.

LA DERROTA DEL ENEMIGO

Y esta será la plaga con que herirá Jehová a todos los pueblos que pelearon contra Jerusalén: la carne de ellos se corromperá estando ellos sobre sus pies, y se consumirán en las cuencas sus ojos, y la lengua se les deshará en su boca. Y acontecerá en aquel día que habrá entre ellos gran pánico enviado por Jehová; y trabará cada uno de la mano de su compañero, y levantará su mano contra la mano de su compañero. Y Judá también peleará en Jerusalén. Y serán reunidas las riquezas de todas las naciones de alrededor: oro y plata, y ropas de vestir, en gran abundancia. Así también será la plaga de los caballos, de los mulos, de los camellos, de los asnos, y de todas las bestias que estuvieren en aquellos campamentos. (14:12-15)

Al inicio de este párrafo, Zacarías dirige su atención hacia un paréntesis que nos refiere a la batalla de Armagedón y que explica por qué Jerusalén vivirá tan confiada después de la batalla. Aunque ya se habló sobre esta batalla (cp. 12:1-9; 14:1-3), Zacarías añade aquí un detalle importante: habrá una **plaga con que herirá Jehová a todos los pueblos que pelearon contra Jerusalén**. Durante la batalla, **Jehová** mismo enviará una **plaga** contra los enemigos de Israel, tal como lo hizo contra Egipto durante el éxodo (Éx. 8:2; 9:14; 12:13, 23, 27; cp. tb. Nm. 25:8, 9, 18; 26:1; 31:16). La plaga será universal e inevitable y alcanzará a **todos los pueblos**. Ninguna de las naciones **que pelearon contra Jerusalén** quedará exenta.

La plaga tendrá una eficacia devastadora. Esta herirá de inmediato a sus víctimas y **la carne de ellos se corromperá estando ellos sobre sus pies, y se consumirán en las cuencas sus ojos, y la lengua se les deshará en su boca**. El término **se corromperá** describe un estado de descomposición (cp. Lv. 26:39), junto con todas sus características desagradables (cp. Sal. 38:5). En específico, la **carne** de los soldados **se corromperá estando ellos sobre sus pies**. Su cuerpo se descompondrá, su piel y sus músculos se deteriorarán rápidamente y se desvanecerán. En este proceso, **se consumirán en las cuencas sus ojos** y **la lengua se les deshará en**

su boca. Ante esta muerte futura, quedarán sin vista ni habla, lo que les impedirá buscar ayuda ni advertir a los demás.

El Señor infundirá pánico en todos aquellos que escapen de la plaga. **En aquel día**, durante la batalla de Armagedón (cp. Zac. 12:1, 3, 6, 8, 9), **habrá entre ellos gran pánico enviado por Jehová**. La palabra **pánico** describe un caos que resulta en confusión y en un comportamiento irracional. En el pasado, Dios advirtió que infundiría un gran pánico en los israelitas si se rebelaban contra Él (cp. Dt. 28:20). En el futuro, Él mismo infundirá un pánico similar en los enemigos de Israel (cp. 7:23). Ese **gran pánico** en la mente provendrá directamente de **Jehová** y superará todas aquellas otras instancias en la historia de Israel en las que el Señor confundió a las fuerzas del enemigo (cp. 1 S. 5:9-11; 14:20; Ez. 7:7).

El caos resultante sacudirá a los adversarios de Israel, de manera que **trabará cada uno de la mano de su compañero, y levantará su mano contra la mano de su compañero**. Esta descripción nos recuerda épocas anteriores de la historia de Israel, cuando Dios aseguró la victoria a favor de su pueblo al hacer que los soldados enemigos se volvieran el uno contra el otro (Jue. 7:22; 1 S. 14:20). La profecía de Zacarías se asemeja aquí a una batalla durante la época de David en la que cada soldado agarró a su compañero por la cabeza para matarlo (2 S. 2:16). El ejército adversario no sobrevivió a esta derrota autoinfligida. En una escala mucho mayor, la historia se repetirá cuando Dios confunda a sus enemigos durante la batalla de Armagedón.

Dios facultará a Israel para destruir en la batalla a todo enemigo que quede después de la plaga y del pánico. Zacarías explicó que **Judá también peleará en Jerusalén**. Ya Zacarías había predicho que Dios daría su poder a los débiles de Jerusalén para volverlos héroes como David y que haría a los fuertes tan poderosos como el ángel de Jehová (cp. Zac. 12:8). Con esta fuerza sobrenatural, los ejércitos de Israel se lanzarán con valentía, **pelearán** por su ciudad y aplastarán a su diezmado enemigo. El contraataque de Israel será tan feroz que **serán reunidas las riquezas de todas las naciones de alrededor: oro y plata, y ropas de vestir, en gran abundancia**. El término **riquezas** se refería a los tesoros y recursos que ofrecen fuerza, diligencia o habilidad (cp. Jue. 6:12; Zac. 4:6). Al inicio de la batalla, Israel será despojado (cp. Zac. 14:1); sin embargo, al final, el pueblo de Dios recobrará todo lo que perdió y mucho más. Ellos adquirirán las riquezas **de todas las naciones de alrededor**. El balance económico de la región se volcará hacia Israel cuando las naciones caigan ante una derrota tan aplastante que sus riquezas **serán reunidas** por Israel. La mención de **oro y plata, y ropas de vestir** no solo ilustraba la variedad de las riquezas obtenidas, sino que también recordaba los artículos que se obtuvieron durante la conquista de Josué (cp. Jos. 7:21). Israel poseerá estos artículos **en gran abundancia** para demostrar que la Conquista se habrá cumplido finalmente. El enemigo quedará totalmente destruido y todo su **oro y plata** se tomará para adornar el templo de Israel (cp. Hag. 2:7-8) y para fabricar una corona para Cristo (cp. Zac. 6:11).

Zacarías concluyó esta sección diciendo que **así también será la plaga de los caballos, de los mulos, de los camellos, de los asnos, y de todas las bestias que estuvieren en aquellos campamentos**. La plaga no solo matará a los soldados, sino también a sus animales. Los **caballos**, un recurso militar clave, morirán. Otras bestias diferentes que transportan personas y suministros también perecerán, incluyendo **los mulos** (2 S. 13:29; 18:9; 2 R. 5:17; Ez. 27:14; Is. 66:20), **los camellos** (cp. Gn. 24:11; Job 1:17) y **los asnos** (cp. Gn. 22:3; 1 Cr. 12:40). La cadena de suministros del enemigo quedará interrumpida. Sus provisiones de alimento también se colapsarán porque **todas las bestias** morirán. Por causa del tamaño de la devastación en la batalla de Armagedón, de manera que todos los enemigos y hasta sus animales morirán (cp. Ap. 19:21), el reino de Cristo comenzará con una paz perfecta.

LA CELEBRACIÓN DEL PUEBLO

Y todos los que sobrevivieren de las naciones que vinieron contra Jerusalén, subirán de año en año para adorar al Rey, a Jehová de los ejércitos, y a celebrar la fiesta de los tabernáculos. Y acontecerá que los de las familias de la tierra que no subieren a Jerusalén para adorar al Rey, Jehová de los ejércitos, no vendrá sobre ellos lluvia. Y si la familia de Egipto no subiere y no viniere, sobre ellos no habrá lluvia; vendrá la plaga con que Jehová herirá las naciones que no subieren a celebrar la fiesta de los tabernáculos. Esta será la pena del pecado de Egipto, y del pecado de todas las naciones que no subieren para celebrar la fiesta de los tabernáculos. (14:16-19)

Para describir la celebración y la adoración que caracterizarán el reino futuro del Mesías, Zacarías comenzó identificando a los adoradores **que sobrevivieren**. Esta terminología describe al remanente justo al que Dios preservó y purificó durante el día de Jehová (cp. Zac. 13:8). La verdadera adoración solo puede provenir de aquellos que aman genuinamente al Señor (cp. Dt. 6:4-5) porque el Padre busca adoradores que lo adoren en espíritu y en verdad (cp. Jn. 4:23). Esto caracterizará a los adoradores del reino milenario, que no solo provendrán de Israel, sino también **de las naciones**. Apocalipsis 7:9 describe a este grupo como "una gran multitud, la cual nadie podía contar, de todas naciones y tribus y pueblos y lenguas". Estos redimidos de la tribulación, que representan a todas las naciones de la tierra, incluirán representantes incluso de las naciones **que vinieron contra Jerusalén**. Los que merecían la ira de Dios se volverán a Él (Ap. 1:7), lo alabarán de forma colectiva y proclamarán su valía suprema y su dominio soberano (cp. Sal. 22:27-30; Fil. 2:10-11).

Los miembros de esta asamblea internacional de adoradores **subirán** a Jerusalén **de año en año para adorar** a Dios. Esta terminología se utilizaba para describir las peregrinaciones anuales de Israel. En el pasado, la nación se dirigía a Jerusalén tres veces al año para celebrar la redención y la provisión de Dios (cp. Lv. 23; Dt. 16). A causa de la importancia de estos acontecimientos, el calendario anual giraba en torno a estas fiestas principales. De manera similar, la adoración en el reino milenario no será un evento de una sola ocasión. En cambio, las naciones se unirán con Israel y la adoración dominará las actividades anuales del reinado de mil años de Cristo.

La adoración mundial se centrará en el **Rey** [...], **Jehová de los ejércitos**. Con estos títulos, Zacarías estaba resaltando a sus lectores la gloria y la valía de Cristo. El título **Rey** es el título supremo de honra. Toda autoridad, dominio y potestad pertenecerá al Mesías (Dn. 7:13-14). Los habitantes de todas las naciones reconocerán, no solo su reinado sobre la tierra, sino también que Él es **Jehová de los ejércitos**, el Gobernante divino de los cielos (cp. Zac. 1:7-17; 6:1-8; 14:5). De forma constante durante el reino milenario, el mundo entero se reunirá para reconocer que Jesús es Señor de los cielos y de la tierra (cp. Fil. 2:9-11).

Todos los años, las naciones subirán también **a celebrar la fiesta de los tabernáculos**, una de las tres festividades más importantes de Israel (Lv. 23:34-43; Nm. 29:12-38; Dt. 16:13-17). Durante esta fiesta, Israel subirá a Jerusalén y habitará en tabernáculos o tiendas durante siete días para conmemorar cómo Dios los sacó del desierto y los llevó a la tierra prometida. Esta ocasión también honraba al Señor por su provisión de la cosecha anual (cp. Dt. 16:15). Como la fiesta de los tabernáculos celebraba la fidelidad de Dios para con su pueblo, los que regresaron de Israel le prestaron una atención especial (Esd. 3:4; Neh. 8:14-17; Hag. 2:1). Ellos la celebraron con la esperanza de que, tal como Dios había librado a Israel del desierto en el pasado, Él también los librara de todos sus opresores. La profecía de Zacarías les aseguraba que Dios, de hecho, cumpliría la promesa de liberación que tanto anhelaban.

En el futuro, todas las naciones acudirán a Jerusalén y vivirán en tabernáculos para conmemorar que Dios sacó a su pueblo de este mundo (cp. 1 P. 1:1) para llevarlo a su reino. Esto explica por qué, durante la transfiguración, Pedro sugirió hacer enramadas o tiendas (Mt. 17:4). Cuando contempló a Cristo en su gloria, deseó la llegada inmediata del reino. Aunque Pedro entendió mal los tiempos de Dios, el Señor Jesús le dejó claro a él y a los demás discípulos que el reino ciertamente llegaría (cp. Mt. 19:28; Hch. 1:6-11). Vendrá el día en el que judíos y gentiles subirán a Jerusalén para adorar a Cristo por ser fiel en librar a su pueblo, por llevarlos a su verdadero hogar (cp. He. 11:13-16).

Además, el profeta reveló que todo el que ignore esta celebración y, así, desafíe las prioridades de la adoración, será castigado. Zacarías lo explicó así: **Y acontecerá que los de las familias de la tierra que no subieren a Jerusalén para adorar al Rey, Jehová de los ejércitos, no vendrá sobre ellos lluvia**. La primera generación de los que entren en el reino milenario constará únicamente de aquellos que fueron redimidos durante la tribulación (cp. Is. 35:8-10; Zac. 13:9; 14:16). Sin embargo, al nacerles hijos y nietos, no todos los habitantes del reino aceptarán en verdad al Señor. Con el tiempo, habrá muchos que ignorarán el llamado de Dios a la adoración, aunque no se formará una rebelión abierta sino hasta el final de este período de mil años (cp. Ap. 20:7-10). No obstante, el decreto de Dios demuestra la seriedad con la que Él considerará la primacía de la adoración. Aunque la descripción de estas personas como **familias** enfatiza la paz y la unidad, también subraya que Dios actuará en contra de quien sea que desobedezca, sin importar el lugar de la **tierra** del que provenga, aunque se trate de un grupo reducido. Él no tolerará ninguna desviación contra su decreto de subir **a Jerusalén para adorar al Rey, Jehová de los ejércitos**.

Si sigue habiendo personas que se rehúsan a adorar al Mesías, Dios garantizará que **no vendrá sobre ellos lluvia**. Solo Dios puede controlar el clima (cp. Job 36:24-33; 38:22-24; Sal. 29:3-9) y, sin lluvia, no habrá el agua ni el alimento que se necesitan para vivir. Este juicio será ineludible. Zacarías explicó que, **si la**

familia de Egipto no subiere y no viniere, sobre ellos no habrá lluvia; vendrá la plaga con que Jehová herirá las naciones que no subieren a celebrar la fiesta de los tabernáculos. Uno se pregunta por qué Zacarías señaló a la **familia de Egipto**. No fue porque los egipcios fueran más malvados que los demás, porque también adorarán en Jerusalén, al igual que todos los demás (cp. Is. 19:25). En cambio, Zacarías señaló a Egipto porque los egipcios obtenían agua principalmente del río Nilo (cp. Dt. 11:10-12). Quizás, algunos de ellos pensaban que podrían sobrevivir sin lluvia poque el río proveería para ellos. Sin embargo, aunque Egipto pudiera soportar que **no** hubiera **lluvia** [...] **sobre ellos**, Zacarías afirmó que **vendrá una plaga** contra ellos. El término **plaga** apareció antes en este capítulo para describir la forma en que la carne de las naciones se corromperá estando ellos sobre sus pies (cp. Zac. 14:12). Si Egipto no sufre las consecuencias de la sequía, será consumida por la plaga que vendrá por no subir a adorar a Dios. Esta plaga no solo amenazará a Egipto, sino también a las demás naciones que se nieguen a adorar a Dios; será una **plaga con que Jehová herirá las naciones que no subieren a celebrar la fiesta de los tabernáculos**. Todos los que se nieguen a adorar a Cristo enfrentarán el juicio inmediato e inevitable de Dios.

Estas graves consecuencias serán **la pena del pecado de Egipto, y del pecado de todas las naciones que no subieren para celebrar la fiesta de los tabernáculos**. Zacarías enfatizó que esta sequía y plaga terribles serían **la pena del pecado**. En el original hebreo, la frase **la pena del pecado** es tan solo la palabra "pecado". Aunque, a veces, este término incluye las consecuencias del pecado, como aquí, la palabra enfatiza la rebelión de la persona contra Dios. El Señor castigará a **todas las naciones**, incluyendo a **Egipto**, que se niegan a **celebrar la fiesta de los tabernáculos** porque no hacerlo constituirá una rebelión descarada contra Dios. La adoración es la prioridad suprema y, durante el reinado del Mesías, toda renuencia a adorar a Cristo llevará el duro castigo que merece. Dios garantizará que el mundo participe en la adoración para la que Él lo creó (cp. Jn. 4:23) y que todos den gloria y honra a su Hijo.

LA CONSAGRACIÓN DE ISRAEL

En aquel día estará grabado sobre las campanillas de los caballos: SANTIDAD A JEHOVÁ; y las ollas de la casa de Jehová serán como los tazones del altar. Y toda olla en Jerusalén y Judá será consagrada a Jehová de los ejércitos; y todos los que sacrificaren vendrán y tomarán de ellas, y cocerán en ellas; y no habrá en aquel día más mercader en la casa de Jehová de los ejércitos. (14:20-21)

Con la decimoséptima aparición de la frase **en aquel día** (o "en aquel tiempo") en Zacarías 12–14, el profeta agregó un último detalle respecto al día de Jehová. Este marcará el inicio de una era de santidad generalizada. Muchos objetos y lugares que antes eran de uso impuro o común se consagrarán y se santificarán. Zacarías declaró que **estará grabado sobre las campanillas de los caballos: SANTIDAD A JEHOVÁ**. A lo largo de la historia de Israel, los **caballos** estuvieron muy lejos de ser santos. Se los consideraba impuros como alimento (Lv. 11:1-8), un recurso que los reyes no debían aumentar (Dt. 17:16), un instrumento de violencia (Jos. 11:4;

1 R. 20:21; Mi. 5:10) y una herramienta en la que el pueblo no debía confiar para obtener la victoria (Sal. 33:17). Antes, en Zacarías 14, el texto identificó a los caballos como un instrumento de guerra en contra del pueblo de Dios (cp. Zac. 12:4; 14:15). Sin embargo, todo esto cambiará en el reino milenario. Los caballos ya no presagiarán la guerra, sino que llevarán **campanillas** que sonarán en celebración mientras transporten a los israelitas y a otros a Jerusalén para la fiesta de los tabernáculos (cp. Is. 66:20). Gracias a este nuevo propósito, las campanillas de los caballos llevarán la inscripción: **SANTIDAD A JEHOVÁ**, una frase que antes se encontraba únicamente en la mitra del sumo sacerdote (Éx. 28:36-38; 39:30; cp. Zac. 3:5). Algún día, los animales impuros estarán igual de consagrados que el sacerdote que ingresaba al Lugar Santísimo una vez al año (cp. Lv. 16:15-16).

Zacarías continuó con la afirmación de que **las ollas de la casa de Jehová serán como los tazones del altar**. Dentro de **la casa de Jehová**, las **ollas** tenían el propósito más humilde. Estas se usaban para cocer carne (Lv. 7:15-16; 2 Cr. 35:13) o para quitar cenizas del altar (Ez. 27:3; 38:3). Estos implementos se consideraban indignos para ofrecer sacrificios. En contraste, **los tazones del altar** contenían la sangre de los sacrificios (ver Lv. 1:1-5; 9:8-9, 12, 18; cp. tb. Éx. 27:1-3; 38:1-3). Estos tazones estaban hechos de materiales preciosos como la plata (cp. Nm. 7:31) o el bronce bruñido (cp. 1 R. 7:45) para designar su propósito sagrado y sublime. En el reino milenario, las **ollas** se consagrarán de tal manera que **serán como los tazones del altar**. Aunque estas ollas y tazones tienen funciones diferentes, serán igualmente sagrados. Todo en la casa de Jehová se caracterizará por la perfecta pureza de Él.

De hecho, **toda olla en Jerusalén y Judá será consagrada a Jehová de los ejércitos; y todos los que sacrificaren vendrán y tomarán de ellas, y cocerán en ellas**. La santidad no solo caracterizará los implementos del templo, sino que también se extenderá por toda **Jerusalén** y **Judá**. Zacarías habló de la **olla** más común que se utilizaba en las labores cotidianas de cocina y limpieza. Esta olla era mucho menos especial que la más humilde que se utilizaba en el templo. No obstante, esta vasija cotidiana **será consagrada a Jehová de los ejércitos** de una manera comparable con el sumo sacerdote de Israel (Éx. 28:36-38). Hasta las ollas en Jerusalén serán tan sagradas que **todos los que sacrificaren vendrán y tomarán de ellas, y cocerán en ellas**. Cuando el mundo llegue para adorar al Mesías, esta enorme multitud **sacrificará** en alabanza a Dios. Estos sacrificios no expiatorios, sino memoriales, se ofrecerán en adoración a Cristo por su obra de redención en la cruz (Is. 56:7; Ez. 43–46; cp. Ro. 12:1-2). Incluso con todos los artículos del templo consagrados al Señor, no habrá suficientes para todos los sacrificios que se ofrecerán. Por lo tanto, los adoradores **vendrán y tomarán** hasta las ollas más comunes **y cocerán** sus sacrificios **en ellas** (cp. Éx. 29:31; 1 S. 2:13). Esto no presentará problema alguno, porque la olla más corriente tendrá la misma perfección sagrada que un tazón de la casa de Jehová. De hecho, todo será consagrado a **Jehová de los ejércitos** cuando el mundo se reúna en Jerusalén para adorar a su Rey y cuando Cristo el Rey tenga comunión íntima con su pueblo santo (cp. Lv. 26:11-12; Ez. 48:35).

Zacarías concluyó su profecía haciendo notar que **no habrá en aquel día más mercader en la casa de Jehová de los ejércitos**. El término **mercader** se usa para referirse a personas impuras en lo moral y en lo espiritual. Oseas 12:7 describe al mercader como uno “que tiene en su mano peso falso, amador de opresión” (cp. Is. 23:8; Pr. 31:24). Referirse a otra persona como un mercader indicaba que esta era deshonesta y la palabra suele utilizarse en referencia a comerciantes de poca confianza (cp. Job 41:6; Pr. 31:24). Zacarías predijo que ninguna persona impía y engañosa entrará **en la casa de Jehová de los ejércitos**. El Señor Jesús ofreció un anticipo de esto cuando volcó las mesas de los mercaderes en el templo (cp. Mt. 21:12; Mr. 11:15-18), pero la plenitud de este acto se cumplirá cuando Él regrese. A lo largo de la historia de Israel, el templo incluyó la presencia de personas hipócritas y degeneradas (cp. 2 R. 16:10-18; Neh. 13:4-13; Ez. 8:5-18; Mr. 11:15-18). Sin embargo, algún día, el Señor garantizará que su templo nunca vuelva a ser profanado. Para los habitantes de la época de Zacarías que trabajaban en la reconstrucción del templo, las últimas palabras del profeta les recordaron que su esfuerzo no era en vano. Esta profecía anticipaba el momento en el que el templo milenario se caracterice por las formas más sublimes y sagradas de adoración y refleje la hermosa santidad de todo el reino de Cristo.

Todo esto sucederá **en aquel día**, el día victorioso de Jehová (cp. Zac. 12–14). Dios planeó un día culminante en el que la historia universal alcanzará un clímax en el juicio de las naciones, en la salvación de Israel, en la restauración de la creación y en el establecimiento del santo reino del Mesías. Todos los que aman al Señor anhelan el día de su regreso (2 Ti. 4:8; 1 P. 1:7-8). Ese tiempo se acerca (Ap. 1:3; cp. Ro. 13:11; He. 10:24-25) y los santos lo aguardan con gran entusiasmo (Tit. 2:11-14). ¡Maranata! ¡Ven, Señor Jesús! (1 Co. 16:22; Ap. 22:20).

Bibliografía

Baldwin, Joyce G. *Haggai, Zechariah, Malachi: An Introduction and Commentary.* Tyndale Old Testament Commentaries. Downers Grove, IL: InterVarsity, 1972.

Barker, Kenneth L. "Zechariah". En *The Expositor's Bible Commentary: Daniel–Minor Prophets.* Editado por F. E. Gaebelein, 7:593-697. Grand Rapids: Eerdmans, 1983.

Barker, Kenneth L. "Zechariah". En *The Expositor's Bible Commentary: Daniel to Malachi.* Editado por Tremper Longman III y David E. Garland, 8:721-833. Edición revisada. Grand Rapids: Zondervan, 2008.

Baron, David. *The Visions and Prophecies of Zechariah.* Edición reimpresa. Grand Rapids: Kregel, 1972.

Boda, Mark J. *The Book of Zechariah.* New International Commentary on the Old Testament. Grand Rapids: Eerdmans, 2016.

Chou, Abner. "Zechariah 11:4–14: The Rejected Shepherd". En *The Moody Handbook of Messianic Prophecy: Studies and Expositions of the Messiah in the Old Testament.* Editado por Michael Rydelnik y Edwin Blum, 1271-1284. Chicago: Moody, 2019.

Feinberg, Charles L. *God Remembers: A Study of the Book of Zechariah.* Portland, OR: Multnomah, 1965.

Feinberg, Charles L. *Los profetas menores.* Miami: Vida, 1988.

Hill, Andrew E. *Haggai, Zechariah and Malachi: An Introduction and Commentary.* Tyndale Old Testament Commentaries. Downers Grove, IL: InterVarsity Press, 2012.

Flavio Josefo, *La guerra de los judíos: Libros IV-VI.* Trad. Jesús Ma. Nieto Ibáñez. Madrid: Gredos, 1997.

Keil, C. F. y F. Delitzsch. *Commentary on the Old Testament.* Peabody, MA: Hendrickson, 1996.

Klein, George L. *Zechariah.* New American Commentary. Nashville: B&H Publishers, 2008.

McComiskey, Thomas. "Zechariah". En *The Minor Prophets.* Editado por T. E. McComiskey, 3:1003-1244. Grand Rapids: Baker, 1992.

Merrill, Eugene H. *Haggai, Zechariah, Malachi: An Exegetical Commentary.* Dallas, TX: Biblical Studies Press, 2003.

Petterson, Anthony R. *Haggai, Zechariah & Malachi.* Apollos Old Testament Commentary. Downers Grove, IL: InterVarsity Press, 2015.

Smith, Ralph L. *Micah-Malachi.* Word Biblical Commentary. Waco, TX: Word, 1984.

Stuart, Daniel E. "Zechariah 12:10–13:1: The Pierced Messiah". En *The Moody Handbook of Messianic Prophecy: Studies and Expositions of the Messiah in the Old Testament.* Editado por Michael Rydelnik y Edwin Blum, 1285–1298. Chicago: Moody, 2019.

TEOLOGÍA SISTEMÁTICA

UN ESTUDIO PROFUNDO DE LA DOCTRINA BÍBLICA

JOHN MACARTHUR
RICHARD MAYHUE

Aclamado como uno de los expositores más talentosos de hoy, MacArthur presenta una visión sistemática de las principales creencias cristianas. Profundiza tu comprensión de las doctrinas relacionadas con la Palabra de Dios, cada persona de la Trinidad, la humanidad y el pecado, la salvación, los ángeles, la iglesia y el futuro del mundo.

EDITORIAL
PORTAVOZ

NUESTRA VISIÓN

Maximizar el efecto de recursos cristianos de calidad que transforman vidas.

NUESTRA MISIÓN

Desarrollar y distribuir productos de calidad —con integridad y excelencia—, desde una perspectiva bíblica y confiable, que animen a las personas a conocer y servir a Jesucristo.

NUESTROS VALORES

Nuestros valores se encuentran fundamentados en la Biblia, fuente de toda verdad para hoy y para siempre. Nosotros ponemos en práctica estas verdades bíblicas como fundamento para las decisiones, normas y productos de nuestra compañía.

Valoramos la excelencia y la calidad
Valoramos la integridad y la confianza
Valoramos el mérito y la dignidad de los individuos y las relaciones
Valoramos el servicio
Valoramos la administración de los recursos